Kohlhammer

Lydia Schubert

Beate M. Weingardt

„… wie auch wir vergeben unseren Schuldigern"

Der Prozeß des Vergebens in Theorie und Empirie

Verlag W. Kohlhammer

Meinen Eltern sowie meiner Tochter Anuschka gewidmet:
Liebe lebt von Vergebung

Die Deutsche Bibliothek – CIP-Einheitsaufnahme

Weingardt, Beate M.:
"... wie auch wir vergeben unseren Schuldigern" : der Prozeß des
Vergebens in Theorie und Empirie / Beate M. Weingardt. - Stuttgart ;
Berlin ; Köln : Kohlhammer, 2000
   Zugl. : Heidelberg, Univ., Diss., 1998
   ISBN 3-17-016314-0

Umschlagbild: Angelika Weingardt: o.T., Bleistift auf Papier, 1997.
Foto: Zooey Braun, Stuttgart

Alle Rechte vorbehalten
© 2000 W. Kohlhammer GmbH
Stuttgart Berlin Köln
Verlagsort: Stuttgart
Umschlag: Data Images GmbH
Gesamtherstellung:
W. Kohlhammer Druckerei GmbH + Co. Stuttgart
Printed in Germany

Inhaltsverzeichnis

Einleitung 7

I. Theoretischer Teil 11

1. Was ist Vergebung? – Sprachliche Untersuchungen 11

1.1. Semantisches Umfeld 11
1.1.1. Vergleich der Begriffe „Vergebung" und „Verzeihung" 11
1.1.2. „Vergebung/Vergeben" 12
1.1.3. „Verzeihung/Verzeihen" 12

1.2. Abgrenzungen von Vergebung 13
1.2.1. Abgrenzung von „Nachsicht, Bagatellisieren, Entschuldigung" 13
1.2.2. Abgrenzung der Vergebung vom „Verzicht auf Rache/Vergeltung" 14
1.2.3. Abgrenzung von „Begnadigung" 15
1.2.4. Abgrenzung von „Versöhnung" 15
1.2.5. Abgrenzung von „Vergessen" 16

2. Zwischenmenschliche Vergebung als Thema der Bibel 18

2.1. Altes Testament und Apokryphen 18
2.1.1. Hebräische Begriffe für „Vergeben" und ihre Bedeutung 18
2.1.2. Sühne und Vergebung im Alten Testament 18
2.1.3. Verzicht auf Rache und Vergeltung im Alten Testament 22
2.1.4. Apokryphen: Jesus Sirach 24

2.2. Zwischenmenschliche Vergebung in den Evangelien 25
2.2.1. Griechische Begriffe für „Vergeben" und ihre Bedeutung 25
2.2.2. Jesu Aussagen zur Vergebung und Feindesliebe bei Matthäus ... 26
2.2.3. Jesu Aussagen zur Vergebung bei Markus 32
2.2.4. Jesu Aussagen zur Vergebung bei Lukas 33
2.2.5. Jesu Aussagen zur Vergebung bei Johannes 34
2.2.6. Jesu vergebendes *Verhalten* in den Evangelien 35

2.3. Vergebung in den Paulus- sowie den übrigen neutestamentlichen Briefen 36

3.	Zwischenmenschliche Vergebung als Thema der Theologie	40
3.1.	Vergebung in der Theologie des Alten Testaments	40
3.2.	Vergebung in der Theologie des Neuen Testaments	41
3.2.1.	Gründe für die Betonung der Notwendigkeit zwischenmenschlicher Vergebung in der Verkündigung Jesu	41
3.2.2.	Interdependenz von göttlicher und zwischenmenschlicher Vergebung in der Verkündigung Jesu	42
3.2.3.	Die Unabhängigkeit der Vergebungsbereitschaft von der Reue des Sünders in der Verkündigung Jesu	44
3.2.4.	Definitionen und Näherbestimmungen von Vergebung in der neutestamentlichen Theologie	45

Exkurs: Die Lehre von der Vergebung bei Martin Luther King 46

4.	Zwischenmenschliche Vergebung als Thema der Philosophie	49
4.1.	Die Voraussetzungen von Verletzungen	49
4.1.1.	Persönliche Betroffenheit	49
4.1.2.	Abwertung des Selbst	51
4.2.	Alternativen zur Vergebung und ihre Konsequenzen	52
4.2.1.	Wut und Haß	52
4.2.2.	Rache und Vergeltung	53
4.2.3.	Reduzierung und Festlegung des Verletzers auf seine Tat	54
4.3.	Philosophische Überlegungen zum Prozeß des Vergebens	55
4.4.	„Sich selbst vergeben"	56

Exkurs: Die zeitliche Dimension der Vergebung 57

5.	Zwischenmenschliche Vergebung als Thema der Psychotherapie	61
5.1.	Vergebung in der psychotherapeutischen Forschung	61
5.2.	Untersuchungen zur Kompatibilität des Vergebungskonzepts mit diversen psychotherapeutischen Schulen	67
5.3.	Vergebung in der psychotherapeutischen Praxis	70

Exkurs: Vergebung in Ehe und Partnerschaft 73

Inhaltsverzeichnis

6.	Zwischenmenschliche Vergebung als Thema der Medizin	76
6.1.	Allgemeine Aussagen und Beobachtungen	76
6.2.	Empirische Studien zum Zusammenhang zwischen seelischer Befindlichkeit und Erkrankung	78
7.	Vergebung in der psychologischen und pastoralpsychologischen Forschung	81
7.1.	Die Genese von Erwartungen als Bestandteil moralischer Orientierung	81
7.2.	Der Zusammenhang von Vergebungskonzept und Moralentwicklung	83
7.3.	Ärger und Wut als Folge enttäuschter Erwartungen	86
7.3.1.	Entstehung von Ärger und Wut	86
7.3.2.	Bewältigung von Ärger und Wut	89
7.3.3.	Sozialisationsbedingte geschlechtsspezifische Unterschiede im Umgang mit Ärger, Wut und Vergebung	91
7.3.4.	Die Funktion der Anklage	95
Exkurs:	Schuld- und Verantwortungsübernahme als Voraussetzung von Vergebung	97
7.4.	Die Bedeutung der Empathie als Voraussetzung des Perspektivenwechsels	101
7.5.	Die Rolle des Selbstwertgefühls	102
8.	Analyse der interpersonalen Vergebung: Diskussion	105
8.1.	Bedingungen für Verletztheit und für Vergebungsbereitschaft	105
8.2.	Begründungen und Argumente für Vergebung	106
8.2.1.	Begründungen und Argumente aus theologischer Sicht	106
8.2.2.	Begründungen und Argumente aus philosophischer Sicht	106
8.2.3.	Begründungen und Argumente aus medizinischer Sicht	107
8.2.4.	Begründungen aus psychotherapeutischer und psychologischer Sicht	107
9.	Vergebung als Prozeß	110
9.1.	Stufen- oder Phasenmodelle von Vergebung	110
9.2.	Zusammenfassung der Stufenmodelle	115

II. Empirischer Teil ... 120

1. Pilotstudie: Fragebogen ... 120

1.1. Ziel der Pilotstudie; Anzahl und Auswahl der Teilnehmer ... 120
1.2. Verfahrensweise ... 121
1.3. Der Aufbau des Fragebogens ... 122
1.4. Transformation der Fragen in Aufbau und Items des Fragebogens ... 124

2. Auswertung des Fragebogens ... 127

2.1. Religiöse Sozialisation ... 127
2.2. Zugang zum Thema der Vergebung ... 131
2.3. Einstellung zur Vergebung; persönliche Vergebungspraxis ... 135
2.4. Schritte oder Phasen der Vergebung ... 139
2.5. Potentielle Voraussetzungen und Konsequenzen von Vergebung ... 142
2.6. Zusammenhänge zwischen bestimmten Persönlichkeitseigenschaften und Vergebungsbereitschaft ... 152
2.7. Persönliche Vergebungserfahrungen und Gedanken zum Thema ... 160

3. Interpretation und Diskussion der Ergebnisse ... 164

4. Interviews: Methodik ... 166

4.1. Grundsätzliche Bemerkungen zu qualitativen Forschungsmethoden in den Sozialwissenschaften ... 166
4.2. Das problemzentrierte Interview ... 167
4.3. Auswahl der Probanden und Vorgehensweise ... 169

5. Interviews: Inhalte und Interpretation ... 171

5.1. Frau B., 29 Jahre alt, verheiratet ... 171
5.1.1. Das Selbstbild ... 171
5.1.2. Das Bild vom Verletzer ... 173
5.1.3. Der Verletzungsprozeß ... 174
5.1.4. Der Verarbeitungsprozeß ... 175
5.1.5. Die Rolle des Glaubens ... 176

5.2. Frau S., 28 Jahre alt, in einer Beziehung lebend ... 177
5.2.1. Das Selbstbild ... 178
5.2.2. Das Bild vom Verletzer ... 178
5.2.3. Der Verletzungsprozeß ... 180

5.2.4.	Der Verarbeitungsprozeß	180
5.2.5.	Die Rolle des Glaubens	182

5.3.	Frau H., 39 Jahre, 4 Kinder, geschieden, in neuer Beziehung lebend	183
5.3.1.	Das Selbstbild	183
5.3.2.	Das Bild vom Verletzer	184
5.3.3.	Der Verletzungsprozeß	185
5.3.4.	Der Verarbeitungsprozeß	186
5.3.5.	Die Rolle des Glaubens	187

5.4.	Frau B., 39 Jahre, 2 Kinder, geschieden, vor 2. Ehe stehend	187
5.4.1.	Das Selbstbild	187
5.4.2.	Das Bild vom Verletzer	189
5.4.3.	Der Verletzungsprozeß	190
5.4.4.	Der Verarbeitungsprozeß	190
5.4.5.	Die Rolle des Glaubens	191

5.5.	Herr K. Mitte 40, 2. Ehe, 1 Kind aus 1.Ehe, 2 Kinder aus 2. Ehe	192
5.5.1.	Das Selbstbild	192
5.5.2.	Das Bild vom Verletzer	193
5.5.3.	Der Verletzungsprozeß	194
5.5.4.	Der Verarbeitungsprozeß	195
5.5.5.	Die Rolle des Glaubens	196

5.6.	Herr S., 35 Jahre alt, verheiratet, 3 Kinder	197
5.6.1.	Das Selbstbild	197
5.6.2.	Das Bild vom Verletzer	198
5.6.3.	Der Verletzungsprozeß	199
5.6.4.	Der Verarbeitungsprozeß	201
5.6.5.	Die Rolle des Glaubens	202

5.7.	Frau S., Ende 50, geschieden, Lebensgefährte gestorben	202
5.7.1.	Das Selbstbild	203
5.7.2.	Das Bild vom Verletzer	203
5.7.3.	Der Verletzungsprozeß	204
5.7.4.	Der Verarbeitungsprozeß	204
5.7.5.	Frau S. als Beispiel einer mißlungenen Verarbeitung einer Verletzung	206

6.	Die Vergebungsprozesse im Vergleich	207
6.1.	Vergleich der Selbstbilder	207
6.2.	Vergleich der intrapersonalen Auseinandersetzungen mit dem Verletzer	209

6.3.	Vergleich der Verarbeitungsprozesse	211
6.4.	Die Rolle des Glaubens im Vergleich	212
7.	Diskussion der Ergebnisse	216
8.	Abschließende Überlegungen, weiterer Forschungsbedarf	217

Anhang 219

Fragebogen 219

Interviews 223

Interview mit Frau B., 29 Jahre alt 223
Interview mit Frau S., 28 Jahre alt 228
Interview mit Frau H., 39 Jahre alt 235
Interview mit Frau B., 39 Jahre alt 240
Interview mit Herrn K., Mitte 40 247
Interview mit Herrn S., 35 Jahre alt 252
Interview mit Frau S., Ende 50 259

Literaturverzeichnis 264

Einleitung

„Der Schwache kann nicht verzeihen. Verzeihen ist eine Eigenschaft der Starken."
Mahatma Gandhi

„Die Praktische Theologie ... gewinnt ihr Ziel und ihren Zweck in der Ausrichtung auf den einzelnen Menschen. Entsprechend ist der Einzelne das zentrale Thema der Praktischen Theologie."[1] – Diese Standortbestimmung bildet einerseits die Grundlage der vorliegenden Arbeit, die sich mit der Definition, Problematik und inhaltlichen Näherbestimmung der zwischenmenschlichen Vergebung befaßt. Andererseits bedarf sie einer Ergänzung: nicht der Einzelne „an sich", sondern der Einzelne *in seinen Beziehungen* sollte im Mittelpunkt praktisch-theologischen Forschens und Nachdenkens stehen. Diese grundsätzliche Beziehungsorientiertheit manifestiert sich nicht nur in menschlichen Ausnahmesituationen wie Geburt, Heirat, Scheidung, Krankheit oder Tod,[2] sondern ebenso und vielleicht mehr noch im alltäglichen Erleben und Handeln des Menschen. Es ist deshalb nur folgerichtig, wenn Henning Luther, der in seinen letzten Studien an einer „Praktischen Theologie des Subjekts" arbeitete, seine Disziplin nicht nur am Einzelnen, sondern am *Alltag* des Einzelnen anbinden wollte: „Praktische Theologie, die sich auf den Alltag einläßt, muß nicht alltäglich werden, denn je mehr sie wirklich in ihn eingeht, wird sie über ihn hinausgehen können. Sie wird der Mehrschichtigkeit und Mehrdeutigkeit der Szenarien gewahr, in denen das Alltagsleben der Menschen sich abspielt. Sie wird Lücken, Brüche, Knoten entdecken, die die Routinen unterbrechen ..."[3] – Seelische Verletzungen sind solche – im Beziehungsleben schlechterdings unvermeidbare – Brüche und Knoten in den Biographien der Menschen, und es stellt sich die Frage, wie der Einzelne damit umgeht, wie er sie verarbeitet und in sein Leben integriert, zumal wenn dieses Leben im Horizont christlicher Religiosität gelebt wird.

Martin Luthers Erklärung des zweiten Teils der fünften Vaterunserbitte im Großen Katechismus von 1529 fällt knapp, aber eindeutig aus: „... Hier ist aber ein nötiger und doch tröstlicher Zusatz angehängt: ‚wie wir vergeben unsern Schuldigern'. Er hat's uns verheißen, daß wir dessen gewiß sein sollten, daß uns alles vergeben und geschenkt sei, aber nur dann, wenn wir auch unsrem Nächsten vergeben. Denn wie wir Gott gegenüber täglich vielfach schuldig werden und er uns doch aus Gnaden alles vergibt, so müssen auch wir ständig unserm Nächsten vergeben, der uns Schaden, Gewalt und Unrecht tut, an uns seine Bosheit und Tücke ausläßt usw. Vergibst du nun nicht, so denke auch nicht, daß dir Gott ver-

---

1 Rössler 1986, S. 63.
2 Vgl. die Liste der streßreichsten Lebensereignisse von Holmes & Rahe, wo „Tod des Ehegatten; Scheidung; Trennung ohne Scheidung; Gefängnisstrafe; Tod eines nahen Familienmitglieds; Verletzung oder Krankheit; Hochzeit; Verlust des Arbeitsplatzes; Wiederversöhnung nach Streit mit Ehepartner; Pensionierung" die zehn belastendsten Geschehnisse waren. Davison & Neale 1979, S. 170.
3 Luther 1992, S. 251.

gäbe! Vergibst du aber, so hast du den Trost und die Sicherheit, daß dir im Himmel vergeben wird – nicht um deines Vergebens willen (…), sondern er will uns dies zur Bekräftigung und Versicherung, gleichsam als Wahrzeichen neben die Verheißung stellen, die mit diesem Gebet übereinstimmt, Luk.6,37: ‚Vergebt, so wird euch vergeben.'"[4] – Luther betont unmißverständlich und geradezu kategorisch die *Selbstverständlichkeit*, mit der die göttliche Vergebung vom Menschen an den Mitmenschen weitergegeben werden soll, doch gerade an diesem Punkt bricht eine Diskrepanz zwischen Wunsch und Wirklichkeit, zwischen Theorie und Praxis auf, die von der Theologie bisher weitgehend ignoriert wurde, beschäftigt sie sich doch lieber mit dem Idealen als dem Realen, lieber mit dem ‚Ganz Anderen' als mit dem Gewöhnlichen.[5] – In seiner Antrittsvorlesung an der Marburger Universität nahm Henning Luther unter der Überschrift „Schmerz und Sehnsucht – Praktische Theologie in der Mehrdeutigkeit des Alltags" diese Schwierigkeiten der Theologen mit dem Alltag und der Alltagswirklichkeit genauer unter die Lupe: „Der Alltag ist nicht nur langweilig und banal, nicht nur geringfügig und wissenschaftlich unbedeutend, er ist auch gottfern, todverfallen."[6] – Auch Unversöhnlichkeit an Stelle von Vergebungsbereitschaft ist ein Element dieser alltäglichen Gottferne und Todverfallenheit des Menschen – ein Element allerdings, das, weit entfernt davon, banal und langweilig oder geringfügig zu sein, gravierende Auswirkungen auf die Gesamtverfassung eines Menschen, auf seine „Positionierung" im Leben und im Glauben hat.

Verletztwerden ist in jedem Fall mit seelischem, manchmal auch körperlichem Schmerz verbunden, und „Schmerz und Sehnsucht durchziehen wie unterirdisches Geäder den Alltag der einzelnen Subjekte und treten unwillkürlich zu Tage … Schmerz und Sehnsucht sind radikal subjektive Gefühle, die die Möglichkeit und das Gelingen von Subjektivität selbst zum Inhalt haben. Sie entziehen sich letztlich sozialer Regulierung und können mithin auch von der Alltagssprache … nur indirekt und gebrochen erfaßt werden."[7]

Auch die Gesprächspartner in der vorliegenden Arbeit kamen mit ihren sprachlichen Möglichkeiten an eine Grenze, wenn sie vom Schmerz ihrer Verletzungen berichteten. Und doch, so zeigte sich, ist das Aussprechen des Schmerzes, das Besprechen der Verletzungserfahrungen die einzige Möglichkeit, die Wunden zu behandeln, sie zur Heilung zu bringen und Vergebung in den Blick zu nehmen. Dies hat inzwischen auch die Psychologie entdeckt, die bis vor wenigen Jahren der Vergebung aufgrund der streng religiösen Konnotation dieses Begriffs vollkommen desinteressiert gegenüberstand. Der Anstoß zum Interesse an Vergebung kam unter anderem von den Untersuchungen zur Entwicklung der Moralität, die vor allem von Kohlberg initiiert wurden. Wie der Religionspädagoge Bucher in seiner Untersuchung zur Rezeption biblischer Vergebungstexte feststellte, stehen „die Strukturen des religiösen Urteils … in einem komplexen Verhältnis zu jenen des moralischen Urteils; beide färben auf das Konzept ‚Vergebung' ab.

---

[4] Martin Luther Hauptschriften, S. 445.
[5] Vgl. Luther 1992, S. 240.
[6] Ebd.
[7] Luther 1992, S. 249.

Auch weitere Persönlichkeitsvariablen sind in Rechnung zu stellen: Ich-Stärke, Empathie, soziale Kognition etc."⁸ – Damit wird deutlich, daß eine Untersuchung des Vergebungsprozesses interdisziplinär angelegt sein muß, um ebenso theologische und philosophische wie psychologische bzw. psychotherapeutische Erkenntnisse und Überlegungen zu integrieren. Dem trägt der Aufbau der vorliegenden Arbeit Rechnung, ebenso wie der Tatsache, daß „Lebenswelt und Biographie ... in der neuen Religionspädagogik zunehmend an Bedeutung"⁹ gewinnen, da es ihr – auch – um die Frage geht, „welche Bedeutung Religion und Glaube in der gesamten lebensgeschichtlichen Entwicklung des einzelnen besitzen"¹⁰.

Im ersten Kapitel des Theoretischen Teils der Arbeit wird der Begriff der „Vergebung" sprachlich abgegrenzt, was die Voraussetzung bildet für die in den folgenden sechs Kapiteln dargestellten verschiedenen methodischen und inhaltlichen Zugänge zur Vergebung in der Bibel sowie in Theologie, Philosophie, Medizin, Psychotherapie und wissenschaftlicher Psychologie. Wie die in Kapitel acht vorgenommene Analyse der verschiedenen fachlichen Zugänge zum Thema der Vergebung deutlich macht, ist Vergebung ein mehrschichtiges und mehrdimensionales Geschehen, das aus einer Vielzahl von Gründen der Unversöhnlichkeit und damit der Vergebungsverweigerung vorzuziehen ist. Die innere Dynamik des Vergebungsprozesses, die für den zweiten Teil der Arbeit von grundlegender Bedeutung ist, wird abschließend in Kapitel neun detailliert entfaltet.

Der empirische Teil trägt Henning Luthers Überlegungen zum Ansatz und Vorgehen der Praktischen Theologie Rechnung: „Im Interesse der Rettung des Subjekts wird sie sich um einfühlendes Verstehen der Menschen bemühen, gerade auch um die verborgenen Schmerzen und Sehnsüchte freizulegen ..."¹¹ Dies geschieht zum einen in Form einer Pilotstudie, bei der unter einer begrenzten Anzahl von Personen eine umfangreiche schriftliche Befragung zu den jeweiligen Vergebungskonzepten und Vergebungserfahrungen durchgeführt wurde, wobei der religiöse Glaubenshorizont der Teilnehmer gezielt in die Befragung miteinbezogen wurde. Es geschieht zum anderen in einer Auswahl von Interviews, die mit Menschen geführt wurden, welche eine tiefe seelische Verletzung erlitten hatten und bereit waren, darüber sowie über ihre Verarbeitungsprozesse Auskunft zu geben. Abschließend werden die geschilderten Vorgänge und Erfahrungen einem systematischen Vergleich anhand der im theoretischen Teil gewonnenen Hypothesen zum Vergebungsprozeß unterzogen. Wie die Diskussion der Ergebnisse sowie die abschließenden Überlegungen zur Thematik deutlich machen, läßt sich eine Fülle von Anwendungsmöglichkeiten sowie weiteren Forschungsprojekten aufgrund der vorliegenden Einblicke in die faszinierende Dy-

---

8   Bucher 1995, S. 8.
9   Luther 1992, S. 255.
10 Ebd. „Nicht die Standards einer Normalbiographie würden sie (die praktische Theologie, d.Verf.) leiten, sondern eher das, was Subjekte an ihnen scheitern läßt oder sie unbefriedigt läßt, also die Niederlagen und Enttäuschungen, nicht so sehr die Siege und Erfolge; die ungestillten Hoffnungen und Wünsche, nicht so sehr die Befriedigungen und Beruhigungen" (S. 255).
11 Luther 1992, S. 252.

namik der Vergebung und in ihre dichte Vernetzung mit vielen weiteren theologischen, psychologischen, therapeutischen und religionspädagogischen Fragestellungen entwerfen.

Es zeigt sich jedoch auch, daß Vergebung, wiewohl sie zunächst den Einzelnen in seinem Beziehungsgeflecht im Blick hat, angesichts ihrer engen Verknüpfung mit Fragen der Moralentwicklung und der Rechtsauffassung in einem weiteren theoretischen und gesellschaftlichen Horizont gesehen werden kann und muß, was allerdings den Rahmen der vorliegenden Arbeit gesprengt hätte: Wo der Rechtsstaat immer mehr zum Schlachtfeld erbitterter, häufig auch kleinlicher Rechtsstreitigkeiten wird, wo Nachgeben und Versöhnungsbereitschaft dementsprechend als Zeichen von Schwäche und Eingeständnis von Unrecht klassifiziert werden, da ist auch die Theologie ganz neu gefordert, den Sinn und Segen des Vergebens im Bewußtsein der Menschen sowie in ihren konkreten Lebensvollzügen zu entfalten und zu verankern. Orte dieser „Vergebungspädagogik" könnten sowohl in der Verkündigung als auch in Religionspädagogik, Seelsorge und christlicher Erwachsenenbildung, um nur einige wenige Beispiele zu nennen, sein.

I. Theoretischer Teil

1. Was ist Vergebung? – Sprachliche Untersuchungen

1.1. Semantisches Umfeld

1.1.1. Vergleich der Begriffe „Vergebung" und „Verzeihung"

Es ist eine auffallende Tatsache, daß das Wort „Vergebung" in der Umgangssprache kaum benutzt wird. Seine Verwendung ist weitgehend auf zwei Bereiche beschränkt: auf den christlich-theologischen Bereich sowie auf den Bereich offizieller politischer Vorgänge. Im christlich-theologischen Sprachgebrauch hat der Begriff „Vergebung" vor allem im Zusammenhang mit der göttlichen Vergebung von Sünden/Schuld eine Zentralstellung und wird hier fast ausschließlich verwendet. Jedoch findet sich in modernen Bibelübersetzungen auch der Begriff „Verzeihung" anstelle von „Vergebung". Man muß allerdings fragen, ob hier nicht mangelnde sprachliche Sensibilität zu konstatieren ist, denn es ist eindeutig, daß zwischen Vergebung und Verzeihung nach wie vor ein konnotativer Unterschied besteht: der Begriff „Vergebung" wird für „schwerwiegende Prozesse und Probleme" des Lebens vorbehalten, während der Begriff „Verzeihung" für „leichter zu bewältigende Problemsituationen mit anderen Menschen" vorgezogen wird.[12] Insofern ist es, was den politischen Bereich anbelangt, folgerichtig, wenn es in einer Artikelüberschrift heißt: „Moralische Verfehlung-Tschechische Protestanten bitten Sudetendeutsche um Vergebung",[13] und in einer anderen, anläßlich eines Treffens vertriebener Donauschwaben: „Vergeben, aber nicht vergessen",[14] oder anläßlich des Gedenkens an den britischen Sieg über Japan: „Vielen Briten fällt das Vergeben noch immer schwer".[15] Auch im Zusammenhang mit der ostdeutschen Stasi-Vergangenheit wurde der Begriff verwendet: „Vergebung setzt die Kenntnis der Taten voraus-Plädoyer gegen eine undifferenzierte Schließung der Stasi-Akten",[16] was ebenfalls die hohe moralische Bedeutsamkeit des Vorgangs deutlich macht.

Wird diese feine Unterscheidung im gegenwärtigen deutschen Sprachgebrauch durch den etymologischen Bedeutungsgehalt der beiden Begriffe „Vergebung" und „Verzeihung" unterstützt?

---

[12] Vgl. Harz 1989, S. 2.
[13] SONNTAG AKTUELL vom 11.6.94.
[14] Stuttgarter Zeitung vom 2.10.95.
[15] Reinhart Häcker, Stuttgarter Zeitung, 21.8.95.
[16] Joachim Hörster, DIE WELT vom 7.1.95.

Allein schon der lexikalische Umfang der Erläuterungen zu den beiden Begriffen macht deutlich, daß „Verzeihung/verzeihen" im deutschen Sprachgebrauch wesentlich häufiger und in vielfältiger Form verwendet wird als „Vergebung/vergeben".[17]

1.1.2. „Vergebung/Vergeben"

Ursprünglich bedeutete das Wort „fortgeben, hinweggeben", woraus sich – neben anderen Bedeutungen – auch die spezielle Bedeutung ergab „eine Sache aufgeben, d.h. hingehen lassen, was strafend zu verfolgen ich berechtigt bin".[18] Es heißt dann weiter: „Besonders hat sich diese letztere Bedeutung in der Sprache der Kirche festgesetzt für ‚die Sünden erlassen',[19] wobei im folgenden näher ausgeführt wird: „In den zusammenstellungen von ‚vergeben' mit ‚verzeihen' und ‚vergessen' ist heute ‚vergeben' wohl der kräftigste ausdruck, indem es mehr ein erlassen aus inneren moralischen gründen anzeigt, ‚verzeihen' und besonders ‚vergessen' aber nur ein absehen von verdienter strafe ist."[20] Auch die Grundbedeutung des Substantivs „Vergebung" wird als „Erlassen von Strafe" angegeben.[21] – Der aktuelle Duden[22] gibt die Grundbedeutung von „vergeben" an mit: „jemandem etwas schenken, was man von ihm zu beanspruchen hat". Allerdings bedeutet Vergebung nicht in jedem Fall, daß auf Wiedergutmachung eines angerichteten Schadens verzichtet werden muß. Der „Anspruch", den der Vergebende aufgibt, liegt nicht unbedingt auf der materiellen und auch nicht auf der juristischen Ebene, sondern auf der zwischenmenschlichen und intrapsychischen Ebene: Auch nach Wiedergutmachung oder staatlich verhängter Strafe bleibt das Verhältnis des Geschädigten zum Schädiger durch das erlittene Unrecht, die erlittene Verletzung gestört, und zwar so lange, wie der Geschädigte nicht seinen Anspruch auf Wut, Groll und Ablehnung des Täters aufzugeben bereit ist.[23]
Damit ist deutlich, daß es sich bei „vergeben" um ein transitives Verb handelt, das eine Beziehung zwischen Personen voraussetzt.

1.1.3. „Verzeihung/Verzeihen"

Die Bedeutungsentwicklung von „verzeihen" ist insofern komplizierter, als sie sich in zwei Stränge aufteilt:
– ein sehr früher Strang: sich einer Sache versagen ⇒ Bedeutung „verzichten" – dieser Bedeutungsstrang ging ab dem 18. Jahrhundert verloren

---

17 Deutsches Wörterbuch von J. und W. Grimm 1956: „Vergeben" und seine Derivate: 13 Spalten (381–393); „Verzeihen" und Derivate: 36 Spalten (2512–2548).
18 Ebd., Sp. 382.
19 Ebd., Sp. 383.
20 Ebd., Sp. 384.
21 Ebd., Sp. 393.
22 Herkunftswörterbuch Mannheim 1989, S. 221).
23 Vgl. Rice-Oxley, 1989, S. 15: „But forgiveness means the withdrawal of resentment". Ebenso Preston 1990, S. 52.

1. Was ist Vergebung? – Sprachliche Untersuchungen

– ein späterer Strang: auf Wiedergutmachung verzichten ⇒ Bedeutung „vergeben"
– Letzterer Bedeutungsstrang hat sich durchgesetzt und ist heute allein gebräuchlich.[24]

Allerdings bleibt die Grundbedeutung von „verzichten", nämlich „einen Anspruch aufgeben" auch im heutigen Sprachgebrauch erhalten: Wer verzeiht, verzichtet auch.

Zum Unterschied zwischen „Vergeben" und „Verzeihen" heißt es:

„…setzt im ausgehenden 18. Jahrhundert eine differenzierung ein, die im ganzen ein zurücktreten in der sinntiefe (von verzeihen) hinter ‚vergeben' erkennen läßt"[25]. Wichtig in unserem Zusammenhang ist noch, daß „verzeihen" auch die Bedeutung von „nachsichtig sein" bzw. „einem persönlichen mangel, einer menschlichen schwäche mit verständnis begegnen, sie hinnehmen", haben kann,[26] während „vergeben" diese Bedeutungen nicht beinhaltet.

Dieser Befund stützt den derzeitigen Sprachgebrauch, der dem „Vergeben" nicht nur ein höheres moralisches Gewicht beimißt, sondern auch das „Erlassen von *Schuld*" damit in eindeutiger Weise zum Ausdruck bringt, während bei „Verzeihen" durchaus auch „nachsichtiges Darüberhinwegsehen, Entschuldigen" gemeint sein kann, ja, „Verzeihung!" und „Entschuldigung!" können geradezu synonym gebraucht werden. Insofern ist „Vergebung" wesentlich enger definiert als „Verzeihung"; auch wird im Wort „Vergebung" „das Negative des ‚Verzichts' in das Positive des Gebens" gewendet …Vergebung ist so im anthropologischen Sinn ein schöpferischer Vorgang".[27] Es wird deswegen – und aufgrund seiner größeren semantischen Eindeutigkeit – in der folgenden Arbeit zwar nicht ausschließlich, doch vorherrschend der Begriff „Vergebung/vergeben" verwendet.

1.2. Abgrenzungen von Vergebung

1.2.1 Abgrenzung von „Nachsicht, Bagatellisieren, Entschuldigung"

Vergebung bedeutet nicht, eine Verletzung zu bagatellisieren oder sie durch allerlei Erklärungen und Analysen zu entschuldigen.[28] Eine solche Haltung, die entsprechend dem französischen Sprichwort „Tout comprende, c'est tout pardonner" ein Unrecht oder eine Verletzung nachsichtig hinnimmt, steht in diametralem Gegensatz zur Vergebung, die zunächst den Protest gegen das Unrecht sowie die Anklage voraussetzt, bevor etwas vergeben werden kann.[29] Eine nachsichtige Haltung birgt außerdem die Gefahr in sich, daß sie auf Kosten der

---

24 Ebd., Sp. 2513.
25 Ebd., Sp. 2527.
26 Ebd., Sp. 2531.
27 Handbuch der christlichen Ethik 1993, S. 184.
28 Vgl. Downie 1965, S. 129ff.
29 Vgl. Kolnai 1979, S. 95.

Selbstachtung des Verletzten geht. Tatsächlich läßt sich bei allzu eilfertigem Verständnis für ein verletzendes Verhalten häufig ein Mangel an Selbstachtung auf seiten des Verletzten feststellen, der sich nicht gegen die Abwertung seiner Person zu wehren vermag.[30] Auch impliziert die Nachsicht gegenüber einer Verletzung, daß sich an der Beziehung zwischen Verletzer und Verletztem im wesentlichen nichts ändert, sondern daß über das Unrecht hinweggegangen wird, als ob es keinerlei gravierende Auswirkungen hätte. Demgegenüber kann Vergebung durchaus eine Veränderung der Beziehung mit sich bringen, ja, es ist höchstwahrscheinlich, daß die Beziehung zwischen Verletzer und Verletztem nicht mehr die gleiche ist wie vorher.[31]

„Entschuldigen" bedeutet wörtlich „einen Fehler o.ä. als geringfügig ansehen und hingehen lassen; einen Fehler, ein Versäumnis o.ä. begründen", oder, in der reflexiven Bedeutung (sich entschuldigen): „für einen Fehler, ein Versäumnis o.ä. um Nachsicht, Verzeihung bitten".[32] Ein Verhalten ent-schuldigen bedeutet wörtlich, es dem anderen nicht als Schuld anzurechnen und damit auch keinen Anspruch (auf Schadensersatz, Wiedergutmachung) zu erheben. Dem Entschuldigen eines Verhaltens geht dabei in der Regel das Nachdenken über die möglichen Beweggründe des anderen voraus. – Der Vergebung kann durchaus Einsicht bzw. Verständnis in die Beweggründe des anderen vorausgehen,[33] dennoch wird der „Schuldige" seiner Schuld nicht enthoben, sondern für sein Verhalten *verantwortlich* gemacht,[34] während Entschuldigung das Vorhandensein von Schuld oder Verantwortung entweder negiert oder bagatellisiert. Beides, sowohl Nachsicht als auch Entschuldigen sind Reaktionen auf eine Verletzung, die auch in einem Nicht-Ernst-Nehmen oder Verachten des Verletzers ihren Grund haben können.[35]

1.2.2. Abgrenzung der Vergebung vom „Verzicht auf Rache/Vergeltung"

Vergebung ist mehr als der bloße Verzicht auf Rache und Vergeltung, der mit demonstrativer Gleichgültigkeit und frostiger Kälte gegenüber dem Verletzer durchaus kompatibel wäre, was in der Realität auch sehr häufig vorkommt.[36]

---

30 Vgl. Rice-Oxley 1989, S. 8f.
31 Vgl. Horsbrugh 1974, S. 274: „Forgiveness, though restorative, may not restore a relationship to what it was prior to the injury".
32 DUDEN Bd. 7, 1989, S. 653. Vgl. auch hier die Nebeneinanderstellung von Nachsicht und Verzeihung, nicht aber Nachsicht und Vergebung.
33 Vgl. hierzu den griech. Begriff „syngignosko/syngnomä", verzeihen, bei dem die Einsicht in die *Motive* dessen, dem verziehen wird, eine wichtige Rolle spielt. Man könnte ihn, modern gesprochen, als psychologisch orientierten Verzeihungsbegriff charakterisieren, weswegen er auch im biblischen Sprachgebrauch nicht verwendet wird. Metzler 1991, S. 225ff und 249.
34 Vgl. Neues Lexikon für christl. Moral 1990, S. 823: Vergebung setzt voraus, „daß derjenige, dem die Vergebung zuteil wird, ... dafür auch subjektiv verantwortlich ist und nicht nur Glied in einer Ursachenreihe war."
35 Vgl. Rice-Oxley 1989, S. 8f und de Chalendar 1992, S. 76: „Zu sagen: sie sind eher dumm als bösartig – das ist nicht Vergeben."
36 Diese Haltung wird von den Betreffenden gerne mit den Worten umschrieben: „Vergeben ja, vergessen niemals!", womit in der Regel angedeutet wird, daß zwar auf Rache oder weitere Anklage verzichtet, aber keinesfalls vergeben worden ist!

1. Was ist Vergebung? – Sprachliche Untersuchungen 15

Vergebung beinhaltet demgegenüber eine ausdrückliche Haltung des guten Willens, die dem „bösen Willen" des Verletzers entgegengesetzt wird.[37] Sie setzt insofern eine willentliche und bewußte Preisgabe des Rachewunsches voraus, kein „Verjähren" in Form eines unbewußten oder unwillkürlichen Verblassens dieses Wunsches, denn am Ende eines solchen Verjährungsprozesses steht keine neue Aufgeschlossenheit und Akzeptanz gegenüber dem Verletzer, sondern allenfalls mißtrauische Distanz oder eine Haltung der Neutralität. Demhingegen beinhaltet Vergebung die Bereitschaft zur Erneuerung der Beziehung.[38]

1.2.3. Abgrenzung von „Begnadigung"

Der Akt der Begnadigung ist Institutionen und ihren Repräsentanten vorbehalten.[39] Es gibt Straferlaß ohne Vergebung ebenso, wie es Vergebung ohne Straferlaß gibt. Während Vergebung eine persönliche Beziehung sowie eine *Einstellungsänderung* des Vergebenden gegenüber dem Verletzer voraussetzt, ist dies beim Straferlaß nicht notwendig.[40] Auch die christliche Überzeugung, daß die menschliche Vergebungsbereitschaft eine Antwort auf göttliche Vergebung darstellt, kann nicht unmittelbar in das Strafrecht eines Staates eingebaut und als Begründung für Begnadigungen verwendet werden.[41] Andererseits ist eine Diskussion darüber, was staatliche Bestrafung symbolisiert und bezweckt, unbedingt notwendig, damit sie nicht vom Einzelnen als Vergeltungs- oder Racheakt mißverstanden werden kann.

Auf jeden Fall gehören Vergebung und Begnadigung (engl. „pardon") zu verschiedenen logischen Systemen – Vergebung spielt sich im persönlichen, zwischenmenschlichen Bereich ab, während Begnadigung im juristischen und sozialen Kontext ihren Ort hat. Vergebung bezieht sich auf eine Verletzung von Mensch zu Mensch, während Begnadigung einen Regelverstoß im juristischen Sinn voraussetzt.[42] Insofern ist es auch fraglich, ob man im Zusammenhang von Völkerrecht und Völkerverständigung – z.B. zwischen Tschechen und Deutschen – von Vergebung sprechen kann.[43]

1.2.4. Abgrenzung von „Versöhnung"

Das deutsche Wort „Versöhnung" ist abgeleitet von „Sühne", dessen Grundbedeutung sich von ursprünglich „Schlichtung, Urteil, Gericht" gewandelt hat zur

---

[37] Kolnai 1979, S. 91f grenzt Vergebung ab von „Non-Imputation, Indifference, Exculpation, Remission and Reconciliation or Atonement".
[38] Vgl. Golding 1984/85, S. 134f.
[39] Vgl. O'Shaugnessy 1967, S. 335–352. Gegen Roberts 1971, S. 352f, der zwischen Vergebung und Begnadigung („Mercy") nicht unterscheidet.
[40] Vgl. Arendt 1960, S. 236: „Das Vergeben und die Beziehung, die der Akt des Verzeihens etabliert, sind stets eminent persönlicher Art ... Das Vergeben bezieht sich nur auf die Person und niemals auf die Sache."
[41] Über den Unterschied zwischen Strafvollzug und Vergebung siehe Preston 1990 und Duff 1990.
[42] Vgl. Rice-Oxley 1989[8], S. 4f.
[43] Zur Problematik, ob Völker vergeben können, vgl. Shriver 1995, S. 71ff.

heutigen Bedeutung „Wiedergutmachung, Buße, Strafe".[44] Sühne hält also „den begriff der zu entrichtenden busze fest, der sich in ‚versöhnen' verflüchtigt hat ... Versöhnen beschränkt sich ... im allgemeinen auf die subjective sphäre, auf die innerliche umwendung bei der wiederherstellung eines gestörten guten verhältnisses einer person zu einer andern person ...".[45]

Das *Ziel* der Vergebung ist zwar diese Wiederherstellung eines guten Verhältnisses einer Person zu einer anderen Person, aber nicht immer wird der Akt des Vergebens von einer Versöhnung besiegelt, denn Versöhnung setzt voraus
- daß der, dem vergeben wird, in Kontakt steht mit dem, der ihm vergibt, was häufig nicht oder, bei lange zurückliegenden Verletzungen, nicht mehr der Fall ist;
- daß der, dem vergeben wird, davon weiß, daß er eine andere Person verletzte: es gibt aber auch sehr viel unbewußtes, ahnungsloses Verletzen zwischen Menschen;
- daß der, dem vergeben wird, seine Schuld und damit seine Vergebungsbedürftigkeit auch *anerkennt*.

Es ist offensichtlich, daß es eine Menge an Verletzungen zwischen Menschen gibt, bei denen eine oder mehrere dieser Bedingungen nicht erfüllt sind – und dennoch sind es Verletzungen, die der Verletzte nicht einfach „wegstecken" kann, sondern mit denen er umgehen muß, die er verarbeiten muß.

Vergebung als eine Weise dieser Verarbeitung von Verletzungen ist dann – als intrapersonaler Vorgang – durchaus und jederzeit möglich, Versöhnung – als interpersonales Geschehen – nur unter bestimmten Bedingungen, die der Vergebende nicht allein in der Hand hat: „Man kann ein Geschenk ablehnen, man kann eine Vergebung ablehnen."[46] Dies nötigt zu einer strengen Unterscheidung zwischen Vergebung und Versöhnung. Denoch bleibt festzuhalten: das Ziel der Vergebung ist eine Wiederermöglichung von Beziehung.[47]

1.2.5. Abgrenzung von „Vergessen"

Die sowohl im Deutschen als auch im Englischen bekannte stehende Redewendung „Vergeben und Vergessen" gehört zu den sogenannten „formelhaften Zwillingswendungen", die, ähnlich dem hebräischen parallelismus membrorum, durch ihre lautmalenden und oft reimgebundenen Wendungen eine Sache besonders eindrücklich und einprägsam , sozusagen in doppelter Version, illustrieren (verraten und verkauft, auf Biegen und Brechen, in Hülle und Fülle u.v.a.).[48]
Da der nachgeordnete zweite Begriff in vielen dieser Wendungen eine ähnliche Bedeutung wie der erste hat, legt sich bei „vergeben und vergessen" das Mißver-

---

44 DUDEN Bd. 7, 1989, S. 727. Vgl. auch Gese 1976, S. 87.
45 Grimms Wörterbuch 1956, Sp. 1351.
46 De Chalendar 1992, S. 81. Allerdings, so de Chalendar, kann der Vergebende unabhängig von der Dialogbereitschaft dessen, dem er vergibt, diesem durch sein Verhalten zeigen, daß er ihm vergeben hat.
47 De Chalendar 1992, S. 80.
48 Krüger-Lorenzen 1990, S. 632ff.

ständnis nahe, daß die beiden Begriffe ebenfalls das gleiche oder wenigstens ähnliches aussagen würden.

Die Grundbedeutung von „vergessen" ist: „aus dem (geistigen) Besitz verlieren".[49] Ein solcher Verlust geschieht ohne eigenes Zutun. Der Hauptunterschied zwischen „Vergessen" und „Vergeben" liegt dementsprechend darin, daß Vergeben in der Regel mit einem *Willensakt* verbunden ist, während Vergessen – wie Verlieren – nicht dem Willen des Menschen unterliegt.[50] Ich kann zwar den Entschluß fassen, jemandem zu vergeben, nicht jedoch den Entschluß, einen Teil meiner Erinnerungen einfach zu löschen – dies wäre, in seiner willkürlichen Form, ein Versuch der Verdrängung, aber kein Vergessen.[51] Was sich jedoch in der Tat gravierend verändert durch Vergebung, ist die emotionale „Besetzung" des Erinnerten. Wer verzeiht, weigert sich, das vergangene Geschehen als determinierend dafür anzusehen, wie er in Zukunft die Beziehung zum Verletzer gestaltet. Das bedeutet, daß Vergebung zwar nicht unbedingt Vergessen nach sich zieht, aber in jedem Fall eine Transfiguration, eine Umwandlung der Erinnerung in Gang setzt. Andernfalls gilt: „Erinnerung an das Böse ohne Vergebung bedeutet den Eintritt in ein Leben, das die Hölle ist."[52]

Es ist allerdings durchaus möglich, daß *nach* der Vergebung auch ein Vergessen folgt, doch zunächst sind diese beiden Vorgänge völlig unabhängig voneinander. Dementsprechend klingt in der Redewendung „Vergeben und vergessen" möglicherweise insofern eine tiefe psychologische Einsicht an, als daß dem Vergessen eines schweren Unrechts in aller Regel ein Vergeben vorausgehen muß; man könnte also vereinfacht sagen: Nach Vergeben folgt *nicht unbedingt* Vergessen, aber ohne Vergeben folgt *ganz gewiß kein* Vergessen.

---

[49] DUDEN Bd. 7, 1989, S. 780.
[50] Vgl. Calian 1981, S. 442: „,Forgive' and forget" calls us to do the impossible, but God expects us to forgive without forgetting ... Forgiveness without forgetfulness is the human way of loving one another."
[51] Gegen das „Handbuch christlicher Glaube" 1985, S. 291, wo behauptet wird, „daß vergeben zu vergessen gehört. Die Vergebung ist erst dann vollzogen, wenn das Unrecht ... schließlich vergessen ist." – Vgl. dagegen Dietzfelbinger 1980, S. 66: „Vergeben ist nicht identisch mit Vergessen." So auch de Chalendar 1992, S. 75.
Möglicherweise drückt sich die Unverfügbarkeit des Vergessens auch darin aus, daß es von diesem Verb kein Substantiv („Vergessung") gibt. Diese Unverfügbarkeit zeigt sich auch darin, daß ein verletzter Mensch auch dann nicht von seinen möglicherweise quälenden Erinnerungen befreit wird, wenn der Verletzer bestraft wurde: „For even when he have punished the offender, we are still cursed with the memory of the offence which still brings out feelings of anger and disgust." Elizondo 1976, S. 71.
[52] Basset, 1994, S. 444.

2. Zwischenmenschliche Vergebung als Thema der Bibel

2.1. Altes Testament und Apokryphen

2.1.1. Hebräische Begriffe für „Vergeben" und ihre Bedeutung

Das Hebräische unterscheidet sprachlich zwischen dem Vergeben von Schuld von seiten Gottes (slh)[53] und dem Vergeben zwischen Menschen.
Unter den Begriffen für zwischenmenschliches Vergeben begegnet am häufigsten das allerdings sowohl für Gott als auch für Menschen gebräuchliche Verb „kpr" (Pi.) , das vermutlich die Grundbedeutung „verhüllen, bedecken"[54] hat. Sein biblischer Bedeutungsgehalt ist jedoch ausgesprochen komplex und bezeichnet vor allem den Vorgang des Sühnens/Entsühnens, der sowohl von Gott gegenüber Menschen als auch von Menschen gegenüber Gott ausgehen kann, selten jedoch von Menschen gegenüber Mitmenschen. Das Verb kann auch nur dann die Bedeutung „vergeben" annehmen, wenn Gott Subjekt ist.[55] – Eindeutiger, aber auch wesentlich seltener ist der Begriff „nsh", der „Aufnehmen, Tragen, Wegtragen" und damit auch „Wegnehmen von Schuld" (Vergebung) bedeutet.[56] Sehr vereinzelt begegnet auch das Wort „ksl", das die Grundbedeutung „bedecken" hat und im Zusammenhang mit der Vergebung als „Bedecken von Schuld"[57] verstanden wird.
Die Grundvorstellung der verschiedenen Begriffe läßt sich dahingehend zusammenfassen, daß Schuld als etwas zwischen Gott und Mensch bzw. Mensch und Mitmensch Stehendes aufgefaßt wird, welches durch Vergebung „aus dem Blickfeld geschafft" wird, so daß die unterbrochene Verbindung wieder „heil" ist.

2.1.2. Sühne und Vergebung im Alten Testament

Während das Thema „Vergebung" sowohl zwischen Gott und Mensch als auch zwischen Mensch und Mitmensch in den ältesten Schichten des Alten Testaments noch nicht anklingt,[58] entwickelt sich, ausgehend vom Vergeltungsgedanken bzw. von dem Gedanken der schicksalswirkenden Tat, deren Folgen nur von Gott selbst „aufgehoben" werden können,[59] in exilischer und nachexilischer Zeit

---

53 Theol. Handwörterbuch zum Alten Testament 1976, Sp. 151 und Sung 1993, S. 20; Preuß 1992, S. 193.
54 Theol. Wörterbuch zum Alten Testament 1984, Sp. 303ff. Vgl. Sung 1993, S. 77f.
55 Theol. Wörterbuch zum Alten Testament 1984, Sp. 307.
56 Theol. Handwörterbuch zum Alten Testament 1976, Sp. 110ff, vgl. Sung 1993, S. 50; Preuß 1992, S. 191f.
57 Theol. Wörterbuch zum AT 1984, Sp. 272ff.
58 Ev. Kirchenlexikon 1959, Sp. 1637f und Koch 1991, S. 185f.
59 Koch 1972, S. 140f.
    Vgl. im gleichen Aufsatzband Scharbert 1972, wo er zeigt, daß die Übersetzung von slm (Pi) mit „vergelten" falsch ist- es geht nicht um Vergeltung im Sinne von Bestrafung, sondern um ein „Vollständigmachen oder In-Kraft-Setzen eines Tat-Ergehens-Zusammenhangs" (S. 300). So auch Koch 1972, S. 134 und Pedersen 1972, S. 26.

eine intensive Beschäftigung mit dem Thema „Sühne/Entsühnung".[60] Bezeichnenderweise bedeuten die beiden meistgebrauchten Begriffe „slh" und „kpr" sowohl „entsühnen" als auch „vergeben". Das zeigt, daß Sühne nicht als ein von der Sündenvergebung unabhängiger Vorgang aufgefaßt wurde, sondern Sühne „bildet ein Mittel der Vergebung".[61]

Es zeigt sich, daß „das AT Vergebung nicht im modernen Sinn als geistiges Geschehen" kennt, sondern als einen „konkreten, umfassenden ... Vorgang".[62] Wichtig für die nähere Bestimmung von zwischenmenschlicher Vergebung ist der Hinweis, daß sämtliche Sühneriten – die von der Versöhnungsbereitschaft und „Versöhnlichkeit" Gottes gestiftet sind[63] – der *Wiederherstellung gebrochener Gemeinschaft* dienen.[64] Sünde wird definiert als eine „Tätigkeit, durch die eine Gemeinschaft aufgelöst wird. Insoweit wird Sünde eine Sache zwischen zwei Seiten; man ist Sünder *im Verhältnis* zu einem anderen ... Der Sünder ist derjenige, der in seinem Verhältnis gegenüber dem anderen im Unrecht ist dadurch, daß er nicht gegeben hat, worauf der andere ein Anrecht hat".[65] Die dadurch entstandene Spannung in dem Verhältnis „muß durch einen Sühneakt neutralisiert und aufgehoben werden, so daß die gewöhnliche Ordnung wiederhergestellt ist".[66] Folgerichtig ist Vergebung nach alttestamentlichem Verständnis ein restaurativer Vorgang,[67] wobei der Sühnekult vom Menschen nicht um Gottes willen ausgeübt wird, sondern eine Einrichtung bildet, die Gott dem Menschen *schenkt*, um die Verbindung zwischen Gott und Mensch aufrecht- und lebendig zu erhalten.[68] Gese stellt kurz und knapp fest: „Ziel des Kultes in nachexilischer Zeit ist der Zugang zu Gott ..."[69]

Deutlich wird, daß Vergebung als freier geistiger Akt eines liebenden Gegen-

---

[60] Zu den möglichen Ursachen dieser Entwicklung vgl. Koch 1972, S. 199ff sowie Gese 1976, S. 90; Preuß 1992, S. 197.
[61] Theol. Handwörterbuch zum Alten Testament 1976, Sp. 153.
[62] Ebd. Sp. 152. Vgl. Theol. Begriffslexikon zum NT 1971, S. 1624: „Weil der Israelit Sünde nicht abstrakt denkt, sondern als durch die Verfehlung entstehende schicksalwirkende, raumhafte Sphäre, kann Schuld nicht einfach aufgehoben werden, sondern sie ist nur vergebbar, indem Gott im Sühneritus den Kreis der weiterwirkenden Tat durchbricht ..."
[63] Schenker 1981, S. 82. Vgl. Preuß 1992, S. 194: „... Sühne wie Vergebung sind Gaben und Taten Gottes, die von ihm ausgehen und dem Menschen zugute kommen."
[64] Vgl. Gese 1976, S. 91.
[65] Pedersen 1972, S. 50. Vgl. Zackrison 1992, S. 153f: „A relational view of sin requires a relational view of grace ... Forgiveness also has to do with the healing of relationships." Daß Sünde den Bundesgedanken voraussetzt, betont auch Brakenhielm 1993, S. 59.
[66] Theol. Wörterbuch zum Alten Testament 1984, S. 308.
[67] Newman 1987, S. 157.
[68] Gladson 1992, S. 129 So auch Schenker 1981, S. 82f: „In Israel stellte man sich den Vorgang nicht so vor, daß man sich den aufgebrachten Gott durch ein Geschenk von der Art eines Bestechungsgeschenkes gewogen machen wollte, sondern vielmehr so, daß *Gott den Menschen die Möglichkeit anbot,* sich durch die Darbringung einer Gabe mit ihm zu versöhnen. Die Initiative lag eindeutig bei Gott; dies ist bei dem kultischen Wesen jedes Opfers ja gar nicht anders denkbar. Denn der Kult ist für alle alten Völker und so auch für Israel nicht menschliche Erfindung, sondern göttliche Stiftung."
Vgl. auch Theol. Wörterbuch zum AT 1984, S. 308 „... *niemals* wird die Gottheit versöhnt oder beschwichtigt." So auch Gese 1976, S. 105. Allerdings konnten durch den Sühnekult nur unabsichtlich begangene, nicht-vorsätzliche Sünden gesühnt werden, vgl. Gladson 1992, S. 133.
[69] Gladson 1992, S. 99.

übers lange Zeit nicht in der Vorstellungswelt des israelitischen Volkes vorhanden war. Das konkrete, bildhafte Denken der Israeliten verstand unter Sünde einen Akt, der eine gute, heilvolle Ordnung aus dem Gleichgewicht brachte, und ein solcher Akt konnte nur durch einen ebenso tatkräftigen Akt des „Wieder-in-Ordnung-bringens" von seiten des Menschen neutralisiert werden. Auch verbot die Vorstellung einer schicksalswirkenden Tat (Tun-Ergehens-Zusammenhang), daß die Folgen dieser Tat einfach „annulliert" werden konnten.[70] Daß Gott selbst durch seine Vergebung dem Menschen jede Form der Wiedergutmachung abnahm, sie gar an dessen Stelle ins Werk setzte, war kaum vorstellbar. Andererseits erwuchs dem Israeliten im Lauf der Geschichte immer mehr die Ahnung, daß auch Sühneopfer und Sühnerituale letzten Endes nicht ausreichen, um Schuld vor Gott zu tilgen. Diese Einsicht äußert sich zum einen in den Psalmen, wo an mehreren Stellen von Gottes Vergebung gesprochen oder um sie gebeten wird, zum anderen bei Deuterojesaja.[71] –
Demgegenüber bleibt in Jes. 53,5.10ff die Vorstellung vom Schuldopfer, das für Sünde bezahlt werden muß, voll und ganz gewahrt: der Gottesknecht setzt „sein Leben zum Schuldopfer ein" (V. 10)

Gegenüber der komplexen und nicht einheitlichen Entwicklung des Sühnegedankens zwischen Gott und Mensch spielt Sühne und Vergebung im *zwischenmenschlichen* Bereich eine untergeordnete Rolle im Alten Testament.[72] Das Verb „kpr" wird nur an vier Stellen im Zusammenhang zwischenmenschlicher Sühnehandlungen verwendet und hat an keiner dieser Stellen die konkrete Bedeutung „vergeben" (diese Bedeutung von „kpr" ist nur möglich mit Gott als Subjekt), sondern entweder die Bedeutung „Sühne leisten" oder (durch ein bestimmtes Handeln) „den Zorn eines geschädigten Menschen beschwichtigen".[73] Auch „slh" im Sinne von „vergeben" kommt nur mit Gott als Subjekt vor. Als einziges Verb für zwischenmenschliches Vergeben bleibt „nsh" im Zusammenhang mit

---

[70] Vgl. Jes. 40,2: „Redet Jerusalem zu Herzen und ruft ihr zu, daß ... ihre Schuld bezahlt ist; denn sie hat von der Hand des Herrn Zwiefältiges empfangen um all ihrer Sünden willen." – Die Schuld wurde nicht „vergeben", wie Luther übersetzt, sondern sie wurde vom Volk Israel durch die Jahre des Exils „abgetragen". Ähnlich auch Micha 7,18: „Wer ist ein Gott wie du, der die Schuld verzeiht (nsh) ... dem Rest seines Eigentums, der seinen Zorn nicht ewig festhält ..." – auch hier erfolgte die Vergebung nicht von vornherein, sondern erst, nachdem ein Teil der Strafe vom Volk empfangen worden war.

[71] Vgl. Ps. 25,11.18: „Um deines Namens willen, Herr, verzeihe (slh) meine Schuld, denn sie ist so groß. Nimm hinweg meinen Jammer und mein Elend, und vergib (nsh) alle meine Sünden." Ebenso Ps. 79,9; Ps. 85,3; Ps. 103,3; Ps. 130,4. Eine besondere Stellung nimmt Ps. 32 ein, da hier ausführlich über die psychosomatischen Auswirkungen nicht *eingestandener*, sondern gewissermaßen verdrängter Schuld reflektiert wird (Vers 3f). – Daß Schlachtopfer für Gott letzten Endes kein ausreichendes Sühneritual sind bzw. nicht automatisch Vergebung bewirken, sondern daß dies ein freier und souveräner Entschluß Gottes ist, wird in Jes. 43,23.25 deutlich: „Du hast mir nicht dargebracht die Schafe deiner Brandopfer, mit deinen Schlachtopfern mich nicht geehrt ... Ich, ich tilge deine Missetaten um meinetwillen, und deiner Sünden will ich nimmermehr gedenken." Ebenso Jes. 44,22: „Ich habe deine Missetaten weggefegt wie eine Wolke, und wie einen Nebel deine Sünden." – Das hier verwendete Verb ist nicht mehr mit Sühne in Verbindung zu bringen.

[72] Vgl. Blum 1985, S. 41.

[73] 2.Sam. 21,3; Num. 35.33; Spr. 16,14 und Gen. 32,21.

Schuld/Vergehen/Unrecht, was wörtlich „Schuld/Unrecht wegtragen" bedeutet. Fünf Stellen sind hier belegt:
In *Gen. 50,15–20* fürchten sich die Brüder Josephs nach Jakobs Tod vor Josephs Rache und bitten ihn, angeblich im Namen ihres Vaters (V. 17): „Ach, vergib doch deinen Brüdern ihre Missetat und Sünde, daß sie so übel an dir gehandelt haben." Joseph antwortet (V. 19) „Fürchtet euch nicht! Bin ich denn an Gottes Statt?"[74] –
Auffallend an der gesamten Josephsgeschichte (Gen. 37–50) ist, daß das Wort „vergeben" erst am Ende der Erzählung, im allerletzten Kapitel, auftaucht. Bezeichnenderweise sind die Brüder Josephs trotz inzwischen siebzehnjähriger segensreicher Gemeinschaft mit ihm in Ägypten nach wie vor so geprägt vom Gesetz der Rache, daß sie die bis zum Tod ihres Vaters erfolgte „Vergebung" von seiten Josephs nicht für bare Münze genommen haben, sondern lediglich als Aufschub der brüderlichen Rache interpretierten. Man kann dementsprechend die Erzählung von Joseph – ähnlich wie die Geschichte von Hiob – als eine Art „Paradigmenwechsel" ansehen: dem Leser wird deutlich gemacht, daß zwischenmenschliche Vergebungsbereitschaft nicht nur lebens-, sondern auch gemeinschaftsrettend sein kann. Vergebung bzw. Verzicht auf Rache wird in dieser Erzählung nicht als Selbstzweck dargestellt, sondern als einzige Möglichkeit, eine zerstörte Gemeinschaft zwischen Brüdern wieder herzustellen.[75]
In *Ex. 10,17* läßt der Pharao nach der achten Plage Mose holen und sagt zu ihm „Vergebt mir meine Sünde nur noch diesmal und bittet den Herrn, euren Gott, daß er nur dieses Verderben von mir abwende".
In *Lev. 10,17* macht Mose den zwei Priestern Vorwürfe: „Warum habt ihr das Sündopfer nicht gegessen an heiliger Stätte? Denn es ist hochheilig, und er hat es euch gegeben, um die Schuld der Gemeinde zu vergeben und ihr Sühne zu schaffen vor dem Herrn."
In *1.Sam. 15,25*, bittet Saul Samuel: „Nun aber, vergib mir doch meine Sünde und kehre mit mir um, daß ich den Herrn anbete."
Und in *1.Sam. 25,28* bittet Abigail, die Frau Nabals, den David: „Vergib doch deiner Magd den Fehltritt".
Auffallend ist, daß an allen Stellen außer Lev. die Vergebung als *Bitte* geäußert wird; es wird nirgends im Indikativ gesagt, *daß* ein Mensch einem anderen vergibt. Der Gedanke, daß nur Gott Schuld vergeben kann – oder seine Bevollmächtigten wie beispielsweise Mose und Samuel –, steht im Hintergrund dieser offenkundigen Scheu, vom Vergeben als einem faktischen Tun des Menschen zu reden.[76]

---

[74] Alle Bibelstellen nach der Übersetzung der Zürcher Bibel, Zürich 1971. – Klassen 1994, S. 31, interpretiert die Antwort dahingehend, daß Joseph das Recht auf Rache an Gott abtritt, denn: "... to take vengeance would be to usurp the place of God." Vgl. Schenker 1981, S. 39f.
[75] Vgl. Shriver 1995, S. 26–29.
[76] Vgl. Metzler 1991, S. 230: Wo vom zwischenmenschlichen Vergeben im AT die Rede ist, „läßt sich erkennen, daß der menschliche Vorgang vom göttlichen her gesehen wird: Wo ... um Vergebung gebeten wird, ist der, der gebeten wird, in besonderer Weise mit Gott verbunden, wird aus Ehrerbietung geradezu an dessen Stelle gesetzt. Vergebung ist ... Privileg

Es wäre verfehlt, aus diesen wenigen Belegen den Schluß zu ziehen, daß zwischenmenschliche Schuld und Vergebung im Alten Testament kein Thema wären. Tatsächlich ist es unter anderen *Stichworten* zu finden, denn der Wunsch nach Vergebung oder Versöhnung wird in der Regel *indirekt* formuliert. Als Jakob sich mit Esau versöhnen möchte, heißt es beispielsweise in *Gen. 32,20*: „Jakob dachte ‚Ich will ihn mit dem Geschenk, das vor mir herzieht, versöhnen; dann erst will ich sein Angesicht sehen, vielleicht *nimmt er mich gnädig auf.*'" – Als Esau ihm um den Hals fällt und damit – ebenfalls indirekt – seine Vergebungsbereitschaft zum Ausdruck bringt, sagt Jakob:
„Habe ich Gnade vor dir gefunden, so nimm das Geschenk von mir an; denn ich habe ja dein Angesicht schauen dürfen, wie man Gottes Angesicht schaut, und du hast mich gütig aufgenommen" (Gen. 33, 10).[77] Deutlich wird hier jedoch auch, daß die Vergebung *ohne* ein Geschenk als Sühnemittel auch zwischen Menschen schwer denkbar war.

2.1.3. Verzicht auf Rache und Vergeltung im Alten Testament

Wesentlich häufiger als von „Vergebung" ist im Alten Testament von *Rache* die Rede, was darauf schließen läßt, daß Rache und Vergeltung dem Menschen, der Unrecht erlitten hat, näher liegen als Vergebung.[78] Rache ist sozusagen die „natürliche Reaktion" – Verzicht auf Rache ist dagegen ein Zeichen menschlicher Größe und – in der Regel – auch ein Zeichen von Gottesfurcht. Dies wird deutlich in *1.Sam. 24,18*, wo David die Gelegenheit ungenutzt läßt, sich an Saul zu rächen bzw. ihn zu töten, worauf dieser tief bewegt ausruft: „Du bist gerechter als ich, denn du hast mir Gutes getan, ich aber habe dir Böses getan ... Wenn einer seinen Feind antrifft, läßt er ihn dann friedlich seiner Wege ziehen? Der Herr vergelte dir mit Gutem, was du heute an mir getan hast!" (V. 18 u. 20)[79]
Als Gebot, keinen Groll zu hegen, heißt es in *Lev. 19,17f*: „Du sollst deinen Bruder nicht hassen in deinem Herzen; zurechtweisen sollst du deinen Nächsten, daß du nicht seinethalben Sünde auf dich ladest. Du sollst dich nicht rächen, auch nicht deinen Volksgenossen etwas nachtragen, sondern du sollst deinen Nächsten lieben wie dich selbst; ich bin der Herr." Die Vergebung wird hier unter das

---

    Gottes und seiner Auserwählten."-Offenbar scheuen sich die Erzähler, „einem Menschen ein Verhalten zuzuschreiben, das Gott eigen ist, das aber anders als mit den für Gottes Vergeben typischen Vokabeln nicht zu beschreiben ist" (ebd, S. 232). Ebenso Shriver 1995, S. 23f. Dies erklärt hinreichend, warum der direkte Ausdruck so selten im AT verwendet wird.

[77] Auch hier wird angedeutet, daß zwischenmenschliches Vergeben ein Vorgang ist, der eigentlich „göttliche" Dimension hat. Vgl. Klassen 1984, S. 30: Es ist, als ob Jakob sagen würde „that the face of God can be seen in the face of the reconciled brother."

[78] Vgl. dazu Fromm 1974, S. 247f: „Weshalb ist die Rache eine so tief verankerte und intensive Leidenschaft? ... Zunächst wollen wir bedenken, daß es sich bei der Rache in gewissem Sinn um einen magischen Akt handelt ... Man kann in der Rache eine magische Wiedergutmachung sehen."

[79] David begründet seinen Verzicht auf Rache allerdings bezeichnenderweise nicht mit besonderer persönlicher Großherzigkeit, sondern – wie Joseph – mit seinem Respekt vor dem „Auserwählten Gottes", 1.Sam. 24,4–7a.Vgl. Klassen 1984, S. 32f.

grundsätzliche Gebot der Nächstenliebe – und unter das Gebot der Ehrfurcht vor Gott – subsumiert.

In diesem Zusammenhang steht auch die Empfehlung zum Verzicht auf Vergeltung an Feinden, zumal wenn diese Vergeltung Unschuldige (Tiere) beträfe, wie im Falle des Gebots in *Ex. 23,4f*: „Wenn sich das Rind oder der Esel deines Feindes verirrt hat und du triffst sie an, so sollst du sie ihm wieder zuführen. Wenn du den Esel deines Feindes unter seiner Last erliegen siehst, so sollst du ihn nicht ohne Beistand lassen, sondern ihm aufhelfen."

Auch vor Schadenfreude wird gewarnt (*Spr. 24,17*): „Freue dich nicht über den Fall deines Feindes, und dein Herz frohlocke nicht, wenn er strauchelt", und in *Spr. 25,21* wird darüber noch weit hinausgegangen und – als einzige Stelle im Alten Testament – praktizierte Feindesliebe, zumindest für den Bereich der existenziellen Bedürfnisse, gefordert, wenn es heißt: „Wenn deinen Feind hungert, so speise ihn, dürstet ihn, so gib ihm zu trinken." –

In *1.Kön. 3,11* lobt Gott den Salomo für das, worum er *nicht* gebeten hat: „Weil du um solches bittest und bittest nicht um langes Leben, auch nicht um Reichtum noch um den Tod deiner Feinde ..." – der Verzicht auf Rache und Vergeltung ist ein Zeichen der menschlichen Größe und der Weisheit Salomos und wird von Gott ausdrücklich anerkannt.[80]

Ein beeindruckendes Beispiel praktizierter Feindesliebe bzw. Vergebungsbereitschaft im Sinne eines Verzichts auf Rache findet sich in *2.Kön. 6,20ff*: Gott schlägt die Verfolger Elisas mit Blindheit, so daß diese Elisa und dem König von Israel ausgeliefert sind. Als der König Elisa fragt, ob er die Feinde erschlagen soll, antwortet Elisa (V. 21f): „Erschlage sie nicht! Erschlägst du die, welche du nicht mit Schwert und Bogen gefangen hast? Setze ihnen Speise und Wasser vor, daß sie essen und trinken, und dann laß sie zu ihrem Herrn ziehen."

Als Kontrastprinzip zu Vergebung und Feindesliebe wird sehr häufig das sogenannte „lex" oder „jus talionis" zitiert,[81] welches in seinem ursprünglichen Kontext keine Vergeltungs-, sondern eine *Wiedergutmachungsregel* darstellt: „Entsteht aber ein weiterer Schaden, so sollst du geben Leben um Leben, Auge um Auge, Zahn um Zahn, Hand um Hand, Fuß um Fuß ..." *(Ex. 21,23f)*. Diese Aufforderung richtet sich ganz offensichtlich an den *Schädiger*, nicht an den Geschädigten, und kann somit keinesfalls als Aufruf zur *Rache* verstanden werden![82] – Daß Feindschaft als eine Beziehungsstörung angesehen wird, die,

---

[80] Interessant ist an dieser Stelle, daß Gott ihm im folgenden zwei der nichterbetenen „Güter" zusätzlich verspricht, nämlich Reichtum und – vorausgesetzt, Salomo wandelt in Gottes Wegen – auch langes Leben; der Tod der Feinde wird jedoch nicht versprochen! (1.Kön. 3,13f).

[81] Vgl. Lev. 24,20. Beachtenswert ist, daß das lat. Wort „talio" übersetzt wird mit „Wiedervergeltung eines Körperschadens", was den eingeschränkten Geltungsbereich dieses Gesetzes schon deutlich macht, vgl. Langenscheidts Großes Schulwörterbuch Lateinisch-Deutsch 1978, S. 1123.

[82] Vgl. Sachsse 1990, S. 56: „Rache ist für die Entwicklung, für das Fortschreiten einer Kultur hemmend ... Der Täter wird vom Opfer entmenschlicht. Dessen Rachewünsche gehen oft dahin, dem Täter mehr heimzuzahlen, als dieser ihm angetan hat. Das alttestamentarische Talionsprinzip ... beinhaltet deshalb auch eine Begrenzung der Vergeltung: Im Gefühl gerechter Rache nicht mehr heimzuzahlen, als an Unrecht zugefügt wurde." Auch hier wird

unabhängig von der Schuldfrage, *beide* Seiten belastet und einen Zustand des Schalom[83] verhindert, zeigt sich in der Aussage von *Spr. 16,7*: „Wenn eines Menschen Wege dem Herrn gefallen, so versöhnt er auch seine Feinde mit ihm." Zusammenfassend läßt sich sagen: Sowohl die Vergebungsbereitschaft des Menschen als auch die Bereitschaft, dem Feind nicht nach dem Vergeltungsprinzip zu begegnen, beinhalten einen Verzicht auf Rache und den Wunsch nach einer Wiederherstellung der „heilen" Beziehung zwischen den beiden Parteien, sprich: den Wunsch nach Versöhnung. Das Alte Testament weiß zwar um die destruktiven Auswirkungen der Rache und beschönigt diese keineswegs, bleibt jedoch im wesentlichen in der Denkweise befangen, daß eine böse Tat das Recht auf Vergeltung impliziert. Ebenso, wie Gott zugestanden wird, auf Sünde mit Strafe zu reagieren oder Sühneopfer zu verlangen, darf auch der Mensch dem Übeltäter sein Tun vergelten, ohne daß dies seine Gottesbeziehung in negativer Weise tangiert. Das allmählich keimende Wissen, daß trotz aller Sühne immer ein Rest zurückbleibt, den nur Gottes Barmherzigkeit aus der Welt schaffen kann, ja, daß letzten Endes Gottes Vergebungsbereitschaft immer „grundlos" und damit ein Geschenk ist, wird nicht in Verbindung gebracht mit der Gestaltung zwischenmenschlicher Beziehungen. Aus diesem Grund bleiben die Appelle und Beispiele für Vergebung und Feindesliebe vereinzelt. Ein wichtiger Unterschied zwischen zwischenmenschlichem Vergeben und Feindesliebe muß jedoch festgehalten werden:
Bei der Feindesliebe wird *nicht* eruiert, wer an der bestehenden Beziehungsstörung ursächlich schuld ist, während im Fall der Vergebung eine konkrete Verletzung und damit ein Unrecht vorausgesetzt wird, das einer Person von einer anderen Person zugefügt wurde.

2.1.4. Apokryphen: Jesus Sirach

In dem spätjüdischen Weisheitsbuch *Jesus Sirach*[84] tritt die Distanz oder Zurückhaltung, mit der im gesamten Alten Testament vom menschlichen Vergeben gesprochen wurde, zurück zugunsten eines dezidierten und engagierten Redens von Vergebung sowie eines ausdrücklichen Appells zur zwischenmenschlichen Vergebung. In *Kap. 28,1–7* heißt es:
„1. Wer sich rächt, wird auch des Herrn Rache erfahren;
der wird ihm seine Sünden gründlich anrechnen.
2. Vergib deinem Nächsten das Unrecht,
dann werden auch dir die Sünden erlassen, wenn du darum bittest.
3. Wenn ein Mensch Zorn gegen den anderen hegt,
sollte er vom Herrn Heilung erwarten dürfen?

---

fälschlicherweise davon ausgegangen, daß die Aufforderung an den Geschädigten gerichtet ist! Vgl. Lapide 1984, S. 27, der ebenfalls deutlich macht, daß es sich bei der Feindesliebe um eine „Entfeindungsliebe" handelt, die auf Wiederherstellung der Friedensbeziehung zielt.

83 Zum Schalom-Begriff vgl. Westermann 1974, S. 196–229.
84 Vermutlich um 190 auf Hebräisch verfaßt und im Jahr 117 v.Chr. vom Enkel des Verfassers in Griechische übertragen. Vgl. Sung 1993, S. 84ff.

4. Für einen Mitmenschen gleich ihm hat er kein Erbarmen –
sollte er dann für seine eignen Sünden (um Gnade) flehen dürfen?
5. Er, der doch Fleisch ist, bewahrt seinen Groll –
wer sollte denn *seine* Sünden sühnen wollen?
6. Denke an das Ende – und laß ab von der Feindschaft,
an Vergehen und Sterben – und enthalte dich der Sünde.
7. Denke an die Gebote – und grolle dem Nächsten nicht,
an den Bund mit dem Höchsten – und übersieh, was gefehlt ward."[85]

Was sich hier zeigt, kann – vergleichbar mit der Botschaft der Josephsgeschichte in Genesis – ebenfalls als Paradigmenwechsel hinsichtlich des Redens von Vergebung bezeichnet werden. Zum einen ist es für den Verfasser eine selbstverständliche Tatsache, daß Gottes Vergebung weder verdient noch erarbeitet, sondern nur in aller Demut erbeten und erfleht werden kann, zum anderen ist für ihn ebenso naheliegend, daß diese Bitte mit der eigenen Vergebungsbereitschaft gekoppelt sein muß, um Gehör bei Gott zu finden. Radikal neu ist, daß der Sühneakt des Menschen als Voraussetzung für göttliche Vergebung nicht einmal mehr erwähnt wird, sondern daß statt dessen das *zwischenmenschliche Verhalten* zur allein entscheidenden Größe wird, an der Gott sich orientiert. Das bedeutet: hier ist die Botschaft Jesu, daß Gottes Vergebungsbereitschaft an der Vergebungsbereitschaft des Menschen Maß nimmt,[86] in unüberbietbarer Klarheit und Prägnanz vorweggenommen. Auch wird die Vergebungsbereitschaft des Menschen entschieden abgelöst von der Haltung dessen, der das Unrecht beging, denn von Reue, Umkehr oder ähnlichem als Bedingung für Vergebung ist an keiner Stelle die Rede.[87]

Zusammenfassend läßt sich sagen, daß das Alte Testament einschließlich der Apokryphen eine faszinierende, jedoch keineswegs einheitliche Entwicklung im Nachdenken über Sünde, Sühne und Vergebung wiederspiegelt, wobei Sirach 28,1–7 sozusagen die Brücke zwischen der alttestamentlichen und der jesuanischen Lehre von Vergebung bildet.

2.2. Zwischenmenschliche Vergebung in den Evangelien

2.2.1. Griechische Begriffe für „Vergeben" und ihre Bedeutung

Aus den verschiedenen griechischen Verben wurden bei der Niederschrift des griechischen Alten Testaments sowie später des Neuen Testaments jene ausgewählt, die den hebräischen Begriffen in ihrer Bedeutung am nächsten kamen.

---

85 Übersetzt nach der Züricher Bibel, Zürich 1971.
86 „Die Begründung für zwischenmenschliches Verzeihen liegt ... nicht in der zu verzeihenden Tat, sondern im Vorbild des vergebenden Gottes." So Metzler 1991, S. 233. Vgl. Sung 1993, S. 92ff.
87 Vgl. 3.2.3., S. 27ff.

Dies ist im Neuen Testament, bis auf wenige Ausnahmen bei Paulus, der Begriff „aphiämi". Dagegen war das klassische griechische Wort für „vergeben" das Verb „syngignosko", dessen Grundbedeutung „nachsichtiges und einfühlendes Verständnis für jemanden haben" (und ihm deshalb verzeihen) der hebräischen und christlichen Vergebungsvorstellung weit weniger entsprach als „aphiämi", weshalb dieses Verb in Septuaginta und Neuem Testament nicht auftaucht.[88] „Aphiämi" hingegen war im Griechischen ein Begriff, der normalerweise in juristischen, nicht jedoch in religiösen Zusammenhängen verwendet wurde.[89] Seine Grundbedeutung ist „fortschicken, fortlassen, erlassen, loslassen".[90] Die Septuaginta benutzte das Verb unter anderem für die hebräischen Verben „nsh, slh und kpr" in der Bedeutung „Vergebung" mit Gott als Subjekt.[91] In den Synoptikern des Neuen Testaments wird für „Vergeben/Vergebung" fast ausschließlich „aphiämi/aphesis" verwendet, und zwar sowohl bezogen auf das Vergeben zwischen Gott und Mensch (hier häufig in der Wendung „Vergebung der Sünden") als auch zwischen Mensch und Mitmensch.[92] Das Verb findet sich allerdings nur im Munde Jesu.[93] Auch hier kann Vergeben in seiner Grundbedeutung als „Loslassen eines (berechtigten) Anspruchs, Erlassen einer Schuld" definiert werden.

2.2.2. Jesu Aussagen zur Vergebung und Feindesliebe bei Matthäus

In der Bergpredigt spricht Jesus vor allem im Rahmen seiner sogenannten Antithesen ausführlich vom Problem gestörter zwischenmenschlicher Beziehungen. Doch auch die Seligpreisungen weisen auf diesen Themenbereich hin, denn eine der für einen Israeliten bedeutsamsten Verheißungen gilt den Sanftmütigen *(Mt. 5,5)*: „Selig sind die Sanftmütigen, denn sie werden das Land besitzen." Sanftmut ist eine Haltung, die anhaltenden Zorn sowie Haß und Rache ausschließt.
Noch deutlicher *Mt. 5,9*: „Selig sind die Friedensmacher, denn sie werden Söhne Gottes heißen". – Wer Frieden macht, verzichtet auf Groll und ist zur Versöhnung bereit. Die Verheißung, daß man damit Sohn – oder Tochter – Gottes wird, macht deutlich, daß diese Haltung die Gesinnung Gottes weitergibt. Auch *Mt. 5,7* kann zu dieser Thematik gerechnet werden: „Selig sind die Barmherzigen, denn sie werden Barmherzigkeit erlangen." Obwohl Jesus in allen drei Seligpreisungen nicht expressis verbis von Vergebung spricht, so ist doch in allen dreien das

---

[88] Sung 1993, S. 173; Theol. Wörterbuch 1933, S. 716.
[89] Blum 1985, S. 54.
[90] gl. Metzler 1991, S. 226.
[91] Exegetisches Wörterbuch zum Neuen Testament 1992, Sp. 436ff. Da „aphiämi" im Griechischen eigentlich ein juristischer Begriff ist, wurde er niemals im Zusammenhang mit Gott verwendet, während im Hebräischen das Verhältnis des Menschen zu Gott durchaus als Rechtsverhältnis gedacht wurde, vgl. auch Theol. Wörterbuch zum NT 1933, S. 507.
[92] Eine Ausnahme bildet Lk. 7,42f, wo „charizomai" verwendet wird, was zu übersetzen ist mit „Gunst erweisen, gnädig mit jemandem umgehen",vgl.Taylor 1948, S. 5f. Es hat somit nicht exakt die gleiche Bedeutung wie „aphiämi" und wird vorzugsweise von Paulus verwendet (16 Belege) sowie in der Apostelgeschichte.
[93] Sung 1993, S. 193.

2. Zwischenmenschliche Vergebung als Thema der Bibel

vergebungs- und versöhnungsbereite Handeln des Menschen angesprochen. Deutlicher wird Jesus allerdings in den Antithesen.

In *Mt. 5,21–24* heißt es:[94]

„Ihr habt gehört, daß gesagt ward zu den Alten: Morde nicht! Wer mordet – verfallen ist er dem Gericht. Ich aber sage euch: Wer seinem Bruder zürnt – verfallen ist er dem Gericht. Wer aber seinen Bruder einen ‚Hohlkopf' heißt – verfallen ist er dem Synedrium. Und wer ihn einen ‚Aberwitzling' heißt – verfallen ist er der Feuerhölle.

Wenn du also deine Gabe zum Opferaltar bringst und dort dich erinnerst, daß dein Bruder etwas gegen dich hat, laß dort deine Gabe vor dem Opferaltar und geh – erst versöhne dich mit deinem Bruder. Und dann komm und bring deine Gabe dar!"

Hier wird der Sachverhalt einer gestörten Beziehung von *beiden* Seiten beleuchtet – von der Seite des vermeintlich Geschädigten und von der Seite des vermeintlichen Schädigers – und beide nimmt Jesus in die Verantwortung. Den Zorn oder Groll des Geschädigten wertet Jesus offenbar schon als Vorstufe der totalen und unwiederbringlichen Beziehungszerstörung, wie sie im Mord stattfindet. Dementsprechend scharf fällt seine Ankündigung der Konsequenzen aus: Wer unversöhnlich zürnt, zieht den Zorn Gottes auf sich. Andererseits hat aber auch das Objekt des Zorns eine Verantwortung für die Beziehung; es kann seine Hände nicht in Unschuld waschen. An die Adresse dessen, dem gezürnt wird, gewandt, macht Jesus deutlich, daß die Versöhnung mit Gott auch für ihn durch ein (Sühne-)Opfer nicht zu erwarten ist, solange die Versöhnung mit einem verletzten oder geschädigten Mitmenschen noch aussteht.[95]

Jesus ordnet hier die heilen menschlichen Beziehungen der heilen Gottesbeziehung vor bzw. macht klar, daß die beiden nicht voneinander zu trennen sind. Die Verschärfung der Verantwortung, die auch durch den Brudernamen betont wird, fordert die Zuwendung zum „Bruder" ohne jede Ausweichmöglichkeit, weder in privaten Groll noch in die Pflege der persönlichen Gottesbeziehung. Beide Parteien sind angewiesen, die Beziehungsstörung aktiv zu überwinden – durch Vergebung bzw. durch Versöhnungsbereitschaft.[96] Auffallend ist, daß in beiden Fällen die Schuldfrage, das heißt die Frage der *Berechtigung bzw. Nichtberechtigung* des Zorns oder Grolls einer der beiden Parteien nicht gestellt wird, was die Schlußfolgerung nahelegt, daß die Vergebungs- und Versöhnungsbereitschaft beider Beteiligten von dieser Frage unabhängig sein soll. In diese Richtung wei-

---

[94] Alle neutestamentlichen Texte sind der besonders wortgetreuen Übersetzung von F. Stier, Neues Testament, München 1989 entnommen.

[95] Es ist nicht einleuchtend, weshalb Schottroff 1975, S. 202 die Einschränkung macht, es sei an dieser Stelle nur „von der Feindschaft zwischen Christen und ihren Verfolgern die Rede". So kann man natürlich jesuanische Verkündigung auch „entschärfen"!

[96] Vgl. Wouters 1992, S. 137f. So auch Lohmeyer 1967, S. 123: „Der heiligen Größe dieser Stunde und Pflicht steht die Kleinheit eines Zwiespaltes mit dem Bruder gegenüber ... Es ist auch einerlei, von wem diese Zwistigkeit hervorgerufen wurde; die Tatsache allein ... ist hier entscheidend." Nach Lohmeyer „liegt das Unerhörte dieses Spruchs darin, daß hier weder von kultischen Dingen noch von Vergehen die Rede ist, sondern von einer fast ungewichtigen Zwistigkeit mit dem Glaubensgenossen ... So lautet denn auch die erste Forderung: ‚Versöhne dich!'" (ebd.)

sen auch Jesu Worte zur Feindesliebe im gleichen Kapitel, *Mt. 5,43–45a*:
„Ihr habt gehört, daß gesagt ward: Liebe deinen Nächsten! Und: Hasse deinen Feind! Ich aber sage euch: Liebt eure Feinde und betet für die, die hinter euch her sind. So werdet ihr Söhne eures Vaters – dem in den Himmeln." – Auch hier wird die Frage von Schuld und Unschuld nicht erörtert, es wird keine Ursachenforschung für die zerrüttete Beziehung betrieben, sondern es wird dazu aufgefordert, unabhängig von der Schuldfrage – und damit auch von der Frage nach der Berechtigung von Feindschaft – dem Haß die eigene Bereitschaft zur Annahme des Nächsten – und damit auch zur Vergebung etwaiger Schuld – entgegenzusetzen. „Was Jesus wollte, ist der Stand der vollen Freiheit ohne Knechtung durch die Feindschaft oder Freundschaft der anderen."[97] Jesus verlangte nicht eine passive, widerstandslose Haltung gegenüber dem Bösen, sondern eine bewußte, aktive Abkehr vom Äquivalenzdenken, welches, auch wenn es im Namen der Gerechtigkeit geschieht, die menschliche Gesellschaft nicht verändert. Statt dessen fordert Jesus eine Haltung, die nicht vom schon Geschehenen bestimmt ist, sondern die innovativ und kreativ die Fesseln jeder Vergeltungslogik sprengt.[98] Damit erweist der Mensch sich als „Sohn" bzw. Tochter, der oder die im Sinne und in der Gesinnung des Vaters handelt: Gott ist gütig gegenüber seinen Feinden und wer sein ‚Kind' sein möchte, soll handeln wie er.[99]

In *Mt. 6,9–15* lehrt Jesus das Vaterunser. Die Bitte (V. 12) „Und vergib uns unsre Schulden, wie auch wir (hiermit) vergeben (haben)[100] unseren Schuldnern"[101] hebt sich insofern von den anderen Vaterunser-Bitten ab, als sie die einzige ist, die mit einer *Selbstverpflichtung* des Menschen, das bedeutet einer ein-

---

[97] Schlatter 1921, S. 206 u. 207. Allerdings macht Schlatter im Anschluß gleich eine wichtige Einschränkung: „Den Feind lieben heißt nicht ihn dabei *unterstützen* (Hervorhebung v.Verf.), daß er seine Bosheit ausübe und uns verderbe" (S. 207).

[98] Vgl. Duquoc 1986, S. 40. So auch Hoffmann 1981, S. 134: Jesu Aufforderung, durch ein anscheinend widersinniges Tun das „Normalverhalten" zu stören, will „eine Chance dafür schaffen, auch im Feind den Nächsten zu erkennen und ihm als Mitmensch gerecht zu werden." Vgl. Trilling 1978, S. 31, der betont: „Die Forderung der Feindesliebe wird nicht begründet mit dem nahen Ende der Welt ... Die Begründung ist im *Verhalten Gottes* selbst zu finden. *Er* handelt nicht nach dem Gesetz der Wiedervergeltung ... Daher haben auch jene kein Recht, danach zu handeln, die hoffen, einmal seine ‚Söhne' zu werden."

[99] Vgl. Piper 1979, S. 62. So auch Sung 1993, S. 268: „Dieses Liebesgebot bis zur Feindesliebe ist die *Summe* der Vergebungsbotschaft Jesu und zugleich die Mitte der ‚Bergpredigt'." Vgl. Schnackenburg 1986, S. 105ff.

[100] Zur Diskussion, ob der hier vorliegenden Vergangenheitsform im Aramäischen ein sog. „perfectum praesens" zugrunde liege vgl. Sung 1993, S. 252. Ein Vergleich mit Lk. 11,4 legt die präsentische Form nahe, die auch den Vorteil hat, daß sie das Mißverständnis vermeidet, daß die Vergebung Gottes „as a reward for human readiness to forgive" mißverstanden wird, vgl. Travis 1986, S. 129 und Jeremias 1967, S. 14.

[101] Lukas ersetzt das im Griechischen als Bezeichnung der Sünde unbekannte Wort „Schulden" durch das geläufige griechische Wort „Sünden". Außerdem heißt es bei ihm nicht „wie auch wir vergeben", sondern „denn auch wir vergeben". Beidesmal hält Jeremias 1967, S. 14, die matthäische Fassung für die ursprünglichere.
Metzler 1991, S. 238f, meint, daß Jesus mit vollster Absicht den Begriff „Schulden" wählte, weil zu seiner Zeit gerade eine Gesetzesänderung vollzogen wurde, die die Gültigkeit der Schulden *über das Sabbatjahr hinaus* ermöglichte. Jesus hätte nach dieser Deutung eine solche Gesetzesänderung mit seinem Zusatz „wie auch wir ..." klar abgelehnt. Dann wäre „vergeben" allerdings im Sinn von „erlassen" gemeint. Ich halte diese Einschränkung für zu spekulativ; außerdem hat Jesus seine Lehre nicht an der Tagespolitik orientiert.

2. Zwischenmenschliche Vergebung als Thema der Bibel

deutigen Bezugnahme auf menschliches Handeln, verbunden ist. Damit wird an einer zentralen Stelle jesuanischer Verkündigung Gottes Verhältnis zum Menschen mit dessen Verhältnis zu seinem Nächsten verknüpft:[102] Das Bewußtsein der individuellen Vergebungsbedürftigkeit soll die Basis der individuellen zwischenmenschlichen Vergebungsbereitschaft sein. – Wie zentral diese Bitte im Vaterunser ist, wird daran deutlich, daß sie die einzige Bitte ist, die Jesus direkt im Anschluß noch näher erläutert (V. 14f):

„Ja, wenn ihr den Menschen ihre Verfehlungen vergebt, wird euer himmlischer Vater euch auch vergeben. Wenn ihr aber den Menschen nicht vergebt, wird euer Vater eure Verfehlungen auch nicht vergeben."

Die Wiederholung der Mahnung einmal in positiver und dann in negativer Variation betont in unmißverständlicher Weise das Wechselverhältnis, das zwischen menschlicher und göttlicher Vergebung besteht. Denn: „Mit Gott kann es ... keinen ‚Sonderfrieden' geben. Er will die gegenseitige Vergebung unter den Menschen und ihre Solidarität untereinander. Gottesbeziehung und Verhalten der Menschen untereinander entsprechen sich. Seine Vergebung kann es deshalb nicht unabhängig von der Vergebung unter den Menschen geben. Wie könnte der Mensch Vergebung von Gott erwarten oder aus geschenkter Vergebung leben ..., wenn er selbst diese Vergebung anderen verweigert? ... Wer von Gott Barmherzigkeit erwartet oder erfahren hat, muß diese selbst praktizieren, und wer nicht gerichtet werden will bzw. nicht gerichtet worden ist, der darf selbst nicht richten. Es zeigt sich also, daß ... der Mensch in seinem Verhalten Gottes Zuwendung zum Menschen widerspiegeln muß."[103]

In *Matth. 18,15–19* geht es nicht um das Thema der Vergebung – das Wort taucht auch nicht auf –, sondern um den Umgang mit Verletzung. Jesus empfiehlt ein stufenweises Vorgehen des Verletzten dem „Sünder" gegenüber:

„Wenn dein Bruder sich gegen dich versündigt, so geh und weise ihn zurecht zwischen dir und ihm allein! Hört er auf dich, so hast du deinen Bruder gewonnen" (V. 15). Jesus gesteht dem Verletzten zunächst zu, den Schädiger zur Rede zu stellen und ihn zurechtzuweisen. Das heißt, der Geschädigte soll weder stillschweigend über das Unrecht hinweggehen noch es stillschweigend vergeben, ohne zuvor das Gespräch mit dem Schädiger gesucht zu haben. Interessanterweise begründet Jesus seine Empfehlung nicht damit, daß es dem Verletzer „guttäte", auf sein Verhalten hingewiesen zu werden, auch nicht damit, daß der Verletzte auf ein Schuldbekenntnis oder auf Wiedergutmachung pochen könne, sondern Jesus argumentiert einzig und allein aus dem *Beziehungsinteresse* des Verletzten heraus: „Hört er (der Verletzer) auf dich, so hast *du* deinen Bruder

---

[102] Vgl. Soares-Prabhu 1986, S. 59 So auch Jeremias 1967, S. 25: „Jesus will ... sagen, daß die Bitte um die Vergebung Gottes unwahrhaftig ist und von Gott nicht erhört werden kann, wenn man selbst nicht zuvor das Verhältnis zum Bruder bereinigt hat". Ebenso Schlatter 1965, S. 16; Henrici 1984, S. 398; Blum 1985, S. 86f, Buckley 1991, S. 84. -Vgl. Léna 1984, S. 418–429, die davon spricht, daß „in einer seltsamen Umkehrung Gott sich irgendwie in unsere Schule begibt und von uns erfahren will, welches Maß an Vergebung er uns geben soll (Mt. 6,12) ..." (S. 421). Zur Begründung dieser Bitte im Vaterunser vgl. Basset 1994, S. 470.

[103] Wouters 1992, S. 140.

gewonnen!" Keine Rede davon, daß doch eigentlich der Verletzer zuerst auf den Verletzten zugehen und ihn um Verzeihung bitten müsse – Jesus siedelt die Verantwortung für die Beziehung ganz im Gegenteil zunächst auf Seiten dessen an, dem Unrecht getan wurde. Zeigt sich der Verletzer allerdings auch nach mehreren Anläufen (mit Zeugen, vor der Gemeinde) vollkommen unfähig oder nicht bereit, Schuld einzugestehen, so gesteht Jesus dem Geschädigten zwar nicht zu, auf Vergebung zu verzichten – davon ist mit keinem Wort die Rede –, jedoch empfiehlt er ihm, auf Distanz zum Verletzer zu gehen. Der Starrsinn des Verletzers verhindert eine Erneuerung der gestörten Beziehung – diesem Umstand darf und soll der Verletzte in seinem Verhalten durchaus Rechnung tragen.[104] Daß für Jesus der unbedingte Gemeinschaftswille jedoch absolute Priorität vor allem Aufrechnen von Unrecht hat, zeigt der abschließende Satz (V. 19): „Nochmals: Wahr ists, ich sage euch: Wenn euer zwei auf Erden eines Sinnes sind, über jedwede Sache, die sie erbitten wollen, sie wird ihnen zugeteilt von meinem Vater – dem in den Himmeln. Denn wo zwei oder drei auf meinen Namen hin versammelt sind, da bin ich in ihrer Runde." Die Verheißung des Segens liegt auf der Einigkeit, nicht auf der Getrenntheit: die „zwei" könnten nämlich durchaus der Verletzte und der Verletzer sein, die sich zusammenfinden in ihrem gemeinsamen Angewiesensein auf Gottes Gnade und Barmherzigkeit. Jesus, der in diesem Fall mitten unter ihnen ist, ist an die Stelle der Mauer getreten, die durch das Unrecht und die daraus folgende Unversöhnlichkeit zwischen diesen zwei Menschen aufgerichtet geblieben wäre.[105]

Wichtig ist hier die Selbstachtung, die Jesus dem Verletzer zubilligt und die in der Empfehlung zur Distanz bei Schuldverleugnung des Verletzers zum Ausdruck kommt. Diese Distanz, die mit Vergebung durchaus kompatibel ist, wird von Jesus offenbar als Selbstschutzmaßnahme – und nicht als Ausdruck von Haß und Feindschaft – gebilligt.

Am Gleichnis vom Schalksknecht *Mt. 18,23–35*, das zum matthäischen Sondergut gehört, wird deutlich, wie ernst Jesus die Gefahr menschlicher Selbstgerechtigkeit einschätzte und wie er das Gebot zur unbeschränkten Vergebungsbereitschaft begründete. Dem Gleichnis geht die Frage des Petrus in *Mt. 18,21f* voraus: „Herr, wie oft soll ich meinem Bruder, der wider mich sündigt, vergeben? Bis siebenmal?" Jesu Antwort: „Ich sage dir: Nicht bis siebenmal, sondern bis 77mal."[106] Damit fordert Jesus im Grunde *grenzenlose* Vergebungsbereitschaft – wobei allerdings nicht gesagt ist, daß immer das *gleiche* Delikt vergeben werden

---

[104] Zu dem Wort „... so sei er dir wie ein Heide oder Zöllner" vgl. Basset 1991, S. 416f. Die spiegelbildliche Entsprechung zu dieser Distanz ist die von Jesus in seiner Tischgemeinschaft gerade mit Sündern nicht ausgesprochene, sondern stillschweigend praktizierte Vergebung. – Zum Wort vom Binden und Lösen (V. 18): Basset 1991, S. 419ff und S. 461.
[105] So Basset 1994, S. 421.
[106] Vgl. Schnackenburg 1987, S. 175ff. Möglich ist auch die Übersetzung „7x70mal", allerdings wäre 77x möglicherweise eine Anspielung auf Gen. 4,24. – Das Stichwort „Bruder" bildet wohl auch die Verbindung zum vorangehenden Abschnitt Mt. 18,15–20, wo es ebenfalls um das Verhalten gegenüber dem „Bruder" geht. Das Thema ist dort allerdings nicht die Notwendigkeit der Vergebung von persönlich erlittenem Unrecht, sondern die Notwendigkeit, den Bruder auf ein Fehlverhalten anzusprechen, auch wenn es einen *nicht* persönlich betrifft.

2. Zwischenmenschliche Vergebung als Thema der Bibel

muß. Diese Empfehlung darf jedoch nicht als Befehl mißverstanden werden, jegliche Wut zu unterdrücken, da sie sonst in krassem Kontrast zu dem Vorangehenden des Kapitels stehen würde. 7 mal 70 mal – damit ist eher eine Einladung, die Entdeckung einer ungeheuren Freiheit gemeint, die aber angesichts geltenden jüdischen Rechts dem Petrus wie eine ungeheure Zumutung erscheinen muß, und um diese „Zumutung" zu begründen, folgt bei Matthäus das „Gleichnis vom Schalksknecht"[107]: Ein Knecht, der dem König eine ungeheuerlich große Summe[108] schuldet, bekommt sie von diesem auf seine Bitte hin erlassen, ohne daß daran eine Bedingung geknüpft ist. Als er danach dem Mitknecht[109] eine viel kleinere Schuld[110] nicht erläßt, zieht der König seinen Gnadenerweis wieder zurück und bestraft ihn mit aller Härte. Die Begründung auf Petrus' Frage lautet demnach: Da dir, Mensch, von Gott eine ungeheuer große Schuldmenge vergeben wurde, kannst du dem Mitmenschen die in jedem Fall viel geringfügigere Schuld auch vergeben, andernfalls hast du die dir gewährte Gnade wieder verwirkt. – Die Vergebung Gottes entlastet und befreit den Menschen folglich nicht nur von seiner eigenen Schuld, sondern auch von der Schuld, die ihm von anderen angetan wird – das ist das Geheimnis des Vergebenkönnens. Und: die Vergebung Gottes weist den Menschen auf seine grundlegende Verwandtschaft mit allen anderen Menschen hin: vor Gott sind sie alle der Vergebung bedürftig; die Unterschiede sind nur graduell.

Angesichts der drastischen Maßnahmen des Königs – „er übergab ihn den Folterknechten, bis er alles bezahlt hätte, was er ihm schuldig war" (V. 34) – schwingt in Jesu abschließenden Worten nicht nur „im Unterton" eine Mahnung

---

[107] Zu Struktur und Aufbau des Gleichnisses vgl. Breukelman 1966. Ebenso Jeremias 1952, S. 148–150 und Basset 1994, S. 375–436. Basset betont, daß das Gleichnis „fast ohne Einschränkung als authentisch auf Jesus zurückgehend anerkannt wird" (S. 426). – Sie sieht in der Figur des „Königs" eine Anspielung Jesu darauf, daß der Mensch, der Schuld erlassen kann, einem König vergleichbar ist (S. 425).- Bezeichnenderweise läßt Lukas, der dieses Gleichnis nicht kennt, in der Parallelstelle Lk. 17,3f. Jesus nur vom siebenmaligen, nicht aber vom 77maligen Vergeben sprechen.

[108] Gerade die enorme Höhe der Schulden-eine Summe, die nach heutigem Wert in die Millionen geht und vom Schuldner gar nicht mehr zurückgezahlt werden könnte- machte das Verhalten des Königs für den Hörer so ungewöhnlich, während das Verhalten des Knechts für die damalige Zeit „normal" war und erst auf dem Hintergrund der riesengroßen Barmherzigkeit, die ihm selbst widerfahren ist, verurteilenswert und absurd anmutete. Metzler 1991, S. 237, meint auch hier wieder, daß Jesus mit diesem Gleichnis die konkrete Aussage gemacht hätte, „Schulden seien dazu da, erlassen zu werden." Sie begründet dies damit, daß die Situation des verschuldeten Mitknechts „die Lebenssituation breiter Schichten in Israel" widerspiegelte, somit der Hörer des Gleichnisses die Aufforderung zum Schuldenerlaß ganz wörtlich verstehen mußte. Ich halte diese Schlußfolgerung für eine Engführung, zumal das Thema der „unverdienten und unbegreiflichen Großzügigkeit Gottes" auch in anderen Parabeln bei Matthäus anklingt, z.B. in Matth. 20,1–16, vgl. Buckley 1991, S. 86.

[109] Die Bezeichnung „Mitknecht" ist insofern mißverständlich, als der Knecht des Königs offenbar zu jener kleinen Gruppe von privilegierten Sklaven gehörte, die eine Art Satrapenamt einnahmen und über einige Freiheiten sowie Macht verfügten. Umso größer der Kontrast zu dem „gemeinen Sklaven", dessen völlige Rechtlosigkeit der privilegierte Sklave schamlos ausnutzt. Vgl. Jones-Haldeman 1992, S. 141f.

[110] 100 Denare – „verglichen mit jenen 10 000 Talenten ... ist das praktisch nichts". Breukelmann 1966, S. 272.

mit, welche „durchaus im Sinne einer Drohung" zu verstehen ist,[111] zumal V. 35 letzte Unklarheiten ausräumt: „So wird auch mein himmlischer Vater euch tun, wenn ihr nicht jeder seinem Bruder von Herzen vergebt".[112] Das Verhalten des himmlischen Vaters ist allerdings nicht als Ausdruck einer Rache- und Vergeltungslogik zu interpretieren, sondern als Zeichen der Interdependenz seines und menschlichen Handelns: Gott macht den Menschen zum Partner und Delegierten seines Vergebens und damit zum Mitarbeiter an seinem Reich.[113]

2.2.3. Jesu Aussagen zur Vergebung bei Markus

Es findet sich nur eine einzige Aussage zum Thema des zwischenmenschlichen Vergebens, und zwar im Anschluß an Jesu Aufforderung, vertrauensvoll Gott zu bitten. In *Mk. 11,25* heißt es: „Und wenn ihr hinsteht und betet, so vergebt, wenn ihr etwas gegen jemand habt, damit auch euer Vater, der in den Himmeln, euch eure Verfehlungen vergebe." – Im Unterschied zu Matthäus ist hier nicht vom Bruder die Rede, sondern die Bezeichnung „jemand" macht deutlich, daß das Vergebungsgebot gegenüber *jedermann* gilt, ohne Ansehung der Beziehung. Dieser möglichen Verschärfung des Gebots steht jedoch eine „Entlastung" gegenüber, indem nicht, wie bei Matthäus, der Groll eines *anderen* als Anlaß gesehen wird, sich schleunigst um Versöhnung zu bemühen, sondern hier wird vom menschlich naheliegenderen Fall ausgegangen, daß man *selbst* einen Groll gegenüber einer anderen Person hegt.[114] Auch anhand dieser Stelle zeigt sich, daß für Jesus nicht das „Schuldprinzip" bzw. die Einsicht und Reue des „Sünders" in der Vergebungsfrage maßgebend war, sondern *die Tatsache einer gestörten Beziehung* zwischen zwei Menschen genügte, um den Auftrag zu Vergebung und Versöhnung in Kraft treten zu lassen. Das Engagement zur Versöhnung kann und soll dem Schuldbekenntnis des Verletzers durchaus zuvorkommen.[115] Die

---

[111] Gegen Metzler 1991, S. 236. Daß die *positive* Aussage bei Jesus im Vordergrund steht, siehe auch Mt. 5,14f, schließt nicht aus, daß er genauso nachdrücklich auf die Konsequenzen verweist, die ein Nichtbeachten seiner Gebote nach sich zieht, was vom Hörer durchaus als Drohung verstanden werden konnte und wohl auch sollte. Vgl. Sung 1993, S. 268, der in diesem Vers eine unmißverständliche Anspielung auf das „Forum des Endgerichts" sieht. Siehe auch Schnackenburg 1987, S. 176 und Jeremias 1952, S. 150.

[112] Die auffallende Betonung „von Herzen" spielt wohl auf eine Regel der Pharisäer an, derzufolge man dem Gesetz Genüge leistet, wenn man maximal dreimal vergibt-danach darf man zur Vergeltung schreiten. Gegen dieses formalistische Vergebungsverständnis, das die innere Beziehung zu dem, dem man vergibt, ja gerade nicht zum entscheidenden Kriterium macht, wendet sich Jesus. So Jones-Haldeman 1992. Metzler 1991, S. 243 hingegen behauptet, daß sich eine solche pharisäische Regel für zwischenmenschliches Vergeben nirgends ausdrücklich finde. Mackintosh 1930, S. 28 interpretiert das „from our hearts" ebenfalls so, daß es Jesus nicht nur um eine äußerliche Verhaltensänderung ging gegenüber dem Unrechttäter, sondern um eine innere Einstellungsänderung.

[113] Vgl. Hiob, den Gott mit Macht ausstattet, indem er ihn auffordert, für seine Freunde zu bitten; Basset 1994, S. 461.

[114] Die matthäische Version ist deshalb schwieriger, weil man in seinem Fall sich unter Umständen sogar dann sich um Versöhnung bemühen muß, wenn man sich gar keiner Schuld bewußt ist – es genügt, daß der *andere* ein „Beziehungsproblem" hat!

[115] Vgl. Shriver 1995, S. 42.

mißverständliche Formulierung „damit" ist nicht im Sinne einer Kausalität zu verstehen: Gott vergibt dem Menschen nicht, *weil* dieser vergibt, sondern *indem* der Mensch vergibt, kann Gottes Vergebung in ihm und durch ihn zur Wirkung kommen. Der Mensch ist Empfänger der Vergebung in dem Maß, wie er sie bereitwillig auch anderen gewährt.[116]

2.2.4 Jesu Aussagen zur Vergebung bei Lukas

In *Lk. 17,3f* (par Mt. 18,15) heißt es:
„Seht euch vor! Wenn dein Bruder sich versündigt, so herrsche ihn an, und kehrt er um, so vergib ihm! Und versündigt er sich siebenmal des Tages gegen dich und wendet sich siebenmal zu dir zurück und sagt: Ich will umkehren – so vergib ihm." – Abgesehen davon, daß die Siebenzahl eine Einschränkung gegenüber der 77- bzw. 7mal70-Zahl in Mt. 18,22 darstellt, legt die Formulierung „… und kehrt er um" das Mißverständnis nahe, Jesus habe die Umkehr des „Täters" zur Voraussetzung dafür erklärt, daß man ihm vergibt. Dies würde bedeuten, daß die unbedingte Vergebungsbereitschaft nicht mehr gefordert wäre. Die bisherigen Textbelege zeigen jedoch, daß Jesus die Reue des Verletzers *niemals* zur Bedingung von Vergebung gemacht hat, sondern die zwischenmenschliche Vergebung ebenso wie die göttliche Vergebung grundsätzlich als ein freiwilliges und souveränes Angebot dessen, dem Unrecht getan wurde, konzipierte.[117] Für die lukanische Fassung bedeutet dies, daß Jesus in Vers 3 lediglich einen *Idealfall* entwirft, den er aber in Vers 4 wieder relativiert: Wo ein Täter siebenmal am Tag sagt, er kehre um, und immer wieder rückfällig wird, kann von ernsthafter Reue und Konsequenz nicht die Rede sein, wohl aber von menschlicher Schwäche und Vegebungsbedürftigkeit. Nimmt man deshalb Vers 4 dazu, so ergibt sich dieselbe Aussage wie in der Matthäusversion: „Ganz egal, wie der Täter sich äußert oder verhält – du hast ihm zu vergeben!"
Dies hat die Vergebungsbereitschaft mit der Feindesliebe gemeinsam: beide warten mit ihrem beziehungsstiftenden Verhalten nicht, bis der andere umkehrt von seinen „bösen Wegen", andernfalls wäre die gewährte Vergebung lediglich eine Re-aktion.
Hier zeigt sich eine deutliche Differenz zum rabbinischen Judentum, in dem die Sündenvergebung als *Folge* von Umkehr, Reue und Buße aufgefaßt wurde.[118] Anschaulich wird dieser Unterschied zur jesuanischen Lehre in Jesu Gleichnis vom verlorenen Sohn in *Lk. 15,11–32*: Der Sohn kehrt um und hat den Vorsatz, um Vergebung zu bitten. Der Vater wartet schon auf den Sohn, läuft ihm entgegen und fällt ihm, bevor dieser auch nur ein Wort sagt, voller Liebe um den Hals.

---

[116] Vgl. Jones-Haldeman 1992, S. 145.
[117] Vgl. Metzler 1991, S. 235, wo sie feststellt, daß die „scheinbare Bedingung der Reue … eher ein praktischer Hinweis auf den Ort des Vergebens in der zwischenmenschlichen Kommunikation" ist, und sie folgert, „daß Reue nicht zu einem Kriterium des Verzeihens gemacht wird."
[118] Vgl.Broer 1992, S. 81.

Dies zeigt, daß der Vater dem Sohn in seinem Herzen schon lange vergeben hat[119] – aber *ohne* die Umkehr und Heimkehr des Sohnes wäre diese Vergebung niemals wirksam geworden, eine Versöhnung – und damit eine Beziehungserneuerung – hätte nicht stattgefunden.[120]

In *Lk. 23,34* ruft der gekreuzigte Jesus „Vater, vergib ihnen! Sie wissen ja nicht, was sie tun." Das Mißverständnis legt sich nahe, daß Jesus hier zum einen in seiner Person seinen Mördern und ihren Helfern *nicht* vergibt, sondern dies zu tun Gott überläßt, zum anderen, daß er das Handeln dieser Menschen entschuldigt, indem er ihnen mangelnde Zurechnungsfähigkeit attestiert. Beides sind Fehlinterpretationen. Verhalten, das entschuldigt werden kann, braucht nicht mehr vergeben zu werden.[121] Und: die Vergebung von seiten des Menschen macht die Vergebung von seiten Gottes nicht obsolet,[122] ebenso wie die göttliche Vergebung zur menschlichen Vergebung führen soll. Daß diejenigen, die Christus kreuzigen, etwas furchtbar Böses tun in der Meinung, Gutes oder zumindest „ihre Pflicht" zu tun, enthebt sie keinesfalls der Verantwortung für ihr Handeln, es macht allenfalls dieses Handeln etwas verständlicher.

Die Untersuchung der synoptischen Belege ergibt, daß Jesus wiederholt und mit außergewöhnlicher Klarheit und Schärfe von der Vergebung gesprochen und die Notwendigkeit der zwischenmenschlichen Vergebung eindringlich betont hat.[123]

2.2.5. Jesu Aussagen zur Vergebung bei Johannes

Im Johannesevangelium spricht Jesus nur an einer einzigen Stelle von „Sündenvergebung" zwischen Menschen, und zwar in *Joh. 20,23*, wo er nach seiner Auferstehung den Jüngern den heiligen Geist verleiht und ihnen die Vollmacht gibt, Sünden zu erlassen: „Welchen ihr die Sünden vergebt, denen sind sie vergeben; welchen ihr sie aber behaltet, denen sind sie behalten."[124] Dieses Wort taucht auch in etwas abgewandelter Form zweimal bei Matthäus auf; allerdings ist es

---

119 Die Heimkehr allein war noch kein untrügliches Zeichen von Reue und *innerer* Umkehr, sie könnte auch aus schlichtem Hunger erfolgt sein. Vgl. hierzu auch Tournier 1959, S. 304: „Ich glaube nicht, daß die Reue bei Christus die Bedeutung einer ‚Bedingung' hat, sondern eher die eines Wegweisers ... Gerade im Gleichnis vom verlorenen Sohn geschieht folgendes: Der Sohn hat bereut, und infolge seiner Reue ist er zurückgekehrt und findet seinen Vater, der ihm schon im voraus und bedingungslos vergeben hat." Vgl. Calian 1981, S. 443; Brakenhielm 1993, S. 39 und 60.

120 Vgl. de Chalendar 1992: „Kein Geschenk, wenn es nicht in Empfang genommen wird. Keine Vergebung, wenn sie nicht angenommen wird", S. 81.

121 Siehe oben S. 3f.

122 Vgl. Apg. 7,60, wo Stephanus ebenfalls für seine Mörder bittet: „Herr, lass ihnen diese Sünde nicht stehen". Vgl. Shriver 1995, S. 41.

123 MackIntosh 1930, S. 277f vermutet, daß Jesu tiefes Nachdenken über den menschlichen Charakter ihn zu dieser Hervorhebung der Vergebung bewegt hat. Ähnlich spekuliert Taylor 1948, S. 198, Jesus hätte gewußt, daß die Christen enorme Schwierigkeiten mit der elementaren Aufgabe der Vergebung haben würden.

124 Zur Bedeutung dieser Verantwortung vgl. McDonald 1984, S. 42. McDonald wendet sich mit seiner Deutung entschieden – und m.E. zu Recht – gegen die verbreitete Auffassung, hier werde der Kirche als *Institution* die Vollmacht erteilt, den Gläubigen „to admit or to exclude from the benefits of salvation, in this life and the next".

fraglich, ob bei ihm mit dem Wortpaar des Bindens und Lösens die Vergebung bzw. Nichtvergebung gemeint ist.[125]

In der Perikope mit der Ehebrecherin *Joh. 8,1–11* klingt das Thema indirekt an, indem Jesus in V. 7 – „Wer unter euch ohne Sünde ist, der werfe den ersten Stein auf sie" – das Recht, eine(n) andere(n) richtend zu verurteilen, nur demjenigen zugesteht, der selbst frei von Schuld ist – also niemandem.

2.2.6. Jesu vergebendes *Verhalten* in den Evangelien

Wie der Vater im Gleichnis vom verlorenen Sohn seinem Sohn nicht expressis verbis, sondern primär durch sein Verhalten zu verstehen gibt, daß er ihm bedingungslos vergeben hat, so praktizierte Jesus sehr häufig in seinem Umgang mit Menschen eine Haltung der bedingungslosen Annahme und Vergebung. Dies zeigte sich in der vollkommenen Unvoreingenommenheit und Zugänglichkeit, mit der er auch sogenannten Sündern und Heiden gegenübertrat. Er nahm sie an, ließ sich auf eine Beziehung zu ihnen ein, heilte ihre Krankheiten, vergab ihre Sünden, ohne vorher ausdrückliche Schuld- und Reuebekenntnisse zu verlangen. Damit entlastete er sie von ihrer Schuld, bevor sie überhaupt sich selbst oder ihm diese Schuld eingestehen konnten.[126] Der deutlichste Ausdruck dieses vergebenden Gemeinschaftswillens ist die *Tischgemeinschaft* mit den Sündern, die den Beobachtern Jesu auffiel und gegen ihre Auffassungen und Gebote bezüglich des distanzierten Umgangs mit nicht-reuigen Sündern verstieß.[127] Gemeinsames Essen symbolisiert sowohl in einfacheren als auch komplexen Gesellschaften die Aufnahme oder Pflege und Vertiefung menschlicher Beziehungen in vielfältiger Weise.

Daß die zuvorkommende Vergebung Jesu jedoch auf die *Antwort* des Menschen – seine Umkehr – angewiesen ist, macht dabei Jesus selbst deutlich: Erst als der Zöllner Zachäus, überwältigt von Jesu vorurteilsloser Gemeinschaft mit ihm, dem Sünder, vor Jesus tritt und ihm eine tiefgreifende Umkehr signalisiert, sagt Jesus (Lk. 19,9): „Heute ist diesem Haus Heil widerfahren" – das Heil, daß sich ein Mensch von der Güte und Vergebungsbereitschaft Gottes, vermittelt durch Jesus von Nazareth, anstecken und verwandeln läßt und zu einem neuen, vom Willen zur Gemeinschaft bestimmten Umgang mit seinen Mitmenschen findet.

Zusammenfassend läßt sich den Äußerungen Jesu zur Vergebung, wie sie uns die Evangelien wiedergeben, folgendes entnehmen:
1. Der Mensch ist Gott gegenüber grundsätzlich in der Position des Schuldners bzw. Sünders, der auf die Vergebung Gottes angewiesen ist. Das Erlebnis, daß

---

[125] Matth. 16,19 und 18,18. Binden und lösen bedeutet nach jüdischer Auffassung: für verboten oder für erlaubt erklären. Vgl. Zürcher Evangelien-Synopse, Wuppertal 1985, S. 81.
[126] Vgl. Matth. 9,20–22; Lk. 7,36–50. Allerdings läßt sich auch daraus kein „Prinzip Jesu" ableiten, vgl. Joh. 4,17.
[127] Vgl. Matth. 9,10f; 11,19; Mk. 2,15; Lk. 5,29f; 15,2; Lk. 19,1–10. Es ist nur folgerichtig, daß auch die von Jesus gestiftete symbolische Erinnerung an ihn im Abendmahl ursprünglich die Tischgemeinschaft beinhaltete. Vgl. Shriver 1995, S. 40f, Basset 1994, S. 458ff.

Gott ihm seine Schuld erläßt, befreit und befähigt ihn zur Vergebung seinem schuldigen Nächsten gegenüber. „Kind Gottes" ist, wer sich vom vergebungsbereiten Geist Gottes inspirieren und leiten läßt.

2. Die Beziehung des Menschen zu Gott und die Beziehung zu seinem Mitmenschen sind nicht unabhängig voneinander zu denken. Eine Störung im zwischenmenschlichen Verhältnis hat unweigerlich eine Störung der Gottesbeziehung zur Folge.[128] Da eine nichtvergebende Haltung einem Mitmenschen gegenüber grundsätzlich als Beziehungsstörung aufzufassen ist, wirkt sich diese Haltung in jedem Fall auf das Verhältnis zu Gott aus.

3. Die vergebende Hinbewegung des Verletzten oder Geschädigten zu dem, der ihm Unrecht tat, muß unabhängig sein von dessen Reue, Schuldeingeständnis oder dauerhafter Umkehr. Diese Hinbewegung, die sich auch in der Bereitschaft zur Gemeinschaft, beispielsweise zur Tischgemeinschaft zeigt, ist damit bedingungslos. Sie ist allerdings, um fruchtbar zu sein, darauf angewiesen, daß der Empfänger der Vergebung dieses Geschenk annimmt und sich von der Vergebung verwandeln läßt.

4. Vergebung ist ein kreativer Akt, der die Spirale der Gewalt und Beziehungsstörung beendet und die Chance zur Versöhnung herbeiführt.

5. Die Vergebungsbereitschaft schließt Kritik am Verletzer und eine klare Benennung seines verletzenden Verhaltens ebensowenig aus wie eine, zumindest zeitweilige, Distanzierung zum Verletzer, wenn dieser die angebotene Vergebung aus mangelnder Schuldeinsicht nicht annimmt.

2.3. Vergebung in den Paulus- sowie den übrigen neutestamentlichen Briefen

Selbst wenn man verwandte Themen miteinbezieht, ist bei *Paulus* relativ selten von zwischenmenschlicher Vergebung die Rede. Ein Grund mag sein, daß für Paulus das Verhältnis des Menschen *zu Gott* im Mittelpunkt seiner Überlegungen stand. Ein anderer Grund ist möglicherweise darin zu suchen, daß Paulus sich, zumindest in seinen Briefen, nicht so sehr mit Jesu Worten und Lebensvollzügen auseinandergesetzt hat, sondern daß es ihm vor allem um das Ziel von Jesu Leben und Sterben ging. Naheliegender erscheint jedoch die Erklärung, daß Paulus für seine Erkenntnis der Bedeutung Jesu Christi nicht auf alte Vorstellungen, wie sie mit dem Terminus „Vergebung" verbunden waren, zurückgreifen wollte. Während im Judentum mit „Sünden" einzelne moralisch verwerfliche Handlungen gemeint waren, durch die man Schuld auf sich lud und deshalb der Vergebung bedürftig wurde, ging es Paulus um einen existentiellen Zustand der Entfremdung des Menschen von Gott, welcher einer ebenso existentiellen Befreiung oder „Erlösung" bedarf. Paulus' zentraler Begriff, mit dem er das Heilshandeln Gottes in Christus beschrieb, war deshalb nicht „Vergebung", sondern „Rechtfertigung"[129] des Sünders durch Jesu Kreuz und Auferstehung und die dadurch

---

128 Dies gilt auch in umgekehrter Richtung, vgl. Gen. 1.
129 Allein im Römerbrief wird dieser Begriff ca. 50mal verwendet. Vgl. Brakenhielm 1993, S. 30.

2. Zwischenmenschliche Vergebung als Thema der Bibel

ermöglichte Versöhnung des Menschen mit Gott. Das Wort „aphiämi" taucht deshalb in den unumstrittenen echten Paulusbriefen nur in *Römer 4,7* auf, wo er Ps. 32,1, zitiert: „Selig, denen die Gesetzlosigkeiten vergeben und die Sünden verhüllt wurden." –

An allen anderen Stellen, wo von Vergebung die Rede ist, wird das griechische Wort „charizomai" verwendet. Es hatte im klassischen Griechisch vor allem die Bedeutung „etwas gnädig schenken",[130] selten die Bedeutung „vergeben", und brachte vor allem eine *nachsichtige Haltung* gegenüber dem Unrechttäter zum Ausdruck,[131] während in „aphiämi" das rechtliche Element – Verzicht auf Strafe und Wiedergutmachung – stärker hervortritt.

In *2.Kor. 2,6f* empfiehlt Paulus der Gemeinde, einem Gemeindemitglied gegenüber, das ihm und/oder der Gemeinde offenbar in irgendeiner Form Unrecht getan oder Schaden zugefügt hatte, nachsichtig zu sein („Gnade zu schenken"), nachdem allerdings eine Bestrafung schon erfolgt war: „Genug für den Betreffenden mit der von der Mehrheit verhängten Strafe! Darum sollt ihr nun umgekehrt lieber Gnade schenken und ermutigen, sonst ertrinkt womöglicher der Betreffende im Übermaß der Trübsal." Angesichts der schon verhängten Strafe ist es folgerichtig, wenn Paulus hier nicht den Ausdruck „aphiämi" verwendet, sondern empfiehlt, daß man nunmehr ‚nachsichtig' sein und dem Übeltäter seine Verfehlungen nicht weiter vorhalten soll.

Auch in *2.Kor. 12,13* – „Was ist es denn, worin ihr den anderen Gemeinden gegenüber schlecht weggekommen seid, außer daß ich selbst euch nicht geschröpft habe? Schenkt mir Gnade in diesem Unrecht" – paßt die Übersetzung „schenkt mir Gnade/seid nachsichtig mit mir", da es sich in dem Appell des Paulus offensichtlich um eine ironische Bitte handelt – er wußte genau, daß ihm absolut nichts zu „vergeben" war, im Gegenteil!

Im *Epheserbrief Kap.4,31–5,2* heißt es: „Alle Bitterkeit und Grimm und Zorn und Geschrei und Lästerung – weg muß es von euch samt allem Üblen! Seid zueinander gütig, großherzig, und vergebt[132] einander, wie auch Gott euch im Messias vergeben hat! Seid also Nachahmer Gottes als geliebte Kinder und geht den Weg in Liebe, wie auch der Messias uns geliebt und sich für uns hingegeben hat …" – Die Ermahnung zur Vergebung wird begründet mit dem Werk und Vorbild Christi bzw. mit der Vergebung, die uns von Gott zuteil wurde, was in der Linie der synoptischen Aussagen liegt.

Ebenso argumentiert *Kol. 3,12f*: „So ziehet nun an … inniges Erbarmen, Freundlichkeit, Niedrigkeit, Milde, Langmut. Ertragt einander und vergebt euch gegenseitig, wenn einer gegen den andern eine Klage hat: wie der Herr euch vergeben hat, so auch ihr!"[133]

Auch hier ist die Vergebungsbereitschaft als eine unter mehreren Verhaltenskon-

---

[130] In dieser Bedeutung auch bei Lk. 7,42f, der einzigen Stelle in den Synoptikern, wo dieses Verb im Zusammenhang mit dem Erlass einer Geldschuld verwendet wird, was auch mit „aphiämi" hätte zum Ausdruck gebracht werden können.
[131] Vgl. Taylor 1948, S. 5f.
[132] Stier (1989) übersetzt „charizomai" hier wie an allen anderen Stellen mit „schenkt einander Gnade".
[133] Idem.

sequenzen eines christlichen Lebenswandels aufgeführt; sie wird jedoch sowohl in Epheser als auch Kolosser eigens begründet mit der vorangehenden Vergebung Gottes oder Christi. – Indirekt kommt das Thema der Vergebung an mehreren Stellen zur Sprache, wo es um Haltungen geht, die mit einer christlichen Gesinnung *nicht zu vereinbaren* sind. In *Gal. 5,19–23* werden unter anderem „Feindschaften, Streit, Eifersucht, Zornausbrüche, Ränke, Zwietrachten, Parteiungen" als Werke des Fleisches aufgezählt, welche größtenteils auch mit mangelnder Vergebungsbereitschaft in Beziehung zu setzen sind,[134] während als die Werke des Geistes unter anderem „Friede, Langmut, Freundlichkeit, Gütigkeit, Treue, Sanftmut" aufgezählt werden, die Vergebungs- und Versöhnungsbereitschaft implizieren, auch wenn diese nicht expressis verbis genannt werden. Geht man davon aus, daß im länger anhaltenden Zorn immer auch Groll gegenüber dem Unrechttäter enthalten ist, so ist dieser Zorn zweifellos ein Zeichen nichtgeschehener Vergebung und gestörter Beziehung.

In *Eph. 2,3* heißt es: „... wir waren von Natur Kinder des Zorns wie alle andern auch", was bestätigt, daß Rache- und Vergeltungsgedanken dem natürlichen Menschen näher liegen als Vergebungsbereitschaft. Auf der gleichen Linie bewegt sich *1.Joh. 2,9*: „Wer sagt, er sei im Licht, und seinen Bruder haßt, ist in der Finsternis bis auf den heutigen Tag": Haß als Zeichen fehlender Vergebungsbereitschaft ist ebenso ein Indiz für Gottesferne (= Finsternis) wie mangelndes Bewußtsein der eigenen Schuld: „Wenn wir sprächen, wir haben keine Sünde, so führen wir uns selbst irre, und die Wahrheit ist nicht in uns" (*1. Joh. 1,8*).

Auch der in *Röm. 12,14.17.19* empfohlene Verzicht auf Rache und Vergeltung ist ein indirekter Aufruf zu Vergebung und Feindesliebe: „Lobpreist die, die euch jagen. Lobpreist – und verflucht nicht! ... Niemandem Böses mit Bösem vergelten. Bedacht sein auf Gutes allen Menschen gegenüber ... Nicht selbst euch Recht verschaffen, Geliebte, sondern Raum geben dem Zorngericht. Es ist ja geschrieben ‚Mein ist es, Recht zu schaffen, ich werde vergelten, spricht der Herr.'"

Ebenso appelliert *1.Petrus 2,23* anhand des Beispiels Jesu an den Verzicht auf Rache: „Als er gescholten wurde, schalt er nicht wieder; als er litt, drohte er nicht, er übergab es vielmehr dem, der gerecht richtet" (Zitat von Jesaja 53,5.7). Dem schließt sich *1. Petrus 3,9* an: „Vergeltet nicht Übles mit Üblem oder Schmähung mit Schmähung – im Gegenteil! Segnet, da ihr dazu berufen seid, daß ihr den Segen als Erbteil habt."

Zusammenfassend läßt sich sagen, daß die zwischenmenschliche Vergebung sowohl bei Paulus als auch in den sonstigen neutestamentlichen Briefen nicht ausführlich behandelt oder breit entfaltet wird. Sie findet in eher beiläufiger, keinesfalls hervorgehobener Weise meist dann Erwähnung, wenn es um die Konsequenzen des Glaubens im praktischen Lebenswandel der Christen geht.

Dies zeigt zum einen möglicherweise die Selbstverständlichkeit, mit der man Vergebungsbereitschaft als Ergebnis einer durch den Geist Christi veränderten

---

134 So auch in Eph. 4,31f.

Haltung gegenüber dem Mitmenschen ansah. Andererseits ist auch denkbar, daß unter dem Einfluß der paulinischen Rechtfertigungslehre die von Jesus klar proklamierte Interdependenz von göttlicher und menschlicher Vergebungsbereitschaft nicht mehr so deutlich rezipiert und weitergegeben wurde.

Meines Erachtens bahnt sich in den neutestamentlichen Briefen die für den weiteren Verlauf der Kirchengeschichte sehr bedenkliche Entwicklung an, daß eine der zentralen Lehren Jesu, nämlich die Interdependenz zwischen göttlicher und menschlicher Vergebung, aufgrund einer einseitigen Betonung des Sühnetodes Jesu quasi nivelliert bzw. zu einem marginalen Thema der christlichen Verkündigung wird.

3. Zwischenmenschliche Vergebung als Thema der Theologie

3.1. Vergebung in der Theologie des Alten Testaments

Wie schon der exegetische Befund deutlich machte, wird im Alten Testament zunächst *keine direkte Verbindung* zwischen göttlicher und zwischenmenschlicher Vergebungsbereitschaft gesehen. Statt dessen ist es durchaus möglich, einerseits Gott um Vergebung und andererseits ihn um die Vernichtung der Feinde zu bitten. Erst Sirach erklärt die Bereitschaft zur zwischenmenschlichen Vergebung zur Bedingung für das Erlangen göttlicher Vergebung. Er bleibt jedoch eine Einzelstimme. Auch in der späteren rabbinischen Tradition wird Vergebung – sei sie von Gott oder von Menschen – in jedem Fall als *Reaktion* auf die Reue bzw. die Initiative des Schuldners gedacht.[135] Darum wird es geradezu als Pflicht angesehen, demjenigen *nicht* zu vergeben, der keine Anstalten macht, sein Unrecht zuzugeben oder wiedergutzumachen, denn in diesem Fall würde man, so die rabbinische Auffassung, durch Vergebung das Böse nur begünstigen statt bekämpfen.[136] Auch sollte der gewährten Vergebung in jedem Fall der Tadel am unrechten Tun vorausgehen, damit der Vergebende sich nicht der Unterstützung eines bösen Handelns schuldig macht. Falls dem Tadelnden dabei die Reue des Sünders nicht echt und tief genug erscheint, kann er seine Vergebung auch verweigern.[137] Grundsätzlich bildet Vergebung, so die rabbinische Lehre, einen Akt der Beziehungswiederherstellung, die dem Bundesgedanken Rechnung trägt. Der Mensch ist insofern zur „imitatio dei" angehalten, als der Bund mit Gott zur guten Beziehung mit dem Nächsten verpflichtet – sofern sich der Nächste auch „dementsprechend" verhält. Offenbar hat sich die Position Sirachs in der rabbinischen Tradition nicht durchgesetzt. Diese ist übereinstimmend der Auffassung, daß es eine Pflicht zur Vergebung nur gibt „in those cases in which the offender has acknowledged the wrong committed and, in addition, has sought the

---

[135] Lediglich das spätjüdische, vermutlich aus dem 2. Jh. v.C. stammende „Testament der 12 Patriarchen" empfiehlt, dem Verletzer auch dann zu verzeihen, wenn er sein Handeln nicht bereut. Vgl. Taylor 1948, S. 8ff. Bezeichnenderweise beinhalten auch der messianologischen Entwürfe keine Sündenvergebung als Merkmal des Messias, vgl. Blum 1985, S. 52.

[136] Dieser Schlußfolgerung liegt die Annahme zugrunde, daß Vergebung grundsätzlich auch den Verzicht auf Selbstschutz bzw. auf Maßnahmen impliziert, die dem Unrechttäter eine Fortsetzung seines Handelns erschweren. Diese Annahme ist falsch-Vergebung schließt Prävention nicht aus. Auch wird hier Vergebung und Versöhnung gleichgesetzt-ich kann einem Übeltäter vergeben, muß mich aber, wenn er sein Handeln nicht bereut, nicht mit ihm versöhnen oder auf eine nähere Gemeinschaft einlassen!

[137] Vgl. Newman 1987, S. 155–172. Dazu eine bemerkenswerte Notiz in der Stuttgarter Zeitung vom 21.3.97: Das Grab eines französischen Juden wurde geschändet; einer der Täter bat die Witwe bei der Gerichtsverhandlung um Verzeihung, worauf die Witwe erwiderte: „Nein, ich verzeihe nicht". Der Großrabbiner Frankreichs, J. Sitruk, unterstützte ihre Haltung mit den Worten: „Verzeihen ist sinnlos, wenn es nicht aufrichtigem Bedauern gilt." Dies entspricht der jüdisch-rabbinischen Tradition.

forgiveness of the individual harmed."¹³⁸ Wo keine Buße ist, ist folglich auch keine Pflicht zur Vergebung. Denn so, wie nach jüdischer Auffassung auch die göttliche Vergebung eng geknüpft ist an die Buße des Sünders, so ist Vergebung umgekehrt unmöglich, wenn der Sünder nicht Buße tun will oder kann.¹³⁹

3.2. Vergebung in der Theologie des Neuen Testaments

Obwohl in älteren deutschsprachigen Monographien das Thema nur am Rande gestreift wird,¹⁴⁰ stimmen die Kommentare zu den einzelnen Evangelien bemerkenswert darin überein, daß „in der sittlichen Unterweisung Jesu ... das Verzeihen und Sichversöhnen unverkennbar einen Nachdruck" erlangt, ja, daß „die forcierte Forderung, den Mitmenschen zu verzeihen, sich mit ihnen zu versöhnen, ... unmittelbar der Verkündigung Jesu vom verzeihenden Gott"¹⁴¹ entspringt.

3.2.1. Gründe für die Betonung der Notwendigkeit zwischenmenschlicher Vergebung in der Verkündigung Jesu

Der Nachdruck, den Jesus auf seine Anweisungen zur interpersonalen Vergebung legte, erklärt sich zum einen aus seiner Radikalisierung des Gebots der Nächstenliebe, das im Gebot der Feindesliebe gipfelt. Vergebung war für Jesus dasjenige Verhalten, das zur Begründung und Erhaltung von Gemeinschaft unentbehrlich ist. Nächstenliebe braucht als wesentliches Element die Bereitschaft zur Vergebung, die ein Akt der Freiheit, ein Versuch der Beziehungswiederherstellung und damit ein innovativer Vorgang ist. Die vergebende Haltung ist insofern höchst innovativ, da sie das Riskieren einer Zukunft impliziert, die gerade *nicht* von der Vergangenheit bestimmt wird. Denn nur wo racheorientiertes Äquivalenzdenken – bei dem so oder so niemals ein wirklicher Ausgleich erreicht werden kann – transzendiert wird, kann eine Verwandlung der menschlichen Beziehungen stattfinden.¹⁴² – McDonald¹⁴³ bietet in seiner Deutung von Joh. 20,23 – „Welchen ihr die Sünden vergebt, denen sind sie vergeben, welchen ihr sie behaltet, denen sind sie behalten" – eine bemerkenswerte Erklärung für die rigorose

---

138   Newman 1987, S. 162 So auch Blum 1985, S. 51: „... there is a necessity to forgive a *repentant* (Hervorhebung v. Verf.) person, if one expects forgiveness from God."
139   Man beachte den grundlegenden Abstand zur Lehre Jesu, ein Abstand, der meines Erachtens beispielsweise von Lapide (1984) deutlich heruntergespielt wird. Es ist zwar richtig, daß die von Jesus in den Antithesen (Mt. 5,43) zitierte Regel „Du sollst deinen Feind hassen" im Alten Testament nirgends zu finden ist, doch ebenso klar ist, daß einem Feind keinesfalls – als Ausdruck der Nächstenliebe – vergeben werden muß, da die Vergebung ausdrücklich von der Reue des Feindes abhängig gemacht wird – der dann ja kein Feind mehr wäre.
140   Vgl. Schlatter 1921 und 1965, sowie Leroy 1974; Thyen 1970.
141   Schnackenburg 1986, S. 96.
142   Vgl. Duquoc 1986, S. 35–44.
143   McDonald 1984, S. 43.

Forderung Jesu nach interpersonaler Vergebung: Durch seine eigene Vergebungsbereitschaft vermittelt der Christ einem anderen Menschen Gottes Vergebungsbereitschaft – oder er enthält sie ihm durch seine Unversöhnlichkeit vor, und wie soll der andere dann an die Vergebung Gottes glauben können? Nicht anders als anhand der vom Menschen erfahrenen zwischenmenschlichen Vergebung, so der Autor, lernt dieser, auch an die göttliche Vergebung zu glauben.[144] Dies bedeutet, daß die christliche Gemeinschaft eine große Verantwortung hat, was die Vergebung zwischen Menschen anbelangt. Die Vergebung Gottes ist nur glaubhaft in einer Atmosphäre, die dadurch geprägt ist, daß Christen die Erfahrung der göttlichen Vergebung in ihrem Leben bezeugen *und* daß sie diese Vergebung auch untereinander praktizieren. Wenn die Christen keine Gemeinschaft bilden, in der man es für selbstverständlich ansieht, einander zu vergeben, so macht die Botschaft der göttlichen Vergebungsbereitschaft keinen Eindruck auf die Menschen, sie bleibt abstrakt und lebensfern. Nicht nur Mackintosh[145] stellt jedoch kritisch fest, daß dieser lebendige Konnex zwischen göttlicher und menschlicher Vergebung zwar in der Theorie weitgehend anerkannt wird, weit weniger jedoch in der Praxis. Wahrscheinlich, so meint er, hat die christliche Botschaft deswegen der Welt so wenig ihren Stempel aufgedrückt, weil diese vergebende Liebe unter den Christen wenig zu beobachten war und ist, wodurch der Gedanke der Vergebung enorm an „colour, charm, persuasiveness"[146] verliert, denn das Evangelium der Vergebung hat nur dann in der Kirche Überzeugungskraft, wenn die Kirche es in Wort *und* Tat proklamiert. Nachfolge Christi beinhaltet die tägliche Herausforderung zur gegenseitigen Vergebung, die folglich als eine der grundlegendsten Aufgaben der Kirche angesehen werden muß.[147]

3.2.2. Interdependenz von göttlicher und zwischenmenschlicher Vergebung in der Verkündigung Jesu

Der exegetische Befund machte deutlich: „Die dem Menschen vorbehaltlos zugesprochene Vergebung ermöglicht und verlangt also auch ein dieser Gotteszuwendung entsprechendes *zwischenmenschliches Verhalten* ... Die Vertikale der Gottesbeziehung und die Horizontale zwischenmenschlicher Beziehungen sind (vielmehr) so miteinander verbunden, daß die eine ohne die andere nicht bestehen kann. – Die Vergebungsbereitschaft soll keine Grenzen kennen ..."[148] – Je-

---

[144] Rice-Oxley 1989, S. 12 zitiert folgendes Beispiel: Ein Atheist und ein russisch-orthodoxer Priester teilten sich eine Gefängniszelle und der Atheist brachte den Priester durch seine Äußerungen an den Rand der Verzweiflung. Plötzlich, so erzählt der Atheist, schaute ihn der Priester an und lächelte mit einem seltsam frohen Gesichtsausdruck, woraufhin dem Atheisten mit einemal klar wurde, daß dieser ihm vergeben hatte: „Und dann durchflutete mich eine Art Licht, und mir wurde klar, daß Gott existierte. Es war weniger, daß ich es verstand, sondern ich spürte es mit meinem ganzen Sein ..."
[145] Vgl. Mackintosh 1930, S. 277ff.
[146] Idem.
[147] Vgl. Hellwig 1982, S. 91ff.
[148] Hoffmann 1981, S. 128f, Brakenhielm 1993, S. 91.

3. Zwischenmenschliche Vergebung als Thema der Theologie

sus hat in der Tat keinen Zweifel daran gelassen, daß der Mensch, der aus der Vergebung Gottes lebt, seinerseits zur Vergebung der Mitmenschen *befähigt* ist. Durch die Macht zu vergeben wird der Mensch zum Partner an Gottes erneuerndem, schöpferischem Handeln, ja, er verkörpert geradezu Gottes vergebendes Ja zum Menschen. Wo deshalb menschliche Vergebungsbereitschaft fehlt, wird die (schon erfolgte) göttliche Vergebung ebenfalls verneint und dadurch nichtig. Von Balthasar konstatiert nüchtern: „Daß Jesus immerfort ... auf das ‚bedingungslose' Verzeihen des Vaters hingewiesen hat, ist heute weithin ein exegetischer Gemeinplatz geworden. Die Frage freilich, ob dieses bedingungslose Verzeihen Gottes, das Jesus ... verkündet hätte, nicht auch bei ihm an die Bedingungen der effizienten Aufnahme dieses Verzeihens geknüpft war – Umkehr und Bereitschaft zu gegenseitigem Verzeihen –, wird weniger häufig erörtert"![149] – Doch bleibt festzuhalten, daß menschliches Verzeihen von der göttlichen Sündenvergebung her gedacht wird, daß also dem menschlichen das göttliche Verzeihen *vorausgeht*.[150] Indem wir unserem Mitmenschen vergeben, kommt Gottes Vergebung in uns selbst zur Entfaltung, sie kann sozusagen „Fuß fassen", so daß fehlende Vergebungsbereitschaft des Menschen als Zeichen angesehen werden kann, daß die Vergebung Gottes noch nicht in ausreichendem Maß „internalisiert" wurde. Diese Verknüpfung ist keineswegs als genuin jesuanische „Vergeltungslogik" zu betrachten, sondern als Verdeutlichung und Klärung einer dynamischen Beziehung im Menschen selbst: Ein Mensch, der gegenüber seinem Nächsten verhärtet ist, *muß* unweigerlich auch Gott gegenüber verhärtet sein. Er ist deshalb nicht in der Lage, Gottes Vergebung zu empfangen. Wichtig ist jedoch die Feststellung, daß die christliche Vergebungsbereitschaft keinesfalls eine *Tugend* ist, die der Mensch mit einiger moralischer Vernunft anstreben sollte, sondern daß sie eine *Konsequenz* der göttlichen Vergebung ist, die eine neue „Logik der zwischenmenschlichen Beziehungen" zur Folge hat.[151] Statt von dem Gesetz der Selbstbehauptung lassen sich Christen leiten von der Freiheit von sich selbst, die es ihnen ermöglicht, den anderen anzunehmen und auf Vergeltung als Akt der Selbstbehauptung zu verzichten. Dabei verwirklichen sie durch dieses Tun nicht nur Gottes Liebe und Vergebung, sondern sie erleben diese Vergebung auch persönlich als höchst „wirksam", indem sie die eigene Vergebungsfähigkeit und Vergebungsbereitschaft vertieft. Dementsprechend geschieht zwischenmenschliche Vergebung niemals, *um* Gottes Vergebung zu erlangen, sondern sie geschieht, *weil* man Gottes Vergebung empfangen hat. Auch ist sie keine Tat, die nur dem Empfänger zum Heil und zur Heilung gereichen kann, sondern auch –

---

[149] H.U. von Balthasar 1984, S. 412. So auch Rice-Oxley 1989: Gottes Vergebung ist bedingungslos – abgesehen davon, daß sie eine Antwort in Form einer gleichermaßen vergebenden Liebe verlangt.

[150] Vgl. Wapnick 1987, S. 193: „We are asked ... only to reflect Heaven's love through our willingness to forgive." Vgl. Basset 1994, S. 456 und 461; Metzler 1991, S. 234 Gegen Schlatter 1921, S. 201, der in einer Umkehr der Kausalitäten schrieb: „Darum verlangte Jesus von seinen Jüngern, daß sie die Vergebung dann von Gott erbitten, wenn sie selbst vergeben haben."

[151] Vgl. dazu Elizondo 1986, S. 69–79; Rubio 1986, S. 80–94.; Walters 1984, S. 365–374; Jones-Haldeman 1992, S. 136–146; Lauritzen 1987, S. 141–154.

und sogar noch gewisser – dem Vergebenden. Die Verschränktheit dieser beiden Vorgänge läßt sich nur in Form eines bipolaren Kausalitätszusammenhangs wiedergeben, mit anderen Worten: „Wir können Vergebung nur empfangen wenn – oder weil – wir bereit sind, sie anzubieten, und wir können Vergebung nur gewähren, wenn – oder weil – wir sie selbst empfangen haben."[152]

3.2.3. Die Unabhängigkeit der Vergebungsbereitschaft von der Reue des Sünders in der Verkündigung Jesu

Der unauflöslichen Verschränkung von göttlicher und zwischenmenschlicher Vergebung im Evangelium Jesu entspricht die Ablösung der menschlichen Vergebungsbereitschaft von der Schuldeinsicht oder Reue dessen, dem zu vergeben ist.[153] Menschliches Tun soll sich nicht ausrichten an der Haltung und am Verhalten des Mitmenschen, sondern am großzügigen Verhalten Gottes. Der vergebende Mensch ist bereit, die *Verantwortung* für die gestörte Beziehung zum Verletzer zu übernehmen, wie Matth. 18,15 betont. Darum kann die Vergebung der Reue des Verletzers in jedem Fall zuvorkommen. Das Entscheidende der Vergebung spielt sich folglich *im Vergebenden* ab. In Jesu Aufforderung zur „vorauseilenden Vergebung" liegt deshalb der vielleicht tiefste Bruch zur alttestamentlichen Vergebungstheologie vor.[154] Doch wenn die Reue und Schuldeinsicht des Verletzers auch nicht mehr *Voraussetzung der Vergebung* ist, so entscheidet sie doch darüber, ob auch *Versöhnung* zustandekommt.[155]
Eine Differenzierung zwischen Vergebung und Versöhnung ist auch aus diesem Grund unerläßlich. Die Verwechslung bzw. Gleichsetzung dieser beiden Begriffe bzw. Vorgänge ist jedoch in der theologischen Literatur erstaunlich häufig zu finden, so zum Beispiel im 1985 erschienenen KAIROS-Dokument, das bezeichnenderweise auch nicht zwischen alt- und neutestamentlicher Vergebungstheologie unterscheidet.[156] Man kann aus der Gleichsetzung nur schließen, daß die Abhängigkeit der *Versöhnung* vom Beziehungspartner nicht gesehen wird.

---

152 Rubio 1986, S. 92. So auch Preston 1990, S. 52: Wer nicht vergibt, ist unfähig, Gottes Vergebung für sich selbst zu akzeptieren.
153 Vgl. den grundlegenden Aufsatz der Educational Psychology Study Group, 1990, 9, S. 16–19.
154 Vgl. Newman, 1987; Redlich, 1937; sowie Blum, 1985.
155 Vgl. Moule 1978, S. 68–77, Brakenhielm 1993, S. 60.
156 „In practice no reconciliation, no forgiveness and no negotiation are possible without repentance. The Biblical teaching on reconciliation and forgiveness makes it quite clear that nobody can be forgiven and reconciled with God unless he or she repents of their sins. Nor are we expected to forgive the unrepentant sinner." Auszug aus dem KAIROS-Dokument, zit.bei Domeris 1986, S. 48ff. – Domeris stellt demgegenüber klar, daß von einer „biblischen Lehre" der Vergebung nicht zu sprechen ist und daß in der Botschaft Jesu die Reue oder Buße nicht die Voraussetzung, sondern allenfalls die Folge erfahrener Vergebung ist.
– Die mangelnde Unterscheidung von Vergebung und Versöhnung hat allerdings Tradition, so Lapsley 1966, S. 59, wo er meint, daß sowohl Schleiermacher als auch Barth und Tillich „the identity or near identity of the events of forgiveness and reconciliation" vorausgesetzt hätten.

3.2.4. Definitionen und Näherbestimmungen von Vergebung in der neutestamentlichen Theologie

Vergebung ist ein Akt der Einstellungs- und damit verbunden auch der Verhaltensänderung gegenüber dem Verletzer. Nicht die Erinnerung an das Unrecht wird getilgt, wohl aber ändert sich die Bewertung des Unrechts. Hierin liegt der eigentlich kreative Akt der Vergebung, deren Ziel die Wiederherstellung von Gemeinschaft ist.[157] Vergebung bedeutet keinesfalls den Verzicht auf Anklage, sondern sie bedeutet im Kern, daß der Verletzer nicht länger auf sein Fehlverhalten *behaftet* und daß auf Vergeltung verzichtet wird. Moralische Unterscheidungen von Gut und Böse werden dabei gerade nicht aufgehoben, sondern im Gegenteil zur gleichen Zeit bestätigt *und* transzendiert. Der Verzicht auf die *Verurteilung* des Verletzers impliziert nicht den Verzicht auf die klare *Beurteilung* seines Verhaltens. Doch beinhaltet Vergebung das Aufgeben jeglichen Anspruchs sowie jeglicher negativer Emotionen gegenüber dem Verletzer.[158]

Zur Analyse des Vergebungsprozesses trägt Lapsley[159] wichtige Gedanken bei, indem er zunächst die Bedingungen für *Verletzungen* präzisiert: In jeder menschlichen Beziehung oder Gemeinschaft herrschen Regeln des Zusammenlebens, aus denen sich Erwartungen und Verpflichtungen an den Einzelnen ergeben. Die Mißachtung dieser mehr oder weniger expliziten Erwartungen führt zu Enttäuschung, Frustration und Ärger, was Vergebung notwendig macht. Doch kann es durchaus ein Teil der Vergebung sein, den Verletzer an weiterem Unrechttun zu hindern, wie Sobrino[160] am Beispiel des Verhaltens von Bischof Oscar Romero deutlich macht: Romero empfing zwar jene, die Böses taten und vergab ihnen, gleichzeitig aber versuchte er in Worten und Werken mit aller Kraft, eine Fortsetzung ihres bösen Handelns zu verhindern und sparte dabei nicht mit scharfer Kritik. Vergebung ist folglich ein Überwinden, keineswegs ein Tolerieren des Bösen, indem die Spirale der Gewalt und des Hasses unterbrochen wird. Hier liegt die Chance zur Erneuerung und „Humanisierung" der menschlichen Existenz, und zwar sowohl für den, der vergibt, als auch für den, dem vergeben wird.[161]

Wer *nicht* vergibt, läßt statt dessen sein Leben indirekt weiterhin vom Verletzer kontrollieren und beherrschen, während Vergebung heilende Kräfte freisetzt und eine heilende Erfahrung mit Gott und – möglicherweise – mit dem Verletzer ermöglicht. – Da es dem ausgeprägten Freiheits- und Autonomiebedürfnis des Menschen in der modernen Gesellschaft jedoch widerstrebt, Schuld einzugestehen und um Vergebung zu bitten, muß der Verletzte damit rechnen, daß das Eingestehen der Vergebungsbedürftigkeit in vielen Fällen unterbleibt. Doch steckt gerade in der *Annahme* dieser Bedürftigkeit ein ausgesprochen kreatives und konstruktives Potential, indem der Mensch zur Auseinandersetzung mit sich und

---

[157] Vgl. Mackintosh 1930, S. 28f.
[158] Vgl. Walters, 1984, S. 365–374; Elizondo 1986, S. 69–79.
[159] Lapsley 1966, S. 44–59.
[160] Sobrino 1986, S. 45–56.
[161] Vgl. Calian 1981, S. 439–443.

zur Ehrlichkeit sich selbst gegenüber ermutigt wird.[162] Die gewährte Vergebung eröffnet dem, der sein Unrecht eingesteht, die Chance, sich zu ändern und durch die Freiheit der Liebe seinerseits zur Umkehr befreit zu werden, denn „Vergeben heißt befreien ... Doch die Vergebenden werden auch von sich selbst befreit."[163] Zusammenfassend läßt sich sagen:

1. Vergebung umfaßt die Ebenen des Denkens, Fühlens, Wollens und Verhaltens.
2. Vergebung setzt moralisches Urteil zwingend voraus, es setzt dieses keinesfalls außer Kraft. Doch bleibt Vergebung nicht bei Anklage und Verurteilung stehen.
3. Vergebung zielt auf Wiederherstellung von Gemeinschaft *und* auf eine Veränderung (Umkehr) des Verletzers, aber auch dessen, der verletzt wurde.

Exkurs: Die Lehre von der Vergebung bei Martin Luther King

King versuchte, die christliche Botschaft der Feindesliebe in seinem Kampf gegen Rassendiskriminierung politisch und praktisch wirksam und handlungsleitend umzusetzen. Sein Kampf galt der Vergeltungslogik, die das Denken der Schwarzen ebenso wie der Weißen beherrschte und keine Veränderung der Beziehungen zuließ. Dieses vergeltungs- statt vergebungsorientierte Denken war auch die Basis der Uneinigkeit zwischen den Schwarzen, die deshalb erst einmal lernen mußten, sich gegenseitig zu vergeben.[164] Von Gandhi übernahm King das strategische Prinzip, daß die Anwendung von Gewalt angesichts von gewaltlosem Protest eine selbstreinigende Macht ist, die irgendwann ins Leere läuft und dadurch Veränderung in Gang setzt.[165] In seinem furchtlosen Eintreten für Liebe statt Haß, Vergebung statt Rache entfaltete M.L. King drei Argumentationsstränge:

1) King berief sich entschieden auf *Jesu Verkündigung*
Jesus, so King, hat häufig und leidenschaftlich von der Vergebung gesprochen,[166] und mehr als das, in dem Ausruf Jesu am Kreuz („Vater, vergib ihnen ...") sieht King einen „herrlichen Beweis für Jesu Fähigkeit ..., Worte und Taten miteinander in Einklang zu bringen".[167] Jesu Antwort auf die Frage des Petrus, wie oft er seinem Bruder vergeben solle, zeigt: „... die Vergebung ist keine Frage der Zahl, sondern der inneren Einstellung. Kein Mensch kann vierhundertneunzigmal vergeben, ohne daß die Vergebung zum Bestandteil seines Seins wird."[168] Allerdings, so King, wußte Jesus genau, wie schwer eine solche Haltung ist – „er wußte, daß jeder echte Ausdruck der Liebe allein einer völligen und bewußten

---

[162] Vgl. Peters 1986, S. 3–11.
[163] Sobrino 1986, S. 55.
[164] Shriver 1987, S. 27.
[165] Shriver 1987, S. 24ff. Vgl. Shriver 1995, S. 180ff.
[166] King 1971, S. 47–60.
[167] Ebd., S. 49.
[168] Idem.

3. Zwischenmenschliche Vergebung als Thema der Theologie

Ergebung in Gott entspringt."[169] Diese Liebe ist jedoch keine Sentimentalität oder Gefühlsduselei, sondern sie ist eine schöpferische und mutige Liebe, die ein Risiko eingeht und keine Gegenleistung erwartet, denn „nur so, mit dieser Liebe, können wir Kinder unseres himmlischen Vaters sein", meint King.[170] Diese Liebe, von King „Agape" genannt, sieht in jedem Menschen den Nächsten und macht daher „keinen Unterschied zwischen Freund und Feind ... Agape ist eine Liebe, die danach trachtet, Gemeinschaft zu schaffen und zu erhalten ... Sie ist bereit, Opfer zu bringen und alles zu tun, um die Gemeinschaft wiederherzustellen."[171] Dabei ist Agape nicht „grundlos", sondern bedeutet die „Anerkennung der Tatsache, daß alles Leben in Beziehung zueinander steht ... In dem Maße, wie ich meinem Bruder schade, schade ich mir selbst."[172]

2) King analysierte die *Alternativen* zur Vergebung – Haß und Rache.
Er begründete seine Instruktion an die Schwarzen, lieber Gewalt zu leiden als Gewalt zuzufügen, damit, daß durch die Vergeltung von Bösem sich das Böse in der Welt nur vermehre, während Liebe darauf abziele, die Freundschaft oder wenigstens das Verständnis des Gegners zu gewinnen.[173] Gewalt, sei es zum Zwecke der Durchsetzung eigener Interessen, sei es als Akt der Rache oder Vergeltung, ist ein unbrauchbares Mittel, um Gerechtigkeit zu errreichen, „weil am Ende alle in ihren vernichtenden Strudel gezogen werden und umkommen. Das alte Gesetz ‚Auge um Auge' hinterläßt nur Blinde."[174] Von Haß inspiriertes Handeln führt zu einer Spirale der Gewalt, einer Kettenreaktion des Bösen, wobei der Haß nicht nur bei dem zerstörerisch wirkt, gegen den er gerichtet ist, sondern auch bei dem, von dem er ausgeht: „Haß zerfrißt die Persönlichkeit".[175] Er ist für den Hassenden genauso schädlich wie für den Gehaßten. – Nicht zuletzt führt Vergeltung und Feindseligkeit niemals dazu, aus einem Feind einen Freund zu machen.[176] – Andererseits ist King realistisch genug, um zu wissen, daß die Menschen sich „vor dem Altar der Rache neigen" und daß „immerwährende Vergeltungsgesänge die Schönheit des Lebens entstellen."[177] – „Die Weltgeschichte wird von den unaufhörlichen Gezeiten der Rache aufgewühlt ... Die Geschichte ist übersät von den Wracks der Völker und Menschen, die diesen selbstzerstörerischen Weg gegangen sind."[178]

3) King sah in der Vergebung die Voraussetzung zur Versöhnung
Hilfreich zur Vergebung ist, so King, die Erkenntnis, „daß die böse Tat eines

---

[169] King 1971, S. 62.
[170] Ebd., S. 65 u. S. 69. Vgl. Shriver 1987, S. 22f: King gab den Menschen die Überzeugung, daß ihr Handeln dem Willen Gottes für dieses Land und diese Gesellschaft entsprach, und gab ihnen damit Selbstbewußtsein und Würde.
[171] King 1980, S. 19–34.
[172] Ebd.
[173] King 1982, S. 66f.
[174] King 1982, S. 153.
[175] King 1971, aaO., S. 66f.
[176] Ebd., S. 67.
[177] King 1971, S. 50.
[178] Ebd., S. 51, ebenso in: King 1974, S. 91.

Menschen niemals sein ganzes Wesen ausdrückt ... Selbst im Bösesten von uns steckt etwas Gutes, selbst im Besten etwas Böses."[179] Er definiert Vergebung als „das Löschen einer Schuld" – das Unrecht des Verletzers wird zwar beim Namen genannt, aber es bildet keine Schranke mehr, welche die Verbindung zum Nächsten stört. Zwar kann man, so King, die Erinnerung an das Geschehene nicht einfach auslöschen, aber man kann dafür sorgen, daß sie kein Hindernis mehr für eine neue Verbindung bildet, so daß Versöhnung möglich ist. Man kann folglich nicht jemandem zwar vergeben, aber künftig absolut nichts mehr mit ihm zu tun haben wollen.

Dies ist zwar nur ein schmaler und notgedrungen selektiver Ausschnitt aus dem Werk M.L.Kings, doch kennzeichnend für seine Gedankenführung – und damit auch seine Überzeugungskraft – ist die Vielfältigkeit seiner Argumentation: er begründet seine Aufforderung zu Feindesliebe und Vergebung sowohl theologisch (Verkündigung Jesu) als auch psychologisch (intrapersonale Folgen des Hasses und der Rachsucht) und soziologisch (gesellschaftliche Folgen der Nichtvergebung und des Wunsches nach Vergeltung) und kommt von jeder Seite seiner Reflexionen zum gleichen Ergebnis: Vergebung ist ein Akt kreativer Liebe, welche nicht an selbstbezogene Reaktivität gebunden ist; Vergebung befreit den, der vergibt *und* den, der Vergebung empfängt; Vergebung macht Gemeinschaft und Versöhnung möglich; Vergebung ist die einzige Alternative zur Spirale der Gewalt und des Bösen; Vergebung wird dem Wesen des Menschen gerechter als Verurteilung; und nicht zuletzt entspricht Vergebung der Haltung und dem Willen Gottes gegenüber den Menschen. Mit dieser vielseitigen Argumentation nimmt King zahlreiche der folgenden philosophischen und psychologischen Überlegungen vorweg.

---

[179] King 1971, S. 63f.

4. Zwischenmenschliche Vergebung als Thema der Philosophie

Erstaunlicherweise haben sich im Lauf der vergangenen Jahrzehnte immer wieder auch – allerdings fast ausschließlich englischsprachige – Philosophen mit dem Thema „Forgiveness" beschäftigt.
Ihre Überlegungen sind insofern interessant und aufschlußreich, als daß sie auf die christliche Herleitung der zwischenmenschlichen Vergebungsbereitschaft verzichten und folglich zu anderen Argumentationsgrundlagen greifen müssen.

4.1. Die Voraussetzungen von Verletzungen

4.1.1. Persönliche Betroffenheit

Vergebung setzt voraus, daß eine Person sich von einer anderen Person in irgendeiner Weise verletzt, das heißt in ihrem Wohlbefinden beeinträchtigt fühlt, und daß sie diese andere Person dafür persönlich verantwortlich macht. Der englische Bischof J. Butler[180] befaßte sich im Jahr 1726 in seinen Reden über Groll sowie über die Vergebung von Verletzungen (Sermon 8 und 9) intensiv mit den Ursachen des Grolls oder Ärgers und stellte fest, daß eine maßgebliche Bedingung darin läge, daß eine Person sich von einem Ereignis, einem Handeln oder einer Äußerung eines anderen Menschen *persönlich betroffen* fühlen muß. Geht man dieser persönlichen Betroffenheit nach, so läßt sich laut Butler feststellen, daß Menschen sich häufig auch *ohne Grund* verletzt fühlten oder eine erlittene Verletzung viel zu stark empfinden würden. Bischof Butler argumentiert weiter, daß die Verletzungen, die Menschen zugefügt würden, in aller Regel nicht so erheblich seien, wie diese meinen. Auch nimmt er an, daß persönliche Betroffenheit häufig eine Folge fehlenden Abstandes sei, so daß der Verletzte das reale Ausmaß der Verletzungen ebensowenig erkenne wie er die Tatsache ignoriere, daß die meisten Verletzungen nicht mit Absicht und nicht aus Bosheit, sondern eher aus Versehen stattfänden.[181] Butler postuliert ferner, daß die Eigenliebe insofern zur Wahrnehmungsverzerrung beitrage, als sie die Fehler anderer Menschen vergrößere und die eigenen Fehler verkleinere. Da intensive Emotionen wie Zorn und Haß die Wahrnehmung zusätzlich noch verzerrten, würde die Unangemessenheit der subjektiven Betroffenheit in der Regel vom Betroffenen nicht bemerkt. Verletzungen seien folglich, so sein Fazit, das Ergebnis einer äußerst subjektiven Wahrnehmung und Bewertung eines Verhaltens.
Zweifellos hat der englische Bischof hier einen entscheidenden Punkt der Voraussetzungen für Vergebung angesprochen, nämlich die Frage nach der *Berech-*

---

[180] Butler 1970.
[181] So auch H. Arendt 1960, S. 235. Sie sieht die unbeabsichtigten Verletzungen weitaus in der Überzahl, denn „daß jemand das Böse direkt will, ist selten, es geschieht nicht siebenmal des Tages".

tigung der persönlichen Betroffenheit, die dem Gefühl des Verletztwordenseins zugrunde liegt. Allerdings führt es nicht weiter, diese Berechtigung pauschal in Frage zu stellen, ohne die entsprechenden Beurteilungsgrundlagen offenzulegen. Welches Kriterium könnte herangezogen werden um zu beurteilen, ob die subjektive Betroffenheit bzw. die Intensität der Betroffenheit einer verletzten Person gerechtfertigt und damit „begründet" ist, oder ob das verletzende Verhalten des anderen als „unerheblich" einzustufen ist? Und anhand welchen Maßstabs könnte das „reale" Ausmaß einer Verletzung taxiert werden? Ein Entwurf solcher Kriterien ist schlechterdings nicht möglich, da jedes Wirklichkeitsverständnis auch das Produkt sozialer Übereinkünfte ist und damit a priori jede Perspektive gleichrangig gegenüber jeder anderen Perspektive ist.[182] Dies bedeutet in logischer Konsequenz, daß es nicht maßgeblich ist, ob eine Person A von einer Person B *tatsächlich* seelisch verletzt wurde – was sich objektiv nicht entscheiden läßt –, sondern entscheidend ist, daß Person A *der Überzeugung ist*, sie sei verletzt worden.[183] Dies gilt auch für den Fall, daß eine Person sich ‚nur' deshalb verletzt fühlt, weil sie sich mit einer *anderen* Person identifiziert und deren Betroffenheit als eigene Betroffenheit erlebt.[184] Man mag darüber diskutieren, ob beispielsweise Angehörige des jüdischen Volkes das Recht haben, stellvertretend für ihre ermordeten Volksgenossen den Deutschen zu vergeben bzw. nicht zu vergeben.[185] Was ihnen allerdings in jedem Fall zu vergeben bleibt, sind die *Auswirkungen* des an ihren Angehörigen verübten Verbrechens auf ihr eigenes Leben. Das gleiche gilt für die Frage, ob eine Mutter das Recht hat, dem Mörder ihres Kindes zu vergeben bzw. nicht zu vergeben: auch wenn sie nicht die Ermordete ist, so ist sie doch von den Auswirkungen des Mordes als Mutter in unüberbietbarer Weise *betroffen*. Dies zeigt, wie schwierig es ist, eine Grenze zu ziehen, wann Identifikation und stellvertretende bzw. solidarische Betroffenheit erlaubt ist und wann nicht – letzten Endes entscheidet das Maß der Liebe und Bindung zwischen zwei Menschen oder gegenüber einer Gemeinschaft darüber. Allerdings muß darüber nachgedacht werden, wovon die Überzeugung, vom Verhalten eines anderen Menschen *persönlich betroffen* zu sein, abhängt. Eine der Hauptbedingungen hierfür ist, daß dem „Verletzer" eine persönliche *Absicht* unterstellt wird. Dies bedeutet, daß die Möglichkeit von Versehen, Irrtum, Mißverständnis oder Unabsichtlichkeit nicht ernsthaft in Betracht gezogen wird, denn sonst, so meint zumindest Butler, dürfte die Verstimmung einem anderen Menschen gegenüber – trotz Betroffenheit – weder lange andauern noch sehr intensiv sein.[186] Auch die Erkenntnis, daß der andere nicht aus persönlicher Will-

---

[182] Vgl. Gergen 1991, Kap. 2 und 3.
[183] Vgl. Downie 1965, S. 128ff.
[184] So Brakenhielm 1993, S. 34: „Thus the right to forgive is not exclusively tied to the person who has suffered a direct injustice. Another person who is able to identify in a unique sense with the injured party can in effect become party to the right to forgive."
[185] Dieses Problem schildert S. Wiesenthal in seiner Autobiographie, vgl. Golding 1984/85, S. 121-137. Basset 1994, S. 441 meint kategorisch „Personne ne peut pardonner *a la place* des victimes de la Shoah". So auch de Chalendar 1992, S. 58.
[186] Butler 1970, S. 84ff. Offensichtlich sieht Butler Unabsichtlichkeit als „mildernden Umstand" an.

kür, sondern beispielsweise aus beruflicher oder sonstiger Pflicht heraus handelte, müßte sich auf das Maß der subjektiven Betroffenheit und damit Verletztheit auswirken.[187] Allerdings muß hier zwischen objektiver und subjektiver Betroffenheit differenziert werden. Nicht der objektive Tatbestand einer Schädigung oder körperlichen Verletzung, einer Benachteiligung oder offiziellen Bestrafung ist letzten Endes ausschlaggebend für das Maß der subjektiven Betroffenheit, sondern die *Attribuierung* dieses Verhaltens: welche Beweggründe und Motive werden dem Verletzer unterstellt?[188] Doch wie gründlich man diese Attributionen und die ihnen zugrundeliegenden Erwartungen von seiten des Betroffenen auch diskutieren mag, es bleibt dennoch festzuhalten, daß die persönliche Betroffenheit eines Menschen aufgrund eines von ihm als verletzend *erlebten* Ereignisses oder Verhaltens zunächst als solche respektiert und akzeptiert werden muß, bevor man über die Ursachen und Voraussetzungen dieser Betroffenheit nachdenkt.

4.1.2. Abwertung des Selbst

Wie vor allem Murphy überzeugend herausarbeitet, entsteht die Betroffenheit des Verletzten grundsätzlich dadurch, daß er das Verhalten einer anderen Person als „symbolische Kommunikation" auffaßt und darin eine Mißachtung oder Abwertung der eigenen Person erkennt.[189] Der Kern der Verletzungserfahrung ist ein Handeln einer anderen Person, welches als willentliche Leidenszufügung und damit als Demütigung und Entwürdigung der eigenen Person empfunden wird. Wenn folglich ein Mensch sich von dem Verhalten eines anderen Menschen verletzt fühlt, so setzt dies voraus, daß er dieses Verhalten als „Botschaft" einstuft, in welcher der Verletzer ihm eine Mißachtung seines Wertes bzw. seiner Person mitteilt.[190] Entweder läßt der Betroffene, beispielsweise geschützt durch die Rüstung eines ausgeprägten Selbstwertgefühls, die Pfeile dieser Mißachtung an sich abprallen – dann hat er auch nichts zu vergeben –, oder er nimmt die Botschaft ernst und läßt sich von diesen Pfeilen verwunden. Mit anderen Worten: der *Empfänger* entscheidet, ob er die vom Sender vermeintlich intendierte oder signalisierte personale Wertverminderung zuläßt oder zurückweist.

Die theoretisch durchaus mögliche selbstbewußte Zurückweisung einer solchen Botschaft ist in der Praxis dadurch erschwert, daß es auch hier keine objektiven Kriterien gibt, anhand derer sich der „Wert" eines Menschen bemessen läßt. Infolgedessen sind *alle* Menschen in mehr oder weniger hohem Maß vulnerabel für abwertende interpersonale Signale. Sobald eine Person A davon ausgeht, daß das Verhalten der Person B ihr gegenüber etwas über ihren *Wert* als Person A aus-

---

[187] Vgl. Kolnai 1973/74, S. 91ff, der die These vertritt. „Feind ist man nicht, zum Feind wird man – durch die Attributionen des anderen – gemacht."
[188] Vgl. Beattie 1970, S. 250, der vor allem die Rolle der Erwartungen reflektiert.
[189] Vgl. Murphy 1982, S. 503–516. Die Bitte um Verzeihung ist, so der Autor, insofern ein wirksames Ritual, als es einer freiwilligen Selbsterniedrigung des Verletzers gleichkommt und dadurch dem Verletzten eine Wiederherstellung seiner Selbstachtung ermöglicht.
[190] Vgl. Hampton 1988, S. 35–87 sowie S. 111–161.

sagt bzw. deren Wert reduziert, fühlt sich Person A durch dieses Verhalten verunsichert und herabgesetzt. Die Abwertung der Person von seiten des Verletzers wird zunächst spontan internalisiert – man ist verletzt –, wobei der Betroffene häufig in der akuten Situation nicht in der Lage ist, zu unterscheiden, ob diese Abwertung intendiert war oder nicht. Die heftige emotionale Reaktion des Verletzten dokumentiert in jedem Fall die Vulnerabilität seines Selbstwertgefühls und ist der Versuch, im Gegenzug via Ablehnung, Groll usw. den Verletzer seinerseits abzuwerten bzw. ihm zu demonstrieren, daß man ihn nicht mehr in bisheriger Weise achten und anerkennen kann.[191] Voraussetzung für Vergebung ist deshalb aus psychologischer Sicht immer auch, die *Überzeugung* des eigenen Wertes zurückzugewinnen *und* – darauf basierend – die Bereitschaft, dem Verletzer ebenfalls wieder einen positiven Wert zuzugestehen. *Wie* es gelingen kann, sich des eigenen Wertes aufs neue zu versichern, ist die eigentlich spannende Frage in der Vergebungsthematik, zumal wenn der Verletzer *nicht* um Vergebung bittet und damit die Selbstwert-Verletzung des Opfers nicht ausgleicht.[192] Deutlich wird, daß zur Problematik des Vergebens auch die Problematik der Voraussetzungen von Verletzung gehört. Persönliche Betroffenheit, Attributionsstil sowie Erwartungen sind hierbei an keinem objektiven Maßstab evaluierbar, so daß über ihre Legitimität und Berechtigung zunächst nicht geurteilt werden kann. Das Zentrum der Verletzung bildet in jedem Fall eine als symbolisch erlebte und gedeutete Kommunikation, die das Signal einer Mißachtung bzw. Abwertung der Person beinhaltet.

4.2. Alternativen zur Vergebung und ihre Konsequenzen

4.2.1. Wut und Haß

Vergebung impliziert die Überwindung von Haß- und Grollgefühlen gegenüber dem Verletzer. Während Haß die spontane Empfindung von Zorn und Ablehnung gegenüber einem Menschen umfaßt, ist unter Groll eine chronifizierte Empörung und Anklage zu verstehen.[193] Auch wenn Haß, Zorn und Wut zunächst als durchaus verständliche und im Interesse des Selbstschutzes als sinnvolle Reaktionen auf Unrecht anzusehen sind,[194] so überwiegen doch langfristig die destruktiven Auswirkungen dieser zu Groll erstarrten Gefühle, da sie das Denken, Fühlen und Verhalten des Verletzten in dominanter Weise bestimmen und damit auch seine übrigen Beziehungen beeinflussen. Erschwerend kommt hinzu, daß

---

[191] Hampton 1980, S. 68.
[192] Vgl. Brakenhielm 1993, S. 43: Wer um Vergebung bittet, bestätigt die Rechte und den persönlichen Wert des anderen, wer Vergebung gewährt, bestätigt den menschlichen Wert des Verletzers.
[193] Vgl. Rice-Oxley 1989, S. 15, wo Groll (resentment) als eine „settled attitude of antipathy towards someone, resulting from some injury" definiert wird. Ebenso Basset 1994, S. 446.
[194] Vgl. Murphy 1980, S. 88–110. Murphy betont die protektive Funktion von Haß und Wut für den Verletzer, indem sie ihn – im günstigsten Fall – zur Selbstverteidigung animiert und so vor weiteren Verletzungen schützt.

Wut oder Haß sich grundsätzlich gegen eine *Person* wendet, nicht gegen ihr Handeln, und daß Wut oder Haß eine äußerst aggressive und häufig destruktive Form der Verteidigung bzw. des Versuchs der Wiederherstellung des persönlichen, schwer angeschlagenen Selbstwertgefühls darstellen.[195] Es bleibt jedoch festzuhalten, daß ohne eingestandene Wut auch kein Verzeihen möglich ist.

4.2.2. Rache und Vergeltung

Bischof Butler lehnt das Streben nach Rache oder Vergeltung kategorisch ab, weil dadurch die Spirale des Ärgers unendlich verlängert würde und weil es nicht angehen könne, daß jeder Mensch nach eigenem Gutdünken zu urteilen und zu bestrafen beginne. Auch der Philosoph Francis Bacon reflektiert in seinen Essays zwar nicht über Vergebung, wohl aber „über die Rache"[196] und konstatiert: „Wer sich selber rächt, ist seinem Feinde gleich, wer ihm aber verzeiht, erhebt sich über ihn; denn Verzeihen ist Fürstenart ..."[197] Interessanterweise nimmt er jedoch an, daß Rache weniger von dem Wunsch genährt wird, dem anderen zu schaden, als vielmehr von dem Wunsch, „den Gegner zur Reue zu bewegen".[198] Nichtsdestotrotz bleibt Bacon dabei: Wer auf Rache sinne, hindere seine eigenen Wunden an der Heilung. Er stifte Unheil und würde dabei selbst unheilvoll enden. Und auch wenn der Wunsch nach Vergeltung als eine Art „Angriffsinstinkt" eines Menschen im Sinne einer Selbstschutzreaktion nach einer erlittenen Verletzung aufzufassen ist, so läßt sich auf dieser Basis Haß und Groll zwar erklären, nicht jedoch der Wunsch nach Vergeltung rational *rechtfertigen*. Dennoch fragt Hampton nach dem *Sinn* der Vergeltungslogik und arbeitet heraus, daß sie zunächst eine Form der Gerechtigkeit sei, bei der durch eine „Abwertung" des Verletzers die vorausgegangene „Abwertung" des Verletzten sozusagen ausgeglichen werden solle. Es gehe demnach bei der Vergeltung nicht um ein „Zurückzahlen", sondern um die „reassertion of the victim's value".[199] Der „Sinn" der Rache – im Sinne eines Ziels – läge folglich zum einen in ihrem psychologischen Effekt für den Verletzten, zum anderen ist in Hinblick auf den Verletzer der Abschreckungseffekt von Vergeltung zu bedenken, was diese nicht nur zu einem vergangenheits-, sondern unter Umständen auch zu einem zukunftsorientierten Handeln macht. Wer sich rächt, versucht, dem Verletzer klar zu machen, daß dessen Annahme, den anderen auf solch verletzende Weise behandeln zu können, falsch war und für ihn selbst gefährliche Konsequenzen hat, mit anderen

---

[195] Hampton 1980, S. 69 Hampton bemerkt an dieser Stelle zu Recht, daß Haß allerdings auch häufig als Folge von Neid und Rivalität und damit als Folge massiver Unterlegenheitsgefühle entstehen kann und keinesfalls immer auf ein erlittenes Unrecht zurückzuführen ist.
[196] Bacon 1940.
[197] Ebd., S. 17.
[198] Ebd., S. 18 Seine nicht uneingeschränkte Verurteilung der Rache zeigt sich auch in einem von ihm zitierten Ausspruch Cosimo di Medici's, der gesagt haben soll, es sei zwar befohlen, den Feinden zu vergeben, aber nirgends stehe geschrieben, daß man auch den Freunden vergeben müsse. Vgl. Murphy 1982, S. 506.
[199] Hampton 1980, S. 127.

Worten: er versucht, die Überzeugungen zu ändern, die dem Verhalten des Verletzers zugrundelagen. Gleichzeitig hilft die Rache dem Verletzten unter Umständen, das Gefühl der Hilflosigkeit zu verringern, das sich nach einer Verletzung zunächst einstellt.[200]

Dennoch wird deutlich, daß Rache und Vergeltung als Reaktion auf Verletzung aufgrund ihrer Neben- und Langzeitwirkungen sowohl für den Verletzten als auch den Verletzer höchst problematisch sind.

4.2.3. Reduzierung und Festlegung des Verletzers auf seine Tat

Die Weigerung zu vergeben impliziert immer auch, daß der Verletzte ein unabänderliches Urteil über den Verletzer fällt und nicht bereit ist, der Beziehung noch eine Chance zur Veränderung und Heilung einzuräumen. Täter und Beziehung werden auf die Fehler der Vergangenheit reduziert; der Verletzte bleibt auf seine Perspektive fixiert und mutet weder sich noch dem Verletzer eine Entwicklung zu.[201] Nicht zu vergeben bedeutet, die durch das Unrecht erzeugte Kluft und Entfremdung zwischen Verletzer und Verletztem nicht zu überwinden, sondern sie statt dessen gewissermaßen zu konservieren. Zweifellos hat jedoch jeder Mensch den berechtigten Anspruch, gute Anteile in sich zu haben trotz mancher böser Tat. Auch gibt es keinerlei triftige Argumente, einem Menschen, was immer er getan hat, ein für alle Mal jede Wandlungsfähigkeit abzusprechen. Ein solches Urteil käme psychologisch betrachtet einem Todesurteil gleich. Wer hingegen bereit ist zu vergeben, sieht zwar über die böse Tat des Verletzers nicht hinweg, aber er sieht darüber hinaus; er erkennt, daß der andere mehr ist als seine böse Tat. In diesem Sinn ist der Vergebende bereit, zu „vergessen": er hört auf, sich weiter um die vergangenen Taten des Verletzten zu *kümmern*.[202] Keineswegs ist Vergebung ein Versuch, das Geschehene ungeschehen zu machen, sondern „what is annulled in the act of forgiveness is not the crime itself but the distorting *effect* that this wrong has upon one's relation with the wrongdoer and perhaps with others."[203]

Trotz des Verständnisses, das die Philosophie den diversen Alternativen zur Vergebung entgegenbringt, plädiert sie mehrheitlich aufgrund der langfristig destruktiven Auswirkungen von Wut, Haß und Rache sowie endgültiger Verurteilung nicht dafür, diesen Alternativen den Vorzug zu geben. Der zunächst durchaus vorhandene Abschreckungseffekt sowie die selbstschützende Wirkung dieser Alternativen wendet sich, falls keine Vergebungsbereitschaft entwickelt wird, insofern gegen den Verletzten, als er nicht nur in seinem Selbstbild, sondern auch in seinem Bild vom Verletzer keine wirksame Korrektur und damit keine Chance der Weiterentwicklung erfährt. Vergeltungsmaßnahmen bergen ein hohes

---

200 Vgl. Halling 1979, S. 200.
201 Vgl. Beatty 1970, S. 246–252.
202 Vgl. Cua 1972, S. 319. Vgl auch die etymologische Verbindung von „sich kümmern" und „Kummer"!
203 North 1987, S. 500.

Risiko der weiteren Beziehungsverschlechterung und darüber hinaus der intrapersonalen Stagnation in sich, denn sie taugen letztendlich nicht dazu, die erlittene Abwertung des Selbst zu korrigieren oder gar in eine Aufwertung zu verwandeln.

4.3. Philosophische Überlegungen zum Prozeß des Vergebens

O'Shaugnessy entschied, daß Vergebung nicht vom Vergebungswunsch des Verletzers abhängig gemacht werden dürfe, denn zunächst läge die Bedeutung der Vergebung darin, „what it means to the *forgiver*": sie könne seine eigene Situation sowie seine Beziehung zum Leben, zu sich selbst und zu den Mitmenschen verändern.[204]
Auch andere Philosophen gehen davon aus, daß ein Sinneswandel des Verletzers keine notwendige, wohl aber eine erleichternde Voraussetzung für Vergebung ist, wobei sich Vergebung durch die Reue des Verletzers keinesfalls „erübrigt", da das begangene Unrecht dadurch ja nicht ungeschehen gemacht wird.[205] Obgleich der Vergebende natürlicherweise auf einen Gesinnungswandel beim Verletzer hofft, so nimmt er den Verletzer doch an, ohne auf seine Reue zu warten. Zusammenfassend bedeutet dies, daß Vergebung einen moralischen Wert *in sich selbst* hat, unabhängig von der Wirkung auf den, dem vergeben wird, denn im Vegeben drückt sich eine kühne Bereitschaft zum Vertrauen aus, die der menschlichen Sorge „about Certitude and Safety"[206] entgegengesetzt ist und auf jeden Fall das Risiko einer Enttäuschung in sich birgt. Wer vergibt, sucht die Wiederherstellung einer auf Liebe begründeten Beziehung und ist bereit, den Verletzer nicht auf seine Schuld zu reduzieren, sondern ihn in einer neuen Weise zu sehen.[207] –
Bei diesem Vorgang spielt das Moment der Entscheidung eine wichtige Rolle: „Forgiveness rests on a decision to forgive",[208] das heißt, Vergebung hat sowohl einen voluntativen als auch einen emotionalen Aspekt. Der Wille zur Vergebung setzt den Vergebungsprozeß erst in Gang, der vor allem im Aufgeben der negativen Gefühle gegenüber dem Verletzer besteht, wofür allerdings – je nach Schwere der Verletzung – in der Regel einige Zeit benötigt wird. Vergebung beinhaltet somit einen Gesinnungswandel, der sich in einem veränderten Verhalten gegenüber dem Verletzer äußert. Dieser Wandel umfaßt – neben dem Verhalten – sowohl eine Änderung der eigenen Perspektive als auch der eigenen Gefühle gegenüber dem Verletzer. Allerdings kann das vergebende Verhalten der emotionalen Vergebung durchaus zuvorkommen.
In jedem Fall ist Vergebung mit einer Willensanstrengung verknüpft – mit dem aktiven Streben danach, die negativen Gedanken gegenüber dem Verletzer durch

---

204 O'Shaugnessy 1967, S. 346 Dagegen Beatty 1970, S. 246ff.
205 Vgl. Kolnai 1979, S. 101f; North 1987, S. 502.
206 Kolnai 1979, S. 105.
207 Beatty 1970, S. 251.
208 Horsbrugh 1974, S. 271.

positive zu ersetzen. Doch gerade diese Willensanstrengung macht Vergebung wertvoll.

Überblickt man die einzelnen Beiträge, so zeigt sich, daß den philosophischen Reflexionen bei aller Gedankentiefe und Originalität so etwas wie eine moralische Letztbegründung der Vergebung fehlt. Wer die Vergebung als „moralische Tugend"[209] bezeichnet, wer dem Menschen „the duty to love and good-will"[210] nahelegt oder kühn behauptet: „... the more virtuous I am, the more *disposed* I am to forgive",[211] tut sich, er mag es drehen und wenden, wie er will, mit der *Begründung* seiner Appelle schwer, wenn er auf christliche Argumentationsgrundlagen verzichten muß. Leichter haben es da schon jene Autoren, welche die Vergebung nur mit Einschränkungen befürworten, was viel einfacher zu begründen ist. So gesteht Horsbrugh einem Geschädigten zu, seine schon gewährte Vergebung wieder zurückzuziehen, wenn er beim Verletzer keine Verhaltensänderung findet oder wenn er eine neue Erklärung für dessen Verhalten gefunden hat, die ihm nicht mehr vergebenswürdig erscheint,[212] und Neblett lehnt eine moralische Verpflichtung zur Vergebung ab mit dem hintergründigen Argument: „For sometimes we are morally constrained to forgive and sometimes we are not."[213]

4.4. „Sich selbst vergeben"

Häufig ist in der Literatur zu lesen, daß Menschen nicht nur anderen, sondern auch „sich selbst verzeihen" müssen.[214] Geht man davon aus, daß Vergebung ein erlittenes oder getanes Unrecht und damit eine Beziehung zu einer anderen Person oder Gemeinschaft voraussetzt, so ist Selbst-Vergebung nicht möglich, da nur diese andere Person vergeben kann.[215] Vergebung setzt Schuld voraus, und Schuld ist immer ein Beziehungsgeschehen: man wird schuldig einer Person oder Gruppe gegenüber, und diese Schuld kann der Schuldner sich nicht selbst erlassen.[216] Doch selbst wenn der Verletzte die Schuld nicht mehr nachträgt, ist es

---

[209] Downie 1965.
[210] O'Shaugnessy 1967, S. 345.
[211] Kolnai 1979, S. 104.
[212] Horsbrugh 1974, S. 379.
[213] Neblett 1974, S. 273. Allerdings hat er recht damit, daß eine Verpflichtung zur Vergebung keinen Sinn macht, weil damit nur eine Unterdrückung, keine Überwindung von Wut verbunden wäre. Außerdem wäre eine so begründete Vergebung kein Ausdruck von Freiheit, sondern von Unfreiheit. Vgl. Basset 1994, S. 457ff. Sie betont, daß auch der Wille allein den Akt des Vergebens nicht ausreichend definiert, sondern daß die aller menschlichen Vergebung zuvorkommende Vergebung Gottes, *le pardon original,* das eigentliche Fundament einer Vergebungslehre sei (S. 462).
[214] Vgl. ein Dossier in BRIGITTE 3/97 vom 21.1.97 mit dem Titel „Das kann ich mir nicht verzeihen".
[215] Vgl. Kolnai 1979, S. 106.
[216] Vgl. Arendt, 1960, S. 233: „Niemand kann sich selbst verzeihen", sondern „nur wem bereits verziehen ist, kann sich selbst verzeihen." Ebenso Werner 1994, S. 20: „Kein Mensch kann sich selbst etwas versprechen oder sich selbst verzeihen."

4. Zwischenmenschliche Vergebung als Thema der Philosophie

theoretisch möglich, daß der Verletzer sich selbst nach wie vor anklagt. Wer sich anklagt, weil er beispielsweise gegen eigene Werte, Ziele oder Vorsätze verstoßen hat, steht nicht vor der Aufgabe, sich selbst zu vergeben, sondern sich trotz dieses als verwerflich oder verhängnisvoll empfundenen Handelns *anzunehmen*. Häufig ist mit der Selbstanklage ein Verlust an Selbstachtung und Selbstwertgefühl angesichts des eigenen Verhaltens verbunden. Auch hier besteht die Herausforderung nicht darin, sich selbst Schuld zu erlassen oder einen Anspruch auf Wiedergutmachung aufzugeben,[217] sondern sich selbst trotz allem Geschehenen wieder wertzuschätzen.[218] Wer zu dieser Selbstannahme, verbunden mit einem Wiedererlangen der Selbstachtung, aus eigener Kraft nicht in der Lage ist, verharrt in einem tief gespaltenen Verhältnis zu sich selbst, was in der Tat nicht selten die Folge des Schuldiggewordenseins an einem anderen Menschen ist, sofern keine Vergebung von dessen Seite erfolgte bzw. diese Vergebung vom Schuldigen nicht wirklich angenommen wurde.[219]

Das Problem verschiebt sich demnach zu der Frage, wie man mit Schuld umgeht, vor allem wenn derjenige, an dem man schuldig wurde, die Vergebung verweigert oder aus irgendwelchen Gründen nicht gewähren kann. In jedem Fall ist es nicht möglich, *anstelle* des Geschädigten sich selbst zu vergeben, möglich ist allenfalls, sich trotz unvergebener Schuld selbst anzunehmen und mit sich in Einklang zu kommen. Aus diesen Gründen ist der Ausdruck „sich selbst vergeben" ausgesprochen mißverständlich und sollte nach Möglichkeit nicht verwendet werden. Handelt es sich bei den Selbstvorwürfen jedoch um Handlungen, deren Folgen nur die eigene Person betreffen, so kann nicht von Schuld, allenfalls von Fehlern oder Versäumnissen geredet werden, deren Auswirkungen der Betreffende annehmen muß, um nicht in rückwärtsgewandtem „Ach-hätte-ich-doch"-Denken zu verharren. – Wesentlich erleichtert, wenn nicht gar erst ermöglicht wird die Selbstannahme trotz aller Schuld durch das Wissen oder die Erfahrung, daß Gott dem Schuldigen die Schuld vergeben hat.[220]

Exkurs: Die zeitliche Dimension der Vergebung

Vergebung ist eine bestimmte Art und Weise, mit Erlebnissen und Erfahrungen der Vergangenheit umzugehen, die schlechterdings nicht mehr rückgängig zu machen sind. Sowohl Hannah Arendt[221] als auch Paul Ricoeur[222] reflektieren über diesen Aspekt des Verzeihens. Arendt stellt fest: „Das Heilmittel gegen

---

[217] Dies ist die Grundbedeutung des Wortes „vergeben", s.o., S. 1.
[218] Vgl. Horsbrugh 1974, S. 277f; Golding 1984/85 S. 124f.
[219] Vgl. Halling 1979, S. 200: „Self-blame ... is a not being at one with oneself and is therefore an obstacle to being forgiven and accepting forgiveness."
[220] Vgl. Ashbrook 1972, wo Tillich sagt, daß jene, die sich schuldig fühlen „must come into community with objective transpersonal powers of forgiveness", denn „we cannot forgive ourselves, but can only accept the fact that we are forgiven" (S. 54). Dies setzt allerdings voraus, daß wir uns die Liebe dessen, der uns vergibt, gefallen lassen.
[221] „Vita activa oder Vom tätigen Leben", Stuttgart 1960, darin das Kapitel: „Die Unwiderruflichkeit des Getanen und die Macht zu verzeihen" (S. 231–238).
[222] „Le pardon, peut-il guérir?", Paris 1994.

Unwiderruflichkeit – dagegen, daß man Getanes nicht rückgängig machen kann, obwohl man nicht wußte, und nicht wissen konnte, was man tat – liegt in der menschlichen Fähigkeit zu verzeihen".[223] Nur aufgrund dieser Fähigkeit könnten wir davon befreit werden, von den Folgen einer Tat bis an unser Lebensende „verfolgt" zu werden.

Dies gilt sowohl für den Schuldigen als auch für den, der Vergebung gewährt: beide könnten „nur durch dieses dauernde gegenseitige Sich-Entlasten und Entbinden ... auch in der Welt frei bleiben".[224] Die Alternative zur Verzeihung und der ihr innewohnenden Freiheit wäre „die Rache, welche in der Form der Reaktion handelt und daher an die ursprüngliche, verfehlende Handlung gebunden bleibt, um im Verlauf des eigenen reagierenden Tuns die Kettenreaktion ... ausdrücklich virulent zu machen und in eine Zukunft zu treiben, in der alle Beteiligten, gleichsam an die Kette einer einzigen Tat gelegt, nur noch re-agieren, aber nicht mehr agieren können. Im Unterschied zur Rache, die sich als eine natürlich-automatische Reaktion gegen Verfehlungen jeder Art einstellt, und die ... berechenbar ist, stellt der Akt des Verzeihens in seiner Weise einen neuen Anfang dar und bleibt als solcher unberechenbar. Verzeihen ist die einzige Reaktion, auf die man nicht gefaßt sein kann, die unerwartet ist. Darum ist die Freiheit, welche die Lehre Jesu in dem Vergebet-einander ausspricht, ... negativ die Befreiung von Rache, die den Handelnden an den Automatismus eines einzigen, einmal losgelassenen Handelnsprozesses bindet, der von sich aus niemals zu einem Ende zu kommen braucht."[225] – Auch Ricoeur setzt an den verschiedenen Möglichkeiten des Menschen an, mit seinen Erinnerungen umzugehen. In Anlehnung an Freud nimmt er an, daß als Folge einer fehlenden oder mangelhaften Auseinandersetzung mit Vergangenem der „Zwang zur Wiederholung" an die Stelle der Erinnerungsarbeit tritt, wobei dieser Zwang, so Ricoeur, als Vermeidungsstrategie gegenüber schmerzhaften Erinnerungen aufzufassen sei, der zwar vordergründig Entlastung gewähre, langfristig jedoch keine Versöhnung mit der Vergangenheit erlaube.[226] Erinnerungsarbeit bedeute demhingegen eine schöpferische Tätigkeit, da der *Sinn* dessen, was geschehen ist, keineswegs ein für allemal feststehe, sondern immer für neue Deutungen offen sei. Je nach dem, wie diese Deutungen ausfielen, verändere sich auch die *Bewertung* des Vergangenen und mache Aussöhnung und damit ein Ende des Leidens an der Vergangenheit möglich. Das Verzeihen sieht Ricoeur hierbei als einen Akt der „Großzügigkeit", der zur Erinnerungsarbeit hinzugefügt wird und eine „Heilung" von Erinnerungen möglich macht.[227]

---

[223] Arendt 1960, S. 231.
[224] Ebenda.
[225] Arendt 1960, S. 235f.
[226] Ricoeur 1994, S. 78 Der Zwang zur Wiederholung kann sowohl beim Verletzer liegen, der immer wieder dieselbe böse Tat ins Werk setzt, als auch beim Verletzten, der mit dem erlittenen Unrecht nicht „fertig" wird (man beachte die Sprache, die das Unabgeschlossene des Unbewältigten betont).
[227] Ricoeur 1994, S. 81: „Ce que le pardon ajoute au travail de souvenir et au travail de deuil, c'est sa générosité ... Le pardon accompagne l'oubli actif, celui que nous avons lié au travail de deuil; et c'est en ce sens qu'il guérit."

4. Zwischenmenschliche Vergebung als Thema der Philosophie

Den Aspekt der Zukunftsoffenheit, den Arendt im Zusammenhang mit dem Verzeihen erwähnt, reflektierte Werner (1994) in einem Essay über den Zusammenhang von Versprechen und Verzeihen. Während er wie Arendt die Dynamik des Verzeihens darin sieht, daß sie etwas in Gang bringt *gegen alle Unumkehrbarkeit des Geschehens*, sieht er im Versprechen das Pendant dazu, weil das Vermögen, Versprechen zu geben und zu halten, „das Heilmittel gegen alle Unabsehbarkeit" sei, indem es festhalte „wider alle Flüchtigkeit der Zeit."[228] Wo jedoch im Zuge einer allgemein zunehmenden Flüchtigkeit von Lebensbewegungen und Unverbindlichkeit von Beziehungen „eine wachsende Unlust, Versprechen zu geben"[229] zu beobachten sei, wo, mit anderen Worten, einem anderen Menschen immer weniger das Recht auf bestimmte Erwartungen zugestanden werde, habe dieser auch, so Werner, immer weniger das Recht, verletzt zu sein, und damit habe er auch – rein theoretisch – immer weniger zu verzeihen. Wer sich im menschlichen Zusammenleben mit Vorliebe von seinen Gefühlen leiten lasse – die naturgemäß großen Schwankungen unterworfen sind –, der scheue folgerichtig das Versprechen und tue sich schwer mit dem Verzeihen, weshalb diese Worte, so Werner, in einer Zeit wachsender Unverbindlichkeit fast fremdartig klängen. Beides, Verzeihen und Versprechen, seien Willensentscheidungen, die allerdings ihre tiefe Nowendigkeit im Umgang der Menschen miteinander hätten, denn: „Wo nichts versprochen werden kann und wo keiner dem andern vergibt, ist auch die geringste Ordnung unmöglich ... Ohne die Möglichkeit, neu zu beginnen, und die Fähigkeit, Garantien zu geben, eilte das Leben seinem Untergang zu ... So aber müssen wir Versprechen geben und Verzeihung anbieten, um uns das Dasein auf dieser Welt zuträglich zu gestalten."[230]

Interessant ist daß Werner an dieser Stelle den Begriff der Ordnung einführt. Dies erinnert an den alttestamentlichen Schalom-Begriff, der Sühne und Vergebung ebenfalls als das Wiederherstellen einer heilsamen Ordnung begreift. Der Satz Werners deutet in tiefsinniger Weise diese Auffassung an: daß Vergebung ein Akt des In-Ordnung-bringens ist, der eine verlorengegangene Ordnung in schöpferischer Weise neu etabliert.

Gegen Schluß des Essays folgt ein überraschender Verweis auf die Bibel: „Vielleicht ist das auch der geheime Sinn der Verheißungsgeschichten aus dem (sic!) Testament: daß über sie alle Menschen Kenntnis erhalten sollen von einem Ja, das nichts und niemanden ausschließt aus dem Strom des Versprechens und Verzeihens, der diese Welt durchzieht. Denn nur der kann wirklich versprechen, dem schon versprochen worden ist, und nur der vermag zu verzeihen, dem selber verziehen wurde. So, diese Geschichten im Hintergrund, werden Menschen zu Zeitüberlegenen erzogen."[231]

Mit dem postulierten Zusammenhang zwischen eigener Vergebungsfähigkeit und vorausgegangener Vergebungserfahrung nähert sich Werner, ohne dies – wie es

---

[228] Werner 1994, S. 19.
[229] Idem.
[230] Werner 1994, S. 21.
[231] Ebd. Vgl. Arendt 1960, S. 234, wo sie auf Jesus von Nazareth verweist, der die Kraft des Verzeihens „wohl zuerst gesehen und entdeckt hat".

Hannah Arendt tut – expressis verbis deutlich zu machen, der jesuanischen Vergebungslehre, die ebenfalls ihren Ausgangspunkt in der von Gott dem Schuldigen zugesprochenen Vergebung nimmt. Anhand des ungewöhnlichen und originellen Begriffs der „*Zeitüberlegenheit*" deutet Werner meines Erachtens nicht nur die, wie Arendt und Ricoeur herausarbeiteten, eminent bedeutsame *zeitliche Dimension* der Vergebung an als einer bestimmten Art und Weise, mit Vergangenheit umzugehen, sich von der Vergangenheit zu lösen und damit Zukunft zu eröffnen und zu gestalten. Werner betont darüber hinaus auch den Aspekt der *Überlegenheit* – im Sinne einer inneren Unabhängigkeit des Verletzten vom Verletzer –, der sowohl in der theologischen als auch philosophischen Erörterung des Themas immer wieder angedeutet wurde.

5. Zwischenmenschliche Vergebung als Thema der Psychotherapie

5.1. Vergebung in der psychotherapeutischen Forschung

Shontz und Rosenak[232] stellen in ihrem Übersichtsartikel fest: „Keine offizielle psychotherapeutische Schule von heute liefert einen direkten Einblick in den Prozeß der Vergebung. Dies ist höchst eigenartig, wenn man bedenkt, daß die meisten Kliniker und Therapeuten sich direkt oder indirekt in Aktivitäten eingebunden sehen, die mit Vergebung zu tun haben."[233] Grundsätzlich kann man davon ausgehen, daß bei herkömmlichen therapeutischen Techniken dem Klienten geholfen wird, mit Verletzungen umzugehen; es wird ihm jedoch, sofern das Thema der Vergebung ausgespart bleibt, nicht geholfen bei der Frage, wie die durch Verletzung gestörten *Beziehungen* wiederherzustellen sind.[234] Doch sind es häufig gerade interpersonale Probleme in Vergangenheit und Gegenwart, die dazu führen, daß Menschen psychologische Beratung in Anspruch nehmen. Sofern es sich hierbei auch um Verletzungen handelt, spielen Gefühlszustände wie Bitterkeit, Zorn und Depressivität eine große Rolle im therapeutischen Prozeß. Werden diese Gefühle unter *Absehung* der zugrundeliegenden gestörten Beziehungen therapeutisch behandelt, so ist es möglich – wenn nicht wahrscheinlich –, daß die zugefügte Verletzung mitsamt ihren Folgen den Klienten auch weiterhin belasten wird; mit anderen Worten, diese Wunden heilen nicht von selbst und auch nicht als „side effect" einer Therapie, die Vergebung als Verarbeitungsmöglichkeit von Verletzungen von vornherein nicht im „Programm" hat. Definiert man jedoch als – explizites oder implizites – Ziel *aller* Therapien einen Zuwachs an geistig-seelischer Reife und psychischem Gleichgewicht beim Klienten, so bildet Vergebung zweifellos einen höchst wirksamen Schritt auf dem Weg dorthin, was jedoch in der Fachliteratur bis jetzt kaum Erwähnung gefunden hat.[235] Hope stellt nüchtern fest, „daß der Prozeß der Vergebung eine Schlüsselstelle im psychologischen Heilungsprozeß ist, daß er jedoch höchst selten als solcher erkannt bzw. anerkannt wird",[236] was zur Folge hat, daß der Heilungsprozeß von den Therapeuten lediglich als „Durcharbeiten, Loslassen oder Annehmen" von Verletzungen und ihren entsprechenden Gefühlsfolgen etikettiert wird. Hope hält demhingegen eine Präzisierung des Vergebungskonzepts für dringend notwendig, damit seine Schlüsselrolle im therapeutischen Prozeß deutlicher wird. Er beanstandet, daß weder der Ausdruck „Vergebung" noch synonyme oder antonyme Begriffe in den „Psychological Abstracts" und anderen führenden Fachorganen der Psychologie und Psychotherapie auftauchen, was

---

[232] Shontz & Rosenak, 1988.
[233] Ebd., S. 23.
[234] Vgl. McCullough & Worthington 1994, S. 3ff.
[235] Vgl. Kaufman 1984, S. 177–187.
[236] Hope 1987, S. 240.

bedeutet, daß der Prozeß der Vergebung in keiner Psychotherapie klar als solcher benannt wird: „How does a person let go of a major disappointment, injustice, humiliation, victimization, or assault in order to live more productively at the present? This stage of therapy is not clearly described in the literature."[237] Die Bedeutsamkeit der Vergebung steht somit in scharfem Kontrast zu dem geringen Umfang an psychotherapeutischer Literatur zu diesem Thema, und dies, obwohl man davon ausgehen kann, daß eine gesteigerte Fähigkeit zu vergeben als ein Meilenstein in einer erfolgreichen Therapie angesehen werden kann.[238] Da Psychotherapie darüber hinaus sehr häufig im Dienste der Versöhnung zwischen Menschen oder zwischen einer Person und ihrer Vergangenheit steht, ist sie auch in diesen Fällen direkt oder indirekt mit Interventionen verbunden, die zur Vergebungsthematik gehören.[239] Die Abstinenz der Psychotherapeuten bezüglich des Themas der Vergebung hängt jedoch nicht nur mit ideologisch begründetem Desinteresse oder voreingenommener Ignoranz zusammen, sondern auch mit fehlender Schulung, was die Anwendung und Integration eines Vergebungskonzepts in den therapeutischen Prozeß betrifft.

Wie DiBlasio anhand einer Untersuchung zur Anwendung des Vergebungskonzepts in der psychotherapeutischen Praxis ermittelte,[240] zeigen vor allem erfahrenere Therapeuten eine höhere Aufgeschlossenheit gegenüber dem Vergebungsthema, und sie berichten von mehr persönlich angewandten Vergebungstechniken. Auch vermuteten die erfahreneren, über 45jährigen Therapeuten eher einen Zusammenhang zwischen Zorn, Depression und dem Bedürfnis nach Vergebung und waren auch aufgeschlossener für religiöse Themen als ihre jüngeren Kollegen. Vermutlich, so der Autor, erkennen praktizierende Therapeuten mit zunehmendem Alter und wachsender Berufserfahrung mehr die Bedeutung der Vergebung im therapeutischen Prozeß. Dennoch bestand auch hier ein deutliches Defizit an praktischer Kompetenz bezüglich der Integration des Vergebungskonzepts in den therapeutischen Kontext. „Obwohl wenige die Vorteile der Vergebung bestreiten würden", so DiBlasio, „ist es eines der am wenigsten untersuchten Phänomene in der therapeutischen Literatur. Es ist rätselhaft, warum es so wenig Literatur und Theoriekonstruktionen über solch ein anspruchsvolles Thema gibt", und er vermutet, daß Vergebung so wenig untersucht wird, „weil sie zu eng mit religiöser Ideologie verknüpft wird."[241] Dem entspricht sein Ergebnis einer anderen Befragung,[242] nach dem Therapeuten mit religiöser Überzeugung eine höhere Aufgeschlossenheit für das Thema der Vergebung zeigten. Die Tatsache, daß sie Vergebung dennoch nicht häufiger als ihre nichtreligiösen Kollegen als therapeutische Strategie einsetzten, ist, so vermutet DiBlasio, vermutlich ebenfalls auf

---

[237] Ebd., S. 241.
[238] So Gartner 1988, S. 314. Gartner zitiert ein Lehrbuch der Psychiatrie: „It is notable that in most successful analyses and ... psychotherapy, there is a marked reduction of bitterness and resentment on the part of the patient towards the persons whom he had previously blamed or held responsible for his sufferings." Ebenso Pingleton 1989, S. 27.
[239] Vgl. Benson 1992, S. 81.
[240] DiBlasio 1992.
[241] Ebd., S. 182.
[242] DiBlasio & Benda 1991.

5. Zwischenmenschliche Vergebung als Thema der Psychotherapie

den Mangel an institutionellen Angeboten zurückzuführen, die Strategie der Vergebung als therapeutisches Werkzeug zu erlernen. DiBlasio nimmt darüber hinaus an, daß das Desinteresse der jüngeren nichtreligiösen Psychotherapeuten eng mit den therapeutischen Schulen zusammenhängt, in denen sie ausgebildet wurden und die – wie beispielsweie die kognitiven Lerntherapien, die Verhaltenstherapie oder die systemische Familientherapie – den Schwerpunkt der Aufmerksamkeit auf die aktuelle Hier-und-Jetzt-Situation ihrer Klienten konzentrieren und weniger auf frühere Verletzungen und Konflikte eingehen, wohingegen ältere Therapeuten in der Regel eine tiefenpsychologische Ausbildung absolviert haben, welche das Interesse in höherem Maß auf die Vergangenheit des Klienten zentriert.

Grundsätzlich besteht kein Zweifel daran, daß der großen Zahl von englischsprachigen theoretischen Beiträgen zur interpersonalen Vergebung ein gewaltiger Mangel an *empirischen Studien* zum Thema gegenübersteht, dessen Ursache in der zwiespältigen Haltung der psychologischen Fachwelt gegenüber Themen, die möglicherweise religiöse Konzepte mitbeinhalten, zu vermuten ist.[243] Im folgenden sollen die wenigen verfügbaren empirischen Studien vorgestellt werden.

In einer Studie zur Vergebung in der psychotherapeutischen Praxis wurde der Umgang mit Verletzungen bei 73 getrennt oder geschieden lebenden Ehepartnern untersucht. Der Verfasser (Trainer, 1981) konstruierte anhand der Aussagen der Partner vier hypothetische Vergebungsstile, von denen zwei Stile positive und zwei Stile negative Effekte auf die Beziehung der vergebenden Person zu ihrem früheren Partner aufwiesen. Positive Effekte im Sinne der Wiedergewinnung eines Gefühls persönlicher Stärke und Selbstachtung zeigten sich bei einer generellen sowie einer intrinsisch motivierten (d.h. aus freiwilligem Antrieb erfolgenden) Vergebungsbereitschaft, negative Effekte im Sinn eines langfristigen Anstiegs von Grollgefühlen hatten eine zweckorientierte (d.h. nicht intrinsisch motivierte, sondern der Erreichung bestimmter Ziele dienende) sowie eine „role-expected" Vergebung zur Voraussetzung, die in der Regel vom Schwächeren ausging und nicht freiwillig, sondern nur zum Schein demonstriert wurde. Die beiden letzten Vergebungsstile sind als extrinsisch motiviert anzusehen.

Diese Studie macht deutlich, daß bei der Bereitschaft zur Vergebung sehr genau nach den Beweggründen sowie nach Formen von Pseudovergebung geforscht werden muß.

In einer anderen Untersuchung wurde gefragt, welche Eigenschaften Menschen auszeichnen, die negative Gefühle so zu verarbeiten wissen, daß sie entspannt und ohne langanhaltenden Streß leben.[244] Diese Menschen, so zeigte sich, akzeptieren nicht nur das Leben, wie es ist, sondern auch sich selbst und andere so, wie sie sind, d.h. sie zeichnen sich durch relativ hohe Toleranz, ausgeprägtes

---

[243] Ebd., S. 172. So auch Scobie & Smith-Cook 1994, die in ihrem gründlichen Übersichtsartikel die vorhandene Vergebungsliteratur einer sorgfältigen methodischen Überprüfung unterzogen und feststellen, daß zwar der Nutzen des Vergebungskonzepts vielfach bezeugt sei, daß jedoch zu wenig empirische Arbeiten zum Thema vorlägen, was allerdings auch an der Schwierigkeit der Erforschung des Konzepts läge.

[244] Pettitt 1987.

Selbstbewußtsein und geringe bzw. flexible Erwartungen gegenüber anderen Menschen aus. Außerdem sind sie in der Lage, zwischen Tat und Täter zu unterscheiden, und sie gestehen anderen Menschen Freiheit und eigene Verantwortung zu: „Kurz gesagt, es sind vergebungsbereite Menschen, die nicht versuchen, andere zu beherrschen oder sich nicht unglücklich fühlen, wenn ihre Erwartungen nicht erfüllt werden."[245]

Pettitt entwickelte aus diesen Beobachtungen eine „Anleitung zur Vergebung", die er an mehreren hundert Personen in seiner Praxis anwandte. Diese Menschen berichteten, so der Autor, teilweise von tiefgreifenden mentalen, emotionalen und körperlichen Veränderungen als Folge praktizierter Vergebung, woraus er schlußfolgerte, daß hier ein dringender weiterer Forschungsbedarf besteht.[246]

Zu diesem Forschungsbedarf gehört auch ein elaboriertes Instrumentarium, um empirische Messungen bezüglich interpersonaler Vergebung vornehmen zu können. Es ist jedoch methodisch schwierig, die tiefen Emotionen zu erfassen, die mit Vergebung verbunden sind.

Al-Mabuk[247] versuchte diese Erfassung in seiner Studie, bei der er 48 Collegestudenten im Alter von 18–21 Jahren, die sich selbst als „parentally love-deprived" einstuften, in zwei Gruppen einteilte. Die eine Gruppe durchlief ein „human-relations-program" mit allgemeinen psychologischen Informationen über menschliche Beziehungen, die andere Gruppe wurde einem gezielten „Vergebungsprogramm" unterzogen, dessen Ziel es war, die Vergebungsbereitschaft der Studenten gegenüber ihren Eltern zu fördern. Beide Programme umfaßten vier einstündige Sitzungen. Das Vergebungsprogramm beinhaltete die Bewußtwerdung und Reflexion der Wut gegenüber den Eltern, eine Definition von Vergebung, die definitorische Abgrenzung von Vergebung, die Erörterung der Entscheidung zur Vergebung und ihrer möglichen Gründe sowie die Darstellung der intra- und interpersonalen Konsequenzen dieser Entscheidung. Das Ergebnis des Programms war, daß von den 24 Teilnehmern des Vergebungsprogramms 23 am Ende bereit waren, ihren Eltern zu vergeben, wobei diese Bereitschaft verbunden war mit:
– einem positiveren Verhältnis zu den Eltern
– mehr Zuversicht bezüglich der weiteren Beziehungen zu den Eltern
– einer Reduktion von allgemeiner Angst und Depressivität, verbunden mit einer Steigerung des Selbstvertrauens bzw. der Selbstachtung.

Die Analyse der entscheidenden Komponenten des Vergebungsprogramms erbrachte, daß die Information über Vergebung, verbunden mit der Darstellung der Vorteile von Vergebung ebenso ausschlaggebend war wie die Bewußtmachung des emotionalen Schmerzes und der Spannung im Verhältnis zu den Eltern, die zu dem Wunsch nach „Frieden" mit den Eltern motivierte.

Auch Mauger et al. versuchte, die methodischen Defizite der Vergebungsforschung zu verringern, und entwickelte mit seinem Team zwei Skalen zum Mes-

---

[245] Ebd., S. 180.
[246] Ebd., S. 181.
[247] Dissertation 1990.

sen der „Forgiveness of Others" und „Forgiveness of Self", die sie mit einem Persönlichkeitsfragebogen sowie Verhaltensratings verbanden.[248] Bei ihrer Untersuchung an 237 ambulanten Patienten einer christlichen Beratungsstelle stellten sie fest, daß zwischen der Fähigkeit, „sich selbst zu vergeben", und der Fähigkeit, anderen zu vergeben, kein enger Zusammenhang besteht (r=.37), d.h. diese beiden Verhaltensweisen sind allem Anschein nach ziemlich unabhängig voneinander. Dies hängt, wie die Autoren in weiteren Untersuchungen feststellten, damit zusammen, daß es bei der zwischenmenschlichen Vergebung vorrangig um Probleme von Rache, Groll und Vergeltung geht, während der, der sich selbst schwer „vergeben" kann, vor allem mit Schuldgefühlen, Selbstanklagen und Selbstablehnung zu kämpfen hat.[249] Wird die zwischenmenschliche Vergebung vor allem erschwert durch den Faktor „Entfremdung von anderen Menschen, negative Einstellung, passiv-aggressives Verhalten ihnen gegenüber", so zählt bei der Selbstvergebung vor allem der Faktor „negatives Selbstbild, mangelhafte Selbstkontrolle, Motivationsdefizite". Allerdings fanden sich auch einige Gemeinsamkeiten zwischen den Gruppen derer, die sich selbst schwer und derer, die anderen schwer vergeben: Beide zeigen eine erhöhte psychopathologische Anfälligkeit und Auffälligkeit, und zwar besonders in folgenden Aspekten:
– beide Gruppen zeichnen sich durch ein höheres Maß an Entfremdung von sich und anderen aus, sowie an Leugnung des Bedürfnisses nach Zuwendung
– beide Gruppen weisen hohe Kritikempfindlichkeit auf sowie eine Neigung zum Zynismus und zu mangelhafter Impulskontrolle.

Die Ergebnisse bestätigen zum einen, daß der Terminus „sich selbst vergeben" insofern wenig Sinn macht, als er vor allem Prozesse der Selbstannahme und Selbstachtung involviert und mit dem zwischenmenschlichen Vergebungsprozeß – außer dem Thema der Selbstachtung und des Selbstwertgefühls – wenig gemeinsam hat. Zum andern zeigt sich, daß gerade dieses Thema – Einstellung zu sich selbst, Umgang mit eigenen Gefühlen, Bedürfnissen und Wünschen, kurz gesagt: Selbstachtung und Selbstbewußtsein – bei der Vergebungsbereitschaft ein bedeutsamer Faktor ist.

Enright et al.[250] entwickelten im Zuge ihrer umfangreichen Vergebungsforschung eine eigene Vergebungstherapie, die sie an einigen Untersuchungsgruppen testeten. Eine Gruppe älterer Frauen, welche allesamt stark unter den seelischen Verletzungen litten, die ihnen eine bestimmte Person zugefügt hatte, wurde in der „Vergebungstherapie" geschult, während eine Kontrollgruppe zwar Gespräche, aber keine Instruktionen zur Vergebung erhielt. Es zeigte sich, daß schon nach acht Wochen die vergebungsgeschulte Gruppe weniger negative Gefühle und mehr positive Emotionen, weniger harte Urteile und mehr Hilfsbereitschaft gegenüber dem Verletzer äußerte als die Kontrollgruppe.[251] Enright schlußfolgerte: „Psychotherapeuten oder Berater, die Vergebung als therapeutisches Ziel definieren, stimmen darin überein, daß Vergebung positive Auswirkungen auf ihre

---

[248] Mauger u.a. 1992.
[249] Vgl. Punkt 4.4. „Sich selbst vergeben".
[250] Enright, Gassin & Wu 1992, S. 108ff.
[251] Ebd., S. 109.

Klienten hat."[252] Eine weitere von ihm zitierte Studie zeigte einen Zusammenhang zwischen Vergebungsbereitschaft, niedrigeren Depressionswerten, niedrigeren Angstwerten sowie einem höheren Grad an Selbstachtung.[253] Dies weist ebenfalls daraufhin, daß Vergebungsbereitschaft mit bestimmten Persönlichkeitseigenschaften verbunden ist, die allesamt in den Bereich der Selbstsicherheit und Ichstärke verweisen.

Auch die von den kanadischen Forschern Phillips und Osborne[254] für Krebspatienten entwickelte Vergebungstherapie beruht auf der Annahme, daß Vergebung die Verwandlung einer passiven, anklagenden Opferhaltung in eine aktive Verantwortungsübernahme impliziert. Das Ziel, nämlich diesen Menschen eine Versöhnung mit sich selbst, der Vergangenheit und eventuell anderen Menschen zu ermöglichen, setzt einen intrapsychischen Vorgang der Aussöhnung mit der Realität voraus, der nach Ansicht der Forscher mit den üblichen naturwissenschaftlichen Methoden nicht adäquat zu erfassen ist, zumal er ihrer Auffassung nach auch eine spirituelle Komponente beinhaltet, die über rein rationale und psychologische Erklärungen hinausgeht. Sie plädieren daher für phänomenologische Verfahren, bei denen aus den Erfahrungsberichten von Menschen anhand intensiver Analyse bestimmte thematische Schwerpunkte abstrahiert werden, die wiederum mit den Interviewpartnern besprochen und gegebenenfalls modifiziert werden. In der Praxis gingen sie so vor, daß sie mit fünf freiwilligen Krebspatienten in sechs Sitzungen zu je zweieinhalb Stunden ein Vier-Schritte-Programm der Vergebung absolvierten. Der erste Schritt bestand in der Bereitschaft der Verletzten, Verantwortung für die eigenen negativen Gefühle zu übernehmen und sich nicht länger als wehrloses Opfer des Verletzers zu definieren. Im zweiten Schritt lernten die Teilnehmer, den eigenen Anteil an der – gestörten – Beziehung zu erkennen und grundsätzlich die Mitverantwortung für die Qualität von Beziehungen anzuerkennen. Der dritte Schritt beinhaltete das Loslassen eigener negativer Gefühle, welches verbunden war mit dem vierten Schritt, der kognitiven Umstrukturierung bzw. des Perspektivenwechsels. Die Sitzungen waren flankiert von unstrukturierten Interviews vor Beginn und drei Monate nach Ende der Vergebungstherapie. Die Ergebnisse bestätigten die Annahme, daß Vergebung ein Prozess mit mehreren Schritten ist und daß die kognitive Dimension bei der Veränderung der negativen Gefühle eine entscheidende Rolle spielt. Ebenso stellte es sich als positiv und bedeutsam für die Teilnehmer heraus, „daß ein wachsendes Verständnis für die reziproke Grundstruktur von Beziehungen zu anderen Menschen ein entscheidender Teil ihrer neuen Erfahrungen ist."[255]

---

[252] Ebd., S. 110.
[253] Idem.
[254] Phillips & Osborne 1989.
[255] Ebd., S. 239.

5.2. Untersuchungen zur Kompatibilität des Vergebungskonzepts mit diversen psychotherapeutischen Schulen

Shontz und Rosenak[256] untersuchten in ihrem Übersichtsartikel auch, inwiefern einige gängige Theorien der kognitiven Psychologie das Bedürfnis nach Vergebung berücksichtigen. Da die *Lerntheorie,* die der Verhaltenstherapie zugrunde liegt, sich vor allem auf beobachtbares Verhalten und weniger auf innerpsychische Zustände und Vorgänge konzentriert, ist es fraglich, ob sie für ein Konstrukt wie Vergebung überhaupt offen ist, zumal sie in negativen Gefühlen vor allem die Folgen von falschen oder verzerrten Gedanken sieht. Beispielsweise sieht die *„rational-emotive Therapie",* die zu den kognitiven Lerntheorien zählt, den Menschen „wesentlich atomistisch" und nicht als moralisch verantwortliches Individuum.[257] Auch der Konstruktivismus, der den kognitiven Therapien zugrunde liegt, ist nicht geeignet, dem Vergebungsgedanken Raum zu geben.[258] Nicht was geschieht, sondern wie wir *deuten,* was geschieht, bestimmt nach dieser Theorie unseren emotionalen Zustand und damit unser seelisches Befinden. Dies bedeutet in der Theorie und Praxis der kognitiven Therapien, daß „dysfunktionale Gefühle" (wie beispielsweise Schuldgefühle oder Groll) als Folge von verzerrten Gedanken und Vorstellungen anzusehen sind, die es in der Therapie aufzudecken und zu verändern gelte. – Es ist in der Tat nicht zu leugnen, daß die Deutungen von Erfahrungen und Ereignissen auf Seiten des Klienten vom Therapeuten sorgfältig auf die ihnen zugrundeliegenden Vorstellungen, Erwartungen und Bewertungen hin zu prüfen sind. Das Problem dieses Ansatzes ist jedoch der damit verbundene moralische Relativismus, welcher die ethischen Normen und Einstellungen einer Person dahingehend manipuliert oder hinterfragt, daß zwischen Ist – und Sollzustand keine – möglicherweise lästige Schuldgefühle auslösende – Diskrepanz mehr erwächst, was in letzter Konsequenz auf den vollständigen Verzicht auf moralische Kategorien im Interesse einer rein funktionalen Theorie der subjektiven Wahrnehmung hinauslaufen kann. Dies ist im Fall der interpersonalen Vergebung entschieden kontraproduktiv, da Vergebung ja gerade *voraussetzt,* daß ein Mensch seiner Verantwortung gegenüber einer anderen Person nicht gerecht wurde. Wo solche Verantwortung aufgrund ihrer unbequemen Folgen von vornherein geleugnet wird, ist zumindest die Versöhnung zwischen Verletzer und Verletztem nicht möglich. Wenn nicht zuletzt behauptet wird, daß Schuld- und Reuegefühle zwar als „dysfunktional" und „irrational" anzusehen seien, daß dies aber keineswegs eine Rechtfertigung für unverantwortliches Verhalten bieten solle,[259] so müßte deutlich gemacht werden, wie exakt dieser Effekt zu vermeiden ist.

---

256 Shontz & Rosenak 1988, S. 23–31.
257 Bergin & Payne 1991, S. 198. – Die außerordentlich einseitige Betonung und Verabsolutierung des Individuums in zahlreichen Psychotherapien wurde von einigen Strömungen und Vertretern der Theologie (beispielsweise E. Drewermann) m.E. völlig unkritisch übernommen.
258 Vgl. Parsons 1988, S. 259–273.
259 Ebd., S. 271.

Marion Smith[260] machte den Versuch, die Theorie der Vergebung mit der „personal-construct-theory" von G. Kelly (1955) zu verknüpfen, die ebenfalls zu den kognitiven Lerntheorien zu rechnen ist. Kelly ging davon aus, daß der Mensch Konstrukte entwickelt, mit deren Hilfe er die Komplexität der Wirklichkeit auf sinnvolle Weise zu reduzieren versucht, wobei Konstrukte zu verstehen sind als Filter, die die Wahrnehmung einer Person steuern und ihrer Orientierung in der Wirklichkeit dienen. Man kann Konstrukte demnach als eine Art „Deutungsschablonen" charakterisieren, wobei die Menge und Elaboriertheit der Konstrukte darüber entscheidet, wie differenziert die Wirklichkeit wahrgenommen wird. Zum Prozeß des Vergebens gehöre, so Smith, der Schritt, neu entwickelte Konstrukte auf alte Erfahrungen anzuwenden, wodurch diese Erfahrungen auch eine neue Bedeutung bekämen: „Auf diese Weise wird die Vergangenheit – in erneuerter Form – zurückgegeben, da es eine Möglichkeit gab, sie zu rekonstruieren, zu reinterpretieren und dadurch neu zu erleben."[261] Auch die Erfahrung von Gottes Vergebung könne, so die Autorin, zu einem neuen Bewußtsein mit neuen Konstrukten führen, welche einen Menschen die Ereignisse seines Lebens in neuer Weise sehen ließen. –

Interessant an diesem Ansatz ist die Betonung der *Kreativität*, welche in jeder Verarbeitung von Erfahrungen – also auch in der Vergebung als Form der Verarbeitung von verletzenden Erfahrungen – enthalten ist. Gerade diese Kreativität zeigt, daß der Mensch immer einen bestimmten Freiraum in der Interpretation und damit auch in der Bewältigung und Integration von Erfahrungen besitzt. Allerdings bedarf es möglicherweise der therapeutischen Begleitung, um dieses kreative Potential in sich selbst und die damit verbundene Freiheit zu entdecken und zu entwickeln.

Die Psychoanalyse Sigmund Freuds charakterisiert Schuldgefühle als die Folge verinnerlichter Aggression und widmet ihrer Bewältigung sowie der Frage der Vergebung von Schuld dementsprechend keine weitere Aufmerksamkeit.[262] Der israelische *Psychoanalytiker* Kaufman gehört zu den ganz wenigen seiner Schule, die im Zuge ihrer Arbeit begannen, sich mit der Notwendigkeit zu vergeben zu beschäftigen. Er leitet diese Notwendigkeit aus den zwiespältigen Gefühlen von Liebe und Haß ab, die das Kind schon frühzeitig in seiner Entwicklung gegenüber seinen liebenden, aber auch fordernden Eltern entwickle.[263] Es bedürfe, so meint er, einigen Mutes, um sich (später) diese Ambivalenz einzugestehen und um den Haß durch Vergebung gegenüber denen zu ersetzen, von denen man sich gekränkt fühlte. Auch bedeute Vergebung neben der Aussöhnung

---

260 Smith 1981, 301–307.
261 Ebd., S. 307.
262 Vgl. die Kritik Westphals 1978, S. 250f, wo er Freud attestiert, daß seine Aggressionstheorie zur Erklärung von Schuld weder als deskriptive noch als explikative Theorie von irgendwelcher wissenschaftlicher Plausibilität sei. Der Gedanke Freuds, daß das Über-Ich nichts anderes sei als „an internalized punisher" führt dazu, daß „Schuld" lediglich als Angst vor dem eigenen Über-Ich identifiziert wird. Damit ist reale Schuld sozusagen ausgeschlossen.
263 Vgl. Kaufman 1984, S. 177ff. So auch Studzinski 1986, S. 14, der die Vergebungsfähigkeit mit dem Aushalten ambivalenter Gefühle des Kindes gegenüber der Mutter in Verbindung bringt.

5. Zwischenmenschliche Vergebung als Thema der Psychotherapie

mit der Vergangenheit den Verzicht auf einen Wunschtraum – den Traum, die nichterhaltene Liebe (beispielsweise aufgrund einer Trennung der Eltern oder wegen Todes einer wichtigen Bezugsperson) irgendwann doch noch zu bekommen: „To forgive, then, means to accept the inevitability of fate ... It demands the terrifying leap from fantasy to reality."[264] Damit charakterisiert Kaufman Vergebung als einen Reifeschritt, der in der Akzeptanz des Geschehenen anstatt der lebenslangen Auflehnung gegen die eigene Lebensgeschichte besteht. Während Annahme immer auch Tor zu seelischem Wachstum und zu Veränderung sein kann, bedeutet chronifizierte Auflehnung und Bitterkeit eine Stagnation in der eigenen Entwicklung.

C.G. Jung rückt in seinem tiefenpsychologischen Ansatz das seelische Potential des Individuums ins Zentrum, weshalb das Innere des Menschen von ihm zum „Mittelpunkt des Universums" verabsolutiert wird, während die Beziehungen zu anderen Personen dem untergeordnet sind.[265] Der Mensch sollte nach Jungs Auffassung nur eine Pflicht gegen *sich selbst* kennen und sich nicht von Verpflichtungen gegenüber anderen leiten lassen. Auch das Bekenntnis der Schuld (Beichte) wird von Jung lediglich deswegen befürwortet, weil er darin eine Möglichkeit sieht, die individuelle psychische Gesundheit aufrechtzuerhalten oder wiederherzustellen. Aus diesem Grund hält er es auch für überflüssig, die Schuld demjenigen gegenüber zu bekennen, an dem man schuldig wurde.[266] – Im Unterschied zu Jung hält *A. Maslow*, ein Vertreter der *humanistischen Psychotherapien*, Beziehungen für sehr wichtig, um die menschlichen Bedürfnisse nach Wertschätzung, Zugehörigkeit und Selbstverwirklichung zu befriedigen. Gerade zur laut Maslow höchsten Stufe des Menschseins, zur Selbstverwirklichung, gehöre die Fähigkeit, sich einer Sache oder Person hinzugeben und nicht nur um sich selbst zu kreisen. Allerdings hindert Maslow seine Annahme, der Mensch sei von Natur aus gut, an einer intensiveren Beschäftigung mit der Vergebungsbedürftigkeit des Menschen, so daß auch von der humanistischen Psychologie keine Impulse für die Vergebungsforschung ausgegangen sind.[267]

Der kursorische Überblick über verschiedene psychotherapeutische und kognitive Theorien macht deutlich, daß die Psychotherapie ohne Zweifel davon profitieren würde, wenn sie die Dynamik und den Prozeß der Vergebung erforschen und seine Auswirkungen auf die psychische Befindlichkeit des Menschen klären könnte: „Christians and psychologists, researchers and clinicians alike, cannot ignore the wealth of potential good which would come from a recognition of this powerful source."[268]

---

[264] Kaufman 1984, S. 183f. Vgl. die Aussagen Ricoeurs S. 39f.
[265] Vgl. Bonar 1989, S. 45–51. So auch Shontz und Rosenak 1988, die die individualistische Orientierung der Tiefenpsychologie Jungs betonen.
[266] Vgl. Todd 1985, S. 39–48.
[267] Auch die Gestalttherapie hat sich nicht intensiv mit der Rolle der Vergebung befaßt, obwohl ihr Gründer Fritz Perls „once said that the prerequisite for our growing up is that we forgive our parents." Zit. bei Halling 1979, S. 193. Auch Halling moniert, daß Psychologen und Psychiater „wenig über Vergebung zu sagen haben" (S. 193). Dies sei um so verwunderlicher, da doch die Familientherapie ebenso wie die Individualtherapie die Notwendigkeit der Annahme von sich selbst und von anderen Menschen so sehr betonen (S. 194).
[268] Shontz u. Rosenak 1988, S. 30.

5.3. Vergebung in der psychotherapeutischen Praxis

Trotz des immer noch weitgehend vorherrschenden Desinteresses der psychologischen und psychotherapeutischen Forschung und Ausbildung am Thema der Vergebung gibt es eine Reihe von Psychotherapeuten, die im Zuge ihrer beruflichen Erfahrung, sozusagen auf empirischem Weg begannen, sich mit dem Thema der interpersonalen Vergebung zu beschäftigen.[269]

„Ich behaupte", so der Theologe und Psychotherapeut Jörg Müller, „daß der Mangel an Vergebungsbereitschaft der Hauptgrund für das Leiden in dieser Welt ist",[270] denn jahrelang würden viele seiner Patienten nicht verheilte seelische Wunden mit sich herumschleppen, von Verwandten oder Freunden meist ohne böse Absicht, sondern eher in Gedankenlosigkeit oder Angst zugefügt. Die Patienten lebten so in ständigem Groll, der an ihren Kräften zehre. – Nach Auffassung von Rowe kann Vergebung jedoch nur stattfinden, wenn zuvor die eigene Wut, Trauer oder Enttäuschung eingestanden werde, was vielen Patienten schwerfalle, weil sie es aufgrund ihrer starken Bindung an den Verletzer – vor allem wenn es sich um ein Elternteil oder andere Familienmitglieder handelt – nicht wagten, sich ihre Verletztheit einzugestehen.[271] Die Folge davon könne sein, daß sie ihre tiefsitzende Wut gegen sich selbst richten und depressiv werden. Die Psychotherapeutin Rowe folgert: „Damit meine depressiven Klienten den Weg aus dem Kerker der Depression finden, müssen sie lernen, sich und ihren Eltern zu verzeihen."[272] Allerdings steckt in der Depression unter Umständen auch eine Menge Selbstmitleid, wie Horie anhand eines Falles aus seiner Praxis demonstriert.[273] Bei der Behandlung eines depressiven Mannes wurde im Lauf der Gespräche deutlich, daß er zwei Menschen einfach nicht vergeben konnte. Als er sich schließlich überwunden und ihnen vergeben hatte, kamen ihm bald neue Einwände und Erinnerungen und er widerrief die Vergebung. Dieser Prozeß, so Horie, wiederholte sich über Monate hinweg immer wieder. Besonders Menschen, die in irgendeinem Bereich ihres Lebens gescheitert seien, entwickelten häufig einen tiefsitzenden Groll auf vermeintlich Schuldige, der auch die Funktion hat, sich mit den eigenen Fehlern und Versäumnissen nicht auseinandersetzen zu müssen. Diese Erfahrung bestätigt Lauster, der bei zahlreichen seiner Patienten einen engen Zusammenhang zwischen fehlender Selbsterkenntnis und der Neigung zu Vorwürfen gegenüber Dritten beobachtete: „Statt das eigene Defizit zu erkennen, flüchten wir uns vor dieser Erkenntnis in die Beschuldigung anderer. Solange es (das, was frustriert) außen erkennbar ist, können wir es außen bekämpfen, anprangern und beschuldigen – so bleiben wir von Selbstkritik verschont."[274] Doch „mit der Fremdanklage muß die Selbstkritik

---

269 Allerdings ist es sicher kein Zufall, daß diese Psychotherapeuten mehrheitlich christlich orientiert sind.
270 Müller 1989, S. 70f.
271 Vgl. Rowe 1987, S. 221f.
272 Ebd. Allerdings bemerkt Rowe an anderer Stelle, daß Nichtvergeben auch eine Möglichkeit ist, „unsere Toten lebendig und bei uns zu halten". Rowe 1986, S. 95f.
273 Horie & Horie 1987, S. 55f.
274 Lauster 1980, S. 171.

einhergehen, die Fähigkeit, Schwächen zu akzeptieren und sich selbst zu vergeben, um auch den anderen vergeben zu können".[275] Vergebung setzt also immer auch die Auseinandersetzung mit der eigenen Fehler- und Schuldhaftigkeit voraus.[276] Wer dieser Konfrontation verbissen ausweicht und im Reflex zur Selbstrechtfertigung verharrt, bleibt logischerweise in der Position des Anklagenden, der Schuld nur bei anderen sucht.[277] Auf diese Weise ist jedoch keine sinnvolle Bewältigung von Vergangenheit möglich, denn wer nicht vergibt, ist gezwungen, die schwere Last der Vergangenheit mit sich zu schleppen, wohin er auch geht: „Ohne Vergebung können wir niemals frei sein, es noch einmal zu versuchen. Ohne Vergebung können wir einen anderen Menschen nie dessentwegen lieben, was er *ist*, und nicht dessentwegen, wie wir ihn gerne hätten ... Wir können keine Beziehungen zu anderen unterhalten, wenn wir anderen und uns nicht vergeben können."[278]

Vergebung wird, so die Erfahrungen der Therapeuten, wesentlich erleichtert, wenn der Ankläger nicht bei sich und seiner Sichtweise des Geschehens verharrt, sondern lernt, sich in den Verletzer einzufühlen. Müller behauptet, daß der Vergebende seinen Feind „mit Leichtigkeit" umarmen könnte, wenn ihm klar würde, welches Leid der Betreffende über sich selbst bringe, welche seelische Not und Angst sich hinter seinem aggressiven Verhalten verbürgen.[279] Er hält die Einfühlung in den Verletzer für erlernbar, betont jedoch, daß dies keine „emotionale Angelegenheit, sondern eine willentliche Entscheidung" sei. Zu dieser Entscheidung gehöre, so Horie, die Erkenntnis, daß Nichtvergeben eine ungeheure innere Unfreiheit bedeute, welche nur durch die Bereitschaft zur Vergebung überwunden werden könne: „Wenn ich vergebe, liefere ich mich nicht an den andern aus, sondern gebe ihn frei ... Denn vergeben heißt nicht, in die alte, einengende Beziehung zurückzugehen. Ich bin nicht das Eigentum des anderen. Dieses Bewußtsein macht frei", und auch er fügt an: „Vergeben hat nichts mit dem Gefühl zu tun. Es ist eine Entscheidung."[280] Wichtig an diesem Gedanken ist, daß die Vergebung keine bloße Beziehungswiederherstellung bedeutet, sondern genaugenommen eine Beziehungserneuerung. Die Qualität der Beziehung ändert sich, indem sich die psychische Abhängigkeit und damit die Vulnerabilität des Verletzten gegenüber dem Verletzer vermindert. Denn: der Entschluß zu vergeben kann nur dann vom Eingeständnis des Verletzers unabhängig gemacht werden – was auch nach Ansicht Hories unabdingbare Voraussetzung von Vergebung ist –, wenn ein gewisses Maß an seelisch-geistiger Unabhängigkeit vom Verletzer erreicht worden ist.

Der französische Arzt und Therapeut Tournier betont, wie zwecklos es sei, den Menschen ihre Fehler vorzuhalten, um sie zur Reue zu bewegen, denn jedes Ur-

---

275 Ebd., S. 172. Zu der Problematik des Begriffs „sich selbst vergeben" siehe oben Punkt 4.4.
276 Vgl. Müller 1989, S. 70ff.
277 Vgl. Tournier 1969, S. 68ff.
278 Rowe 1987, S. 238.
279 Müller 1983, S. 44ff. Müllers Annahme mag für einen Großteil der Verletzer gelten, ganz sicher jedoch gibt es auch Menschen, die jede Schuld von sich weisen und auch keine Not und Angst angesichts ihres verletzenden Handelns erleben.
280 Horie & Horie 1987, S. 94.

teil löst „bei einem gesunden Menschen einen unerbittlichen Mechanismus der Selbstrechtfertigung aus ... Angriff oder Flucht sind die unmittelbaren und unausbleiblichen Reaktionen auf jedes Urteil."[281] Folglich verhindert die Anklage des Verletzten genau das, was er beim Verletzer erreichen will, nämlich ein Eingeständnis des Unrechts.[282] Da der Verletzer statt dessen in der Regel aggressiv oder defensiv reagiert, erhöht der Ankläger seine „Kritikdosis", wodurch ein Teufelskreis der Wut, Frustration und Feindseligkeit entsteht, der nur unterbrochen werden kann, indem der Verletzte vergibt, *ohne* auf das Schuldeingeständnis des Verletzers zu insistieren. Denn wenn es überhaupt geschehe, daß ein Mensch sein Unrecht erkenne, dann nur, so Tournier, „in der Stille der inneren Sammlung oder in der wohltuenden Atmosphäre eines Zusammenseins mit jemandem, der ihn nicht richtet."[283]

Obwohl die Vergebung unabhängig vom Schuldeingeständnis des Verletzers stattfinden soll, legt der Systemtherapeut Hellinger Wert darauf, daß diesem nicht „seine Würde" geraubt werde, indem ihm jede Wiedergutmachung eines Schadens grundsätzlich erlassen oder gar verwehrt würde.[284] Allerdings dürfe die Wiedergutmachung nicht mit einer Bestrafung des Täters verwechselt werden, denn „das Opfer ... muß auf die Rache verzichten".[285] Wenn auf der anderen Seite der Verletzer zu einer Wiedergutmachung bereit sei, dürfe er diese Sühneleistung nicht dazu benutzen, der Beziehungsproblematik auszuweichen, indem er die Schuld wie eine Sache behandele, „bei der man für den Schaden mit etwas, das einen selbst etwas kostet, bezahlt", anstatt auf echte Versöhnung hinzuarbeiten.[286] Hellinger stellt fest: „Die folgenreichsten Probleme, denen ich als Therapeut begegne, entstehen durch die Verletzung der Ebenbürtigkeit."[287] Er bestätigt damit, daß das Problem des verletzten Selbstwertgefühls bzw. der verletzten Selbstachtung die Grundlage aller Verletzungserlebnisse bildet,[288] weshalb Vergebung und Selbstwertgefühl bzw. Selbstannahme eng miteinander verknüpft sind.[289] Andererseits hat Hellinger ein feines Gespür dafür, daß Vergebung, vor allem wenn sie ausgesprochen wird, als Machtinstrument und Geste der moralischen Überlegenheit mißbraucht werden kann und somit eine ebenbürtige, von beiderseitiger Würde und Selbstachtung getragene Beziehung zwischen Verletzer und Verletztem gleichermaßen erschwert, wie die Verweigerung von Vergebung dies tut. „Viel vergeben macht die Mächtigen noch mächtiger" schrieb der römische Dichter Publius Syrus schon ein Jahrhundert vor Christi Geburt und deutet

---

[281] Tournier 1969, S. 68f.
[282] So auch Rowe 1986, S. 149.
[283] Ebd.
[284] Hellinger 1995, S. 380.
[285] So Hellinger in Weber 1994, S. 98.
[286] Hellinger 1995, S. 381.
[287] Weber 1994, S. 512.
[288] Siehe oben S. 33f. Vgl. Müller 1987, S. 90, wo er resümiert, daß die Bereitschaft zur Versöhnung „eine der schwierigsten Forderungen Jesu an uns ist ... Immer und immer wieder vergeben erfordert ein starkes Selbstwertgefühl, das kann nur einer erreichen, der sich selbst von der Liebe Jesu getragen weiß und bejaht."
[289] Rowe 1986, S. 239.

damit an, daß Vergebung auch als Waffe benutzt werden kann, um Menschen zur Unterwerfung zu zwingen.[290]

Exkurs: Vergebung in Ehe und Partnerschaft

Vergebung in bestehenden Partnerschaften bildet insofern einen Sonderfall, als hier mit einer – zumindest vorläufigen – Aufrechterhaltung der Beziehung zu rechnen ist, so daß der Vergebende die Einsicht und das weitere Verhalten des Partners in jedem Fall mitberücksichtigen muß.
Da eheliche Partnerschaften laut Friesen & Friesen[291] in besonderem Maße Beziehungen mit einer „Vertragsstruktur" bilden, seien sie auch in hohem Maß verletzungsgefährdet. Der inoffzielle Kontrakt jeder Ehe bestehe darin, daß etwas gegeben, aber vom anderen auch etwas erwartet werde. Die Erwartungen der Partner könnten dabei entweder bewußt und verbalisiert sein, oder sie können bewußt, aber nichtverbalisiert sein, und nicht zuletzt können sie unbewußt und dadurch zwangsläufig nicht verbalisiert sein. Vor allem bei letzterer Kategorie sowie bei unrealistischen Erwartungen an den anderen könne es leicht zu Partnerschaftsproblemen kommen. In jedem Fall spielt Vergebung eine große Rolle in partnerschaftlichen bzw. ehelichen Beziehungen, wobei die Verfasser Vergebung definieren als „not having to get even" (wörtlich übersetzt: „nicht quitt sein zu müssen"), d.h. als das Loslassen von Vergeltungswünschen oder Rachephantasien gegenüber dem Verletzer.
Vergebung bedeute allerdings keinesfalls, daß die Beziehung wieder so sein muß wie vorher. „Wir sollen vergeben, aber Vertrauen, das enttäuscht wurde, braucht Zeit, um wiederaufgebaut zu werden", ja, die Verletzung könne sogar so gravierend sein, daß das einstige Vertrauen trotz Vergebung nicht mehr wiederaufgebaut werden könne.[292] Es gebe zwar, so meinen die Autoren, ein „jumping too soon", ein zu frühes Herausgehen aus der Beziehung, was heute das vorherrschende Problem sein dürfte und wogegen die Vergebungsbereitschaft erneuertes Vertrauen zueinander und erneuerte Hoffnung für die Beziehung ermögliche, es gebe aber auch ein „jumping too late", ein zu spätes Auflösen der Verbindung, so daß Familienmitglieder durch die zu lange aufrechterhaltene Beziehung möglicherweise schon schwer geschädigt seien.[293] –
Mit der speziellen partnerschaftlichen Verletzung durch eine außereheliche Affaire befaßt sich J.L. Jagers[294] und zählt sieben Probleme auf, die nach einem Seitensprung von den Partnern zu bearbeiten seien: Die Frage nach der Zukunft der Ehe; die Sicherstellung, daß die Affaire beendet ist; die Wut und das zerstörte Vertrauen des Betrogenen; die Frage nach der notwendigen nachträglichen Offenheit des untreuen Partners; die Erneuerung der körperlichen Intimität; indivi-

---

[290] Zit. bei Brakenhielm 1993, S. 5.
[291] Friesen & Friesen 1994, S. 109–116.
[292] Ebd., S. 115.
[293] Ebd., S. 116.
[294] Jagers 1989, S. 63–72.

duelle Themen sowie das Problem der Vergebung, auf das wir uns im folgenden – zusammen mit dem Thema der Wut – beschränken. Der betrogene Partner, so Jagers, empfinde in der Regel Wut und Enttäuschung, er sei sowohl in seinem Vertrauen als auch Selbstvertrauen und Selbstwertgefühl tief erschüttert und neige dementsprechend unter Umständen zu übermäßiger Kontrolle oder nachträglichen „Verhören" des Partners, und dies umso massiver, je widerstrebender dieser Auskunft gibt. Vertrauen könne vom betrogenen Partner nur dann wiederaufgebaut werden, wenn der „Täter" wenigstens im Nachhinein ehrlich und offen sei und die Motive für sein Handeln erkläre. Auch könne sich der untreue Partner langfristig nur dadurch wieder Vertrauen erwerben, indem er tue, was er sage, d.h. Zuverlässigkeit und Konsequenz zeige. Vertrauen, das durch Taten zerstört wurde, könne auch nicht durch Worte allein wieder aufgebaut werden: „In der Regel braucht es eine Tat, um eine Tat ungeschehen zu machen".[295] Vergebung könne, so Jagers, zerbrochenes Vertrauen nicht einfach kitten, und sie dürfe auch nicht erfolgen, bevor der Zorn zugelassen und die Verletzung einigermaßen verheilt sei, andernfalls sei die Beziehung in ihrer Qualität genauso schlecht wie vorher. Auch müsse geklärt werden, was der untreue Partner meine, wenn er sich entschuldigt: Bedauert er wirklich sein Handeln, oder bedauert er nur dessen unangenehme Folgen?[296] Will er sich ändern – wenn nicht, sei Vergebung zwar sinnvoll, nicht jedoch die Aufrechterhaltung der Partnerschaft in der bisherigen Form. Wichtig sei allerdings in jedem Fall, daß der Betrogene seine mögliche Mitschuld an der entstandenen Situation erkenne, denn: „Die Affaire ist ein Symptom des Problems, es ist nicht der Kern des Problems. Wenn die tieferliegenden Schwierigkeiten nicht untersucht werden, wird das verbleibende Verhaltensmuster einfach zu einer anderen Zeit mit einigen Variationen wieder auftauchen."[297] –

Auch Worthington und DiBlasio haben sich mit dem wichtigen Thema der partnerschaftlichen Vergebung befaßt[298] und sie betonen, daß eine angeknackste oder gar zerbrochene Beziehung durch Vegebung wieder heil und sogar belastbarer und stabiler werden könne als vor dem Bruch. Bei Verletzungen in einer Partnerschaft gebe es drei mögliche Reaktionen: zum einen Zorn, Ärger, Bitterkeit, verbunden eventuell mit Vergeltung, Sabotage und Rückzug; zum andern Leugnung und Ignorieren der Verletzung, verbunden mit einem „Scheinfrieden" und häufig auch mit psychosomatischen Erkrankungen; und als dritte Möglichkeit echte gegenseitige Vergebung, die jedoch – falls die Beziehung in der bisherigen Form aufrechterhalten werden soll – voraussetze, daß der Verletzer sein Verhalten bedauert sowie neue Verletzungen vermeidet, *und* daß der Verletzte seine Mitschuld an der Krise erkennt. Wer sich nur dazu durchringt, zu vergeben, und nicht auch dazu, die eigenen Anteile und damit die eigene Vergebungsbedürftigkeit zuzugeben, erschwert Versöhnung.

---

[295] Zit. bei Rice-Oxley 1989, S. 23.
[296] Ebd., S. 70.
[297] Ebd., S. 71.
[298] Worthington & DiBlasio 1990, S. 219–223.

5. Zwischenmenschliche Vergebung als Thema der Psychotherapie

Falls beide Partner sich zu gegenseitiger Vergebung bereitfänden, seien, so die Verfasser, durchaus auch entsprechende „Bußrituale" hilfreich, da sie eine aktive Bewältigungsstrategie der Beteiligten darstellten und unter Umständen auch ein Opfer beinhalteten.[299] Nach einem Vergleich der Vergebungstherapieschritte von Donnelly (1982) und Fitzgibbons (1986) entwickelten die Verfasser folgenden Verlauf einer Vergebungstherapie[300]:

In einem Vorbereitungsgespräch muß geklärt werden, ob *beide*[301] Partner bereit sind, um Vergebung zu bitten und Vergebung zu gewähren. In der folgenden Woche sollen sie darüber nachdenken, wo sie einander überall verletzt haben, und diese Gedanken schriftlich festhalten. Als nächstes bespricht der Therapeut mit den Partnern das Konzept der Vergebung und klärt, was Vergebung bedeutet bzw. nicht bedeutet. In der eigentlichen Vergebungssitzung sagen die Partner einander abwechselnd, wo sie ihrer Erkenntnis nach den anderen verletzt haben, und sie bitten ihn dafür um Verzeihung. Der Therapeut achtet hierbei darauf, daß keine versteckten Anklagen oder sogenannte double-bind-Botschaften[302] formuliert werden. Eine solche Vergebungssitzung ist allerdings erst indiziert, wenn *beide* Beteiligten ihr Defensivverhalten mitsamt den entsprechenden Vorwürfen an den Partner aufzugeben bereit sind. Ist dies der Fall, so ist die Sitzung eine Gelegenheit für beide Partner, „Vergebung zu erbitten und zu gewähren und sich in einer Art und Weise zu verhalten, die Reue oder Bedauern wiederspiegeln. Vergebung zu erbitten und zu gewähren ist schwierig und kostspielig. Das Element des Opfers, das in der Ausführung eines kostspieligen Handelns liegt, verstärkt die Bindung."[303]

Deutlich wird hier, daß Vergebung *innerhalb einer bestehenden Beziehung* in besonderer Weise mit einer kritischen Betrachtung der bisherigen Beziehungsgestaltung (retrospektive Maßnahme), sowie mit Regeln und gegenseitigen Übereinkünften (prospektive Maßnahme) verbunden sein muß, um das Risiko weiterer Verletzungen zu verringern. Welche Rolle symbolische Rituale hierbei spielen könnten, wäre eine Fragestellung, die weiterer Erforschung bedarf.

---

[299] Ebd., S. 221: „Social psychologists have long documented the benefits of making a sacrifice to promoting long-term psychological commitment." – Offenbar soll das Opfer die Bindung an das gegebene Versprechen vertiefen.

[300] Ebd., S. 222.

[301] Die Einbeziehung beider Partner hängt damit zusammen, daß es in diesem Beitrag nicht um ein klares Fehlverhalten *eines* der beiden Partner geht, sondern allgemein um gestörte Partnerschaften. Es ist anzunehmen, daß diese Einbeziehung beider Partner grundsätzlich sinnvoll ist, um einseitige Täter-Opfer-Attributionen zu verhindern bzw. zu korrigieren, da sie einer Erneuerung der Beziehung im Wege stehen.

[302] Darunter werden „doppelbödige" Aussagen verstanden, die zwar vordergründig Verständnis, indirekt aber Kritik beinhalten, beispielsweise: „Es tut mir leid, daß ich Dich für viel zuverlässiger gehalten habe, als du bist, und dich damit überfordert habe …"

[303] Worthington & Di Blasio 1990, S. 223.

6. Zwischenmenschliche Vergebung als Thema der Medizin

6.1. Allgemeine Aussagen und Beobachtungen

Angesichts des geringen Interesses der Psychotherapie an Vergebung erstaunt es kaum, auch auf Seiten der Medizin nur wenig Aufmerksamkeit für diese Thematik zu finden.

Die Erforschung der Zusammenhänge zwischen seelisch-geistigen Vorgängen und körperlichen Veränderungen bzw. Erkrankungen ist ein relativ junges Gebiet der Medizin. Während die Psychosomatik im Gefolge der Tiefenpsychologie eine Menge sehr interessanter, aber größtenteils schwer nachprüfbarer Thesen zu den Auswirkungen seelischer Befindlichkeiten auf die Gesundheit postulierte,[304] studiert die Psychoneuroimmunologie mit exakten wissenschaftlichen Methoden die Verbindungsglieder zwischen Psyche und Physis. Es kann inzwischen als gesichert gelten, daß hierbei die Hormone, vor allem sogenannte Streßhormone, eine entscheidende Rolle spielen. Die Hormone sind stark von psychischen Faktoren abhängig und wirken ihrerseits wieder in vielfältiger Weise auf körperliche und seelische Vorgänge ein, wobei vor allem ihre Beeinflussung des Immunsystems von Interesse ist, da dieses bei der Entstehung von Krankheiten eine Schlüsselrolle spielt.

Grundsätzlich muß davon ausgegangen werden, daß jede Art von körperlichem oder seelischem Streß zu einer Belastung des Immunsystems führt, die um so gravierender ist, je länger der Streß andauert und je schleppender der Abbau der körperlichen Streßreaktion vonstatten geht. Besonders schwerwiegend sind die Folgen, wenn überhaupt kein Abbau dieser Streßreaktion mehr erfolgt, weil das Individuum einem permanenten Stressor ausgeliefert ist und über keinerlei Techniken verfügt, diesen Stressor auszuschalten bzw. zu reduzieren. Dies hat eine generell erhöhte Krankheitsanfälligkeit zur Folge.[305]

Etliche Mediziner, deren Beobachtungen aus der Praxis im folgenden referiert werden, gehen davon aus, daß negative Gefühle wie Groll, Wut, Haß, Anklage oder Selbstmitleid als seelisch-körperliche Spannungszustände aufzufassen sind, die vom Körper als Streß erlebt werden und eine entsprechende physiologische Alarmreaktion auslösen. Die Alarmreaktion bleibt so lange bestehen, wie diese Gefühle nicht abgebaut bzw. überwunden werden, und sie kann infolgedessen zu chronischen körperlichen Veränderungen mit entsprechenden Erkrankungen führen.

Der amerikanische Arzt Siegel spricht ganz allgemein davon, daß „seelischer Frieden" zu den fundamentalen Voraussetzungen sowohl für die Aufrechterhal-

---

[304] Vg. beispielsweise die zu den Klassikern der Psychosomatikforschung gehörenden Spekulationen von F. Alexander, Psychosomatic medicine, New York 1950.
[305] Vgl. W. Miltner, N. Birbaumer, W.-D. Gerber, Verhaltensmedizin, Heidelberg 1986, S. 61–112.

6. Zwischenmenschliche Vergebung als Thema der Medizin

tung als auch die Wiedererlangung der Gesundheit zähle, und daß zu diesem Frieden gehöre, sich selbst und andere Menschen annehmen zu können. Im Gegensatz dazu beobachtet er an krebserkrankten Patienten, daß sie häufig dazu neigen, „anderen zu vergeben und sich selbst zu kreuzigen".[306] Dies würde bedeuten, daß diese Menschen in hohem Maß die Signale anderer Menschen, die eine Abwertung ihres Selbst und eine Verringerung ihres Selbstwertgefühls beinhalten, verinnerlichen.[307] Ausgeprägte Schuld- oder Minderwertigkeitsgefühle seien jedoch für die Erlangung des „inneren Friedens" ebenso hinderlich wie ihr Gegenteil, nämlich eine Opferrolle, in der man die Verantwortung für das eigene Lebensglück und -unglück an andere delegiere. Nicht zuletzt stelle „bedingte Liebe" eine Haltung dar, die das Abwehrsystem des Menschen schwäche und ihm Kraft raube, wohingegen „bedingungslose Liebe" laut Siegel energetisierend auf das körpereigene Immunsystem wirke. Doch setze dies die Bereitschaft voraus, negative Emotionen wie Groll und Haß loszulassen.[308] –

Auch Simonton u.a. haben sich im Zuge ihrer Forschungen zur Krebstherapie intensiv mit dem Zusammenhang von seelischem Streß und Krankheit befaßt und sind zu der Überzeugung gelangt, daß emotionaler Streß, zu dem auch Groll, Wut und Bitterkeit gehören, eine Hemmung des Immunsystems und einen Verlust des hormonalen Gleichgewichts bewirke. Beides trage zu verminderter Widerstandskraft gegen krankhafte körperliche Prozesse bei.[309] Zu emotionalem Streß zählen die Simonton's das Selbstverständnis als „Opfer", das dazu führt, daß Menschen die Kontrolle über ihre emotionale Befindlichkeit extern attribuieren, indem sie sie an die Umwelt, an Personen oder widrige Umstände delegieren. Es bleibt ihnen dadurch verwehrt, an ihrer Situation aktiv verändernd zu arbeiten; statt dessen zermürbt sie ein Gefühl von Hoffnungs- und Hilflosigkeit. Zum andern zählen die Verfasser auch Groll zu den emotionalen Stressfaktoren, und sie vermuten: „Methoden, die den Menschen helfen, ihren Groll zum Ausdruck zu bringen, negativen Gefühlen freien Lauf zu lassen und vergangenes Unrecht, das ihnen zugefügt worden ist, zu vergeben, dürften in der präventiven Medizin in Zukunft eine bedeutende Rolle spielen ... Wir stehen nicht nur während des Erlebnisses selbst, das unseren Groll ausgelöst hat, unter Stress, sondern auch dann, wenn wir uns an dieses Erlebnis erinnern. Dieser eingeschlossene und

---

[306] Siegel 1991, S. 141.
[307] Vgl. hierzu eine Langzeitstudie von R. Grossarth-Maticek, H. Vetter und H. Siegrist vom „Interdisziplinären Forschungsprogramm Sozialwissenschaftliche Onkologie, prospektive Epidemiologie und experimentelle Verhaltensmedizin" der Universitäten Heidelberg und Marburg, die im Jahr 1965 und im Jahr 1985 die Einwohner einer kleinen jugoslawischen Stadt ausgiebig medizinisch und psychologisch untersucht hatten. Sie fanden einen deutlichen Zusammenhang zwischen der Figur des „underdogs", der in sozialen Situationen häufig Unterlegenheitserfahrungen macht sowie starkem Druck ausgesetzt ist, ohne diesem Widerstand zu leisten, und der Wahrscheinlichkeit einer Krebserkrankung. Wahrscheinlich, so nehmen die Wissenschaftler an, beeinträchtigt der durch das ‚in sich Hineinschlucken' aufgestaute Streß die Funktion des Immunsystems und leistet so der Tumorerkrankung Vorschub. Zitiert bei R. I. Mreschar (Herausg.), Wie der Mensch den Menschen sieht, Bonn 1983.
[308] Simonton & Matthews-Simonton & Creighton 1982, S. 268. So auch Linn & Linn 1982, S. 41ff, die davon ausgehen, daß die Verdrängung negativer Gefühle wie Angst, Zorn oder Schuld sich in körperlichen Symptomen äußern könne.
[309] Ebd., S. 72.

langfristige Stress und die Spannung, die er hervorruft, können die natürlichen Abwehrreaktionen des Körpers lähmen ... Groll ... ist ein dauerhafter, immer neuen Stress erzeugender, seelischer Vorgang."[310] Die Grollgefühle aufrechtzuerhalten ist folglich in jedem Fall mit beträchtlichem physischem und psychischem Aufwand verbunden, so daß es dringend geboten erscheint, Vergebung zu lernen. Simonton empfiehlt hierzu neben einer „Visualisierungsübung", in der man sich gezielt vorstellt, daß dem Menschen, der einem Schmerz zugefügt hat, Gutes widerfährt, die Bereitschaft zur Empathie. Der Verletzte solle sich in den Standpunkt der anderen Person hineinversetzen, neue Deutungsversuche für das vergangene Geschehen suchen und den eigenen Verantwortungsanteil daran reflektieren. Diese Übung, so der Verfasser, könne immer dann angewandt werden, wenn unverarbeitete negative Gefühle in dem verletzten Menschen hochsteigen.

6.2. Empirische Studien zum Zusammenhang zwischen seelischer Befindlichkeit und Erkrankung

Höchst aufschlußreich sind die von Justice referierten zahlreichen wissenschaftlichen Studien über den Zusammenhang zwischen seelischer Verfassung und Erkrankung.[311] Er zitiert unter anderem eine Untersuchung, die einen umgekehrt proportionalen Zusammenhang zwischen positiver Einstellung zur Umwelt und Immunsuppression belegt: „Verfügt ein Mensch über die Fähigkeit zu lieben und für andere zu sorgen, scheint dies mit einem niedrigeren Niveau des Streßhormons Noradrenalin und einem höheren proportionalen Verhältnis von Helfer/Suppressor-T-Zellen einherzugehen, einer wichtigen Balance innerhalb des gesunden Immunsystems. ... Menschen, die im Hinblick auf Intimität oder Vertrauen hohe Werte erreichten, hatten höhere IgA-Antikörperspiegel und berichteten von weniger schweren Krankheiten."[312] Allerdings gebe es noch keine präzisen Vorstellungen darüber, „*wie* Liebe den Lymphozyten hilft und die Immunfunktion verbessert; alle Erkenntnisse lassen jedoch stark darauf schließen, *daß* sie dies tut."[313] – Wie eine Studie aus Israel zeigte, wirkt sich auch das Gefühl, geliebt zu *werden*, positiv auf die Gesundheit aus. Nach einer Befragung an 10 000 Männern zeigte sich, „daß deren Risiko, an Angina Pectoris zu erkranken, fast zweimal niedriger war, wenn sie auf die Frage ‚Zeigt Ihre Frau Ihnen ihre Liebe?' mit ‚ja' statt mit ‚nein' antworteten."[314] Auch andere Studien zeigten, daß zwischen der Zufriedenheit in einer Ehe – wozu auch die gegenseitige Bereitschaft zur Vergebung gehören dürfte – und dem Funktionsgrad des Immunsystems sowie dem psychischen Wohlbefinden eine wesentliche Verbindung besteht.

Eine ganze Anzahl von Studien befaßte sich mit dem Zusammenhang von feindseliger sozialer Einstellung und Herz-Kreislauf-Erkrankungen.

---

310 Simonton & Matthews-Simonton & Creighton 1982, S. 220f.
311 Justice 1991.
312 Ebd., S. 180f.
313 Ebd., S. 297f.
314 Ebd., S. 307f.

6. Zwischenmenschliche Vergebung als Thema der Medizin

So fanden Barefoot et al.[315] in einer Langzeitstudie heraus, daß unter allen untersuchten Faktoren, die koronare Herzerkrankungen und Mortalität voraussagen können, der „Feindseligkeits-Faktor" die größte Voraussagekraft hatte, und zwar über einen Zeitraum von 25 Jahren hinweg.[316] Dieser prädiktive Faktor erwies sich als unabhängig von anderen Werten wie Nikotin- und Alkoholgenuß, Blutdruck und Cholesterinspiegel. Auch war der Feindseligkeits-Faktor nicht nur prädiktiv in Bezug auf Herzerkrankungen, sondern für Krankheiten jeder Ursache, woraus die Autoren schlossen, daß hohe Feindseligkeitswerte auch die Wahrscheinlichkeit beeinflussen könnten, andere körperliche Störungen nicht zu überleben.

Diese Ergebnisse wurden von einer Studie von Shekelle u.a.[317] unterstützt, die bei einer Untersuchung von rund 1900 Männern in mittlerem Alter (40–45 Jahre) ebenfalls herausfanden, daß höhere Feindseligkeitswerte prädiktiv waren sowohl für eine erhöhte Rate koronarer Herzerkrankungen als auch für die allgemeine Mortalität dieser Gruppe. Die Männer wurden über einen Zeitraum von 20 Jahren begleitet und es zeigte sich, daß „die Feindseligkeitsskala einen statistisch signifikanten, positiven ... Zusammenhang mit dem 20-Jahre-Risiko zeigte, an irgendeiner Krankheit, egal aus welcher Ursache, zu sterben."[318]

Auch eine sehr gründliche Untersuchung von Dembroski et al.[319] bestätigt diese Ergebnisse, wobei Dembroski den Faktor „Feindseligkeit" in differenzierterer Weise definiert als eine „relativ stabile Prädisposition, in verschiedenem Maß und variierender Zusammensetzung Ärger, Irritation, Ekel, Widerwille, Rivalität, Groll und ähnliches zu empfinden, welches mit offenem Verhalten gegen die Quelle dieser Frustrationen verbunden sein kann oder auch nicht."[320] – Neu an der Untersuchung Dembroskis ist die Beobachtung, daß der Feindseligkeits-Wert nur dann für spätere Herzkankheiten prädiktiv war, wenn die Zorn- und Wutgefühle *in keiner Weise* zum Ausdruck gebracht wurden.[321]

Dies wird für unsere Diskussion des Vergebungsprozesses von Bedeutung sein. Zunächst jedoch stützen diese Studien übereinstimmend die These, daß eine aggressive, abweisende und nicht-vergebende Haltung gegenüber der Umwelt den Menschen sowohl seelisch als auch körperlich in seinem Wohlbefinden beeinträchtigt und seine Widerstandskraft gegen Erkrankungen verringert.

Eine Studie von Plaut und Friedman über „Psychosocial Factors, Stress, and Disease Processes"[322] stellte bei einer Untersuchung an Collegestudenten fest, daß

---

[315] Barefoot, Dahlstrom & Williams 1983.
[316] „This prospective association between the Hostility scores of healthy young men and the incidence of CHD over the subsequent 25-year interval suggests that the attitude measured by the Hostility scale is playing an important role in the pathogenesis and course of CHD (Coronary Heart Disease)", ebd., S. 62.
[317] Shekelle, Gale, Ostfeld & Paul 1983.
[318] Ebd., S. 109.
[319] Dembroski, MacDougall, Williams, Haney & Blumenthal 1985.
[320] Ebd., S. 230.
[321] „Zum Ausdruck bringen" darf allerdings nicht mit plumpem „Ausagieren" vewechselt werden. – Dieser „steckengebliebene Ärger", die sogenannte „Anger-In"-Haltung ist allerdings sowohl bei Männern als auch Frauen prädiktiv für CHD. Hingegen gilt: „Level of Hostility was unrelated to CHD in those patients who disclosed a willingness to express anger or hostility openly against the source of frustration." Ebd., S. 230.
[322] Plaut & Friedman 1981.

diejenigen, die an Erkrankungen der oberen Atemwege litten, „displayed greater evidence of role crisis, personal failure, depression, hostility(!), and anxiety than the ‚normals'."[323]

Ebenso berichtet Lynch in seiner Studie über Herz-Kreislauf-Erkrankungen: „Bei vielen hypertensiven Patienten schien unterdrückte Wut oder blockierte Feindseligkeit, kombiniert mit dem oberflächlichen Anschein submissiver Freundlichkeit, ein dominantes Persönlichkeitsmerkmal zu sein."[324] Dies unterstützt Demboski's Beobachtungen, daß vor allem die *Unterdrückung* von Groll und Wut sich körperlich destruktiv auswirkt. Lynch schließt aus seinen Ergebnissen, daß der Blutdruck eines Menschen auch bestimmt wird durch das generelle Ausmaß an harmonischem Dialog, den eine Person mit ihrer Umgebung pflegt,[325] weshalb Einsamkeit ebenso negative Auswirkungen auf das Herz-Kreislauf-System hat wie Feindseligkeit.[326]

Bestätigt werden diese Befunde auch von deutscher Seite.[327] Otto konstatiert: „Ein stärkeres Ausmaß an Ängstlichkeit, Depressivität, Ärger/Feindseligkeit, Aggressivität und Extraversion geht mit einer höheren Wahrscheinlichkeit der KHK (koronare Herzerkrankung, d. Verf.) einher".[328] Ein entscheidender Faktor scheint hierbei die seelische Unausgeglichenheit eines Menschen zu sein, die mit einer Vielzahl von negativen Gefühlen verbunden ist und zu einer generell krankheitsgeneigten Persönlichkeit (disease-prone personality) führt.[329] Otto betont ebenfalls, daß nicht Ärger per se, sondern *unterdrückter Ärger* zu einem emotionalen Zustand führt, welcher als pathogen für die Entstehung von KHK angesehen wird.[330] Auch sind sich „selbst recht unterschiedliche theoretische Positionen ... darin einig, daß eine enge *Verwandtschaft zwischen Ärger/Feindseligkeit und Depressivität* besteht".[331]

Zusammenfassend läßt sich sagen, daß die Befunde, die nur einen Ausschnitt der gerade in den letzten Jahren erschienenen Vielzahl von Untersuchungen zur Psychoneuroimmunologie darstellen, in beeindruckend übereinstimmender Weise darauf hinweisen, daß eine Vielzahl negativer Gefühle, die zum Formenkreis der feindseligen, nichtvergebenden Haltung gehören, als seelischer Spannungszustand interpretiert werden müssen, der sich in nachprüfbaren körperlichen Streßreaktionen manifestiert und somit maßgeblich an der Entstehung körperlicher Erkrankungen beteiligt sein kann.

---

[323] Ebd., S. 9.
[324] Lynch 1985, S. 101.
[325] Ebd., S. 183.
[326] Ebd., S. 69ff.
[327] Otto 1992.
[328] Ebd., S. 208.
[329] Ebd., S. 213.
[330] So auch Fichten 1992, S. 240ff: Ärger gehe mit einer starken Reaktion des autonomen Nervensystems einher, was sich, falls der Ärger nicht ausgedrückt oder in anderer Form abgebaut werde, langfristig ungünstig auf den Gesundheitszustand auswirke.
[331] Ebd., S. 214. Depressivität wird hierbei interpretiert als eine Art internaler Feindseligkeit, „die noch weiter als der Ärger von einer adäquaten Gefühlsbewältigung und einem Gefühlsausdruck ... entfernt ist" (S. 215).

7. Vergebung in der psychologischen und pastoralpsychologischen Forschung

7.1. Die Genese von Erwartungen als Bestandteil moralischer Orientierung

Vergebung setzt Verletzung voraus. Ein Mensch fühlt sich verletzt, wenn eine andere Person sich anders verhält, als er erwartet, und wenn diese enttäuschte Erwartung als symbolische Kommunikation über den Selbstwert des Adressaten aufgefaßt wird. Diese symbolische Kommunikation beinhaltet in jedem Fall eine Mißachtung der anderen Person – entweder eine Mißachtung ihres Wertes oder ihres Anspruchs auf ein bestimmtes Verhalten des Verletzers, das dem Selbstwertgefühl des Verletzten Rechnung trägt.[332]

Wie entstehen interpersonale Erwartungen und was beinhalten sie genau? Man kann davon ausgehen, daß jede soziale Beziehung bestimmte normative Aspekte beinhaltet, die zu bestimmten moralischen Orientierungen – und dementsprechenden gegenseitigen Erwartungen – der Beteiligten führen. Da ein interpersonaler Konflikt wie beispielsweise eine Verletzung immer mit einer *Bewertung* von Verhalten einhergeht, spielen moralische Regeln und Erwartungen eine entscheidende Rolle. Die moralische Orientierung beinhaltet neben einem kognitiven Faktor, nämlich dem Wissen um die in der Beziehung geltenden moralischen *Regeln*, auch einen affektiv-motivationalen Faktor, womit die *Bedeutung* gemeint ist, welche die Beteiligten den Auswirkungen ihres Verhaltens auf die Beziehungspartner beimessen. Damit ist das Maß an Bereitschaft gemeint, die Interessen und Anliegen anderer so zu behandeln, als ob es die eigenen wären. Dies schließt die Bereitschaft ein, für die Mißachtung von Pflichten und Verantwortungen innerhalb einer Beziehung Kompensationsleistungen zu erbringen.[333] *Eine* mögliche Kompensationsleistung ist die Bereitschaft, um Verzeihung zu bitten.

Man kann folglich, so Keller, moralisches Bewußtsein als eine Reaktionsweise auf andere Menschen ansehen, in welcher wir nicht nur unser eigenes, sonderen auch deren Wohl und Wehe in Betracht ziehen. – Die Entwicklung einer moralischen Orientierung umfaßt zum einen eine moralische *Definition* einer Situation, zum anderen das Bewußtsein der *Konsequenzen*, die eine Mißachtung moralischer Regeln und moralischer Verantwortung für *andere* Beteiligte nach sich zieht. Nur unter der Bedingung, daß der Handelnde sich um die *Auswirkungen* seines Handelns auf Dritte kümmert, können Gefühle wie Scham, Schuld, Selbstanklage und Reue entstehen. Keller folgert: „Feelings of guilt can be seen as related to the act of having violated reciprocity principles and thereby having treated others unfairly."[334] Doch kann eine moralische Orientierung nicht entstehen ohne moralischen *Diskurs*, das heißt ohne die Diskussion der – möglicher-

---

[332] Siehe oben S. 33f.
[333] Keller 1984, S. 143.
[334] Ebd., S. 144.

weise konfligierenden – Regeln und Ansprüche, die in einer bestimmten Situation auftreten. Diese Diskussion beinhaltet, sofern eine Beziehungsregel verletzt wurde, auch die Rechtfertigung von Verhalten: es werden Gründe genannt, die den Anspruch erheben, wichtiger zu sein als die moralische Norm, die verletzt wurde.

Die Fähigkeit zum moralischen Diskurs ist nicht nur ein bedeutender Teil der moralischen Entwicklung, sondern auch ein unbedingt notwendiger Bestandteil von Beziehungskonflikten und -störungen, welcher die Bereitschaft zum Perspektivenwechsel einerseits voraussetzt, andererseits fördert.

Prinzipiell lassen sich in allen Formen von Beziehungen je nach moralischer Entwicklungsstufe der Beziehungspartner verschiedene Stufen der gegenseitigen Erwartungen beobachten:[335]

Auf Stufe 0 existiert kein Bewußtsein einer Verpflichtung gegenüber einer anderen Person, sondern eine ausschließlich hedonistisch-egozentrische Perspektive („Gut ist, was mir gut tut"). Da auf dieser Stufe keine Verletzung einer moralischen Norm stattfinden kann, fällt auch die Notwendigkeit der Rechtfertigung des eigenen Verhaltens weg, es existiert kein Schuldbewußtsein. Auf der Basis dieser Perspektive lassen sich verbindliche Beziehungen kaum lange aufrechterhalten, da die Häufung von Verletzungen wahrscheinlich ist.

Auf Stufe 1 wird die *Beziehung,* wenn auch nur in marginaler Form, in die Definition der Situation miteinbezogen, d.h. der Beziehungspartner wird mit in den Blick genommen. Allerdings geschieht dies auf Stufe 1 nur unter dem Aspekt, daß die Erwartungen des anderen als den eigenen Bedürfnissen und Absichten *im Wege stehend* wahrgenommen werden.

Auf Stufe 2 werden die *besonderen Umstände* der Beziehung – beispielsweise ihre bisherige Dauer und Beständigkeit – in die Definition der Situation miteinbezogen. Daraus werden bestimmte moralische Regeln für die Beziehung abgeleitet, anhand derer die Beziehungspartner ihr Verhalten gegenseitig beurteilen. Die Konsequenzen eines nicht beziehungsgerechten Verhaltens werden auf eine im Vergleich zu Stufe 1 stärker interpersonal orientierte Weise bedacht, was die Bereitschaft zu kritischer moralischer Selbstreflexion impliziert. Wird das eigene Verhalten als *beziehungsunangemessen* bewertet, so entsteht das Bedürfnis nach Rechtfertigung, Wiedergutmachung oder Ausgleich, wozu auch die Möglichkeit zählt, den Beziehungspartner unter Umständen um Vergebung zu bitten.

Stufe 3 umfaßt eine noch differenziertere Wahrnehmung der Beziehung. Sie wird als ein System gemeinsamer Erwartungen angesehen, welches gegenseitige dauerhafte Verpflichtungen beinhaltet. Zu diesen gehören beispielsweise Vertrauen, Zuverlässigkeit und ein spezielles Interesse an den Bedürfnissen und Gefühlen des Beziehungspartners. Eine Verletzung der aus der Beziehungsdefinition resultierenden moralischen Regeln führt zu Schuld- und Schamgefühlen, und die darauffolgenden Selbstrechtfertigungen haben das Ziel, Konsistenz zwischen der moralischen Regel und dem faktisch erfolgten Handeln herzustellen. Rechnet der „Schuldige" nicht mit dem Verständnis seines Beziehungspartners – was bei die-

---

[335] Vgl. Keller 1984, S. 144ff.

sem unter Umständen die Fähigkeit zum Perspektivenwechsel voraussetzt –, so versucht er, sein Verhalten entweder zu vertuschen oder die Verantwortung dafür zu leugnen. Damit, so die Autorin, ist das Schuld- und Schamgefühl jedoch nicht eliminiert; es äußert sich statt dessen in der Folge häufig indirekt, beispielsweise in körperlichen Reaktionen.

Stufe 4 ist nicht mehr im Sinn einer Höherentwicklung des moralischen Bewußtseins zu verstehen, sondern unterscheidet sich in einem Punkt grundlegend von den Stufen 1–3: Dem Bewußtsein der moralischen Verpflichtung, die eine Beziehung mit sich bringt, wird der Anspruch auf *persönliche Autonomie und Entfaltung* gegenübergestellt. Es wird vom Beziehungspartner erwartet, daß er nicht nur Ansprüche hat, sondern auch die Bedürfnisse seines Gegenübers – die eventuell über die Beziehung hinausgehen bzw. mit der Beziehung zunächst nichts zu tun haben – berücksichtigt und respektiert, was allerdings den Diskurs über verbindliche moralische Normen in der Beziehung noch unentbehrlicher – und noch komplizierter – macht, weil nunmehr jeder Erwartung des Beziehungspartners das Recht auf eigene Entfaltung entgegengesetzt werden kann. Stufe 4 wird im Zug der zunehmenden Individualisierung, des Glaubens an das Recht auf Selbstverwirklichung und damit im Zug der wachsenden Brüchigkeit von Beziehungen häufig von Individuen vertreten, die die einengenden Seiten einer Beziehung, die durch jede Art von Verpflichtung gegeben ist, als Gefährdung ihrer persönlichen Selbstverwirklichung oder Spontaneität ansehen.[336]

Die Beobachtungen Kellers machen deutlich, daß die Beurteilung eines interpersonalen Konflikts – und damit auch einer Verletzung – abhängig ist von der Ebene des *moralischen Urteils und damit der Erwartungen der Beziehungspartner aneinander*. Die Bereitschaft oder Fähigkeit zum Perspektivenwechsel respektive zur reflexiven Rollenübernahme taucht erst ab Stufe 3 auf, und nur unter der Voraussetzung dieser Fähigkeit kann eine differenzierte Wahrnehmung der Beziehungsregeln und ein dementsprechender moralischer Diskurs stattfinden, in welchem divergierende oder konfligierende Erwartungen der Beziehungspartner diskutiert oder reflektiert werden können.[337] Dies ist für den Umgang mit Verletzungen von großer Bedeutung.

7.2. Der Zusammenhang von Vergebungskonzept und Moralentwicklung

Während manche Forscher lediglich vermuteten, daß der moralische Entwicklungsstand sowie die Religiosität des Klienten eine Rolle bei seiner Vergebungsbereitschaft und -fähigkeit spielen, liegen von Enright et al. zwei empirische Studien vor, in welchen er sein Vergebungskonzept mit den Stufen der Moralentwicklung nach Kohlberg verknüpfte.[338]

---

[336] S.o., Werner, S 40. Sehr eindringlich und anschaulich wird dieser Trend beschrieben von U. Nuber, Die Egoismus-Falle, Zürich 1993; und H. Ernst, Psychotrends – Das Ich im 21. Jahrhundert, München 1996.
[337] Keller 1984, S. 156.
[338] Enright, Santos & Al-Mabuk 1989.

Enright setzte sich zunächst mit dem Gerechtigkeitskonzept von Kohlberg[339] sowie der Kritik von Gilligan[340] auseinander und stellte der Moral der Gerechtigkeit eine „Moral der Vergebung" gegenüber, die sich von ersterer darin unterscheidet, daß der Vergebende dem Verletzer die Pflichten erläßt, die jenem die „Gerechtigkeit" eigentlich aufbürden würde. Enright plädiert keineswegs dafür, statt dem Gerechtigkeitskonzept grundsätzlich das Vergebungskonzept anzuwenden, aber er betont, daß Vergebung die für eine Beziehung günstigste und zuträglichste Reaktion auf eine Verletzung darstelle. Seine Hauptthese ist, daß unterschiedliche Konzepte von Vergebung auch unterschiedlichen Stadien der Kohlberg'schen Moralentwicklung entsprächen. Wer demnach erst vergebe, wenn der „Täter" genügend gelitten hat oder gedemütigt bzw. bestraft wurde für sein Tun, der praktiziere keine Vergebung, sondern bewege sich immer noch im Rahmen des Vergeltungsdenkens, was der Stufe eins der Kohlberg'schen Moralentwicklung entspricht. Werde andererseits *Reue* zur Bedingung von Vergebung gemacht, so werde Vergebung mit einer Form von Gerechtigkeit verwechselt, für die Reziprozität im Mittelpunkt stehe, wie es auf Stufe zwei der Moralentwicklung der Fall ist. Wenn ausschließlich aufgrund des Einflusses oder gar Drucks von Dritten, die zur Vergebung auffordern, vergeben werde, so befände sich der Vergebende auf der moralischen Stufe drei: er orientiert sich an den Normen und Erwartungen seiner Umgebung. Dies würde man als extrinsisch motivierte Vergebung bezeichnen. Bilde hingegen die Grundlage unserer Vergebungsbereitschaft die Überzeugung, daß auch wir auf Vergebung sowohl von seiten unserer Mitmenschen als auch von seiten Gottes angewiesen seien, so könne dies als typische Denkweise der Stufe vier interpretiert werden, die die Annahme beinhaltet, daß es allgemeine Grundregeln und Prinzipien des Zusammenlebens gebe, an die man sich halten müsse, ob man persönlich damit einverstanden ist oder nicht. – Wer vorrangig vergebe, um dadurch wieder harmonische Beziehungen herzustellen, befände sich auf Stufe fünf.[341] Vergebung als Akt und Ausdruck der bedingungslos annehmenden Liebe zu einem anderen Menschen mitsamt seinen Schwächen und Fehlern verkörpere demhingegen die höchste Stufe sechs, auf der auch das Gebot der Feindesliebe angesiedelt sei.[342]

Deutlich wird anhand dieser schlüssigen Verbindung von Moralentwicklung und Vergebungskonzept, daß es verschiedene *Motivationen* zur Vergebung gibt, die mit entsprechenden moralischen Prinzipien oder Orientierungen verbunden sind. Wenn zur Vergebung gehört, daß sie unabhängig von der Einsicht oder Reue des Verletzers geschieht und daß sie ein Aufgeben jeden Anspruchs auf Vergeltung beinhaltet, so sind die von Enright beschriebenen Stufen eins und zwei nicht als

---

339 Vgl. Kohlberg 1979.
340 Vgl. C. Gilligan, In a Different Voice: Psychological Theory and Women's Development, Cambridge 1982.
341 Enright kritisiert hier die „zweckorientierte Motivation" des Vergebenden, doch ist zu fragen, ob er an dieser Stelle nicht zu idealistische Erwartungen bezüglich der Beweggründe für Vergebung hat.
342 Selbstverständlich dürfte es in der Praxis selten vorkommen, daß jemand nur *ein* Motiv zur Vergebung hat, entscheidend in dieser Studie ist aber, welches Motiv am stärksten von der Person gewichtet wird.

7. Vergebung in der psychologischen und pastoralpsychologischen Forschung

Vergebung anzusehen, da ihnen das Element des Schulderlasses fehlt. Stufen drei und vier sind als Formen „unfreiwilliger" und damit nicht von Herzen kommender, sondern extrinsisch motivierter Vergebung einzustufen, da die Vergebenden sich an den Erwartungen und Normen ihrer Bezugsgruppe bzw. der Gesellschaft orientieren oder aber „zweckorientiert" vergeben. Dem steht die intrinsisch motivierte Vergebung gegenüber, die lediglich auf den Stufen fünf und sechs zu finden ist. Sie setzt den differenziert denkenden Typus des „innengeleiteten Individuums" voraus, das den Sinn von Regeln und Geboten zunächst grundsätzlich hinterfragt und ihnen gegebenenfalls eigene, selbstentwickelte Regeln und Maximen entgegensetzt. Summa summarum bedeutet dies, daß die Bereitschaft zur bedingungslosen Vergebung einen hohen moralischen Entwicklungsstand sowie ein reifes moralisches Urteilsvermögen und eine relativ ausgeprägte intellektuelle Abstraktions- und Differenzierungsfähigkeit voraussetzt.

Die Vertreter der Moralentwicklungsforschung betonen, daß die Stadien der Moralentwicklung im Lauf der Kindheit und Jugend von jedem Menschen durchlaufen werden; sie gehen jedoch davon aus, daß nur ein relativ kleiner Teil der Menschen die höheren Stufen des moralischen Urteilsvermögens erreicht. Die Mehrheit, so ihre Vermutung, bleibt auf den Stufen drei und vier stehen. Das damit implizierte geringe Maß an Vergebungsbereitschaft bildet einen schlüssigen Erklärungsansatz für die geringe Vergebungsbereitschaft der heutigen – und möglicherweise nicht erst der heutigen – Gesellschaft.

Die Annahme, daß Moralentwicklung und Vergebungskonzept eng korrelieren, untersuchte Enright in einer weiteren Studie an insgesamt 95 Personen zwischen 9 und 36 Jahren.[343] Seine Hypothese war, daß ein Zusammenhang zwischen Alter und Vergebungsstufe bestehen könnte. Die Studie bestätigte diesen Zusammenhang, wobei ein Geschlechtsunterschied nicht erkennbar war. Jugendliche bis zum Alter von 15 Jahren tendieren demnach mehrheitlich zur Stufe drei des Vergebungs- und Gerechtigkeitskonzepts (Orientierung an den Normen der Bezugsgruppe), jüngere Kinder sind eher auf Stufe zwei, Ältere auf Stufe vier zu finden. Nur Erwachsene erreichen, wenn überhaupt, die Stufen fünf oder sechs. Entscheidend für Heranwachsende ist demnach vor allem der Einfluß oder Ratschlag der Freunde, was – noch – eine ausgeprägte individuelle Werteunsicherheit signalisiert. Für ältere Jugendliche sind „Autoritäten" allerdings entscheidender als Freunde, wobei die Untersuchung offen läßt, wen oder was sie als solche Autoritäten anerkennen. – Von grundlegender Bedeutung bei der Entwicklung des Vergebungskonzepts sind, so Enright, in jedem Fall die *Erfahrungen,* die ein Mensch mit Vergebung macht und die *Anregungen,* die er bekommt, um sich mit dem Thema der Vergebung auseinanderzusetzen. Menschen mit praktiziertem Glauben denken offenbar mehr über Vergebung nach, hören mehr darüber, reden mehr darüber und haben deshalb in der Regel eine höhere Stufe im Vergebungskonzept erreicht als Menschen ohne Glauben.[344]

---

[343] Enright et al. 1992.
[344] Ebd., S. 108. Dies müßte allerdings noch genauer überprüft werden, vor allem, welche Art von Glauben hier gemeint ist.

Was Enright im Hinblick auf Heranwachsende schlußfolgert, gilt aller Wahrscheinlichkeit nach auch für Erwachsene: Sollten sie ihr Konzept von Vergebung im Sinn eines mehr innengeleiteten Vergebungsbegriffs ändern, so „brauchen sie eine Atmosphäre, die sie in konsistenter Weise dazu herausfordert, Vergebung als eine Strategie zur Bewältigung tiefer Verletzungen zu benutzen."[345]

7.3. Ärger und Wut als Folge enttäuschter Erwartungen

7.3.1. Entstehung von Ärger und Wut

In seiner Untersuchung des *Ärgers* zitiert Mees[346] den römischen Philosophen Seneca, der meinte, daß „Ärger einen Vorwurf gegenüber dem tadelnswerten Tun/Lassen eines als verantwortlich angesehen Urhebers beinhaltet", wobei *Wut* eine intensivere Variante der Ärger-Emotionen darstellt.[347] Auch *Beleidigt- oder Gekränktsein* sind solche Varianten der Ärgeremotion und beziehen sich auf eine „Ehrverletzung" durch andere, worunter alle Beeinträchtigungen der Selbstachtung und der eigenen personalen Würde durch andere Personen verstanden werden, die dem Anspruch auf wertschätzende bzw. achtungsvolle Behandlung zuwiderlaufen.

Entrüstung oder *Empörung* wiederum beziehen sich auf absichtliche und/oder rücksichtslose Verletzungen von *moralischen* Normen, wobei die bewertende Person in der Regel annimmt, daß diese moralischen Normen allgemeingültig seien.[348] Somit kann Ärger als Verbindungsemotion zwischen *Leid* (angesichts einer erlittenen Verletzung) und *Vorwurf* (angesichts der Attribution auf eine verursachende Person) definiert werden.[349] Bei dieser Attribution eines tadelnswürdigen Tuns oder Lassens wird der verantwortlichen Person entweder Gedankenlosigkeit, Rücksichtslosigkeit oder Böswilligkeit unterstellt, wobei die Ärgerintensität bei unterstellter Gedankenlosigkeit am geringsten und bei unterstellter Böswilligkeit am höchsten ist.[350] Neben dieser situativen Verantwortlichkeitszuschreibung kann dem Täter zusätzlich noch eine bestimmte *Gesinnung* unterstellt werden, so daß ihm auch *moralische Schuld* angelastet wird. Demgegenüber stellt die *Rechtfertigung* des verletzenden Handelns einen Versuch dar, das Handeln mit einem moralisch wertvollen Oberziel zu begründen, während die *Entschuldigung* darauf abzielt, „die unterstellte freie Wahl der Tatentscheidung bei Vorhersehbarkeit aller Konsequenzen zu bestreiten".[351] – Das Auftreten von *Ärger* hängt darüber hinaus von einer Reihe weiterer Bedingungen ab:

---

345 Idem.
346 Mees 1992.
347 Mees 1992, S. 32 u. S. 35.
348 Ebd., S. 37f.
349 Bei negativer Attribution ohne persönliche Betroffenheit spricht Mees von einer reinen Vorwurfemotion. Ebd., S. 59.
350 Dies bestätigt die Annahmen Butlers, siehe oben S. 49f und entspricht der postulierten massiven Bedrohung des Selbstwertgefühls bei absichtlich zugefügten Verletzungen.
351 Mees 1992, S. 42.

- Je personalistischer die Verantwortlichkeitszuschreibung, d.h. die Annahme, daß der erlittene Schaden *persönlich intendiert* war, desto eher wird vom Opfer Ärger empfunden.
- Je weniger Sympathie ein Beurteiler einer Person oder Gruppe entgegenbringt, desto eher wird er sie für einen Schaden verantwortlich machen,
- Je größer das Leid ist, das eine geschädigte Person empfindet, desto größer die (moralische) Schuld (im Sinne von Rücksichtslosig- oder Böswilligkeit), die sie dem vermeintlich Verantwortlichen unterstellt.

Die Emotionen von Ärger, Wut oder Empörung setzen demnach nicht nur eine Verantwortlichkeitszuschreibung voraus, sondern auch eine Nichtakzeptanz sämtlicher „Ent-Schuldigungs-Argumente": „Das Erleben von Ärger impliziert also, daß der sich Ärgernde ... keine Entlastungsargumente gelten läßt, er hat dem Täter bzw. Verantwortlichen (noch) nicht vergeben."[352] Interessant ist, daß Mees hier Vergebung offenbar vorrangig im Zusammenhang mit solchen Entlastungsargumenten sieht, und zwar vermutlich als Folge einer kognitiven Neubewertung des verletzenden Tuns.

Jede Ärgeremotion impliziert, so Mees, eine subjektiv empfundene Ungerechtigkeit, weshalb die häufigste Gruppe von *Ärgeranlässen* auch Probleme in sozialen Beziehungen sind, wobei Menschen sich über eine von ihnen geliebte bzw. geschätzte Person eher ärgern als über eine unsympathische Person oder eine, der sie gleichgültig gegenüberstehen.[353] Dies hängt damit zusammen, daß in intensiveren positiven Beziehungen das sog. „Bedürfnisprinzip" dominiert – man erwartet vom anderen, daß er die eigenen Bedürfnisse kennt, anerkennt und befriedigt. Davon abgesehen bietet der häufigere und engere Kontakt mit geliebten Menschen mehr Möglichkeiten des Ärgeranlasses, und Normverletzungen von seiten geliebter Menschen werden – entsprechend dem Bedürfnisprinzip – als besonders unerwartet und brüskierend empfunden. Nicht zuletzt neigt man bei Fremden oder bei unsympathischen Menschen eher dazu, auf Normverletzungen mit Verachtung (als Folge der Zuschreibung konstanter negativer Charaktereigenschaften) oder intensiven Abneigungsemotionen wie Wut zu reagieren.

Ärger und Wut sind demnach immer die Folge einer Kombination von enttäuschten Erwartungen *und* entsprechenden Attributionen. Der Kern der Verletzung besteht, so auch Mees, in einer Verletzung des Selbstwertgefühls und der Selbstachtung.[354]

Sind allerdings die Erwartungen, die enttäuscht wurden, zu weit von der Realität – dem, was erwartet werden kann – entfernt, so kann Wut und Haß unter Umständen auch als eine extreme Form der *Wirklichkeitsnegierung* angesehen wer-

---

[352] Ebd., S. 48.
[353] Mees zitiert eine Umfrage an 160 Personen, die ergab, daß 33% aller Ärgeranlässe eine Person war, die man liebt, in weiteren 21% war es eine Person, die man mag oder zumindest gut kennt, und nur in 12% der Fälle war ein Fremder der Anlaß für Ärger. Mees 1992, S. 55.
[354] Vgl. Goleman 1996, S. 84: „Ein Gefährdungssignal kann nicht bloß von einer direkten körperlichen Bedrohung ausgehen, sondern auch – und das ist häufiger der Fall – von einer symbolischen Bedrohung der Selbstachtung oder der Würde: wenn man ungerecht oder schroff behandelt wird, wenn man beleidigt oder erniedrigt wird, wenn die Verfolgung eines wichtigen Ziels vereitelt wird."

den, die immer dann entsteht, wenn Erwartung und Erfüllung weit auseinandertreten.[355] Ein entscheidender Grund für diese Kluft zwischen Wunsch und Wirklichkeit könnte in der ‚Übererwartung', das heißt einem überzogenen Anspruchsdenken liegen: „Übererwartungen ... sind unsre Krankheit vom Dienst, und die Negativierungswirkung dieser Übererwartungen ist bei uns weithin am Werk, wo Haß entsteht: weil unsere Wirklichkeit der Himmel auf Erden sein soll und nicht ist, gilt sie als Hölle auf Erden ..., als ob es dazwischen nichts gäbe, mit dem seinen Frieden zu machen sich lohnte: die Erde auf Erden."[356] Da sich auch in unserer hochzivilisierten Gesellschaft die Schere zwischen Erwartung und Erfüllung niemals schließe, weil gleichzeitig mit jeder Erfüllung die Fähigkeit, mit Unerfülltem fertigzuwerden, abnehme, wachse fast zwangsläufig die „Fähigkeit, unter immer weniger immer mehr zu leiden ... Je mehr Negatives aus der Wirklichkeit verschwindet, desto ärgerlicher wird – gerade weil es sich vermindert – das Negative, das übrigbleibt ... Wer – fortschrittsbedingt – unter immer weniger zu leiden hat, leidet unter diesem wenigen immer mehr. Das ist der Fall der Prinzessin auf der Erbse ... und bewirkt, daß gerade Minimalmängel Haßbereitschaften mobilisieren."[357] Wo hingegen daran gearbeitet wird, die Übererwartungen zu erkennen und gegebenenfalls abzubauen, sollte sich als Konsequenz auch ein vermindertes Ausmaß an Bereitschaft, verletzt zu sein und mit Haß oder Wut zu reagieren, ergeben. Diese Korrektur unrealistischer Erwartungen ist allerdings eng an die Fähigkeit des Individuums gekoppelt, in kritische Distanz zu sich selbst zu gehen und die eigenen Erwartungen einer kritischen Prüfung zu unterziehen.

Deutlich wird, daß das Bemühen um Vergebungsbereitschaft ebenso wie die Entwicklung eines Therapiekonzepts für Verletzungen unter allen Umständen die Auseinandersetzung mit den Erwartungen des Verletzten sowie mit seinen Attributionsmustern beinhalten muß. Durch die Korrektur oder kritische Überprüfung von Attributionsmustern des Verletzers kann erreicht werden, daß er ein Verhalten nicht mehr als symbolische Kommunikation über seinen Selbstwert und schon gar nicht als Infragestellung dieses Selbstwerts begreift, sondern andere, neutralere Deutungsmöglichkeiten in Betracht zieht. Dadurch verliert das Verhalten, an dem Anstoß genommen wird, sein „Verletzungspotential"; folglich muß auch weniger oder überhaupt nichts vergeben werden.

Ebenso verhält es sich mit Erwartungen, die nicht in angemessener Weise auf die Gegebenheiten des Lebens, auf die Möglichkeiten einer Beziehung oder eines Menschen – und auf dessen Bereitschaft, Erwartungen zu erfüllen – abgestimmt sind und infolgedessen ein hohes Enttäuschungsrisiko in sich bergen. Die Verletzung, die sich infolge dieses Enttäuschungsrisikos einstellt, kann durch Korrektur von Erwartungen vermieden oder verringert werden.

---

[355] Marquard 1990.
[356] Ebd., S. 166.
[357] Ebd., S. 170.

7.3.2. Bewältigung von Ärger und Wut

Der Emotionsforscher Ulich stellt im Kapitel „Emotionale Belastungen" fest: „Je länger eine emotionale Belastung andauert, desto schlechter wird die Prognose, weil während dieser Zeit kaum neue Kompetenzen erworben, wenig aktive Änderungen einer Situation herbeigeführt und wichtige Mitglieder des sozialen Netzwerks entmutigt oder zurückgestoßen werden".[358] Da Groll und Feindseligkeit als massive emotionale Belastungen einzustufen sind, üben sie einen lähmenden Effekt auf die seelische, geistige und soziale Reifung des Individuums aus, denn „je länger eine Belastung andauert, desto eher wird sie die gesamte Person erfassen."[359] – Fragt man nach der Bewältigung und Therapie von Ärger, so überrascht es nicht, daß zu den wichtigsten psychischen Faktoren, die sowohl die Ärgeranfälligkeit als auch die Ärgerverarbeitung eines Individuums beeinflussen, Selbstsicherheit und Selbstachtung, Selbstwertgefühl und Selbstvertrauen gehören.[360] Da die Bedrohung von Selbstsicherheit und die damit einhergehenden Unterlegenheitsgefühle die Ärgerentstehung begünstigen, erleben unsichere Menschen aufgrund ihrer höheren Verletzlichkeit wesentlich häufiger Ärger als Menschen mit hohem Selbstwertgefühl.[361] Demhingegen reduziert die Annahme, die Situation kontrollieren zu können, anstatt ihr ausgeliefert zu sein, die Wahrscheinlichkeit für das Auftreten von Ärger, da das Gefühl des Bedroht- und Mißachtetwerdens fehlt. Grundsätzlich jedoch hat Ärger bzw. Zorn eine sozial wichtige, konstruktive Funktion, indem er ein Problem bzw. eine Beziehungsverletzung signalisiert und einen Impuls zur „Schadensbehebung" liefert. – Zorn und Wut sind somit als zunächst durchaus sinnvolle Offensiv- und gleichzeitig Defensivreaktion des angegriffenen Individuums anzusehen. Zorn gibt dem Verletzten die notwendige Energie zu Protest, Verteidigung, Abgrenzung oder Veränderung, weshalb es niemals ein Ziel sein kann, Zorn lediglich zu unterdrücken, sondern Ziel muß in jedem Fall sein, die Wut oder den Ärger adäquat auszudrücken. Notwendig ist hierbei, sich den eigenen Zorn einzugestehen, ihn unter Kontrolle zu bekommen und ihn gegebenenfalls zu verbalisieren – aber auch, ihn kritisch auf seine Ursachen zu hinterfragen.[362] Zorn oder Wut symbolisiert folglich eine „ebenso heilsame Reaktion bei seelischer Verletzung wie Schmerzempfindung bei körperlicher Verletzung",[363] weshalb es wichtig ist, Zugang zu den eigenen Zorngefühlen zu haben, denn nur so lernt man, mit ihnen umzugehen. Dazu gehört auch, den Ärger in „sozial akzeptabler Form" auszudrücken und dabei nicht zusätzlich noch das Selbstwertgefühl des *Verletzers* anzugreifen, da dies in der Regel zur sogenannten „Ärgerspirale" in Form von wechselseitigen Provokationen führt, bei der die Chancen einer Beilegung des

---

[358] Ulich 1982, S. 185.
[359] Ebd., S. 187.
[360] Fichten 1992.
[361] „Narzißtische Verletzungen ... werden umso schlimmer empfunden, je labiler das Selbstwertgefühl ist und je mehr die Neigung besteht, die Entwertung eines Aspekts der eigenen Person ... auf die gesamte Person auszudehnen." König 1990, S. 47.
[362] Vgl. Augsburger 1990, S. 120.
[363] Linn & Linn 1984, S. 122.

Konflikts drastisch sinken.³⁶⁴ Obwohl sich jeder Mensch im akuten Zustand des Ärgers durch wenig Empathie auszeichnet, kann das Verständnis für den „Provokateur" zur Konfliktbeilegung und damit zur Beendigung des Ärgers entscheidend beitragen.

Es zeigt sich, daß der eigentliche Problemschwerpunkt weniger bei der Frage liegt, ob und unter welchen Umständen Ärger entsteht, sondern: wie der Ärger zum Ausdruck gebracht wird. Wird Ärger unkontrolliert ausgedrückt bzw. hemmungslos ausagiert, so hat dies häufig negative Folgen für den Ärgerlichen, angefangen von aggressiven Gegenreaktionen bis zu sozialer Mißbilligung des Ärgerausdrucks. Wird der Ärger jedoch unterdrückt, so führt dies zu einem unterschwelligen Persistieren des Ärgers, was wiederum mit erheblichen psychischen und physischen Kosten für das ärgerliche Individuum verbunden ist.³⁶⁵ Auch kann die Unfähigkeit, ärgerliche Gefühle gegenüber anderen zum Ausdruck zu bringen, in eine selbstbestrafende (intropunitive) Haltung umgeformt werden.³⁶⁶ Dennoch bestätigen neuere Forschungen, daß die lange Zeit in der Psychologie favorisierte „Katharsis-Hypothese", derzufolge das ungehemmte Ausagieren des Ärgers zu einer Spannungsreduktion führen soll, mehrere Faktoren außer acht gelassen hat: zum einen spielen die potentiell negativen Konsequenzen des Ärgerausdrucks für den Verletzten eine große Rolle, zum andern werden durch das bloße Ausagieren wirksamere Formen der Ärgerreduktion blockiert,³⁶⁷ und nicht zuletzt wurden vorhandene Machtstrukturen nicht berücksichtigt. Auch stehen den entlastenden Effekten auf seiten des Ärgerausdrückenden möglicherweise destruktive Konsequenzen sowohl auf Seiten dessen, den der Ärger trifft, als auch in Hinblick auf die Beziehung gegenüber.

Es verwundert deshalb nicht, daß auch ein aktueller populärwissenschaftlicher Artikel über Ärger³⁶⁸ kein undifferenziertes „Dampfablassen" mehr nahelegt, sondern statt dessen empfiehlt, eine Art „Ärgerprävention" zu betreiben, indem man die eigenen strengen Maßstäbe – und damit auch Erwartungen an andere – überprüft und sich vor allem in mehr Empathie gegenüber dem ärgerauslösenden Gegenüber übt.³⁶⁹ Abschließend meint der Verfasser: „Geradezu die ‚Königsdisziplin' der sozialen Fertigkeiten ist das Verzeihenkönnen ... Sicher, aus uns zugefügtem Unrecht ... ist uns so etwas wie ein Rechtstitel auf fortdauerndes Beleidigtsein, auf Ärger, Haß und Wut erwachsen. Aber wenn wir dieses Recht ein-

---

364 Siehe oben Tournier, S. 75.
365 Siehe oben S. 54ff. Fichten 1992, S. 237 nennt als Beispiel chronische Schmerzpatienten, deren Schmerzzustände in zahlreichen Fällen auch als psychosomatische Auswirkung von Ärgerhemmung bzw. Ärgerunterdrückung in Verbindung mit Schuldgefühlen interpretiert werden können.
366 Idem. Möglicherweise ist dies ein Erklärungsansatz für die höhere Depressivitätsrate von Frauen im Vergleich zu Männern.
367 Vgl. Goleman 1996, S. 90: „Dem Zorn freien Lauf zu lassen, ist ... eine der schlechtesten Methoden, sich abzukühlen: Wutausbrüche treiben die Erregung ... zumeist in die Höhe, so daß man sich hinterher noch zorniger fühlt-und nicht weniger zornig." Vgl. hierzu M. Klessmann, Ärger und Aggression in der Kirche, Göttingen 1992, der leider noch unkritisch das hohe Lied der verbalen Aggressionsäußerung im Sinne eines Katharsis-Modells singt.
368 Wolf 1996, S. 20–27.
369 Ebd., S. 25.

klagen, wenn wir darauf bestehen, daß wir Opfer sind und deshalb unsere negativen Gefühle pflegen dürfen, berauben wir uns selbst eines großen Teils von Energie und Lebensfreude."[370] Auch Wolf weist darauf hin, daß Ärger häufig ein Zeichen für eine Verletzung des Selbstwertgefühls sei, und stellt abschließend fest: „Wer selbstbewußt und selbstsicher ist, kann vieles gelassener nehmen als weniger Selbstbewußte."[371] – Allerdings wagt ein solcher Mensch es auch eher, sich gegen Verletzungen zu behaupten und zur Wehr zu setzen!

7.3.3. Sozialisationsbedingte geschlechtsspezifische Unterschiede im Umgang mit Ärger, Wut und Vergebung[372]

Wie Keller in ihrem Buch „From a Broken Web"[373] eindrucksvoll herausarbeitete, war[374] die abendländische Kultur geprägt von einem unterschiedlichen Ich-Ideal für Männer und Frauen. Während die Identität der Männer sich, so Keller, primär durch Abgrenzung und Unabhängigkeit von Beziehungen konzipierte, wurde im Gegensatz dazu die weibliche Identität gerade über die *Abhängigkeit* von anderen Menschen definiert.[375] Das männliche Ideal, das sich direkt aus dem cartesianischen Denken ableiten läßt, da hier die Selbstbezogenheit des Individuums zur Grundlage seiner Identität gemacht wird- „*Ich* denke, also bin *ich*" –, steht hierbei allerdings in keiner Weise *gleichwertig* neben der für die weibliche Identität typischen Orientierung an Beziehungen, sondern war und ist diesem eindeutig in der Bewertung übergeordnet. Der sich abgrenzende, Nähe vermeidende, sich selbst genügende und damit quasi autonome Mann ist nicht erst das Leitbild der Moderne, sondern, wie Keller nachweist, schon jenes der Erzählungen von Odysseus im klassischen Griechenland.[376]

Dem gegenüber steht eine grundsätzliche Beziehungsorientiertheit des Gottes des Alten und Neuen Testaments. Gott wird von Anfang an als ein die Beziehung zum Menschen als seinem Gegenüber suchender Gott dargestellt, der aufgrund

---

[370] Idem.
[371] Idem. Geradezu das Gegenteil von Selbstsicherheit ist Selbstgerechtigkeit, da ihr die Angst vor Infragestellung des eigenen labilen Selbstwertgefühls zugrunde liegt. Wie Goleman 1996, S. 83, betont, liegt der Wut häufig ein selbstgerechter innerer Monolog zugrunde, was die „verlockende, verführerische Macht der Wut" erkläre.
[372] Ich bin mir bewußt, daß alle geschlechtsspezifischen Verallgemeinerungen („die" Männer bzw. „die" Frauen) einem simplifizierenden und reduktionistischen Wirklichkeitsverständnis Vorschub leisten und für das Verständnis der Geschlechter keineswegs sonderlich hilfreich sind. Wenn im folgenden dennoch generalisierend von „den" Frauen und Männern geredet wird, so dient dies lediglich einer flüssigeren Darstellung der Gedanken; daß es sich grundsätzlich nicht um die Menge *aller* Männer bzw. Frauen handelt, ist selbstverständlich.
[373] Keller 1986.
[374] Ich spreche hier absichtlich in der Vergangenheitsform, weil ich der Meinung bin, daß in den letzten Jahrzehnten zumindest in Westeuropa und USA eine deutliche Annäherung der Ich-Ideale von Männern und Frauen – zumindest im Bildungs- sowie im Selbstverwirklichungsmilieu – stattgefunden hat.
[375] Keller 1986, S. 2ff.
[376] Ebd., S. 8ff und S. 33. So auch Gill-Austern 1996, S. 305: „Frauen entwickeln ihr ‚sense of self' nicht dadurch, daß sie sich von Beziehungen abgrenzen ..., sondern dadurch, daß sie sich auf Beziehungen einlassen ..."

seiner leidenschaftlichen und engagierten Ausrichtung auf den Menschen auch ein *verletzbarer* und damit ein – menschlich gesprochen – zu Zorn und Enttäuschung fähiger Gott ist.[377] Dementsprechend ist auch der Mensch auf Beziehung hin angelegt – zu Gott ebenso wie zu den Mitmenschen –, und kann nur in und durch Beziehungen sich selbst entwickeln und verwirklichen. Das Individuum, das diese existenzielle Beziehungsorientierung verneint bzw. sich ihr verweigert, ist in sich selbst verkrümmt (nach Luther der „homo incurvatus in se") und dadurch in seiner menschlichen Entfaltung zutiefst blockiert. Er kann weder Gott noch den Mitmenschen, ja im tiefsten Grund nicht einmal sich selbst gerecht werden. – Es scheint, als ob die westliche Welt in der Moderne die Spannung zwischen Selbstbezogenheit und Beziehungsorientiertheit dadurch „auflöste", daß sie die beiden Ideale des Menschsein auf die beiden Geschlechter verteilte. Dadurch entstand, wie Keller meint, nicht nur eine falsche Alternative – nämlich entweder „männliche" Identität durch Abgrenzung vom Du oder „weibliche" Identität durch Verschmelzung mit dem Du –, sondern auch eine doppelte Möglichkeit der Sünde, der Zielverfehlung: die Sünde von „zuviel Selbst" beim beziehungsvermeidenden Mann und die Sünde von „zuwenig Selbst" bei der in Beziehungen sich verlierenden Frau.[378] Eine echte Alternative zu diesen beiden Identitätsfallen bestünde darin, empathische Beziehungsorientiertheit zu lernen, ohne sich dabei in Beziehungsrollen und Fremddefinitionen des Selbst zu verlieren: *Interdependenz* statt Dependenz versus Independenz.[379]

Geht man davon aus, daß auch heute noch in vielen Gesellschaften und Kulturen dieser Welt Frauen ihre Identität primär durch ihre Funktion als Ehefrau und Mutter, das heißt durch ihre Beziehungsrollen in der Familie definieren, während für Männer die *Kontrolle* von Beziehungen und damit die Vermeidung von Abhängigkeit und Verletzbarkeit einen wichtigen Teil ihrer Identität bildet,[380] so kann daraus geschlossen werden, daß bei beiden Geschlechtern auch unterschiedliche Problemschwerpunkte im Umgang mit Verletzungen auftreten:

Während Männer mit dem skizzierten Ich-Ideal vermutlich eher Schwierigkeiten damit haben, ihre eigene Verletzbarkeit sich selbst oder gar anderen einzugestehen, dürfte es ihnen leichterfallen, gegenüber einem verletzenden Beziehungspartner selbstbehauptende Signale wie Ärger und Wut zu zeigen. Der Schritt von Ärger und Wut zur Vergebungsbereitschaft könnte ihnen hingegen erhebliche Probleme bereiten, weil Vergebungsbereitschaft eine Beziehungsorientiertheit voraussetzt: Dem Vergebenden ist die *Beziehung* zum Verletzer wichtiger als die Selbstabgrenzung und Selbstdurchsetzung.

Frauen dürften hingegen, sofern ihr Ich-Ideal primär von der dargestellten Bezie-

---

[377] S. 35ff. Vgl. Saussy and Clarke, 1996, S. 112: „The passionate God expresses anger when people fail to do what God requires – to do justice and to walk kindly."
[378] Keller 1986, S. 34, verweist hier auf Kierkegaard.
[379] Ebd., S. 133.
[380] Es ist zu fragen, ob hier nicht ein Zerrbild männlicher Identität entworfen wird, das noch nie der Realität wirklich entsprochen hat. Doch selbst wenn dieses Ich-Ideal des „separative self" existieren sollte, wie Keller behauptet, so beruht es ihrer Meinung nach auf einer grandiosen Selbsttäuschung: Die Identität des „unabhängigen Mannes" basiert auf der Abhängigkeit der Frau – von ihm! Vgl. Keller 1986, S. 8/ S. 111.

hungsorientierung bestimmt ist, wenig Probleme damit haben, ihre eigene, damit verbundene Verletzbarkeit wahrzunehmen, doch fällt es ihnen möglicherweise schwer, Signale von Zorn und Empörung gegenüber dem Beziehungspartner zu zeigen und entsprechende selbstabgrenzende Maßnahmen zu ergreifen, da sie sich dadurch in ihrer beziehungsabhängigen Ich-Identität in weit höherem Maß bedroht fühlen als Männer. Sie werden daher eher zu Unterordnung, Nachgiebigkeit und zur Duldung von Verletzungen tendieren und ihren dabei entstehenden Zorn unterdrücken oder ihn gegen sich selbst richten und depressiv – statt aggressiv – reagieren. Hierbei verlieren sie jedoch in aller Regel noch mehr von ihrer Identität und ihrem Selbstwertgefühl bzw. ihrem „sense of self".[381] Von größerer *Vergebungsbereitschaft* kann in diesem Fall nicht gesprochen werden, weil Vergebung das Eingeständnis von Wut und Zorn *und* die Fähigkeit zur Nichtvergebung und zur Abgrenzung vom Verletzer voraussetzt.
– Auf die Problematik der fehlenden Selbstabgrenzung und Selbstbehauptung von Frauen aufgrund ihrer weiblichen Sozialisation konzentrieren sich Saussy und Clarke[382] in ihrem Beitrag über die heilende Kraft des Zorns. Nach ihrer Erfahrung benötigen Frauen, die sich gegen verletzende oder ungerechte Strukturen auflehnen, unbedingt Unterstützung, da sie andernfalls ihre Wut nicht lange aufrechterhalten, sondern sie verdrängen in der Annahme, daß es nicht „angebracht" ist, ihren Zorn zum Ausdruck zu bringen.[383] Die Wut, so die Autoren, entsteht häufig als Reaktion auf die Erkenntnis, daß eigene „basic needs" in der Beziehung nicht erfüllt würden, weshalb sich hinter der Wut auch nicht selten Gefühle tiefer Trauer, Verletztheit oder Angst verbergen.[384] Dabei ist die Entscheidung, sich gegen Unterdrückung und Verletzung offen und direkt aufzulehnen, für die Selbstachtung der Betroffenen oft entscheidender als das *Ergebnis* ihrer Auflehnung, zumal es vielen Frauen extrem schwerfällt, den Ärger, den sie empfinden, nicht gegenüber Dritten, sondern gegenüber demjenigen, der den Ärger auslöst, zum Ausdruck zu bringen.[385] Frauen, so die Autorinnen, müßten lernen – und darin ermutigt werden –, ihr Verhalten weniger an den Reaktionen der Umwelt auszurichten sondern statt dessen mehr auf ihre eigenen Gefühle und Bedürfnisse zu achten. Es sei ein christliches Mißverständnis, so auch Gill-Austern,[386] wenn Liebe als „Self-Sacrifice" und Selbstverleugnung definiert werde. Je mehr nämlich eine Person sich über ihr „Tun-für-andere" definiere, desto weniger wisse sie schließlich, wer sie wirklich sei; ihre Identität werde gewissermaßen ausgehöhlt. Von dieser Gefahr sind all jene Frauen besonders bedroht, die dahingehend sozialisiert wurden, sich nicht – wie Männer – auf sich selbst, sondern primär auf andere Menschen zu konzentrieren und sich über

---

[381] Ebd., S. 12.
[382] Saussy und Clarke 1996, S. 107–122.
[383] „They need conviction that anger can be precisely what God requires of them if they are to love themselves and their neighbors", ebd., S. 120.
[384] Ebd. S. 110f.
[385] Ebd. S. 120: Bei einer Umfrage unter 535 Frauen gaben nur 9% an, den Ärger, den sie empfinden, auch der Person gegenüber zum Ausdruck zu bringen, die Auslöser dieses Ärgers war.
[386] Gill-Austern 1996, S. 304–321.

diese anderen zu definieren. Sie würden dadurch häufig Opfer eines verfehlten Ideals von Selbstverleugnung, das letzten Endes die „unheilige Trinität" von Selbstzweifeln, Schuldgefühlen und Selbstablehnung zur Grundlage habe.[387] Dem gegenüber steht die von Jesus gelebte und geforderte *Selbsthingabe* („selfgiving"), die gerade vom „Finden seiner selbst" gekrönt wird und eine stabile, ich-starke Identität voraussetzt – eine Identität, deren Basis nicht allein in der Erfüllung familiärer Rollenerwartungen zu suchen ist.[388] Frauen mit einseitig beziehungsfixierter Identität laufen Gefahr, durch ihre „Selbstaufopferung" Verletzungserfahrungen geradezu zu provozieren und zu perpetuieren, indem sie ausbeuterische und unterdrückende Beziehungsstrukturen unterstützen. Der damit verbundene unterdrückte Ärger führt jedoch langfristig zum Verlust der Liebesfähigkeit, denn wo kein Ich mehr ist, das sich abgrenzen kann, ist eines Tages auch kein Ich mehr, das sich verbinden und dem anderen von Herzen hingeben kann.[389] – Wie Stevenson Moessner[390] am Gleichnis vom Barmherzigen Samariter (Lk. 10,25–37) exemplarisch deutlich macht, geht es in diesem Gleichnis Jesu nicht nur um die Frage, wer „mein Nächster" ist, sondern ebenso um die Frage, was es heißt, „seinen Nächsten wie sich selbst zu lieben": der durchreisende Samaritaner läßt sich wegen des Verletzten keineswegs von seinen Reiseplänen und -zielen abhalten, sondern er *läßt sich unterbrechen* und leistet Hilfe, aber er tut dies auch in der Form, daß er Hilfe *organisiert* und Verantwortung an Dritte – in diesem Fall den Gastwirt – *delegiert*.[391] Diese Fähigkeit, eigene und fremde Interessen und Ziele zu verbinden, anstatt sie als Alternativen zu begreifen, müsse, so Moessner Stevenson, bei Frauen insofern mehr gefördert werden, als sie zunächst überhaupt zur *Wahrnehmung* ihrer eigenen Wünsche und Ziele ermutigt werden sollten.[392] Erst wenn Frauen wissen, was sie wollen und nicht wollen, und wenn sie überzeugt davon sind, ein *Recht* auf die Berücksichtigung ihrer Bedürfnisse zu haben, können sie sich auch empören und abgrenzen gegen Ungerechtigkeit und Verletzungen in jeder Form.

Bezogen auf das Thema der Vergebung bedeutet dies, daß Frauen zunächst unter Umständen Unterstützung darin brauchen, ihre Verletzungen als solche über-

---

[387] Ebd., S. 306f. „Weil Frauen sich oft nicht liebenswert finden, streben sie danach, gebraucht zu werden. Frauen empfinden sich oft erst dann als wertvoll, wenn sie etwas für andere tun ..." (S. 307). – Allerdings ist Selbstaufopferung auch als die „Macht der Machtlosen" anzusehen: „Helping is the sunny side of control" (S. 308). – Auch hier ist zu fragen, inwieweit die dargestellten Thesen nicht inzwischen von der Wirklichkeit – kaum eine junge Frau ist beispielsweise mehr bereit, um der Familie willen gänzlich auf Berufstätigkeit zu verzichten! – überholt worden sind.

[388] Vgl. hierzu Jesu Aufenthalt bei Maria und Martha, in dessen Verlauf er Maria geradezu ermutigt, aus ihrer familiären und gesellschaftlichen Rolle als „im Hintergrund dienende Frau" – zumindest während seines Besuchs – auszubrechen, Lk. 10,38–42.

[389] Ebd., S. 311 u. 313. Allerdings stehen Frauen heute in Gefahr, das „männliche" Leitbild der Identität unkritisch zu übernehmen und ebenfalls vorrangig nach Unabhängigkeit und „Self-sufficiency" zu streben.

[390] Stevenson Moessner 1996, S. 322–333.

[391] Ebd., S. 322, vgl. Gill-Austern, 1996, S. 316.

[392] Ebd., S. 325. Dafür sorgt inzwischen eine Bücherflut geradezu epidemischen Ausmaßes – auch im theologischen Lager –, in der Frauen die Wahrnehmung und Durchsetzung ihrer Wünsche und Rechte anempfohlen wird, so daß schon wieder Mut dazu gehört, auch einmal auf sein Recht zu verzichten.

haupt wahrzunehmen und sich den Zorn und Schmerz über dieses Verletztwerden selbst ein- und zuzugestehen bzw. ihren Protest auszudrücken, – auch um den Preis, damit ihre beziehungsorientierte Identität aufs Spiel zu setzen und zu einer neuen Selbstdefinition gezwungen zu sein.[393]

7.3.4. Die Funktion der Anklage

Neben seiner konstruktiven und schützenden Funktion kann Wut, Zorn oder Ärger auch die Funktion einer *Abwehr* von eigener Mitschuld bzw. eigenen Schuldgefühlen einnehmen. Tournier meint, daß in allen Vorwürfen und Anklagen, die Menschen gegeneinander vorbringen, die Absicht liegt, den anderen „dazu zu bringen, daß er sich seiner Schuld bewußt werde und sein Unrecht einsehe".[394] Doch hinter der heftigen Empörung und den Anklagen sieht Tournier die „unerträgliche Angst eines jeden, (selbst) für schuldig gehalten zu werden".[395] Viele Anklagen seien folglich darauf zurückzuführen, daß Menschen – beispielsweise mittels selektiver Erinnerung an das Geschehene – ihren eigenen Schuldgefühlen auswichen und sich von ihrer persönlichen Schuld ablenken wollten, indem sie die Verantwortung auf andere projizieren und sich selbst in die Opferrolle begeben. Der Widerstand gegen Vergebung wäre dann auch der Widerstand gegen den Verzicht auf diese Form der Selbstentlastung sowie gegen die Auseinandersetzung mit sich selbst und dem eigenen Anteil am Konflikt. Damit soll nicht gesagt werden, daß es keinen berechtigten Groll gäbe, sondern Tournier betont, wie wichtig es sei, Groll erst einzugestehen und auszusprechen, bevor man vergibt, denn: „Wer nicht nein zu sagen wagt, kann auch nicht wirklich ja sagen."[396] Doch auch er stellt fest, „daß es absolut unmöglich ist, durch intellektuelle ... Künste auseinanderzuhalten, inwiefern wir Opfer und inwiefern wir schuldig sind ... Ich glaube, man kann die Menschen nicht wirklich verstehen, ohne zuzugeben, daß ... alle Menschen zugleich Opfer und Schuldige sind."[397] -Dies impliziert, daß bei jeder Bereitschaft zu vergeben der überhebliche Anspruch moralischer Überlegenheit des Verletzten über den Verletzer ausgeschlossen sein muß.[398]

Der Psychotherapeut Hellinger beobachtete, daß die Anklage immer auch eine *Bindung* des Anklägers an denjenigen, den er anklagt, impliziere,[399] wobei „die

---

[393] Daß auch Männer häufig Schwierigkeiten damit haben, Verletztheit einzugestehen, hat m.E. mit dem Ideal der „Unverwundbarkeit" zu tun, vgl. das Lied von Simon & Garfunkel („I am a rock"): „... I have no need for friendship, friendship causes pain ... I am a rock, I am an island. And a rock feels no pain. And an island never cries."
[394] Tournier 1969, S. 62.
[395] Ebd., S. 66. Vgl. Wapnick 1987, S. 29ff.
[396] Tournier 1971a, S. 123.
[397] Tournier, 1971b, S. 185f.
[398] Vgl. Weber 1994, S. 29.
[399] „Wenn ein Kind den Eltern gegenüber einklagt: Das, was ihr mir gegeben habt, war erstens zu wenig und zweitens das falsche, und ihr schuldet mir noch eine Menge, dann kann es ... sich auch nicht von den Eltern trennen ... Dieser Anspruch bindet es an die Eltern, doch es bekommt nichts." Hellinger, in Weber 1994, S. 68.

Opferrolle ... einem Menschen ungeheure Macht"[400] gibt und „die raffinierteste Form der Rache" sein kann.[401] „Der Unschuldige ist der Gefährlichste ..., er handelt am destruktivsten in einer Beziehung, weil er sich im Recht fühlt".[402] Dies führe dazu, daß der Unschuldige dem Schuldigen den neuen Anfang verweigere, um ihn nicht zu entlasten. Auch Hellinger beobachtet, daß Ärger häufig die Funktion hat, die eigene Verantwortung dem anderen zuzuschieben: „Oft wird jemand wütend, wenn er einem anderen was angetan hat. Der andere hätte einen Grund, wütend zu sein."[403] – „Da gibt es einen schönen Satz, der heißt: ‚Was hab ich dir nur angetan, daß ich so wütend auf dich bin.' Auch hier dient die Wut der Abwehr von Schuld."[404]

Die Vorteile des Insistierens auf Anklage lassen sich folgendermaßen zusammenfassen:[405]

– Solange man anklagt, kann man die Überzeugung von der Alleinschuld des Täters aufrechterhalten und sich jeder Auseinandersetzung mit der eigenen Schuld oder Mitverantwortung enthalten.[406]
– Solange man anklagt, kann man unter Umständen Macht über den Verletzer ausüben, in subtiler Form Rache nehmen und gleichzeitig den Anspruch auf seine Bestrafung aufrechterhalten.
– Solange man anklagt und nicht vergibt, erspart man sich das Risiko neuer Verletzungen.
– Solange man anklagt, kann man die Bindung an den Verletzer aufrechterhalten.

Hinter der empörten Anklage eines Verletzten kann allerdings auch ein ganz anderes, selten beachtetes und selten eingestandenes Gefühl stehen: Scham.[407] Wann immer, so Patton, eine Spannung zwischen unserem idealen Ich und unserem realen Ich vorhanden sei – durch eine Verletzung, die wir jemandem zufügen oder durch eine Verletzung, die uns zugefügt wird und die unseren Stolz oder unsre Selbstachtung angreift –, entstehe Scham als Reaktion auf ein Defizit, das man eigentlich vor der Umwelt verbergen will oder wollte.[408] Es sollte, meint Patton, bei der zwischenmenschlichen Vergebung deshalb viel weniger um die Schuld des Verletzers, als vielmehr um die Scham des Verletzten – und möglicherweise auch des Verletzers – gehen.[409] Patton kritisiert – m.E. zu Recht – die

---

[400] Ebd. S. 93.
[401] Hellinger 1996, S. 130.
[402] Ebd., S. 218.
[403] Ebd., S. 260.
[404] Hellinger 1996, S. 188. So auch Patton 1985, S. 81ff: Anklage impliziert eine Position der moralischen Überlegenheit, die vor der Auseinandersetzung mit den eigenen Scham- und Minderwertigkeitsgefühlen schützt und somit eine Form der Selbstgerechtigkeit ist.
[405] Vgl. Simon & Simon 1993.
[406] Vgl. Halling 1979, S. 200 „In blaming another person ... one moves blame away from oneself."
[407] Vgl. Patton 1985.
[408] Patton zitiert eine Dissertation über Scham im Alten Testament, in welcher festgestellt wurde, daß Scham im Hebräischen nicht mit Schuld verbunden ist, sondern mit verletztem Stolz und mit Scheitern. Patton 1985, S. 42f.
[409] Ebd., S. 147.

"Schuldfixiertheit der Kirche",⁴¹⁰ die sich ausschließlich an der Spannung zwischen Ist- und Soll-*Verhalten* orientiert, anstatt der Spannung im *Selbstbild* und in der *Selbstachtung* des Menschen ihre Aufmerksamkeit und Sorge zu widmen.⁴¹¹

Exkurs: Schuld- und Verantwortungsübernahme als Voraussetzung von Vergebung

Persistierende Wut und Anklage erschweren Vergebung, die selbstkritische Auseinandersetzung mit dem eigenen Anteil an Schuld und Verantwortung erleichtert Vergebung. Auch wenn die Bereitschaft zu vergeben sich nicht abhängig machen darf von der Einsicht oder Reue des Verletzers, so setzt doch Versöhnung – als letztliches Ziel von Vergebung – auf seiten des Verletzers die Anerkennung von Schuld und Verantwortung voraus.

Zu Recht kritisiert deshalb Görres, daß die Psychoanalytiker in ihrem Kampf gegen falsche bzw. unangebrachte Schuldgefühle übersehen hätten, daß es auch vollberechtigte Schuldgefühle gäbe, die auf wirklicher Schuld beruhten.⁴¹² Ironisch schreibt er: „Für sie (die Psychoanalytiker) hat Sigmund Freud den armen unaufgeklärten Rabbi Jesus weit überboten. Der konnte Sünden nur vergeben und fand das noch nötig. S.Freud, der neue Messias aus Wien, hat dagegen weit mehr getan. Er hat die Sünde, die Schuld aus der geistigen Welt geschafft. Es gibt sie gar nicht."⁴¹³ Doch hätten Schuldgefühle eine dem Schmerz vergleichbare Signalfunktion für den Menschen, da sie ihn zu Reue, Wiedergutmachung oder der Bitte um Verzeihung treiben könnten.⁴¹⁴ – Es ist jedoch eine unbestreitbare Tatsache, daß durch die Verbreitung und Popularisierung der Psychoanalyse und, in ihrem Gefolge, der humanistischen Psychotherapien, das Verständnis der Schuld einen massiven Wandel erlebt hat, wie der Pastoraltheologe Belgum schon 1963 feststellte:⁴¹⁵ „Was einst *Sünde* war, ist heute *Krankheit*", was dazu

---

410 So auch E. Erikson, der annimmt, daß die Scham deswegen ein so wenig erforschtes Gefühl ist, „because in our civilization it is so early and easily absorbed by guilt". Zit. bei Patton 1985, S. 47. Patton meint, daß diese Schuldorientiertheit bei Paulus noch nicht zu finden sei, weshalb dieser auch so wenig von Vergebung schreibe. Ebd., S. 127f.
411 Patton vermutet kritisch, daß diese Schuldfixiertheit auch interessengeleitet ist, denn durch die Betonung der Schuld habe die Kirche Macht. Außerdem müsse sie sich, da sie in der Rolle der Anklägerin sei, nicht mit ihren eigenen Defiziten befassen. Ebd., S. 89 u. S. 127.
412 Görres 1984, S. 431. So auch Tillich in Ashbrook 1972, S. 58, der der Analytikerin B. Horney vorwarf, Schuld grundsätzlich auf neurotische Schuldgefühle zu reduzieren: „She felt that ... every guilt-feeling is neurotic". Diese pauschale Reduktion liegt in der Linie Sigmund Freuds.
413 S. 438 Interessanterweise wird S.Freud von seinen eigenen Schülern attestiert, daß er selbst „nicht zum Versöhnen fähig war, sondern nur zum Hassen ... Wie unfähig Freud zum Versöhnen war, zeigt er in seinem gesamten Schrifttum". So W. Ruff 1990, S. 12f. – Sollte die Abschaffung der Schuld demnach ein Abwehrmechanismus des Meisters im Kampf gegen die Erkenntnis eigener Schuld gewesen sein?
414 „Zum Schluß bin ich vielleicht meinem Schuldgefühl auf den Knien dankbar, daß es mit seiner Vorauswarnung Schlimmes verhindert oder mit seinen nachträglichen Gewissensbissen mich gedrängt hat, Unrecht zu mißbilligen und in Zukunft zu meiden." Görres 1984, S. 434.
415 Belgum 1963, S. 2.

führe, daß die Begriffe „Sünde", „Schuld" und „Verantwortung" in der Terminologie einer großen Anzahl säkularer Psychotherapeuten nicht vorkämen.[416] Erstaunlich und erschreckend zugleich sei, daß weite Kreise der Theologenschaft die Gedanken der Psychologie allzu beflissen übernahmen, was dazu führte, daß sie das Thema des Umgangs mit Schuld weitgehend an die Psychologie abgetreten hätten.[417] An die Stelle einer Moral der Verantwortung trat so zum einen ein moralischer Relativismus, der die Auswirkungen ethischer Orientierung auf das Handeln auf keinen Fall kritisch wertend betrachten möchte, sowie ein Individualismus, der nur die Verantwortung für die eigene Person anerkenne, und nicht zuletzt eine Haltung des Hedonismus, die in Opfer und Verzicht um langfristiger Ziele oder anderer Menschen willen keinen Sinn erkennen möge.[418] Auch in den Psychotherapien dominiert nach Auffassung Belgums die „permissiveness", die sich jeder moralischen Beurteilung von Handlungen enthalte und unter „Toleranz" keineswegs engagierte Barmherzigkeit, sondern eine auf jede Wertung verzichtende Gleich-Gültigkeit verstehe.[419] Doch was geschieht, so fragt er, mit den Menschen, die aufgrund ihres Verhaltens tatsächlich Schuldgefühle haben? Da ihnen von therapeutischer Seite unter Umständen eine moralische Beurteilung ihres Verhaltens und damit auch eine Freisprache von Schuld verweigert werde, bestraften sich, so Belgum, die betreffenden Personen selbst mit „psychotic depression, frightening hallucinations or other morbid mental states. Or they may choose one of a dozen or more psychosomatic symptoms".[420] Es wäre vermutlich für diese Menschen hilfreicher, wenn man ihnen nicht einredete, sie seien lediglich Opfer äußerer Umstände und fremder Mächte, sondern wenn man ihnen klarmachen würde, „daß sie an der Art und Weise ihrer Lebensführung erkrankt sind und an den Beziehungen, die sie zerstört haben".[421]

Mag man auch einem Theologen wie Belgum noch zugestehen, daß er eindringlich von Schuld und Sünde spricht, so herrschte umso größere Verblüffung in der Fachwelt, als der Psychiater Karl Menninger ein Buch veröffentlichte mit dem provozierenden Titel „Whatever became of Sin?", in dem er feststellte, daß allein schon das Verschwinden des Wortes „Sünde" im allgemeinen Sprachgebrauch ein Hinweis darauf sei, daß die Verantwortung für das Böse vom Menschen wegverlagert wurde.[422] In dem Maße, wie die Strafen für menschliches Fehlverhalten im Lauf der westlichen Zivilisationsentwicklung gemildert wurden, geschah es auch, daß man aufhörte, ein Verhalten als „Sünde" oder „sündig" zu bezeichnen, weil dies schlicht und einfach zu unbequem gewesen wäre. Anstatt zuzugeben, so Menninger, daß man die früher recht geharnischten Strafen entschieden entschärft hatte, tue man lieber so, als ob damit die Sünde selbst aus der Welt geschafft worden sei.[423] Da die Psychologie mit ihrer Bereitschaft, morali-

---

[416] Ebd., S. 38.
[417] Ebd., S. 35.
[418] Ebd., S. 40f.
[419] Ebd., S. 45. Wo alles gleich gültig ist, ist alles gleichgültig.
[420] Ebd., S. 55.
[421] Ebd., S. 58.
[422] Menninger 1975, S. 17.
[423] Ebd., S. 29.

sches Fehlverhalten als Krankheitssymptom zu klassifizieren, diesem verharmlosenden Denken zusätzlich Vorschub leistete, konnte ein rasanter moralischer Verantwortungsschwund des Einzelnen nicht mehr aufgehalten werden. Dieser Entwicklung setzte Menninger sein Insistieren darauf entgegen, daß es Sünde – und damit Schuld – gebe, die weder als Verbrechen noch als Krankheit, weder als Delinquenz noch als Devianz zu bezeichnen sei: „Es *gibt* Immoralität, es *gibt* unethisches Verhalten, es *gibt* unrechtes Handeln. Und ich hoffe, zeigen zu können, daß es Sinn und Zweck hat, das Konzept, ja sogar das Wort SÜNDE beizubehalten."[424] Sünde sei Folge der Ichbezogenheit und Gleichgültigkeit des Menschen und seiner damit verbundenen Entfremdung vom Mitmenschen: „Solange ich nicht erkenne und anerkenne, daß ich in der Tat meines Bruders Hüter *bin*, wird die Flut der menschlichen Selbstzerstörung nicht eingedämmt werden können ... Sünde, Haß, Entfremdung, Aggression – nennen Sie es, wie Sie wollen – könnten durch Liebe besiegt werden ... Die eigene Ichzentriertheit zu überwinden ist keine Tugend, es ist eine rettende Notwendigkeit!"[425] Mit seinem Plädoyer wies Menninger leidenschaftlich auf die persönliche Verantwortung hin, derer man den Menschen nicht pauschal entheben könne. Er schlug deshalb eine Wiederbelebung und Wiedereinführung der persönlichen Verantwortung bei allen – sowohl guten als auch bösen – menschlichen Handlungen vor, wobei er einer unumschränkten Verantwortung ebensowenig das Wort redete wie einer „Null-Verantwortung". Menninger war aufgrund seiner beruflichen Erfahrung zutiefst davon überzeugt, daß jedes böse Tun, in das ein Mensch in irgendeiner Form verwickelt ist, „dazu tendiert, Schuldgefühle und Depressionen hervorzurufen."[426] – Dem Einwand, daß dieses Insistieren auf persönlicher Verantwortung die Menschen nur unnötig belaste, setzte er seine These entgegen, daß *gerade* in der Anerkennung der persönlichen Verantwortung und damit auch der persönlichen Schuld eine große Chance liege. Erst die Annahme, daß es Sünde *gibt*, impliziere auch die Möglichkeit, sich damit auseinanderzusetzen, so daß möglicherweise ein korrigierender oder therapeutischer Prozeß in Gang käme. „Deswegen sage ich, daß die Konsequenz meines Vorschlags nicht mehr, sondern weniger Depressivität wäre",[427] – denn wo Annahme von Verantwortung ist, ist auch Hoffnung auf Veränderung und Entlastung.

Allerdings war auch Menninger sich darüber im klaren, daß Menschen eine Vielzahl von Strategien entwickeln, um dieser persönlichen Verantwortung – und damit der Anerkennung persönlicher Schuld – auszuweichen. Die am häufigsten angewandten Techniken der Schuldverdrängung sind folgende:[428]

---

[424] Ebd., S. 46.
[425] S. 198f. Vgl. H. Tacke, Schuld und Vergebung, in: Theol. pract. 4, 1984, S. 293: „Daß der Mensch schuldig werden kann und schuldig wird, gehört ganz wesentlich zum Humanum. So gesehen bedeutet jede theologische oder psychologische Verharmlosung oder Bagatellisierung menschlicher Schulderfahrung und Vergebungsbedürftigkeit eine Schädigung der humanen Basis."
[426] Ebd., S. 178.
[427] S. 188. Dies entspricht der These Belgums, daß Menschen, deren Schuld von niemandem benannt und anerkannt wird, zu Formen der Selbstbestrafung übergehen.
[428] Westphal 1978, S. 240–242.

– Leugnen der Verantwortung: In Anlehnung an die Thesen von Psychologen, Sozialwissenschaftlern und womöglich auch Juristen sieht sich der Verletzer als Produkt – und damit als Opfer – seiner Umwelt.
– Leugnen der zugefügten Verletzung: Die Wunde, die der Verletzer geschlagen hat, wird von diesem entweder geleugnet oder bagatellisiert, zumal wenn er keinen direkten Kontakt zu dem Opfer seiner Tat hat.
– Leugnen der Unschuld des Opfers: Der Verletzer schiebt die Verantwortung für das Geschehene dem Verletzten zu und bezeichnet ihn als den „eigentlichen Schuldigen".
– Berufung auf übergeordnete Verpflichtungen oder Bindungen: der Verletzer behauptet entweder, aus Loyalität gegenüber Dritten (Angehörige, Vorgesetzte) oder gegenüber einer höheren Autorität (Staat, Gesellschaft, Gott) so gehandelt zu haben, oder er nimmt in Anspruch, daß er im Interesse einer guten Sache, eines hehren Zieles oder ähnlichem keine andere Wahl hatte, als so zu handeln.
– Verurteilung der Verurteiler: Der Verletzte lenkt die Aufmerksamkeit von seinem eigenen Tun weg auf die mutmaßlichen Motive und auf das Verhalten jener, die ihn anklagen, entsprechend der Devise „Angriff ist die beste Verteidigung".

All diese Versuche, Schuld zu bagatellisieren oder zu leugnen, haben eines gemeinsam: ihnen liegt ein verzweifelter Kampf gegen die dramatische Verminderung der Selbstachtung und gegen die Selbstinfragestellung zugrunde, die sich bei einer *Anerkennung* der Schuld zunächst einstellen würde. Wer zugibt „Ich bin es wert, bestraft zu werden", bekennt damit gleichzeitig, es *nicht wert* zu sein, geliebt und anerkannt zu werden.[429] Damit kommt ein neuer Aspekt in die Diskussion: das Problem des Selbstwertgefühls stellt sich nicht nur für den Verletzten, sondern ebenso für den Verletzer, denn das Eingeständnis von Schuld ist für den Verletzer zunächst mit einem massiven Verlust an Selbstachtung und Selbstwertgefühl verbunden.[430] So bedrohlich dieser Schritt deswegen für den Verletzer ist, so läge in dem Bekenntnis der eigenen Schuld dennoch eine immense Chance für ihn – die Chance, den endlosen Teufelskreis von Anklage und Selbstrechtfertigung zu durchbrechen, die eigenen Abwehrmechanismen zu überwinden und damit eine persönliche Entwicklung in Gang zu setzen.[431] Nicht zuletzt beraubt sich der Verletzer, der seine Schuld leugnet, der Möglichkeit, Vergebung zu erfahren, denn wo niemand verantwortlich ist, kann auch niemandem etwas vergeben werden.[432]

---

[429] Ebd.
[430] Vgl. das Bekenntnis des Verlorenen Sohnes: „Vater, ich habe gesündigt. Ich bin hinfort nicht mehr wert, dein Sohn zu sein" (Lk. 15,21).
[431] Vgl. Augsburger 1990, S. 65.
[432] Vgl. P. Bruckner, Interview im FAZ-Magazin vom 23.8.96 („Warum wollen wir alle Opfer sein, Monsieur Bruckner?"), S. 45: „… Das schlechte Gewissen ist abgelegt und völlige Gleichgültigkeit die Folge. Man fühlt sich nicht mehr schuldig-aber auch keineswegs verantwortlich. Der exzessive Individualismus, wie er heute herrscht, hat zu einer totalen Unverantwortlichkeit geführt. Das höchste Stadium des Individualismus ist die Infantilisierung."

Zusammenfassend läßt sich sagen: Wer von Vergebung spricht, muß auch von Schuld sprechen. Es ist sowohl Aufgabe der Psychologie als auch der Theologie, die vielfältigen Techniken menschlicher Selbsttäuschung, die der Abwehr von Verantwortung und Schuld dienen, aufzudecken. Andererseits müssen aber auch die zahlreichen Möglichkeiten *falscher* Schuldgefühle – beispielsweise als Reaktion auf eine ablehnende Elternfigur, auf Krankheit oder auf Scheitern und Versagen – in aller Sorgfalt analysiert werden, da sie keinesfalls der Vergebung, sondern der kritischen Überprüfung und gegebenenfalls der Therapie bedürfen.

7.4. Die Bedeutung der Empathie als Voraussetzung des Perspektivenwechsels

Die Fähigkeit zur Empathie, welche einer Person Distanz zu ihren eigenen Einstellungen und Erwartungen ermöglicht, ist eng geknüpft an die Fähigkeit zum Wechsel der Perspektive oder des Betrachterhorizonts. Hoffman[433] definiert Empathie als die Fähigkeit, sich in die Bedürfnisse und Erwartungen anderer Menschen einzufühlen und bezeichnet sie als eine sozial bindende, moralische Kraft. Sie bildet zusammen mit ihrer negativen Kehrseite, dem Schuldgefühl, „zuverlässige moralische Motive, das heißt, sie konstituieren die Bereitschaft zu moralischem Handeln."[434] Hoffman postuliert dementsprechend, daß die Fähigkeit zum Schuldgefühl parallel zur Entwicklung von Empathie verlaufe. Doch sei die Entwicklung der Empathie in höchstem Maß von der Sozialisation eines Menschen abhängig, weswegen die Erziehung zur Empathie einen wichtigen Teil der moralischen Erziehung bilde. Hierbei trage der ausdrückliche Hinweis der Erziehungsperson auf das Leid des „Opfers" und auf die verursachende Rolle des „Täters" bei entsprechenden Konflikten und Anlässen in entscheidender Weise zur Entwicklung von Empathie und damit auch von Schulderkenntnis beim Kind bei.[435] Allerdings gehöre zu moralischem Urteilsvermögen neben Empathie (als affektiver Komponente) auch die Fähigkeit, widerstreitende Regeln oder Verhaltensweisen moralisch zu bewerten (als kognitiver Komponente), um die eigene empathische Betroffenheit einer kritischen Überprüfung unterziehen und falsche bzw. unangemessene Schuldgefühle vermeiden zu können. Je differenzierter das Einfühlungsvermögen einer Person sei, desto ausgeprägter sei auch ihre Sensibilität für Unterschiede in der Bedeutung sowie in der Art der Konsequenzen, welche verschiedene Handlungsweisen für verschiedene Menschen haben könnten. Moralische Regeln müßten sich deshalb mit der Fähigkeit zur Empathie verbinden, damit im konkreten Fall beurteilt werden könne, „welche moralischen Forderungen Priorität verlangen,"[436] da andernfalls Empathie zur unkritischen Anpassung an die Erwartungen anderer Menschen führt.

Niemand ist für nichts und niemanden mehr zuständig ..." Vgl. auch P. Bruckner, Ich leide, also bin ich, 1996; sowie R. Bly, Die kindliche Gesellschaft, 1996.
[433] Hoffman 1984.
[434] Ebd., S. 285.
[435] Ebd., S. 293.
[436] Ebd., S. 297. Vgl. Kohlbergs moralische Dilemmata und die aus den Kommentaren der Kinder und Jugendlichen abgeleiteten Stufen der Moralentwicklung. Die Kritik Gilligans, die Frauen eine generell ausgeprägtere Empathieorientierung in ihrem moralischen Urteil

Hoffman's Untersuchungen unterstreichen nichtsdestotrotz die zentrale Rolle der Fähigkeit zum Perspektivenwechsel bei der Beurteilung von Beziehungskonflikten und damit auch bei der Frage nach *Schuld,* um die es in der Frage nach den Voraussetzungen nicht nur für Vergebung, sondern auch für den *Wunsch* nach Vergebung auf seiten des Verletzers geht.

Der Zusammenhang zwischen Vergebung und Empathie stand im Mittelpunkt der empirischen Untersuchung von Rhode[437], die von der Annahme ausging, daß Empathiefähigkeit, verbunden mit „Selbstwirksamkeit",[438] auf seiten des Verletzten wichtige Voraussetzungen für seine Vergebungsbereitschaft und Vergebungsfähigkeit bilden. Ihre umfangreiche Befragung an über 600 Personen erbrachte, daß ein geringes Maß sowohl an Empathiefähigkeit als auch an Vertrauen in die eigene Selbstwirksamkeit in der Tat eng verbunden ist mit einer allgemein niedrigen Vergebungsbereitschaft. Hingegen finden sich bei Menschen, die aus intrinsischer Motivation – und nicht aus Anpassung oder Berechnung – anderen vergeben, deutlich höhere Werte sowohl bezüglich ihrer Empathiefähigkeit als auch ihrer Selbstwirksamkeits-Überzeugung. Allerdings sind diese Menschen nicht grundsätzlich und pauschal vergebungsbereiter; doch *wenn* sie vergeben, kommt es aus freien Stücken sowie „von Herzen". Diese Ergebnisse bestätigen die Annahme, daß Vergebung eng mit Empathiebereitschaft sowie mit der Einstellung zum Selbst verbunden ist.

7.5. Die Rolle des Selbstwertgefühls

Wie die bisherigen Erörterungen gezeigt haben, spielt das Selbstwertgefühl beim Umgang mit Verletzungen, beim Ausdrücken von Wut und Ärger und nicht zuletzt beim Prozeß des Vergebens eine kaum zu überschätzende Schlüsselrolle, die jedoch in der Literatur nur mehr oder weniger beiläufig erwähnt wird.

Da der Kern einer jeden Verletzung eine symbolische Kommunikation über den Wert einer Person bildet, hängt es in entscheidendem Maß von Ausmaß und Stabilität des Selbstwertgefühls der betreffenden Person ab, wie sie mit dieser symbolischen Kommunikation umgeht. Folgende Annahmen legen sich aufgrund der bisherigen Untersuchungen nahe:

– Ein Mensch mit ausgeprägtem Selbstwertgefühl und klarer Ich-Identität wird auf Verletzungen, die ihn in seiner Würde und Selbstachtung treffen, mit Wut und Empörung reagieren. Diese Wut, die die Funktion der Selbstabgrenzung ebenso wie die Funktion der Anzeige einer Beziehungsstörung hat und auf eine Veränderung der Verletzungssituation abzielt, kann von einem selbstbe-

---

unterstellt, konnte bisher von keiner empirischen Untersuchung bestätigt werden, vgl. dazu F. Oser u. W. Althof, Moralische Selbstbestimmung-Modelle der Entwicklung und Erziehung im Wertebereich, Stuttgart 1992, S. 293–336.

[437] Rhode 1990.

[438] Dies ist die deutsche Übersetzung des von A. Bandura eingeführten Begriffs „self-efficacy". Er bezeichnet damit die Überzeugung einer Person, bestimmten Situationen gewachsen zu sein und sie meistern zu können. Diese Überzeugung kann als eine Art „spezifisches (versus globales) Selbstvertrauen" charakterisiert werden.

wußten Menschen zugelassen, artikuliert und gegenüber dem Verletzer deutlich zum Ausdruck gebracht werden, während ein Mensch mit geringer Selbstachtung und geringem Selbstbewußtsein dazu neigt, den Ärger zu unterdrücken oder die Wut an anderer, gefahrloser Stelle auszudrücken bzw. abzureagieren. Damit hält der wenig selbstbewußte Mensch die Bedingungen für die Verletzungssituation jedoch aufrecht, d.h. er ermöglicht dem Verletzer die Fortsetzung seines Verhaltens und untergräbt dadurch sein eigenes, ohnehin schon geringes Selbstwertgefühl noch weiter.

– Ein sich seines Wertes bewußter und sicherer Mensch reagiert auf absichtliche oder unabsichtliche Verletzungen insofern überlegen, als er ihnen nicht wehrlos ausgeliefert ist, sondern darüber entscheidet, ob und inwieweit er die symbolische Mitteilung einer anderen Person annimmt. Er hat die Freiheit, diese Mitteilung auch selbstbewußt zurückzuweisen und sie nicht als Mitteilung über seinen Wert zu akzeptieren. Es ist deswegen zu erwarten, daß selbstsichere, sich ihres Wertes bewußte Menschen nicht so leicht zu verletzen sind wie unsichere, weniger selbstbewußte Menschen.

– Selbst wenn ein Mensch mit hohem Selbstwertgefühl von einer anderen Person verletzt wurde, kann er mit dieser Verletzung in souveränerer Weise umgehen als ein Mensch mit niedrigem Selbstwertgefühl, indem er die in der Mitteilung des Senders enthaltene Abwertung seiner Person nicht global, sondern spezifisch auffaßt. Das heißt: er fühlt sich durch diese symbolische Kommunikation nicht in seiner Person als ganzes verletzt, sondern in einem spezifischen Teilbereich seiner Persönlichkeit in Frage gestellt. Diese differenziertere Aufnahme der Verletzung ermöglicht einen besonneneren, gelasseneren Umgang mit der Verletzung; das Maß der emotionalen Erschütterung ist geringer.

– Fühlt sich ein Mensch mit hohem Selbstwertgefühl von einem Verhalten oder einer Äußerung eines anderen Menschen verletzt, das heißt in seinem Wert angegriffen oder in Frage gestellt, so erlaubt ihm sein Selbstbewußtsein eine flexiblere und selbstkritischere Überprüfung dieser Verletzung. Die kognitive Bearbeitung der Verletzung mitsamt der Frage nach eigener Mitverantwortung oder gar eigener Schuld ist so eher möglich; ein einseitig dualistisches Täter-Opfer-Denken entfällt. Damit fällt aber auch Vergebung leichter – der Zwang zur Anklage als Form der Selbstrechtfertigung unterbleibt ebenso wie der Wunsch nach Bestrafung oder Erniedrigung des Täters. Eigene Schuld oder Schuldhaftigkeit kann eher zugegeben werden. Die Angst vor dem Täter ist geringer, so daß keine dauerhafte Beziehungsstörung (durch Anklage und Nichtvergeben) als Selbstschutzmaßnahme des Verletzten installiert und aufrechterhalten werden muß.

– Ein selbstbewußter Mensch kann aufgrund seiner inneren Unabhängigkeit möglicherweise eher zu einer Ebene des moralischen Urteils gelangen, die sich durch innengeleitete moralische Prinzipien anstatt der Orientierung an den Normen und Regeln der Umwelt auszeichnet. Dies ermöglicht ein moralisches Niveau, das nicht durch den Reziprozitätsgedanken charakterisiert ist, der Vergebung in vielen Fällen außerordentlich erschwert.

– Menschen mit hohem Selbstwertgefühl sind vermutlich eher zu Empathie in der Lage, da sie sich durch andere Menschen und deren Verhalten weniger leicht bedroht fühlen als Menschen mit geringerem Selbstwertgefühl, und aus diesem Grund eher bereit sind, sich mit der Persönlichkeit eines anderen intensiv auseinanderzusetzen, anstatt sich sofort defensiv gegen ihn abzugrenzen. Wer empathiefähig ist, ist eher bereit und in der Lage, das Verhalten eines anderen Menschen nicht als persönliche Bedrohung und damit als symbolische Kommunikation zu interpretieren, sondern die Ursachen in *intrapersonalen* Faktoren des Verletzers zu suchen und dank dieser ‚Entlastungsargumente' den Verletzungsgrad des Verhaltens zu reduzieren.

Die genannten Überlegungen und Annahmen machen deutlich, daß weiterer Forschungsbedarf über den präzisen Zusammenhang von Selbstwertgefühl/ Selbstbewußtsein und Verletzungsintensität/Vergebungsbereitschaft besteht. Möglicherweise kann ein Training zur Stärkung des Selbstwertgefühls in erheblichem Maß zur Erleichterung von Vergebung und damit zur Einleitung und Beschleunigung des Vergebungsprozesses beitragen.

8. Analyse der interpersonalen Vergebung: Diskussion

8.1. Bedingungen für Verletztheit und für Vergebungsbereitschaft

Im Zentrum einer Verletzung steht die Enttäuschung von Erwartungen, verbunden mit bestimmten extrapersonalen Attributionen. Diese Enttäuschung geht mit einer Kränkung und Beeinträchtigung des Selbstwertgefühls bzw. der Selbstachtung einher, da das verletzende Verhalten als symbolische Kommunikation aufgefaßt wird. Die Wut des Verletzten ist einerseits durchaus als sinnvolle und notwendige Selbstschutz- und Alarmreaktion des Organismus' zu werten. Werden andrerseits Ärger, Wut und Haß nicht verarbeitet und abgebaut, sondern chronifiziert, so entwickeln sie neben der beziehungsschädigenden auch eine selbstschädigende Eigendynamik mit vielfältigen negativen, ja langfristig sogar destruktiven Konsequenzen sowohl für den Verletzten als auch für die Beziehung zum Verletzer. Dies bedeutet:

1. Ob und in welchem Maß eine Person sich von dem Verhalten einer anderen Person verletzt fühlt, hängt davon ab:
– welche *Erwartungen* der Verletzte dem Verletzer gegenüber hat;
– wie der Verletzte das Verhalten des Verletzers *attribuiert* (Rolle der Vorerfahrungen);
– wieviel *Selbstwertgefühl und Selbstachtung* die verletzte Person besitzt;
– wie entwickelt die *Empathiefähigkeit* des Verletzten ist.

2. Ob eine Person auf eine Verletzung nach einer Phase der Wut, Enttäuschung oder anderer negativer Gefühle mit Vergebungsbereitschaft reagiert, hängt davon ab:
– welches *moralische Urteilsniveau* auf seiten des Verletzten vorhanden ist;
– wie ausgeprägt die Fähigkeit bzw. wie groß die Bereitschaft zum *Perspektivenwechsel* ist;
– wie der Verletzte mit eigener Schuld umgeht;
– wie selbstkritisch der Verletzte den eigenen möglichen Schuldanteil reflektiert bzw. welche Funktion die Anklage für den Verletzten hat;
– ob und in welchem Maß der Verletzte sein Selbstwertgefühl wiedererlangt hat;
– wie groß das Interesse des Verletzten an einer Versöhnung und damit an einer Wiederaufnahme oder Weiterführung der Beziehung ist;
– wie bewußt sich der Verletzte der selbstschädigenden Konsequenzen von Groll, Bitterkeit und Nicht-Vergebung ist;
– welche Impulse und Anregungen zur Beschäftigung mit der Möglichkeit der Vergebung gegeben sind, beispielsweise durch den christlichen Glauben.

8.2. Begründungen und Argumente für Vergebung

8.2.1. Begründungen und Argumente aus theologischer Sicht

- Vergebung bietet die Chance zur Versöhnung und Beziehungswiederherstellung und steht damit im Dienst des „Schalom", des Friedens zwischen Menschen sowie zwischen Mensch und Gott.
- Vergebung zeugt von persönlicher Stärke und Demut und „steht fehlerhaften Menschen gut an", wie Jesus in seinem Gleichnis vom Schalksknecht deutlich macht, in dem er die „lächerliche Inkonsequenz derer erkannt (hat), die, wiewohl selbst auf Vergebung angewiesen, denen, die um Vergebung bitten, die kalte Schulter zeigen … Er ist deshalb so eisern, weil es widersinnig ist, wenn Sünder sich weigern, Sünden zu vergeben … Es gibt für ihn keinen ehrlichen Weg, so etwas durchgehen zu lassen."[439]
- Wer Gott vertraut, vertraut darauf, daß „denen, die Gott lieben, alle Dinge zum Guten dienen müssen" (Röm. 8,28), so daß auch aus schweren Verletzungen und erlittenem Unrecht durchaus Positives und Segensreiches entstehen kann, weshalb der Mensch nicht im Bann seiner Vergangenheit leben muß, sondern die Chance zu einem Neuanfang hat. In die gleiche Richtung weist schon das alttestamentliche Resumée Josephs, daß Gottes Arm weiter reicht als die Arme der Menschen: „Ihr gedachtet es böse zu machen, aber Gott gedachte es gut zu machen" (Gen. 50,20). Die Überzeugung, letzten Endes nicht in der Menschen, sondern in Gottes Hand zu sein, bildet die Basis für ein grundsätzlich gelassenes sowie zukunftsorientiertes Leben und Denken.
- An Gott glauben heißt an die grundsätzlich den Menschen bejahende und anerkennende Zuwendung Gottes zu glauben. Dieses Vertrauen kann den Menschen auch zur Bejahung der eigenen Person und ihrer Würde ermutigen. Die damit verbundene Selbstachtung, das Wissen um den eigenen Wert vor Gott ermöglicht dem Glaubenden eine Freiheit und Gelassenheit, die mit Verletzungen oder Angriffen auf das Selbstwertgefühl souveräner umgehen kann und von menschlicher Bestätigung oder Infragestellung unabhängiger ist. (Vgl. 2.Kor. 3,17: „Wo der Geist des Herrn ist, da ist Freiheit.")

8.2.2. Begründungen und Argumente aus philosophischer Sicht

- Vergebungsbereitschaft, und zwar unabhängig von der Reue des Verletzers, ist einer Haltung der Wut, des Vergeltungswunsches und der Unversöhnlichkeit aufgrund deren destruktiver Konsequenzen vorzuziehen. Diese Konsequenzen sind nicht nur destruktiv für die Beziehung zwischen Verletzer und Verletztem, sondern auch für den Nichtvergebenden, der zum Gefangenen seines Grolls und seiner Anklagehaltung wird.

---

[439] Seamonds 1990, S. 185.

- Vergebung ist eine schöpferische Art und Weise, mit Vergangenheit umzugehen und sich dadurch von den theoretisch unendlichen Folgen dieser Vergangenheit zu emanzipieren. Vergebung ermöglicht „Zeitüberlegenheit".
- Vergebung steht dem Menschen wohl an, da sie von dem Wissen um die eigene Unvollkommenheit und Fehlerhaftigkeit zeugt. Zu dieser Unvollkommenheit gehört auch die Möglichkeit, den Verletzer, sein verletzendes Verhalten und seine Motive falsch zu beurteilen.
- Vergebung entspricht der Tatsache, daß ein Mensch nicht auf ein bestimmtes verletzendes Tun reduziert werden kann, sondern zu Recht den Anspruch erheben darf, mehr zu sein als seine böse Tat, und darüber hinaus: entwicklungsfähig und wandelbar zu sein.

8.2.3. Begründungen und Argumente aus medizinischer Sicht

- Vergebung, und zwar unabhängig von dem Schuldeingeständnis des Verletzers, ist aufgrund seiner seelischen Auswirkungen auch dem körperlichen Wohlbefinden des Menschen zuträglicher als Nichtvergebung.
- Nichtvergeben impliziert das Aufrechterhalten einer seelischen Anspannung, welche mit einer entsprechenden körperlichen Streßreaktion verbunden ist. Diese stellt eine Belastung für den Organismus dar, welche zu schwerwiegenden organischen Veränderungen und Erkrankungen führen kann
- Die dem Nichtvergeben zugrundeliegende Haltung der Feindseligkeit bzw. der unterdrückten Aggressivität gegenüber der Umwelt ist langfristig gesundheitsschädigend.

8.2.4. Begründungen aus psychotherapeutischer und psychologischer Sicht

Auch wenn die Vergebung in keiner der führenden psychotherapeutischen Schulen ein integrales Moment des therapeutischen Prozesses oder des Therapiezieles bildet, erweist sie sich als ein Schritt, der mit einer Fülle an positiven Erfahrungen und Auswirkungen für den Vergebenden verbunden ist:
- Wer vergibt, sieht sich nicht mehr als Opfer fremder Mächte oder anderer Menschen, sondern übernimmt *Verantwortung* für sich und sein bisheriges, gegenwärtiges und zukünftiges Leben. Der ‚locus of control' ist internal statt external, wodurch die Überzeugung gegeben ist, keinem Geschehen hilflos ausgeliefert zu sein. Damit verbunden ist eine größere Distanz und Unabhängigkeit zu und von Dingen und Menschen, die mehr Angstfreiheit und, was zunächst paradox anmutet, dadurch auch mehr Vertrauensfähigkeit gegenüber anderen Menschen ermöglicht, denn „the more confident we feel, the less we fear others".[440]
- Es empfiehlt sich, zu vergeben, da die meisten Verletzungen vermutlich aus

---
[440] Vanderhaar 1985, S. 171.

Schwäche, Unbeherrschtheit, Unabsichtlichkeit, Gedankenlosigkeit oder aber durch gutgemeinte Absichten entstehen und somit keine *absichtliche* Schädigung intendieren. Berücksichtigt man ferner, daß ein Mensch selten die wirklichen Gründe für ein verletzendes Verhalten weiß, so sollte auf endgültige Be- und Verurteilungen verzichtet werden, da diese eine Beziehungserneuerung in extremer Weise erschweren.

- Vergebung bietet dank des Loslassens negativer Gefühle eine tiefgreifende emotionale Entlastung und setzt positive Energie frei, mit deren Hilfe Gegenwart und Zukunft gestaltet werden können. Vergebung bildet das Herzstück der „Heilung von Erinnerungen".[441] Erinnerungen können, vor allem wenn sie schmerzhaft und äußerst negativ besetzt sind, nicht willentlich vergessen oder ad acta gelegt werden, sondern bedürfen der intensiven Auseinandersetzung, um bewältigt und verarbeitet zu werden. Vergebung „ist die einzig lebensfähige Reaktion auf die Wunden, die uns andere zufügten oder wir ihnen. Sie ist ein immens kreativer Akt, der uns aus Gefangenen unserer Vergangenheit zu Befreiten macht, die in Frieden mit ihren Erinnerungen leben."[442]
- Die Alternativen zur Vergebung sind langfristig für das betroffene Subjekt „kostspieliger" als der Akt des Vergebens:
  - Rache oder Vergeltung: Beide Reaktionen implizieren, daß sich der Verletzte in der Hoffnung, das erlittene Unrecht zu „sühnen", auf die gleiche Stufe wie der Verletzer stellt.[443] Dem Verletzten gelingt es jedoch trotz Vergeltung häufig nicht, „den Spielstand wieder auszugleichen; die erhoffte Gerechtigkeit stellt sich nie ein. Die Kettenreaktion, die jeder Vergeltungsakt auslöst ..., kann nicht aufgehalten werden."[444] Statt dessen läßt Vergeltung die „Menschen im Sumpf einer schmerzerfüllten, ungerechten Vergangenheit versinken".[445] Sie hält damit den Kreislauf der Feindschaft aufrecht und wirkt nicht nur beziehungszerstörend, sondern auch selbstzerstörerisch.
  - Haß und Groll: Sie beherrschen in vielen Fällen das Bewußtsein und die Person des Verletzten in einem solchen Maß, daß auch andere Beziehungen negativ beeinflußt werden. Hinzu kommt die selbstschädigende Wirkung. Seamonds bemerkt drastisch: „Wir können nicht über einen längeren Zeitraum verborgenen Groll in uns tragen und verarbeiten, ebensowenig wie unser Magen Glasscherben aufnehmen und verdauen kann. In beiden Fällen werden wir ein hohes Maß an innerer Qual und an Schmerz empfinden."[446]
  - Selbstmitleid: Es ist in der Regel die Folge selbstgerechter innerer Monologe, die die eigene potentielle Schuld oder Mitschuld leugnen. Selbstmit-

---

[441] Seamonds 1990.
[442] Studzinski 1986, S. 14f.
[443] Augsburger 1990, S. 12ff.
[444] Smedes 1991, S. 162.
[445] Ebd., S. 164.
[446] Seamonds 1990, S. 148.

leid kann zu Selbstentfremdung, zu zwischenmenschlicher Isolation und, damit verbunden, zu noch tieferem Schmerz führen.
– Beziehungsabbruch: Diese Reaktion stellt die in heutiger Zeit vermutlich häufigste Konsequenz auf gravierende Verletzungen dar. Damit verbunden neigen die verletzten Menschen aufgrund der starken emotionalen Verunsicherung häufig dazu, sich mittels ausgeprägter sozialer Selbstschutzmechanismen vor neuen Verletzungen zu schützen, wodurch nicht nur ihr persönlicher Spielraum sowie ihre Erlebnisfähigkeit und Risikobereitschaft eingeschränkt sind, sondern auch ihre Fähigkeit, neue und enge Beziehungen einzugehen.
– Übertragung der Verletzung in andere oder neue Beziehungen: Wird eine neue Beziehung geknüpft, so besteht die Gefahr, daß der Verletzte durch sein durch die Verletzung vermindertes Selbstwertgefühl die Beziehung und den Partner belastet, beispielsweise durch Angst vor Nähe oder auch durch Angst vor Distanz des Partners, was im letzten Fall häufig gerade den Rückzug auslöst, der vermieden werden sollte, wodurch die Selbstachtung dessen, der verlassen wird, noch mehr untergraben wird. Außerdem führen unverarbeitete und unvergebene Verletzungen in vielen Fällen zu einem Wiederholungszwang, bei dem der Verletzte immer wieder Situationen und Konstellationen arrangiert, die einer Wiederholung der ursprünglichen Verletzungssituation gleichkommen, beispielsweise wenn das Kind einer Alkoholikerfamilie ebenfalls einen Alkoholiker heiratet: „Da wir ... das Geschehene, das uns in der Vergangenheit verletzte, nicht richtig verstanden und später nicht richtig verarbeitet haben, machen wir es wieder nicht richtig, sondern wieder falsch, bekommen nicht das, was wir brauchen, sondern genau das Gegenteil. Es geht alles wieder schief ... und wir werden natürlich wieder verletzt."[447] Eine ebenfalls äußerst destruktive Variante dieses Wiederholungszwangs ist es, anderen immer wieder das anzutun, was einem selbst einst selbst angetan wurde.
– Betäubung und Sucht: Wer sich aufgrund seines Grolls im Banne der Vergangenheit befindet, versucht auf längere Sicht häufig, den Schmerz der Verletzung zu verdrängen bzw. durch Suchtmittel und exzessive Ablenkung zu betäuben. Da das Selbstwertgefühl infolge der Verletzung herabgesetzt ist, vermindert sich darüber hinaus auch die allgemeine Fähigkeit zu Freude, Genuß, Selbst- und Lebensbejahung, womit eine Neigung zu Passivität, Pessimismus oder gar Resignation verbunden sein kann, ganz abgesehen von den krankmachenden körperlichen Folgen von Sucht- und Betäubungsmitteln.

---

[447] Simon & Simon 1993, S. 89.

9. Vergebung als Prozeß

„Die Blume des Vergebens hat ein langes Wachstum hinter sich," läßt sich als Fazit der bisherigen Erkenntnisse mit der französischen Theologin und Philosophin Basset sagen.[448] Dies bedeutet: Vergebung ist eine Entwicklung, ein kreatives, evolutionäres und gleichzeitig revolutionäres Geschehen, in dem mehrere Phasen oder Etappen durchlaufen werden.

9.1. Stufen- oder Phasenmodelle von Vergebung

(Abkürzungen: Vl = Verletzung; Vlr = Verletzer; Vlt = Verletzter; V = Vergebung, Vs = Versöhnung.
Die mit * gekennzeichneten Autoren machten über die Reihenfolge der Schritte keine Angaben)

Autoren	1. Phase	2. Phase	3. Phase	4. Phase
Pettitt (1987)	Bewußtmachung der eig. Vl und der Erwartungen, die ihr zugrunde liegen	Modifizieren oder Loslassen dieser Erwartungen; Erkennen der eig. Mitschuld; Einfühlung in Vlr	Distanz z. bisherigen egozentrischen Blickwinkel; Entscheidung zum Loslassen der negativen Gefühle	Akzeptieren des Vergangenen
Rowe (1987)	Wahrnehmung der eigenen Vl, aber auch der Furcht vor dem Anderen; Annehmen des eig. Zorns als Reaktion auf Enttäuschung	Einfühlung: den Vlr nicht auf sein Tun reduzieren; Grenzen der eig. Urteilsfähigkeit erkennen	Versuch eines Perspektivenwechsels; Erkennen, daß Vergebung erlernt werden kann	
Seamonds (1990)	Wahrnehmung der eig. Verletztheit u. der Grollgefühle	Entscheidung, diese Gefühle loszulassen und Verantwortung für das eig. Handeln zu übernehmen[449]	Entscheidung zur Vergebung unabhängig vom Verhalten des Vlrs	

---

448 Basset 1994, S. 437. Ebenso de Chalendar 1992, S. 77: „Tout ne se fait pas d'un seul coup. Il y a des étapes …"
449 Allerdings, so Seamonds, muß der Verletzte akzeptieren, daß Vergebung ein Prozeß ist, der Zeit braucht und häufig mehrmals vollzogen werden muß, wobei Seamonds betont: „Ein wichtiger Teil des Heilungsprozesses ist die Entdeckung, daß Gott sogar die schmerzlichsten unserer Erfahrungen in etwas verwandeln kann, das für uns heilsam ist." Seamonds, 1990, S. 184.

9. Vergebung als Prozeß

Linn & Linn (1981)[450]	Eingeständnis der Vl/ der Wut, evtl. auch der Schuldgefühle wegen dieser Wut	„Verhandeln": Vergebung nur unter bestimmten Bedingungen, z.B. Reue des Vlr's.[451]	Vergebungsbereitschaft	Zustimmung zu sich selbst, zum Vlr und zum Schicksal
Smedes (1991)		Einfühlung in Vlr, krit. Selbsterkenntnis: eig. Schuldanteile sehen	Entscheidung zur Vergebung	Abbau der Grollgefühle; Entwicklung neuer Achtung für Vlr
Augsburger (1990)*		Einfühlung in Vlr/ Wahrnehmung seiner Komplexität[452]	Entscheidung zur Vergebung	Gewinnen einer neuen, positiven Einstellung zum Vlr; Loslassen negativer Gefühle, Aufbau einer neuen Beziehung
Vanderhaar (1985)[453]		Empathie gg. Vlr/ Relativität des eig. Standpunkts erkennen	„Focusing": Durcharbeiten der Bez.störung	„Aufeinanderzugehen": Erneute Vertrauensbereitsch. gg.über Vlr[454]
Rosenak & Harnden (1992)	Bewußtmachung der eig. Vl/ Wut	Dem Vlr die Wirkung seines Verhaltens mitteilen[455]	Entscheidung zur Vergebung	Neue, veränderte Beziehung zum Vlr[456]
Pingleton (1989)	Wahrnehmung der Vl/ des Schmerzes	Emotionaler Aspekt: Durcharbeiten der Vl	Voluntativer Aspekt: Entscheidung zur V.	

---

[450] Linn & Linn gehören zu den Therapeuten, die sich der „Heilung von Erinnerungen" verschrieben haben. Dies impliziert, daß der/die Verletzer zum Zeitpunkt des Vergebungsprozesses in vielen Fällen nicht mehr leben.

[451] An diese Phase schließt sich nach Linn und Linn häufig eine Phase der Selbstvorwürfe bis hin zur Depression an, in welcher der Verletzte seinen eigenen Anteil an der Beziehungsstörung bzw. seine eigene Schuld erkennt. „Doch nur wer erkennt, daß er – genau wie der Verletzer – trotz seinem Versagen von Gott angenommen ist, kann auch sich selbst – und den Verletzer – annehmen ... Gottes Vergebung mir gegenüber und meine Vergebung dem anderen gegenüber gehören zusammen wie ein Ruf und sein Echo." Linn & Linn, 1981, S. 175.

[452] Den Verletzer nicht auf seine böse Tat reduzieren: Dies setzt, so Augsburger, Liebe und Interesse am Verletzer voraus; außerdem die Bereitschaft, Gott in und sich wirken zu lassen.

[453] Er bildet insofern einen Sonderfall, als er das Thema der *Feindesliebe* behandelt. Doch seine drei Schritte sind auch auf den Vergebungsprozeß übertragbar.

[454] Dazu bedarf es, so Vanderhaar, auf seiten des Verletzten des Selbstvertrauens und der Bereitschaft, sich für die Beziehung mitverantwortlich zu fühlen.

[455] Rosenak und Harnden nehmen an, daß das Nichtmitteilen der Verletztheit gegenüber dem Verletzer eine gestörte Kommunikation zur Folge hat. Allerdings sollte das Mitteilen nicht in eine Anklage münden, sondern zur Kommunikation über die unterschiedlichen Sicht- und Erlebnisweisen von Verletzer und Verletztem beitragen.

[456] Es ist, so Rosenak und Harnden, keinesfalls immer notwendig oder sinnvoll, zur alten Vertrautheit und Nähe gegenüber dem Verletzer zurückzukehren; statt dessen kann zunächst durchaus ein vorsichtigeres Vertrauen, verbunden mit größerer Distanz, die neue Beziehung charakterisieren.

Cunningham (1985)	Wahrnehmung der Vl/ der Selbstwertminderung	Erkenntnis der eig. V-bedürftigkeit/ Entscheidung für V	Verzicht auf Anklage/ Rache; Neue Sicht vom Vlr/ neue Beziehung zu ihm	Größere inn. Unabhängigkeit vom Vlr/ neues Verhalten ihm gg.über
McCullough & Worthington (1994)[457]	Wahrnehmung der Vl/ eig. Gefühle	Einfühlung in Vlr/ Perspektivenwechsel	Entwicklung positiver Gedanken/ Gefühle für Vlr	

Besonders ausführlich beschreiben *Simon und Simon* die sechs Phasen oder Stufen der Vergebung, weswegen sie den Abschluß der vorgestellten Stufenmodelle bilden sollen. Allerdings muß angemerkt werden, daß sich Simon und Simon auf Verletzungen aus der Kindheit beschränken, welche sich aufgrund ihrer besonderen Situation – Ohnmacht des Kindes, Abhängigkeit von den verletzenden Erwachsenen u.a. – nicht in jedem Fall und nicht uneingeschränkt auf spätere Verletzungssituationen übertragen lassen. Die von vielen Autoren in einer Stufe zusammengefaßte Auseinandersetzung mit sich selbst, dem Verletzer sowie der Verletzung wird von Simon und Simon in mehrere Einzelstufen unterteilt. Es müssen jedoch, so die Autoren, keineswegs in jedem Vergebungsprozeß alle Phasen durchlaufen werden.

1. Phase: Die Verleugnung der Verletzungen aufgeben.
Zu dieser Verleugnung gehört in der Regel, das Geschehen als „längst vorbei" oder „längst vergessen" darzustellen und somit einer Auseinandersetzung mit den Verletzungen auszuweichen. Dieser Selbstschutzmechanismus dient dazu, die schmerzhaften Gefühle abzuwehren, indem man das Geschehen entweder völlig leugnet, es rationalisiert, rechtfertigt, beschönigt, uminterpretiert oder bagatellisiert.[458] Vielen Menschen, so die Verfasser, falle es außerordentlich schwer, eine einmal installierte Verleugnung oder Verdrängung wieder rückgängig zu machen, zumal sie oft selbst davon überzeugt sind, daß die einst erlittenen Verletzungen – vor allem, wenn sie lange zurückliegen – sie nicht mehr berühren. Doch „solange wir uns unseren Schmerz ausreden, unseren Kummer ertränken, unsere Angst betäuben, unsere Gefühle begraben, uns ständig ablenken ..., sind in unserem Leben keine positiven Veränderungen möglich. Unsere Probleme werden nicht gelöst. Unsere alten Verletzungen heilen nicht ... Betäubt man *ein* Gefühl, so betäubt man sie alle. Vertreibt man die unangenehmen Gefühle, so vertreibt man die angenehmen gleich mit."[459]

---

[457] Die Autoren entwickelten diese Stufen als Zusammenfassung ihrer Auswertung von zahlreichen Artikeln über Vergebung. Sie betonen allerdings, daß die empirische Verifizierung der von ihnen analysierten Stufenmodelle in der Regel fehle und daß nicht klar sei, in welcher Reihenfolge die Phasen kämen und ob grundsätzlich alle Phasen durchlaufen werden müßten bzw. was die Konsequenz sei, wenn einzelne Phasen ausgelassen würden.
[458] Bevorzugte Kommentare hierzu seien beispielsweise: „Es hat mich nicht sehr berührt, war nicht so schlimm" oder „Früher hat es mich belastet, aber jetzt bin ich darüber hinweg." Simon & Simon 1993, S. 124ff.
[459] Simon & Simon 1993, S. 130.

9. Vergebung als Prozeß

2. Phase: Die Neigung zur Schuldübernahme aufgeben.
sEine große Zahl von Menschen versucht, ihre Verletzer zu entschuldigen, indem sie sich selbst die Schuld an dem Geschehenen zuschreibt, zumal wenn dies in der Kindheit stattfand. Offenbar ist es für diese Menschen „weniger bedrohlich und erschütternd ... zu glauben, man habe sich den erlebten Schmerz selbst zuzuschreiben, als den Menschen für sein Handeln verantwortlich zu machen, der einem die Verletzung angetan hatte. Das gilt insbesondere, wenn es sich um einen Menschen handelte, den man liebte, als man noch sehr jung war oder sich von dem Menschen abhängig fühlte, der einen verletzt hatte."[460] Doch hat die Schuldübernahme unter Umständen auch die Funktion, sich selbst dem Verletzer weniger ausgeliefert zu fühlen und eine Art „Kontrollhoffnung" („das passiert mir nicht noch einmal") aufzubauen. Die Nachteile der Schuldübernahme für den Betroffenen liegen in der Entwicklung von fixen Ideen oder von Perfektionismus und übertriebenem Verantwortungsgefühl für alles und jeden (als verdeckte Form der Kontrollmöglichkeit), sowie von einer Zerstörung der eigenen Selbstachtung, indem man die mit der Verletzung verbundene Herabsetzung der eigenen Person unbewußt „verinnerlicht", statt sich gegen sie aufzulehnen und abzugrenzen. – Die Phase der Schuldübernahme ist erfolgreich durchlaufen, wenn man aufhört, sich selbst aufgrund erlittener Verletzungen herabzusetzen, zu beschuldigen und womöglich zu bestrafen.[461]

3. Phase: Die Haltung des Selbstmitleids aufgeben.
Häufig verfallen Menschen, wenn sie das Ausmaß ihrer Verleugnung und falschen Schuldübernahme erkannt haben, in das andere emotionale Extrem, indem sie das bisher nicht zugelassene Leiden nachholen. Andere wiederum wählen von Anfang an die Opferrolle, um mit den Verletzungen fertigzuwerden. Solche „Opferszenarien" können in permanentem Klagen und Anklagen bestehen, in extrem selbstsüchtigem Verhalten, das mit der Devise „man gönnt sich ja sonst nichts" gerechtfertigt wird, oder in aggressivem Ausagieren der Wut, die hinter dem Schmerz steht, und zwar an Menschen, die nichts mit den Verletzungen zu tun haben, sich aber schlecht wehren können.
Die Opferphase, so Simon und Simon, ist zunächst eminent wichtig, denn „in der Opferphase gestatten wir uns endlich Kummer, Schmerz und Tränen, gestehen uns ein, wie schlimm und wie ungerecht es war, von einem Menschen verletzt zu werden, von dem wir geliebt, angenommen und ermutigt werden sollten. Die Trauer ist notwendig ..."[462] – sofern sie nicht chronifiziert wird. Diese Gefahr besteht aber, weil „wir in der Opferphase fast alle in unserem Selbstmitleid maßlos werden."[463] Auch die Opferrolle hat nämlich ihren Preis: man lähmt sich

---

[460] Ebd., S. 151.
[461] Meines Erachtens übersehen die Verfasser jedoch, daß *Teilschuldübernahme* in vielen Fällen eine wichtige Voraussetzung von Vergebung ist, da sie das dualistische Täter-Opfer-Denken unterbindet. Die Verf. scheinen hier nur Verletzungen im Kindesalter vor Augen zu haben, wo natürlich von Mitschuld oder gar Eigenverantwortung des betroffenen Kindes nicht die Rede sein kann.
[462] Simon & Simon 1993, S. 182.
[463] Ebd., S. 183.

selbst, statt fällige Veränderungen vorzunehmen, man schafft möglicherweise durch die eigene Selbstsucht oder Aggressivität neue Opfer, indem man neue Verletzungen produziert. Wichtig ist für den Verletzten in dieser Phase, zu erkennen, daß er sich seine Überzeugungen und Einstellungen selbst wählt, und daß es in seiner Macht steht, eine positivere Sicht der Dinge zu entwickeln und Tätigkeiten aufzunehmen, die zur persönlichen Entwicklung beitragen und die eigene Selbstachtung steigern, welche „das Fundament der ... Fähigkeit zu verzeihen ist".[464]

4. Phase: Die Empörung überwinden.
Wer die Empörungsphase erreicht hat, fühlt sich, so die Verfasser, nicht mehr hilf- und hoffnungslos und wendet seine Wut nicht mehr nach innen, sondern läßt endlich seinen Zorn über die erlittenen Verletzungen zu. Diese Wut kann in aktive Versuche münden, den „Täter" zu bestrafen, sich für das erlittene Unrecht zu rächen, was jedoch ebensowenig konstruktiv ist wie das direkte oder indirekte Ausagieren der Wut. Grundsätzlich schließen sich Vergeben und ein Festhalten der Wut auf den Verletzer aus. Auch verhindert die Wut, die sich ja auf einen äußeren „Feind" richtet, sich mit den darunter liegenden eigenen Gefühlen – beispielsweise Angst, Schmerz, Scham – und den damit verbundenen ungestillten Bedürfnissen auseinanderzusetzen.

5. Phase: Einwilligen in die Verantwortungsübernahme für das eigene Leben.
Diese Übernahme von Verantwortung findet auf drei Ebenen statt, und zwar auf der emotionalen Ebene (Loslassen negativer Gefühle gegenüber dem Verletzer), der kognitiven Ebene (Aufbau neuer Einstellungen zu sich selbst sowie zum Verletzer) sowie der Verhaltensebene (Abbau destruktiver und Aufbau konstruktiver Verhaltensweisen und Gewohnheiten).

6. Phase: Integration der erlittenen Verletzungen durch Vergebungsbereitschaft.
Voraussetzung dafür ist eine „erweiterte Identität": der Verletzte erkennt, daß er mehr ist als das Produkt seiner Verletzungen. Er läßt sich in seinem Bewußtsein, seinem Selbstwertgefühl nicht mehr primär bestimmen von den schmerzhaften Erlebnissen der Vergangenheit sowie den damit verbundenen Haß- und Grollgefühlen, die bisher wichtige Bausteine seiner Identität bildeten. Der Verletzte erkennt und anerkennt außerdem die Grenzen der Verletzer, er kann sie – bis zu einem gewissen Grad – „davonkommen lassen", wie Simon & Simon es nennen.[465] Vergebung, der Höhepunkt dieser letzten Phase, impliziert die Bereitschaft, an sich selbst zu arbeiten und sich selbst zu verändern, anstatt den Verletzer ändern zu wollen und ihn zu einem Schuldbekenntnis zu zwingen, das außer einer gewissen Genugtuung doch wenig bewirken könnte, schon gar keinen „inneren Frieden". Selbst wenn der Verletzte eine Aussöhnung mit dem Verletzer wünscht, ist es nicht unbedingt notwendig, mit ihm den eigenen inneren Er-

---

[464] Ebd., S. 195.
[465] Ebd., S. 263.

kenntnis- und Heilungsprozeß noch einmal durchzudiskutieren. Wir brauchen zur Versöhnung die *Begegnung* mit dem Verletzer, doch die Auseinandersetzung mit dem Schmerz, den er uns zufügte, kann ohne seine Partizipation stattfinden.

9.2. Zusammenfassung der Stufenmodelle

Wie die tabellarische Übersicht deutlich macht, besteht in der einschlägigen Literatur ein breiter Konsens bezüglich der Reihenfolge und der Inhalte der einzelnen Vergebungsphasen, auch wenn diese Phasen und ihre Inhalte teilweise unterschiedlich formuliert wurden. Im folgenden sollen die zentralen *Entwicklungsaufgaben* der einzelnen Phasen dargestellt werden.

1. Phase: Auseinandersetzung mit der eigenen Verletztheit, der eigenen Perspektive, den eigenen Erwartungen und der eigenen Person.
Der Vergebungsprozess begint damit, daß der Verletzte nicht nur *sein Verletztsein wahrnimmt*, sondern auch die damit verbundenen Gefühle von Haß, Wut, Enttäuschung etc. Der Verletzte muß aufhören, diese Gefühle zu verdrängen und er muß bereit sein, die der Verletztheit zugrundeliegende Verletzung der Selbstachtung sowie des Selbstwertgefühls wahrzunehmen.
Nach der Bewußtmachung der emotionalen Befindlichkeit folgt eine kritische kognitive Bearbeitung dieses Zustands:
In der *Auseinandersetzung mit sich selbst* kommt es zur Erkenntnis der eigenen Mitverantwortung an der Beziehungsstörung, zur kritischen Bewußtmachung der eigenen eingeschränkten und subjektiven bzw. egozentrischen Sichtweise der Situation. Daraus folgt die Bereitschaft zum Verzicht auf das Einnehmen der Opferrolle mitsamt der damit verbundenen Anklage, durch die das „Opfer" Macht über den „Täter" ausübt. Der Verletzte muß erkennen, daß er sich mittels seiner Wut in eine Position brachte, die ihm Selbstmitleid und Selbstgerechtigkeit statt Selbstkritik gestattet.[466]
Verbunden mit dieser kritischen Introspektion ist die Bewußtmachung und anschließende Überprüfung der eigenen *Erwartungen* an den Verletzer sowie möglicherweise eine Revision dieser – häufig sehr egozentrischen oder mit dem Verletzer nicht abgestimmten – Erwartungen im Interesse einer realitätsnahen Modifikation dieser Erwartungen sowie einer gesteigerten inneren Unabhängigkeit vom Verletzer. Die Fähigkeit zur Distanzierung von den eigenen Ansprüchen und Vorstellungen und damit zu einer Modifikation des eigenen Selbstkonzeptes sowie der Beziehung bildet in gewisser Weise die Voraussetzung für eine Distanzierung vom Verletzer und damit für eine Restabilisierung des Selbstwertgefühls. Dieses Stadium erfordert vom Verletzten häufig den schmerzlichen Ver-

---

[466] Davenport 1991, S. 140–144, empfiehlt deshalb den Therapeuten und Seelsorgern, sorgfältig zu erkunden, welche *Funktion* die Wut für ihren Klienten hat und was passieren würde, wenn die Wut nicht mehr existent wäre.

zicht auf Illusionen[467] über die eigene Person, was Mut zur Selbsterkenntnis erfordert und durchaus mit intensiver Trauer verbunden sein kann.

Dieser Schritt wird durch qualifizierte seelsorgerliche oder therapeutische Unterstützung in jedem Fall wesentlich erleichtert. Der Therapeut erleichtert dem Verletzten durch seine positive Sichtweise des Klienten sowie durch seine Empathie die Introspektion und Selbstannahme des Klienten trotz aller Selbstinfragestellung. Außerdem ist der Therapeut dem Klienten behilflich, die Aufmerksamkeit zu refocussieren, das heißt sie vom bisherigen Schwerpunkt abzuziehen und neuen Aspekten zuzuwenden. Möglicherweise bietet der Therapeut ein Ritual an, das dem Klienten Vergebung erleichtert.

– Aus christlicher Perspektive gehört zum Akt der Selbsterkenntnis auch die zur Demut erziehende Erkenntnis der eigenen Verstricktheit in Schuld und Unrecht und daraus folgend das Angewiesensein auf göttliche und zwischenmenschliche Vergebung sowie die Einsicht in den Zusammenhang zwischen göttlicher und zwischenmenschlicher Vergebungsbereitschaft, wobei Gartner zuzustimmen ist, der schreibt: „The need for forgiveness by an object outside of the self is more than theological dogma; it is a psychological necessity as well."[468] – In scheinbar paradoxer Weise kann die Erkenntnis eigener Vergebungsbedürftigkeit, aber auch Vergebungs*würdigkeit*, entscheidend zur Ichstärke des Verletzten beitragen, indem sie ihm zur Selbstannahme verhilft und damit zur Steigerung von Selbstachtung und Selbstwertgefühl beiträgt.

2. Phase: Auseinandersetzung mit dem Verletzer, Bereitschaft zur Empathie (Perspektivenwechsel).

In der *Auseinandersetzung mit dem Verletzer* steht an erster Stelle das Bemühen, die Perspektive zu wechseln und sich in den Verletzer einzufühlen. Die Beschäftigung mit seiner Person ermöglicht eine komplexere und differenziertere Wahrnehmung des Verletzers sowie die Erkenntnis der Grenzen der eigenen Empathiefähigkeit, welche endgültige Urteile über den Verletzer und seine Motive verbietet. Dennoch ist wichtig, daß die Einfühlungsbereitschaft in den Verletzer mit der Fähigkeit zur Distanz, das heißt zur emotionalen Abgrenzung von der betreffenden Person verbunden wird. Je ausgeprägter die Autonomie ist, die der Verletzte dem Verletzer gegenüber entwickelt, desto eher kann er ihn so sehen, wie er ist, und nicht so, wie er ihn durch den Filter seiner Erwartungen wahrgenommen hat. Dies wiederum setzt voraus, daß der Verletzte andere Quellen der Selbstachtung gefunden hat. Der damit verbundene Perspektivenwechsel, in der angelsächsischen Literatur auch reframing, refocusing oder reconstructing genannt, hat zur Folge, daß durch die veränderte Wahrnehmung der eigenen Person, der Person des Verletzers sowie der Verletzung selbst sich auch eine neue Bewertung der Verletzung und ihrer Bedeutung ergibt. Viele Forscher sehen in

---

467 Vgl. Bauer u.a., 1992, S. 149–160, die zurecht darauf aufmerksam macht, daß es dem Menschen im Zuge des Individualismus und der damit verbundenen hohen Leistungserwartung bei gleichzeitig reduzierter Gemeinschaftsorientierung immer schwerer fällt, eigene Grenzen anzuerkennen und einzugestehen.
468 Gartner 1988, S. 318.

der Bereitschaft zum Perspektivenwechsel die *conditio sine qua non* der Vergebung. Es handelt sich dabei um einen Prozess, in welchem dank einer kreativen Neubearbeitung und Neubewertung von Erfahrungen und Erinnerungen sowohl das Selbst als auch seine Beziehungen zu anderen Menschen und zu Gott einem Reintegrationsprozeß unterworfen werden. Die schmerzhafte Erinnerung wird mit neuen Kognitionen und Emotionen verknüpft, so daß eine dreifache Befreiung stattfindet: Der Verletzte befreit den Verletzer, indem er ihn nicht mehr auf seine „böse Tat" reduziert und behaftet, und der Verletzte befreit sich selbst, indem er sich zum einen aus der Rolle des Opfers, zum anderen aus dem Bann der Vergangenheit löst. Hope[469] schreibt: „Forgiveness is based on the understanding that one screens and creates the past through the process of judgment in the same way that one screens and creates the present through the process of perception …"

3. Phase: Entscheidung zur Vergebung und zum Loslassen negativer Gefühle gegenüber dem Verletzer.
Vergebung als Entscheidung impliziert, daß es sich hierbei nicht ausschließlich, aber auch um einen *Willensakt* handelt. Die Betonung dieses Schrittes resultiert aus der Erkenntnis, daß zwischenmenschliche Vergebung in den seltensten Fällen unwillkürlich und spontan erfolgt, sondern daß hierfür eine bewußte Zielsetzung sowie eine willentliche Beschlußfassung hilfreich und notwendig sind. Vergebung ist in diesem Sinn eine Wahl, die eine Person trifft hinsichtlich der Art und Weise, wie sie mit ihrer Vergangenheit umgeht und ihre Gegenwart und Zukunft gestalten will. Allerdings darf diese Wahl bzw. diese Entscheidung auf keinen Fall mit der vollendeten Vergebung verwechselt werden. Die Entscheidung zur Vergebung ist – zunächst – primär ein intellektueller, rationaler Vorgang, dem die emotionale Vergebung in der Regel erst nach einigem Zeit- und Energieaufwand folgt. In seiner Einstufung der Vergebung als „remotivierendem Akt" betont Brakenhielm,[470] daß Vergeben nicht nur eine Einstellungsänderung, sondern auch ein Handeln umfaßt, und fragt, welche Motive dieses Handeln leiten. Remotivierend wirkt ein Handeln immer dann, wenn es eine weniger wünschenswerte Situation durch eine wünschenswertere ersetzt, mit anderen Worten: wenn das Handeln zur Beendigung eines unangenehmen Zustands führt. Da die Folge von Verletzung ein gestörtes, konfliktgeladenes Verhältnis zwischen zwei Menschen ist, bietet Vergebung die Möglichkeit, eine Entwicklung in der Beziehung in Gang zu setzen, die zu einer angenehmeren und wünschenswerteren Situation für beide, den Vergebenden und den, der um Vergebung bittet oder die Vergebung empfängt, führt, indem sie neue Sichtweisen und Handlungsweisen in der Beziehung ermöglicht.
Das Loslassen der negativen Gefühle von Wut, Haß oder Groll gegenüber dem Verletzer bedeutet keineswegs, daß die positiven Funktionen dieser Gefühle im Sinne einer energetisierenden Selbstbehauptungs- und Selbstschutzreaktion der

---
[469] Hope 1987, S. 240.
[470] Brakenhielm 1993, S. 15f.

Psyche ignoriert oder negiert würden. Wut schützt das Individuum gegen Selbstschädigung in Form von Depression oder Resignation,[471] doch muß der Verletzte erkennen, daß chronifizierte Wut in Form von Groll und Bitterkeit seine Wunden am Heilen hindert und ihn auch in seinen sonstigen Beziehungen in selbstschädigender Weise einschränkt. – Das Loslassen der negativen Gefühle ist Voraussetzung dafür, daß der Verletzte sich innerlich vom Verletzer befreit. Allerdings kann dieses Loslassen durchaus damit verbunden sein, daß der Verletzte seine Gefühle gegenüber dem Verletzer verbalisiert und ihn gegebenenfalls mit seinem verletzenden Verhalten konfrontiert – ohne allerdings die Vergebung von dessen Reaktion abhängig zu machen.

4. Phase: Neues Verhältnis zum Verletzer, neues kommunikatives Verhalten; neue Gefühle dem Verletzer gegenüber sowie Bereitschaft zur Versöhnung.
Das durch die Vergebung und die vorausgegangenen kognitiven, emotionalen und voluntativen Prozesse entstandene neue Verhältnis zum Verletzer muß auch mit einem neuen Verhalten verbunden sein. Wichtig ist, daß dieses neue Verhalten zwar Freundlichkeit und Versöhnungsbereitschaft gegenüber dem Verletzer impliziert, jedoch daneben durchaus selbstschützende Maßnahmen beinhalten kann, was vor allem dann notwendig ist, wenn der Verletzte den Verdacht hat, die Verletzung könnte sich, beispielsweise aufgrund fehlender Schuldeinsicht oder Reue des Verletzers, wiederholen.[472] Die Selbstschutzmaßnahmen können sowohl räumliche Distanz als auch eine – zumindest vorläufig – reduzierte Vertrauensbereitschaft gegenüber dem Verletzer beinhalten. Auch kann das Aufstellen und Einhalten bestimmter formaler Regeln oder Abmachungen für die Zukunft durchaus mit der Vergebung dessen, was nicht mehr rückgängig zu machen ist, verbunden sein.[473] Die Abgrenzung vom Verletzer widerspricht der neuen positiven Einstellung und auch der erneuerten Kommunikationsbereitschaft gegenüber dem Verletzer keineswegs, solange sie mit der grundsätzlichen Bereitschaft zur Beziehungsvertiefung verbunden ist.[474]
Doch grundsätzlich läßt sich bei Vergebung, da sie auf eine Wiederherstellung

---

[471] Dies gilt auch für den Zorn und die Klage Gott gegenüber, wie Gaultiere 1989, S. 38–46 deutlich macht. Wer Gott ernstnimmt, so Gaultiere, hat auch Probleme mit ihm, doch löst dieser Zorn häufig massive Schuldgefühle aus und wird deshalb verdrängt oder geleugnet. – Interessant ist hierzu eine Notiz im Dt. Pfarrerblatt, 5/96, wo bemängelt wird, daß die württembergischen Liturgien für Beerdigungen der Klage viel zu wenig Raum geben, sondern vorrangig – sozusagen überstürzt – die (resignierte) Ergebung in das Unabänderliche und den „Willen Gottes" formulieren und propagieren.
[472] Vgl. Donnelly 1984, S. 15ff, die betont, daß „die andere Wange hinhalten" nicht unbedingt ein Akt der Feindesliebe sein muß, sondern auch ein Zeichen von Überheblichkeit oder aber ein Zeichen von Scheu vor einer notwendigen Abgrenzungshandlung gegenüber dem Verletzer sein kann.
[473] S.o., S. 51ff.
[474] Vgl. das Gedicht von B. Brecht: „Der abgerissene Strick kann wieder geknotet werden/Er hält wieder, aber/Er ist zerrissen. – Vielleicht begegnen wir uns wieder, aber da/ Wo du mich verlassen hast/Triffst du mich nicht wieder" (aus: Bertolt Brecht, Gedichte, Frankfurt 1977). Problematisch wird es, wenn die Selbstschutzmaßnahmen so beschaffen sind, daß sie eine erneute Annäherung an den Verletzer nicht mehr zulassen. Dann wird der Beziehung keine neue Chance gegeben, was am Ziel von Vergebung eigentlich vorbeigeht.

9. Vergebung als Prozeß

der Beziehung zielt, das Risiko erneuter Verletzung oder Enttäuschung nicht vollständig ausschließen. Aus biblischer Sicht ist Vergebung ein Akt, der die Basis der Versöhnung bildet, in welcher das Vergebungshandeln eigentlich erst zur Vollendung kommt. Wenn kein Schuldbewußtsein beim Verletzer vorhanden ist, läuft der Vergebende mit seinem Angebot – zunächst – ins Leere. Sollte es nach einiger Zeit doch zu einer Beziehungswiederaufnahme kommen, so kann diese durchaus mit der Erkenntnis verbunden sein, daß zwischen den Beziehungspartnern zu große Persönlichkeits- oder Einstellungsunterschiede bestehen, als daß eine enge Beziehung aufs neue möglich oder sinnvoll wäre.

II. Empirischer Teil

1. Pilotstudie: Fragebogen

1.1. Ziel der Pilotstudie; Anzahl und Auswahl der Teilnehmer

Angesichts der beeindruckenden Fülle an Argumenten, die für die positiven intra- und interpersonalen Aus- und Rückwirkungen der Vergebung sprechen, erschien es angebracht, die Einstellung zur Vergebung sowie den Prozeß des Vergebens empirisch zu erfassen. Um die entscheidenden Aspekte des Themas und damit die zur Erfassung relevanten Fragen näher spezifizieren zu können, führte ich eine schriftliche Befragung durch, wobei die Anzahl der Befragungsteilnehmer aus ökonomischen Gründen auf ungefähr zwanzig Personen beschränkt wurde.

Ziel der Befragung war, durch die zahlreichen offenen Fragen des Fragebogens möglichst ausführliche, individuelle und differenzierte Antworten zu ermöglichen. Angesichts der Komplexität und Unerforschtheit des Themas legte sich die Beschränkung auf ein qualitatives Verfahren nahe.

Die Auswahl der Teilnehmer erfolgte in der Form, daß ich Menschen aus meinem näheren und ferneren Bekanntenkreis persönlich ansprach und um ihre Teilnahme bat. Folgendes sprach für dieses Vorgehen:

1. Der Fragebogen war relativ umfangreich und erforderte schon allein aufgrund des zu erwartenden Zeitaufwands eine hohe Motivation auf seiten der Befragten. Beides war durch persönliche Kontaktaufnahme eher zu erwarten oder zu erreichen.

2. Der Fragebogen beinhaltete eine Menge an offenen Fragen, die eine intensive Reflexionsbereitschaft auf seiten des Befragten verlangten.

Auf meine persönliche Anfrage hin, die mit einer Erklärung von Ziel und Absicht der Befragung verbunden war, lehnte von 23 Personen eine Person ab. Eine andere Person sagte zwar ihre Teilnahme zu, konnte jedoch wegen einer Reise den Fragebogen nicht mehr in der vorgesehenen Frist ausfüllen und mußte deshalb ausgeschlossen werden. Von den restlichen 21 Teilnehmern waren 10 Männer und 11 Frauen im Alter zwischen 20 und 70 Jahren. Die möglichst paritätische Geschlechterverteilung sollte verhindern, daß Frauen in überproportional hoher Zahl vertreten sein würden, was nach bisherigen empirischen Erhebungen zum Thema zu erwarten war.[475] Das Bildungsniveau der Befragten reichte vom einfachen Volksschulabschluß bis zum abgeschlossenen Universitätsstudium.

---

[475] Vgl. Harz 1991, S. 66f, bei deren Befragung mehr als doppelt so viel Frauen als Männer den Fragebogen zurückgeschickt hatten.

Allerdings bildeten Akademiker die Mehrheit: 4 Frauen sowie 9 Männer hatten ein Studium durchlaufen oder befanden sich gerade im Studium. Rechnet man die Teilnehmer, die Abiturszeugnis hatten, mit dazu, so ergibt sich sogar ein Verhältnis von 17 zu 4, das heißt, nur vier der Befragten besaßen kein Abitur. Diese Tatsache läßt sich zum einen aus meinem eigenen akademischen Hintergrund erklären, der die Auswahl an Freunden und Bekannten vornehmlich aus dem eigenen Bildungsmiliieu erklärt. Zum anderen erforderte das Ausfüllen des vorliegenden Fragebogens aufgrund des komplexen Themas sowie der zahlreichen offenen Fragen ein hohes Maß an sprachlicher Arikulationsfähigkeit, die im Rahmen von Gymnasial- und Universitätsausbildung in der Regel intensiver entwickelt, geschult und verlangt wird, als dies bei niedrigeren Bildungsabschlüssen der Fall ist.

Aufgrund dieses Bias kann der Teilnehmerkreis der schriftlichen Befragung nicht als repräsentativer Querschnitt der Bevölkerung gelten, dies war jedoch auch nicht intendiert.

Darüber hinaus war ein weiterer Bias zu erwarten: Die Mehrzahl der Befragten bezeichnete sich als „Christ" bzw. „Christin", was ebenfalls keinesfalls dem Bevölkerungsdurchschnitt entspricht. Auch diese Abweichung von der Norm war erwünscht, da ich unter anderem die Rolle des Glaubens bei der Einstellung zur Vergebung untersuchen wollte.

Dennoch überrascht die hohe Teilnahmebereitschaft der angefragten Personen. Mehrere Gründe lassen sich dafür annehmen:

- Auswahlkriterien: ich wählte von vornherein nur Personen aus, von denen ich erwartete, daß sie für mein Anliegen offen sind
- Freundschaftliches Entgegenkommen: Aufgrund der teilweise freundschaftlichen Verbundenheit der Befragten zu mir kann die Bereitschaft zur Mitarbeit sowohl als Entgegenkommen als auch als Vertrauensbeweis gewertet werden. Hinzu kommt, daß es sicher mehr Überwindung kostet, einem vertrauten Menschen eine Bitte abzuschlagen als einem fremden.
- Interesse am Thema: Zahlreiche Teilnehmer wußten von meinem Dissertationsvorhaben und hatten schon verschiedentlich ihr Interesse am Thema bekundet.
- Begleitschreiben: Das Begleitschreiben bei der Versendung des Fragebogens betonte ausdrücklich die geringe Anzahl der befragten Teilnehmer und die daraus resultierende Bedeutsamkeit der Antworten, was die Motivation zur Mitarbeit vermutlich erhöhte.
- „Belohnung": Im Begleitschreiben wurde den Teilnehmern die Übergabe einer schriftlichen Zusammenfassung der Befragungsergebnisse versprochen, was die Motivation möglicherweise ebenfalls verstärkte.

1.2. Verfahrensweise

Nachdem die Teilnehmer von mir zunächst mündlich gefragt worden waren, ob sie zu einer Mitarbeit bereit wären, bekamen sie den Fragebogen zugeschickt mit

der Bitte, ihn spätestens zwei Wochen nach Erhalt an mich zurückzuschicken. Nach Ablauf dieser Frist waren zwei von 21 Fragebögen zurückgeschickt worden.
Daraufhin führte ich mit jedem Teilnehmer ein Telefongespräch und fragte nach den Gründen für die Verzögerung. Wie die Rückmeldung der Teilnehmer ergab, war das Ausfüllen des Fragebogens bei der überwiegendem Mehrheit mit erheblichem Zeit- und Gedankenaufwand verbunden. Folgende Begründungen wurden genannt:

1. Viele Fragen wurden aufgrund ihres offenen Charakters, der zu selbstformulierten Antworten zwang, als sehr anspruchsvoll empfunden: sie forderten ein hohes Maß an Reflexion beim Befragten.
2. Viele Teilnehmer bemühten sich um eine sorgfältige und gründliche Beantwortung der Fragen, was ebenfalls mit einem beträchtlichen Aufwand an Zeit und Nachdenken verknüpft war.
3. Die Teilnehmer bemühten sich um eine differenzierte und umfassende Beantwortung der Fragen, weil sie darin auch eine Chance zu eigenem Erkenntnisgewinn sahen.
4. Da die Fragen teilweise sehr persönlich waren, kostete es manche der Teilnehmer eine gewisse Überwindung, sie zu beantworten und mir den Fragebogen zurückzugeben.

Mit diesem letzten Punkt war ein weiteres Problem verbunden: Die im Begleitschreiben des Fragebogens zugesicherte Anonymität der Befragung erwies sich als kaum durchführbar, denn erstens ließ es sich aufgrund der persönlichen Bekanntheit zwischen mir und den Befragten oft nicht vermeiden, daß ich mir im Lauf des Lesens der Antworten darüber klarwurde, mit wem ich es zu tun hatte, zweitens füllten 20 der 21 Befragten den Fragebogen handschriftlich aus, so daß ich teilweise anhand der Schrift unwillkürlich erkannte, wer der Verfasser war. Den Befragten waren diese Möglichkeiten von vornherein klar, so daß sie sich, wie einige Rückmeldungen deutlich machten, wenig Illusionen bezüglich der Anonymität hingaben. Nachdem ich im Verlauf der schriftlichen Auswertung der Befragung die Antworten jedoch thematisch geordnet zusammengestellt hatte, stellte sich – sozusagen im zweiten Durchgang – insofern doch noch ein gewisses Maß an Anonymität her, als ich in diesem neuen Kontext viele Antworten nicht mehr auf Anhieb einer bestimmten Person zuordnen konnte.

Nach meiner telefonischen Nachfrage kamen die Fragebögen sehr zügig zurück, so daß rund drei Wochen nach Versand mit der Auswertung begonnen werden konnte.

1.3. Der Aufbau des Fragebogens

Folgende Fragenkomplexe sollten durch die Befragung spezifiziert werden:

1. Welche Vorstellungen und Assoziationen werden mit dem Begriff „Vergebung" verbunden?

2. Wie sehen die Befragten den Zusammenhang zwischen Vergebungsbereitschaft und Schuldeingeständnis?
3. Welche Schritte des Vergebungsprozesses werden geschildert?
4. Welche Faktoren erleichtern aus Sicht der Befragten die zwischenmenschlicher Vergebung?
5. Welche Faktoren erschweren aus Sicht der Befragten die zwischenmenschliche Vergebung?
6. Gibt es bestimmte Persönlichkeitseigenschaften, die nach Ansicht der Befragten in positivem Zusammenhang mit der Vergebungsbereitschaft eines Menschen stehen könnten?
7. Besteht ein Zusammenhang zwischen christlichem Glauben und der Einstellung zu interpersonaler Vergebung?

Folgende Hypothesen wurden aufgrund der bisherigen Forschungsergebnisse postuliert:

1. Vergebung wird von dem, der vergibt, in erster Linie mit „Entlastung, Erleichterung" verbunden.
2. Der entlastende Effekt der Vergebung ist unabhängig vom Schuldeingeständnis des Verletzers. Die Mehrzahl der Befragten wird Vergebung aufgrund ihres entlastenden Effekts auch dann befürworten, wenn kein Schuldeingeständnis des Verletzers vorausgeht. Andererseits erleichtert ein Schuldeingeständnis den Schritt zur Vergebung erheblich, da es die Furcht vor unangenehmen Folgen der Vergebungsbereitschaft reduziert.
3. Die Befragten werden mindestens drei Phasen des Vergebungsprozesses nennen, wovon eine Phase die Auseinandersetzung mit der eigenen Wut beinhaltet, eine Phase in der Reflexion über den eigenen Schuldanteil sowie über die Person und das Verhalten des Verletzers besteht, während eine dritte Phase den voluntativen sowie den Verhaltensaspekt der Vergebung – Entscheidung zur Vergebung und entsprechendes Verhalten – beinhalten wird.
4. Vergebung wird vor allem erleichtert durch Signale der Reue und des Bedauerns von seiten des Verletzers, ebenso durch Verständnis seiner Motive und seines Verhaltens sowie durch den Wunsch nach einer Weiterführung der Beziehung. Vergebung fällt ferner leichter, wenn der Verletzungsprozeß vom Vergebungsbereiten als – zumindest vorläufig – abgeschlossen eingestuft werden kann.
5. Vergebung wird erschwert, wenn all diese Faktoren fehlen und wenn die Gefahr einer Weiterführung und Wiederholung des verletzenden Verhaltens gesehen wird; das heißt wenn der Vergebende befürchtet, daß seine Vergebungsbereitschaft „ausgenutzt" wird.
6. Selbstbewußtsein und Empathiefähigkeit des Verletzten erhöhen die Vergebungsbereitschaft; Intelligenz hat keinen eindeutigen Einfluß auf die Vergebungsbereitschaft.
7. Menschen, die sich als Christen bezeichnen, beziehen aus ihrem Glauben bestimmte Motivationen zur Vergebung. Eine dieser Motivationen besteht darin, daß sie der Überzeugung sind, ihrerseits der göttlichen Vergebung zu bedürfen.

1.4. Transformation der Fragen in Aufbau und Items des Fragebogens[476]

Ad Frage 1: Besteht ein Zusammenhang zwischen christlichem Glauben und der Einstellung zu interpersonaler Vergebung?
Hier gilt es zunächst zu eruieren, ob jemand sich als Christ bezeichnet und was er/sie darunter versteht.
Die Frage 3 wird deshalb aufgeteilt:
a) in die Frage nach der religiösen Sozialisation. Sie soll deutlich machen, welchen christlichen Einflüssen der Teilnehmer (TN) in Kindheit und Jugend ausgesetzt war, was also seine Definition von Christentum/Christsein mitbestimmt. Zum anderen ist diese Frage eine gedankliche Heranführung des TN an die Frage nach seiner eigenen Definition von Christsein. Sie weckt einerseits möglicherweise eine Fülle an Bildern und gefühlsgefärbten Erinnerungen beim TN und deutet andererseits schon an, daß die möglicherweise erfolgte christliche Erziehung noch keine erschöpfende Definition von Christsein bereitstellen kann, denn Christsein beinhaltet mehr als „christlich erzogen worden" zu sein. Als Einstieg ist diese Frage insofern geeignet, als sie in erster Linie vorhandene Erinnerungen abruft. Allerdings verlangt die Formulierung der Frage („worin drückte sich die christliche Erziehung aus"), daß der TN sich überlegen muß, was er unter christlicher Erziehung überhaupt versteht.
b) Mit der Frage nach der derzeitigen Zugehörigkeit zu einer christlichen Kirche wird zunächst ebenfalls ein ohne Schwierigkeiten vermittelbares Faktum eruiert, doch auch hier führt die Zusatzfrage („worin drückt sich die Zugehörigkeit ... aus") in den Raum der eigenen Definition von Zugehörigkeit und christlichem Engagement.
Mit dieser Frage soll deutlich werden, ob zwischen christlicher Sozialisation und aktuellem Standpunkt eine Kluft herrscht, beispielsweise in der Form, daß die christliche Erziehung in keinerlei Weise zu christlichem Engagement geführt hat. Auch legt diese Frage nahe, daß eine rein formale Zugehörigkeit zu einer christlichen Kirche nicht unbedingt ein Ausdruck „gefühlter" und damit bewußter Zugehörigkeit ist.
c) Die Frage nach der Gebetspraxis ist eine sehr persönliche Frage. Um die damit verbundene Hemmung, eine offene Antwort zu geben, nicht zusätzlich zu erhöhen, wird – abgesehen von den vier Antwortmöglichkeiten – auf eine inhaltliche Differenzierung, die vom Teilnehmer weitere schriftliche Ausführungen verlangt hätte, verzichtet. Auch legt sich die Unterbrechung der offenen Fragen durch eine kurze, geschlossene Frage im Interesse einer Entlastung für den Teilnehmer nahe. Wenn zuviele offene Fragen aufeinanderfolgen, ist mit einem Ermüdungseffekt beim Befragten zu rechnen, der die Motivation zum weiteren Ausfüllen des Fragebogens beeinträchtigen kann.
d) Nach der „Entlastungsfrage" folgt nun die für den gesamten Fragenkomplex entscheidende Frage: Bezeichnet sich der Befragte als Christ und wenn ja, worauf stützt sich diese Definition?

---

[476] Der Fragebogen befindet sich im Anhang, S. 219ff.

Es ist damit zu rechnen, daß die TN an dieser Stelle einigen gedanklichen Aufwand investieren müssen, da dies eine Frage ist, die einem Menschen in der Regel selten gestellt wird und wo deswegen von einem geringen Maß an Bewußtheit auszugehen ist. Die Neigung, sich hier entweder mit knappen, nicht sehr aussagekräftigen Andeutungen zu behelfen, oder aber sehr reflektiert zu antworten, dürfte bei dieser Frage besonders groß sein.

Ad Frage 2: Welche Vorstellungen und Assoziationen werden mit dem Begriff „Vergebung" verbunden?
Auch hier erfolgt der Einstieg über zwei geschlossene Fragen mit je drei bzw. vier Antwortkategorien.
Item 4 eruiert sozusagen den Bewußtseinsstand des Befragten zur erörterten Thematik und leitet gleichzeitig indirekt zum Thema über.
Item 5 setzt im Gegensatz zu Frage 4 aller Wahrscheinlichkeit nach einiges Nachdenken voraus, zumal die Frage relativ allgemein formuliert ist („Vergebung … im allgemeinen").
Item 6 stellt einen neuen, dritten Fragentyp dar, da der Befragte von den angebotenen Assoziationen so viel er möchte ankreuzen kann. Es ist damit zu rechnen, daß manche TN relativ rasch und spontan eine Auswahl unter den angebotenen Begriffen treffen, während andere länger nachdenken, was sie mit einem Begriff verbinden und warum sie den Begriff mit Vergeben/Verzeihen assoziieren. Um einen Anhaltspunkt über die Reflexionstiefe bei der Beantwortung dieser Frage zu erhalten, wird die Möglichkeit gegeben, im Anschluß an das semantische Differential eigene Assoziationen niederzuschreiben. Falls jemand von dieser Möglichkeit Gebrauch macht, läßt sich davon ausgehen, daß intensiv über die eigenen Vorstellungen bezüglich des Bedeutungsgehalts von Vergeben/Verzeihen nachgedacht wurde.

Ad Fragen 3 bis 6: Zusammenhang zwischen Vergebungsbereitschaft und Schuldeingeständnis; Schritte des Vergebungsprozesses; erleichternde und erschwerende Faktoren für Vergebung.
Die Items 7 bis 13 bilden den schwierigsten Teil des Fragebogens, da sie allesamt offene Fragen sind, die vom Teilnehmer die Formulierung eigener Antworten und Begründungen verlangen.
Item 7 – verbunden mit Item 8 – greift zunächst eine naheliegende Vorstellung auf, die mit Vergebung verknüpft wird, daß nämlich Vergebung Schuldeinsicht und Reue beim Verletzer voraussetzt bzw. zur Bedingung machen darf. Wichtig sind hierbei die Begründungen der Befragten, die im Grunde eine Definition von Vergebung implizieren.
Item 9 nimmt ebenfalls einen naheliegenden Gedanken auf: Vergebung ist ein Vorgang, der Zeit benötigt. Dementsprechend legt es sich nahe, diesen Prozeß in mehrere Phasen zu unterteilen. Mit der Formulierung „Welche Schritte oder Phasen … kannst du dir vorstellen?" soll dem Befragten deutlich gemacht werden, daß hier kein „Wissen" abgefragt wird, sondern daß eigenes kreatives Nachdenken verlangt wird, so daß der Teilnehmer nicht von der Angst belastet sein muß, etwas „Falsches" zu schreiben.

Auch sollte der Befragte nicht permanent zu persönlichen Handlungsweisen und deren Begründungen befragt werden, sondern auch eigene Ideen und Phantasien äußern dürfen, da dies psychisch entlastender sein dürfte als die Offenlegung eigenen Verhaltens, zumal wenn dem Befragten der Fragende bekannt ist.

Die Items 10 und 13 zielen auf die erschwerenden, Items 11 und 12 auf die erleichternden Faktoren für Vergebung. Die inhaltliche Verwandtschaft von 10 und 13 bzw. 11 und 12 fiel einigen der Teilnehmer auf und führte zu entsprechenden Verweisen. Ziel ist, beide Fragen zunächst mehr auf allgemeinem Niveau („Vorteile-Nachteile") zu erörtern, bevor sich die Befragten zu ihrer persönlichen Vergebungspraxis äußern sollen. Zum andern war durch die indirekte Doppelung der Fragen mit einem umfassenderen Pool an Antworten zu dieser Problematik zu rechnen, da die Verarbeitungstiefe durch die indirekte Doppelung zunehmen dürfte. Andererseits gibt die Differenzierung von allgemein möglichen versus persönlich eingeschätzten Vor- und Nachteilen bzw. Erleichterungen und Hemmnissen der Vergebung den Befragten die Möglichkeit, sowohl grundsätzliche Überlegungen als auch persönliche Erlebnisweisen und Erfahrungen einzubringen.

Ad Frage 7: Gibt es bestimmte Persönlichkeitseigenschaften, die in Zusammenhang mit der Vergebungsbereitschaft stehen könnten?

Nach diesen sehr allgemein gehaltenen Fragen folgte zum Abschluß eine dreiteilige Frage, die mögliche Zusammenhänge zwischen Vergebungsbereitschaft und bestimmten Persönlichkeitseigenschaften postuliert. Die Fragen sind halbgeschlossen, da drei Hypothesen vorgegeben werden, so daß die Befragten lediglich prüfen müssen, ob ihnen diese Hypothesen einleuchtend erscheinen oder nicht. Interessanter wäre gewesen, die Fragen offen zu stellen und keine Hypothesen vorzugeben, doch erschien mir dies zu viel verlangt, denn erstens sind solche Hypothesen ohne entsprechendes Vorwissen nicht unbedingt aus dem Stegreif zu entwickeln, zum anderen ist am Ende des Fragebogens mit einem gewissen Maß an Erschöpfung und möglicherweise auch Ungeduld zu rechnen, so daß keine allzu anspruchsvollen Fragen mehr gestellt werden sollten.

Die Bitte, eine eigene Erfahrung mit Vergebung bzw. Nichtvergebung zu schildern, ist absichtlich an das Ende des Fragebogens gesetzt und ausdrücklich mit dem Zusatz „wenn möglich" versehen, weil hier nicht zu massiv in die Privatsphäre der Befragten eingedrungen werden soll. Andererseits erschien es mir nicht ratsam, eine Frage, bei der auch ausdrücklich die Möglichkeit zur Nichtbeantwortung gegeben wird, weiter vorne im Fragebogen zu plazieren, da dies möglicherweise bei den Befragten dazu führen könnte, auch andere Fragen, die ihnen zu persönlich oder zu schwierig erscheinen, nicht zu beantworten.[477]

Die letzte Frage soll eine Möglichkeit für die Befragten sein, Gedanken zum Thema zu äußern, die sie in den Antworten auf die vorangegangenen Fragen nicht unterbringen konnten. Hier ist damit zu rechnen, daß nur die „Hochengagierten" von dieser Möglichkeit Gebrauch machen werden.

---

477 Dies ist in einigen Fällen natürlich trotzdem vorgekommen.

2. Auswertung des Fragebogens
(TN = Teilnehmer)

Frage 1) Wie alt bist du?
Frage 2) Mann/Frau?
Von den 21 beteiligten Personen waren 10 Männer und 11 Frauen.
3 Personen waren zwischen 20 und 30 Jahre alt, 6 Personen zwischen 30 und 40 Jahren,
4 Personen zwischen 40 und 50 Jahren, 6 Personen zwischen 50 und 60 Jahren und zwei Personen zwischen 60 und 70 Jahren alt. Es ergibt sich eine ungefähr gleichmäßige Altersverteilung mit zwei Gipfeln bei den 30–40jährigen sowie den 50–60jährigen.

2.1. Religiöse Sozialisation

Frage 3a) Wurdest du christlich erzogen und wenn ja, worin drückte sich dies aus?

19 Personen bezeichneten sich als religiös erzogen und nannten folgende Indizien:

- Kinderkirche: 12 Nennungen
- Jungschar/Jugendkreis: 9 Nennungen
- Tischgebet: 8 Nennungen
- Taufe/Konfirmation: 8 Nennungen
- Gottesdienstbesuch: 6 Nennungen
- sonstige Gebete: 4 Nennungen.

Dies sind 68% aller Nennungen (48 von 71).[478]
Es zeigt sich, daß die klassischen Kristallisationspunkte kirchlicher Sozialisation nach wie vor eine große Rolle in der religiösen Erziehung spielen. Es wird von den TN auch rückblickend als Teil der christlichen Erziehung angesehen, daß ihre Eltern sie in Kinderkirche, Jungschar oder Jugendkreis schickten, sie taufen und konfirmieren ließen.

---

[478] Weitere Nennungen, teilweise von mehreren Teilnehmern: Posaunenchor-Religionsunterricht-Bibellese-Zitate und Gleichnisse aus der Bibel-Gespräche über religiöse Inhalte/theologische Diskussionen zuhause-Praktizieren der 10 Gebote-Vorleben von Ehrlichkeit und Gerechtigkeit-Vermittlung christlicher Werte und Moralvorstellungen in Wort und Tat-Hausandachten-Tageslesung am Morgen-Erzählen biblischer Geschichten-Gemeinsames Abendgebet und Singen-Engagement der Eltern in der Gemeinde-Teilnahme der Familie am Gemeindeleben-Ältere Geschwister waren in der Jugendarbeit tätig und beeinflußten die eigene relig. Entwicklung.

Frage 3b) Fühlst du dich einer christlichen Kirche oder Gemeinschaft zugehörig? Wenn ja, worin drückt sich dies aus?
Von den 21 TN bejahten 16 die Frage.[479] Die Begründungen lassen sich unterteilen in:

a) Begründungen, die sowohl Teilnahme-Aktivitäten als auch die Aufzählung eigenen Engagements beinhalten (8 TN). Folgende Teilnahme-Aktivitäten wurden genannt:

- Mitarbeit in einigen Gremien/Ausschüssen sowie bei Veranstaltungen
- Mitarbeit im Kirchengemeinderat
- Mitarbeit in einer christl.Gruppe/ einem Hauskreis/ Leitung von Frauenkreisen/ Mitarbeiterbetreuung
- Mit Christen gemeinsam die Freizeit gestalten, mich für die Schöpfung einsetzen, Dinge planen und durchführen ...

b) Reine Teilnahme-Begründungen (6 TN). Die Zugehörigkeit drückt sich aus in (Reihenfolge in der Häufigkeit der Nennungen):

- Teilnahme am Gottesdienst – Teilnahme an Veranstaltungen der Gemeinde – Taufenlassen der eigenen Kinder – kirchliche Trauung – Kontakte zu einzelnen Gemeindegliedern.

c) Inhaltliche Begründung der Zugehörigkeit (2 TN):

- „Ja. Ich teile das Selbstverständnis dieser christlichen Kirche."
- „Die Notwendigkeit, Mitglied einer christlichen Gemeinschaft zu sein, ergibt sich für mich aus der Hl. Schrift ..."

Auffallend ist, daß diejenigen, die aktiv mitarbeiten, in der Regel in mehrfacher Weise engagiert sind. Auch wenn die Mitarbeit-Begründungen eindeutigere Hinweise bezüglich der Zugehörigkeit zu einer christlichen Gemeinschaft sind, können die reinen Teilnahme-Begründungen dieses Zugehörigkeitsgefühl ebenso schlüssig begründen. Die Volkskirche erlaubt beide Formen der Zugehörigkeit –

---

[479] 1 TN: „Zum Zugehörigkeitsgefühl gehört für mich die Mitarbeit in irgendeiner Form und eine enge Beziehung zu den Personen der Gemeinschaft, beides kann ich zur Zeit nicht leben."
1 TN: „‚Zur ev. Kirche zugehörig' wäre übertrieben, aber ich stehe ihr am nächsten ..."
1 TN: „Verbundenheit ist nicht sehr stark. Ich arbeite gelegentlich bzw. regelmäßig an manchen Stellen in der Gemeinde."

eine vorwiegend konsumierend-teilnehmende ebenso wie eine eher engagiert-mitarbeitende, wobei natürlich viele Zwischenformen existieren.[480]

Vergleicht man die Fragen 3a) und 3b), so ist festzuhalten, daß die christliche Erziehung der Teilnehmer bei der überwiegenden Mehrzahl zu einer bewußt reflektierten und bejahten Zugehörigkeit zu einer christlichen Kirche oder Gemeinschaft geführt hat, die in vielen Fällen mit aktiver Mitarbeit verbunden ist.

Frage 3c) Betest du?
Die Frage zielt auf eine der zentralsten Lebensäußerungen persönlicher Frömmigkeit und ist in diesem Sinn ein Indiz für eine intrinsisch motivierte Religiosität, die in Form einer persönlichen Gottesbeziehung gelebt wird, denn das Gebet setzt – im Gegensatz zur Meditation – den Glauben an ein hörendes Gegenüber voraus.
Die vier vorgegebenen Antwortmöglichkeiten sowie der Verzicht auf nähere Erklärungen schränken den Informationsgehalt der Frage selbstverständlich ein. Zwei der Befragten erweiterten eigenmächtig den Umfang der Antwortmöglichkeiten, um ein differenzierteres Bild ihrer Gebetspraxis zu vermitteln. Ihre Antworten sind in Klammern gesetzt.

Von den 21 Befragten
- beten häufig: 12 TN
- (betet häufig bis gelegentlich: 1 TN)
- beten gelegentlich: 4 TN
- (betet gelegentlich bis sehr selten: 1 TN)
- beten sehr selten: 3 TN

Eine deutliche, wenn auch nicht allzugroße Mehrheit betet häufig – dies ist ein Hinweis auf eine intensiv gelebte persönliche Frömmigkeit.

Frage 3d) Würdest du dich als Christ/Christin bezeichnen und wenn ja, woran machst du dies fest?
Mit dieser Frage wurde die Thematik der persönlichen Religiosität abgeschlossen und gleichzeitig zur größtmöglichen Eindeutigkeit geführt, indem die Befragten ihr Selbstverständnis als Christ/Christin formulieren mußten.
18 Teilnehmer bejahten die Frage.[481]

---

[480] Es darf außerdem nicht vergessen werden, daß bei allen Fragen, die vom Teilnehmer die Formulierung eigener Begründungen verlangen, damit zu rechnen ist, daß keine restlos umfassenden, sämtliche Begründungsmöglichkeiten berücksichtigenden Antworten gegeben werden. Auch hat jeder Befragte unterschiedliche Auffassungen darüber, was als Ausdruck von Verbundenheit gelten mag, und trifft insofern eine Auswahl bei der Nennung der Verbundenheits-Indizien. Nicht zuletzt besteht bei jeder offenen Frage die Möglichkeit, daß der Antwortende einen Teil der Gründe oder Argumente, die anzuführen wären, zum Zeitpunkt des Ausfüllens nicht im Gedächtnis präsent hatte.
[481] 1 TN: „Nein." 1 TN: „Eigentlich nicht, denn Christen tun mehr für ihren Glauben, als ich es tue oder jemals getan habe."

Auch hier lassen sich Begründungen, die ausschließlich in geistigen Überzeugungen und Orientierungen bestehen, von Begründungen unterscheiden, die darüber hinaus noch eigenes Verhalten ins Spiel bringen.

a) Begründungen, die sich auf Überzeugungen und Orientierungen stützen:

> - „Ja. Glaubensbekenntnis"
> - „Ja. Ich glaube, daß Jesus Gottes Sohn ist und in der Welt war."
> - „Ja – an der Taufe."
> - „Ja, durch Orientierung am Leben Jesu und seiner Botschaft der Befreiung"
> - „Ja, durch die entsprechenden Zusagen von Gottes Wort bezüglich des Glaubens an Jesus Christus"

b) Begründungen, die auf eigenes Verhalten Bezug nehmen:

> - „Christsein bedeutet für mich das Bemühen, nach christlichen Grundsätzen und Wertvorstellungen zu leben. Zum Beispiel im Nächsten einen Menschen wie mich selbst zu sehen. Nachfolge Christi, wenigstens in kleinen Schritten."
> - „Ja – weil ich von der Gewißheit lebe, daß Gott mich geschaffen hat als eine unverwechselbare Persönlichkeit, daß er mich liebt, trotz allen meinen Schwächen und Fehlern, daß er mich führt und mir immer wieder Menschen schenkt, die mich dabei begleiten und meinen Weg erkennen lassen, und daß Gott mich aus der Vergebung verändert."
> - „Ja. Ich lebe in der Nachfolge Jesu Christi, d.h. ich versuche nach bestem Wissen und Gewissen nach Gottes Wort zu leben. Ich lebe in der Gemeinschaft mit anderen Christen."
> - „Ja. Nächstenliebe praktizieren, für andere da sein, Besuche."
> - „Ja. Meine Erfahrungen mit Gott weiterzugeben, so gut ich es kann."
> - „Ja. Bewußte und bemühte Orientierung und Umsetzung von Werten, die/wie sie Jesus Christus in Wort und vor allem Tat ‚verkündet' hat."
> - „Ja. Ein am Leben und Sterben Christi orientierter Lebensentwurf. ‚Frömmigkeit' als Ausdruck einer täglichen Einflußnahme einer persönlichen Gottessuche auf mein Leben. Regelmäßiger Austausch und Kontakt mit anderen Christen."
> - „Ja. Ich glaube, daß die Regeln, die Jesus Christus als ‚Lebensregeln' gegeben hat, unumgänglich sind, wenn Menschen in Frieden miteinander leben wollen. Ich versuche, mich an diese Ratschläge zu halten und bitte Jesus um seine Hilfe dabei."
> - „Ja. Ein Leben in Verantwortung vor Gott/Jesus zu leben; sich im Leben von Jesus führen zu lassen; Anschluß an Mitchristen/christliche Gruppen suchen, um die Gemeinschaft zu erleben."
> - „Ich bin Christ, zunächst durch Erziehung. Heute erschließe ich mir das ‚Fundament' meines Glaubens (die Bibel) mit höchst interessanten Erkenntnissen, die ich auch weitergebe."

---

1 TN: „Im engeren, theologisch definierten Sinn: zur Zeit nein; was ich lebe, ist höchstens ‚lauwarm'. Von meinen ethischen, weltanschaulichen, religiösen, theologischen Einstellungen her stehe ich aber der christlichen Kirche am nächsten."

2. Auswertung des Fragebogens

> und auch der Gesellschaft Lebenssinn geben und das Leben zu meistern helfen."
> – „Ich glaube, daß es einen Gott gibt, der ganz individuell in mein persönliches Leben eingreifen kann."
> – „Ich versuche, Gott in mein Leben – insbesondere bei Entscheidungen, Freude, Kummer – einzubeziehen. Ich vesuche, christlichen Wertvorstellungen nachzustreben, was mir aber allzu oft nicht gelingt."

Diese Begründungen zeigen einen ungewöhnlich hohen Reflexionsgrad der Befragten bezüglich ihrer eigenen christlichen Identität an. Erstaunlich erscheint, wie ausgeprägt das Bewußtsein der Teilnehmer ist, Christsein als Lebensform mit konkreten Auswirkungen im Verhalten zu begreifen, ohne daß dies zur Formulierung dogmatischer Gesetzlichkeiten im Sinne von „Ein Christ muß/sollte ..." führte.

Fazit des Items 3: Die weit überwiegende Mehrheit der Befragten bezeichnet sich als Christ bzw. Christin und gibt differenzierte Begründungen an, die neben bestimmten Überzeugungen auch eine Vielfalt an praktischen Lebensvollzügen umfaßt. Der Glaube ist für sie kein theoretischer Überbau des Lebens, sondern durchdringt ihr praktisches Verhalten im Alltag.
Dies dürfte Auswirkungen auf ihren Umgang mit Vergebung haben.

2.2. Zugang zum Thema der Vergebung

Die Fragen 4–6 zielen auf einen relativ mühelosen Zugang in das eigentliche Thema des Fragebogens und sind deshalb geschlossene Fragen, die nicht die Formulierung eigener Antworten und Überlegungen beinhalten.

Frage 4: Zum Thema ‚jemanden vergeben' habe ich mir bisher Gedanken gemacht ...
Diese Frage soll den Reflexionsstand der Befragten zum Thema erfassen, wobei aufgrund der persönlichen Bekanntschaft der Befragten mit der Fragestellerin damit zu rechnen war, daß sie dem Thema nicht völlig fremd und unvorbereitet gegenüberstanden. Drei Antwortmöglichkeiten (schon oft-hin und wieder-so gut wie nie) waren gegeben.

> Acht der Befragten gaben an, „schon oft" über das Thema nachgedacht zu haben; zwölf gaben an, „hin und wieder" sich Gedanken gemacht zu haben;
> ein Teilnehmer sagte aus, sich „so gut wie nie" darüber Gedanken gemacht zu haben.

Frage 5: Ich würde von mir behaupten, daß Vergeben mir im allgemeinen ...

- sehr schwerfällt: keine Nennung
- eher schwerfällt: 5 Frauen und 3 Männer
- eher leichtfällt: 5 Frauen und 5 Männer[482]
- sehr leicht fällt: 1 Mann

Eine knappe Mehrheit ist der Ansicht, daß ihr Vergebung eher oder sogar sehr leichtfällt.

Frage 6: Ich verbinde mit dem Wort ‚(jemandem) Vergeben/Verzeihen' ... (Semantisches Differential – Mehrfachnennungen möglich)
Die Zahl gibt die Anzahl der Nennungen an:

- Entlastung: 20 (P) – Erleichterung: 16 (P) – erneute Vertrauensbereitschaft: 15 (P)
- Freiheit: 14 (P) – Friede: 14 (P) – Nachdenken: 14 (-)
- eine selbstkritische Haltung: 13 (P)
- Stärke: 13 (P) – Einfühlungsvermögen: 13 (P) – Loslassen: 11 (P) – Jesus: 10 (-)
- Verzicht auf Rache: 9 (-) – Distanz zu sich selbst: 9 (P) – Gnade: 8 (P)
- Freude: 7 (P)

Von den insgesamt 243 Nennungen entfielen 143 Nennungen, das sind 59%, auf die erstgenannten 10 Begriffe. Nimmt man die fünf Begriffe von „Jesus" bis „Freude" dazu, so entfallen fast 75% aller Nennungen auf diese insgesamt 15 Begriffe. Die restlichen 19 Begriffe konnten demhingegen nur noch rund ein Viertel aller Nennungen auf sich vereinigen.[483]
Die durchschnittliche Zahl von angekreuzten Begriffen betrug 12 Nennungen; es gab allerdings einen großen Streubereich von 3 bis 24 Nennungen, wobei das Gros der Teilnehmer sich zwischen 8 und 15 Nennungen bewegte (15 Personen).

---

482 Ein Teilnehmer mit dem Zusatz: „Allerdings bei sehr tiefen Verletzungen geht nichts (ca. 4 Personen in meiner Biographie)." Zwei Personen konnten sich mit den vorhandenen Antwortmöglichkeiten nicht abfinden:
1 TN: „Eher leicht und eher schwer: situationsbezogen."
1 TN: „Die Skala reicht von sehr leicht bis sehr schwer. Je größer die mir gegenüber entstandene Schuld oder das mir gegenüber begangene Unrecht ist, desto schwerer fällt mir die Vergebung." – Die hier erfolgte Differenzierung der Vergebungsfähigkeit bzw. -bereitschaft macht den Nachteil von geschlossenen Fragen deutlich: hier wird dem TN eine Vereinfachung der Antwort aufgezwungen, die der Vielfalt der Situationen und Anlässe zur Vergebung nicht annähernd gerecht werden kann. Allerdings gaben die folgenden Fragen den TN noch genügend Gelegenheit, ihr Vergebungsverständnis und ihre Vergebungspraxis detailliert zu schildern.
483 Und zwar in folgender Reihenfolge (Die Zahl gibt die Anzahl der Nennungen wieder): Großmut/Mut – Nachgeben: je 6 – Verzicht auf Schadenersatz: 5 – Vergessen: 4 – Leichtnehmen – Schwammdrüber – Überlegenheit – unterdrückter Zorn – Gefühlsunterdrückung – Risiko – Nachgiebigkeit: je 3 – Schwäche – Selbstbeherrschung – Feigheit: je 2 – Scheinfriede- falsche Nachsicht- Wehrlosigkeit: je 1 Nennung. Selbstverleugnung: keine Nennung.

2. Auswertung des Fragebogens

– Es lohnt sich, diese Verteilung näher anzuschauen. Die mit „P" in Klammern gekennzeichneten Begriffe sind eindeutig oder überwiegend mit *positiven Assoziationen* verbunden. Es zeigt sich, daß bei den 15 meistgenannten Begriffen kein einziger mit einer eindeutig negativen Konnotation vertreten ist. Auch wenn man berücksichtigt, daß insgesamt nur rund ein Viertel aller Begriffe mit eindeutig negativen Assoziationen verbunden ist (Unterdrückter Zorn – Gefühlsunterdrückung – Schwäche – Feigheit – Scheinfriede – falsche Nachsicht – Wehrlosigkeit – Nachgiebigkeit – evtl.: Selbstverleugnung), so ist es doch auffallend, daß die vorherrschenden Assoziationen zur Vergebung ausgesprochen positiv bewertete Begriffe sind.

Bei diesen Begriffen ist zu unterscheiden zwischen:

> a) persönlichen Emotionen: Entlastung – Erleichterung – Friede – Freiheit – Freude
> b) Persönlichkeitseigenschaften: erneute Vertrauensbereitschaft – Nachdenken – eine selbstkritische Haltung – Stärke – Einfühlungsvermögen – Verzicht auf Rache – Distanz zu sich selbst
> c) geistiger Orientierung/Glaube: Jesus – Gnade

Wie diese Einteilung zeigt, nehmen die mit „Vergeben" assoziierten *Persönlichkeitseigenschaften* bzw. *Verhaltensweisen* der vergebenden Person den breitesten Raum im Denken der Befragten ein. Offenbar gehen sie davon aus, daß der vergebende Mensch ein ganzes Bündel an Fähigkeiten und Einstellungen besitzen muß, um den Akt des Vergebens auszuführen. Demhingegen sind die mit Vergeben verbundenen *persönlichen Emotionen* weniger eindeutig nur dem Vergebenden zuzuordnen; sie können sich ebenso auch auf den, dem vergeben wird, beziehen. Doch sind die Gefühle allesamt als positiv einzustufen, wobei die von der Bedeutung nahezu identischen Gefühle „Entlastung" und „Erleichterung" an der Spitze der Assoziationen der Befragten stehen. Dies ist ein klarer Hinweis darauf, daß eine nichtvergebende Haltung von den Teilnehmern als äußerst belastend eingestuft wird.

Bei den Assoziationen „Jesus" und „Gnade" ist der christliche Hintergrund bei der Mehrheit der Befragten ins Auge zu fassen. Zum einen dürften sie Jesus als Vorbild ansehen, was Vergebungsbereitschaft anbelangt, zum anderen sind den Befragten sicher die jesuanischen Aufforderungen zur Vergebung vertraut. Mit dem Begriff „Gnade" kann der Gedanke an Gottes Vergebung als Zeichen seiner Gnade verbunden sein, es kann die Vergebung im Sinne einer „Begnadigung" gesehen werden, es kann aber auch darauf hingewiesen werden, daß die Fähigkeit zur Vergebung eine (göttliche) Gnade ist, die den Umfang einer rein subjektiven Willensentscheidung des Menschen sprengt.

Die Tatsache, daß negative Assoziationen eine sehr untergeordnete Rolle spielen, läßt sich dahingehend interpretieren, daß die Befragten eine grundsätzlich positiv-bejahende Einstellung zur Vergebung haben und die intra- und interpersonalen Vorteile des Vergebens weitaus höher gewichten als eventuelle Nachteile.

Vergebung wird von den Befragten weder als Zeichen von Gefühlsunterdrückung oder Nachgiebigkeit, weder als Schwäche noch als Akt der Feigheit angesehen, und schon gar nicht als ein Zeichen von falscher Nachsicht und persönlicher Wehrlosigkeit. Nicht zuletzt wird Vergebung weder mit einem Scheinfrieden noch mit einem Akt der Selbstverleugnung in Verbindung gebracht.[484]
Die 21 Teilnehmer des Fragebogens sind offensichtlich in ihrer großen Mehrheit der zwischenmenschlichen Vergebung gegenüber äußerst aufgeschlossen und wohlwollend eingestellt und verbinden damit überwiegend positive Vorstellungen. Dies bedeutet, wie die nachfolgenden Fragen zeigen, jedoch nicht, daß sie blind wären für die Probleme und Risiken des Vergebens.
Allerdings zeigen auch die *selbstformulierten Assoziationen* der Befragten, daß die positiven Erwartungen dominieren. Genannt wurden folgende Begriffe:

a) Persönlichkeitseigenschaften: Nächstenliebe – Harmoniebedürfnis – Selbstsicherheit – Ehrlichkeit – dem anderen Raum geben und mir selbst Raum geben – Liebe – Geduld haben – Hoffnung für andere Menschen haben – erster Schritt.
b) Emotionen: Befreiung – Aufatmen.
c) Assoziationen, die mögliche interpersonalen Auswirkungen des Vergebens betonen: Vorbildfunktion – Vertrauensmißbrauch bzw. Ausgenutztwerden – neue Türen/Dimensionen einer Beziehung eröffnen sich (tiefere, befriedigendere): eine Beziehung wird dadurch tragfähiger für menschliche Schwächen; ich kann mehr so sein, wie ich bin, in einer Beziehung, in der Vergebung möglich ist – Veränderung der Beziehung – Wachsen – Verletzen – Einsichtigkeit des/der anderen – Neuanfang – Blickkontakt.

Keine Begriffsassoziationen stellen zwei Stellungnahmen grundsätzlicher Art dar:

– „Ich halte Vergebungsbereitschaft und Annahme von Vergebung sowohl in der Gottesbeziehung als auch in der zwischenmenschlichen Beziehung für den zentralen Punkt und Ausdruck größter Befreiung/Freiheit."
– „Ich unterscheide in meinen Assoziationen, ob ich mir nahestehenden Menschen vergebe oder Fremden. Fremden gegenüber bin ich von vornherein toleranter. Anders sieht es auch aus, wenn ich machtlos bin (z.B. bei Vorgesetzten)."

Gerade die letzte Bemerkung zeigt, daß die Vergebungsbereitschaft je nach Art der Beziehung zum „Täter" sehr unterschiedlich ausgeprägt sein kann.

---

484 Dies verrät insofern einen hohen Grad an Reflexion bezüglich des Vergebungsthemas, als daß genau diese negativen Assoziationen von vielen Menschen vermutlich spontan mit Vergebung assoziiert werden: Vergebung als Zeichen von Schwäche oder von Selbst- und Gefühlsverleugnung.

Die Ergebnisse unterstützen Hypothese 1, wonach Vergebung vorwiegend mit Entlastung und Erleichterung assoziiert wird.[485]

2.3. Einstellung zur Vergebung; persönliche Vergebungspraxis

Frage 7: Bist du nur bereit, jemandem zu vergeben, der seine Schuld einsieht und sein Unrecht bereut? Wenn ja, warum?

4 Personen bejahten die Frage:

- „Wenn mir bewußt und bösartig Unrecht geschehen ist, muß der andere erst auf mich zukommen und Bereitschaft zeigen."
- „So wie ich selbst für mich keine Vergebung einer anderen Person mir gegenüber erwarte, wenn ich mein begangenes Unrecht zwar erkannt habe, aber nicht bereue, würde ich einem anderen ebenfalls nicht vergeben. Einschränkung wäre: körperliche und geistige Unfähigkeit zur Einsicht (Schuldunfähigkeit)."
- „Ja – nur dann finde ich Vergeben sinnvoll – ansonsten kann ich oben angeführte Empfindungen (Entlastung/Erleichterung) nicht erleben."
- „Eine vorbehaltlose Vergebung wäre der Freibrief für jedes Verbrechen."

Die erste Antwort nimmt eine Einschränkung bezüglich der Motivation des Täters vor – nur bei bewußtem und bösartigem Unrecht macht er seine Vergebung abhängig von der Reue des Täters -: vermutlich aus dem Wunsch, sicherzugehen und eine Wiederholung der Verletzung zu vermeiden. Hier wird die erneute Verletzungsgefahr, die bei Vergebung grundsätzlich gegeben ist, zu minimieren versucht.

Die zweite Antwort argumentiert aus dem Anspruch, den die Person an sich selbst stellt und den sie folglich auch an andere stellen zu dürfen meint. Diese Auffassung -"was ich von mir verlange, darf ich auch von anderen verlangen"- müßte bezüglich ihrer Voraussetzungen und Konsequenzen diskutiert werden.

Die dritte Begründung macht den intrapersonalen Entlastungseffekt des Vergebens abhängig von der Versöhnungsbereitschaft und damit der Reue des Täters. Hier sollte geklärt werden, daß Entlastung als intrapersonale Folge von Vergebung zunächst von der Haltung des Täters unabhängig ist, und daß Vergebung und Versöhnung zwei getrennte Vorgänge sind.

Die vierte und letzte Antwort geht davon aus, daß Vergebung ohne Reue des Täters bedeutet, dem Unrecht Vorschub zu leisten. Hier wird übersehen, daß Reue auch eine *Folge* der Vergebung sein kann, und daß Vergebung durchaus mit Maßnahmen verbunden sein kann, die ein erneutes Unrechttun des Täters zu verhindern suchen.

Bei fünf Antworten wird m.E. deutlich, daß die TN das einschränkende „nur" der Frage übersehen oder in seiner Bedeutung nicht verstanden haben, so daß sie

---

[485] S.o., S. 123.

nicht auf die Frage antworteten, ob sie das Schuldeingeständnis des Täters zur *unabdingbaren* Voraussetzung ihrer Vergebung erklärten, sondern sie äußerten sich zu der Frage, *ob sie nach einem Schuldeingeständnis des Täters zur Vergebung bereit wären:*

> - „Ja, es wäre leichter, weil damit auch Diskussionen vorausgegangen wären."
> - „Ja, weil ich weiß, wie schwer es fällt, jemanden um Verzeihung zu bitten. – Ich fühle mich mit meinen Verletzungen ernstgenommen ..."
> - „Schuldeingestehung ist Unrechtanerkennung – für mich ein Grund, zu vergeben."
> - „Ja, weil es sehr selten passiert. Es gehört schon sehr viel Mut dazu, seine Schuld einzugestehen, da fühle ich mich verpflichtet, dann auch zu vergeben."
> - „Nicht immer, aber oft."

Bei drei Personen ist unklar, ob sie die konditionale Einschränkung mitbedacht oder übersehen haben:

> - „Ja – der andere hat sich über sich/sein Verhalten Gedanken gemacht."
> - „Ja. Wenn der andere seine Schuld einsieht, suche ich auch bei mir sofort eine Mitschuld, so daß mir Vergeben leichtfällt."
> - „Wenn Dinge noch gesagt, geklärt, auseinandergesetzt werden müssen – für mich; Standpunkte neu bestimmt werden sollten; das Verhalten meines Gegenspielers mich zu sehr ‚kratzt'".

Fazit: Von den insgesamt 12 Personen, die die Frage bejahten, kann man mit Sicherheit nur bei vier Personen davon ausgehen, daß sie grundsätzlich *nur* bei Schuldeinsicht des Täters zur Vergebung bereit wären.[486]

Frage 8: Wenn nein, warum nicht?
10 TN beantworteten nur Frage 8, das heißt, sie waren nicht bereit, nur jemandem zu vergeben, der seine Schuld einsieht und sein Unrecht bereut. Folgende Begründungen wurden gegeben:

> - „Schuld einsehen verlangt Intellekt und psychische Stärke. Wem das fehlt, von dem kann man wenig verlangen. Da hilft vielleicht nur der eigene Großmut, ihn zu überzeugen, wahrscheinlich aber nicht!"

Hier wird in Erwägung gezogen, daß nicht jeder Mensch zur Einsicht in sein Unrecht in der Lage ist, weshalb man sich von dieser Einsicht auch nicht abhängig machen sollte.

---

[486] Offenbar hätte die Frage eindeutiger formuliert werden müssen. Die hohe Mißverständnisrate zeigt sich auch daran, daß sechs TN nicht merkten, daß die Fragen 7 und 8 alternativ waren.

2. Auswertung des Fragebogens 137

> - „Da das jemand-anderem-Verzeihen in erster Linie mit mir selbst und meinem Inneren zu tun hat. Die Verarbeitung des Gewesenen läuft in mir ab (innerer Kampf)."
> - „Vergebung beginnt zuerst in meinem Herzen und Verstand. Das hat in diesem Moment noch nichts direkt mit dem anderen zu tun. Befreiender ist es natürlich, wenn der ‚Schuldige' seine Schuld bekennt und bereut!"
> - „Bei Personen, die mir sehr wichtig sind, läuft der Prozeß des Vergebens überraschenderweise sehr viel häufiger ab als bei Personen, die mir fremd sind oder wenig bedeuten, vielleicht, weil durch mehr Nähe die Unterschiedlichkeit stärker deutlich wird und Verletzungen eher möglich sind. Indem mir die Andersartigkeit des anderen als Ursache für meine Enttäuschung vor Augen steht, ist Vergeben viel leichter – es hat nichts mit der Person des anderen zu tun. Ausnahme: ein enger Freund ignoriert einen mir sehr wichtigen Wunsch, geht überhaupt nicht darauf ein: dann ist auch in diesem Fall Vergebung ohne den anderen sehr viel schwerer und dauert, bis sie geschieht, häufig länger."

In allen drei Antworten wird vor allem die *intrapersonale* Dynamik des Vergebens betont, die unabhängig von der Einsicht des Verletzers ablaufen kann. Die Antworten signalisieren die Konzentration der Vergebenden auf ihre eigene Verantwortung bei der Bewältigung des Geschehen, wobei die vergebungsfördernde Wirkung eines Schuldeingeständnisses zwar gesehen, jedoch nicht zur Voraussetzung eigener Vergebungsfähigkeit erklärt wird.

> - „Jemandem nicht zu vergeben bedeutet, Kräfte zu binden. Es befreit *mich*, wenn ich vergebe."
> - „Im Blick auf mich selbst: Nicht-Vergeben belastet mich selbst auch. – Gott vergibt mir auch. Im Blick auf den ‚Schuldigen': Die Beziehung zu ihm ist gestört. Durch meine Vergebung kann der Weg zur Herstellung einer guten Beziehung leichter werden."
> - „Vergebung ist die *grundsätzliche Bereitschaft*, eine Beziehung zu bewahren. Ich empfinde die Vergebung Gottes mir gegenüber ebenfalls als eine *grundsätzliche* Zustimmung zu meiner Person!"
> - „Vergebung heißt, seine volle Zustimmung einem anderen Menschen gegenüber zum Ausdruck zu bringen. Wenn sie sich an der Einsicht des anderen orientiert, bezieht sie sich auf den augenblicklichen Sachverhalt (Verletzung/Enttäuschung) und nicht auf die Person/Beziehung."

Hier wird einerseits mit den Nachteilen argumentiert, die eine bedingte Vergebungsbereitschaft für den Verletzer mit sich bringt. Andererseits wird der Beziehungsaspekt in den Vordergrund gestellt: Vergebung zielt auf Bewahrung und Wiederherstellung von Beziehung, das heißt, Vergebung ist zwar nicht identisch mit Versöhnung, kann dieser aber den Weg bereiten. Nicht zuletzt wird von der Beziehung zu Gott aus argumentiert: Gottes Vergebung, die ein bedingungsloses Ja zum Menschen wiederspiegelt, befreit und verpflichtet gleichzeitig zur Weitergabe von Vergebung an den Mitmenschen. Dies wird in der folgenden Antwort noch deutlicher entfaltet:

> – „Vergebung darf meines Erachtens nicht an Bedingungen geknüpft sein, ist eine bedingungslos erfahrene Gnade, die ebenso – zumal auch von großem eigenem Nutzen – weitergegeben werden soll. Vergebung betrifft zunächst *meine* ‚Einordnung' und Bearbeitung/Umgang mit einer Angelegenheit, die zwischen mir und einer anderen Person steht; die Frage nach ‚Vergebung/keine Vergebung' stellt zunächst *mich* und meine Selbsteinschätzung in Frage; Vergebung unter bestimmten Voraussetzungen (Einsicht/Reue) oder zur Erreichung einer bestimmten Einstellung beim anderen ist Erziehung, die hochmütig die Arbeit an der *eigenen* Person ablehnt."

Dieser TN führt in beeindruckend komprimierter Form gleich ein ganzes Bündel an Gegenargumenten gegen bedingte Vergebung ins Feld:
- theologisch: bedingungslos erfahrene göttliche Vergebung muß ebenso bedingungslos weitergegeben werden
- intrapersonal: Vergebung hat positive Auswirkungen auf den, der vergibt und ist zunächst ein Vorgang, der unabhängig von der Einsicht des Verletzers abläuft. Vergebung nötigt zur Auseinandersetzung mit sich selbst, der eigenen Selbsteinschätzung, den eigenen Verarbeitungsweisen und -kapazitäten bei Verletzungen.
- interpersonal: konditionale Vergebung stellt einen Erziehungsversuch am Verletzer dar, der an die Stelle der Selbsterziehung des Verletzten tritt, entsprechend der Devise: Qui accuse, s'excuse (Wer anklagt, entschuldigt sich selbst). Zu letzterem Argument paßt auch die knappe Antwort eines anderen TN:

> – „Schuld ist selten einseitig"

Auch hier wird die Mitverantwortung des Vergebenden für die Beziehungsstörung betont, die ihn zum ersten Schritt in Richtung Versöhnung motivieren kann.

Interessant ist, daß einem Teil der Befragten offenbar ein einziges Argument zur Ablehnung der konditionalen Bedingung ausreiche, während andere das Problem von mehreren Seiten betrachteten und zu mehreren Argumentationssträngen griffen, die insgesamt fast die gesamte Bandbreite an psychologischen, theologischen und philosophischen Argumenten in der Forschungsliteratur für das bedingungslose Verzeihen abdecken.
Die Ergebnisse stützen Hypothese 2.[487]

---

[487] S.o., S. 123.

2. Auswertung des Fragebogens

2.4. Schritte oder Phasen der Vergebung

Frage 9: Vergebung braucht oft Zeit. Welche Schritte oder Phasen des Vergebungsprozesses kannst du dir vorstellen?

7 TN entwarfen einen dreistufigen Vergebungsprozeß, 8 TN einen vierstufigen. 2 Teilnehmer skizzierten einen fünfstufigen Prozeß, 1 TN einen sechsstufigen.[488]

a) Drei-Phasen-Theorien
(Abkürzungen: V. = Vergebung; Vl. = Verletzung; Vlr. = Verletzer; Bez. = Beziehung)

1. Phase	2. Phase	3. Phase
Rationale Reflexion/ Bewußtmachung bzw. Einsicht	Praktischer Vollzug bzw. Versuch der Vergebung	Emotionale/seel. Einsicht. Daraus folgend: wirkliche V.
Distanz gewinnen	Miteinander reden	Akzeptanz
Kennenlernen der Umstände, die zur Vl. geführt haben	Informationen über den ‚Schuldner' einholen …	Persönl. Kontakt mit dem Schuldner
Zeitliche Distanz	Darüber reden; Einsicht/ Reue spüren	Für sich selbst an den Punkt kommen, wo V. möglich ist
Problem abkühlen lassen	Über den eigenen Anteil am Problem nachdenken	Hoffen, daß der andere ebenfalls Bereitschaft zeigt, um V. zu erleichtern
Intensive Auseinandersetzg. mit dem Geschehenen	Ruhepause, in der die krit. Auseinandersetzung weitgehend abgeschlossen ist …	V. aus reinem Herzen-für mich nur vorstellbar, wenn ich seelisch im Gleichgewicht bin …
Nach einer Vl. steht immer das traumatische Erlebnis im Vordergrund	Sprachlosigkeit/Unfähigkeit zur Kommunikation: notwendig, um über Vl. nicht einfach hinwegzugehen	Lernen, von diesem Erleben abzusehen, es zu überwinden und anzufangen, die Zustimmung zur Bez. auszudrücken

Die Drei-Phasen-Theorien lassen sich in folgende drei Schritte summarisch zusammenfassen:

– Eine Phase der räumlichen und/oder zeitlichen und damit verbundenen seelischen Distanz/Ruhepause in der Beziehung zwischen Verletztem und Verletzer	– Eine Phase der intensiven kognitiven Auseinandersetzung mit der eigenen Verletztheit sowie mit der vorgefallenen Verletzung: Reflexion, Bewußtmachung, Einsicht, Information über den Verletzer, Selbsterkenntnis	– Eine Phase der Wiederaufnahme der Beziehung zum Verletzer (soweit möglich) als Zeichen der Vergebungsbereitschaft oder als Zeichen der schon erfolgten Vergebung, wobei teilweise eine gewisse Abhängigkeit von der Einsicht des Verletzers angedeutet wird

---

[488] Zwei TN beantworteten die Frage nicht, ein TN beantwortete sie aus der Sicht des Verletzers.

b) Vier-Phasen-Theorien
(Abkürzungen: V. = Vergebung, Vl. = Verletzung, Vlr = Verletzer, Bez. = Beziehung, Me. = Menschen)

1. Phase	2. Phase	3. Phase	4. Phase
Mir selbst eingestehen, daß es etwas zu vergeben gibt	Bewußtsein, daß auch mir vieles v. werden muß-von Gott und Menschen	Abstand zum Vlr und zu der Situation, in der die ‚Schuld' passiert ist	Gespräch mit dem Vlr oder einem Me. meines Vertrauens
Abstand	Austausch mit einem Freund u. eigene Reflexion	Verletztheit dem anderen mitteilen	V. aussprechen. Alle Phasen: begleitet durch das Gebet.
Eigenen Schmerz spüren, nachdem zuerst nur Wut da war	Selbstreflexion: was waren eigene Anteile? Alte Geschichten …?[489]	Perspektivenwechsel: Was waren Motive des Vlr-s? …[490] Evtl. auch Gespräch mit einer dritten Person darüber	Gespräch mit Vlr: Entweder Klärung und V., oder keine Klärung, dann evtl. Phasen 1–3 erneut durchlaufen.[491]
Verletzungen erkennen	Haß/nachtragende Gefühle erkennen	Erkennen des ‚Mensch(lich)seins' des anderen	Gedankliche Lösung
Sich aus dem Weg gehen, Totschweigen	Zaghafte Diskussion, wieder Beleidigtsein	Thema ausklammern, sich auf Gemeinsamkeiten besinnen	3 mgl. Ausgänge: a) weitere Oberflächlichkeit b) Krit. Thema weiter ausklammern c) Aussprache, Schwamm drüber.
Nachdenken	Einsicht	Harmoniebedürfnis	Ersten Schritt tun, um Ruhe zu haben. Annäherung
Anfänglicher Abstand. Meiner Wut/Vl. Raum geben	Gespräch mit FreundIn suchen und Gebet …	Mich in den Vlr hineinversetzen, ihn verstehen. Gebet um Kraft und V.	Gespräch suchen mit Vlr, ihm Gefühle mitteilen. Einen Zeitpunkt suchen, an dem ich mir sage: ich vergebe …[492]
Zeit zum Nachdenken	Gedankenaustausch mit Unbeteiligtem	Gespräche mit dem Vlr	Nicht (mehr) so kritisch sein.

Auch hier sind die drei oben erarbeiteten Phasen zu finden:

---

[489] „Gibt es alte Geschichten/Enttäuschungen, die jetzt wieder hochkommen? Wie kann ich besser für meine Bedürfnisse sorgen?"

[490] „… Welche Möglichkeiten hätte der andere überhaupt gehabt (Realitätsprüfung)?"

[491] „… bis die Sache für mich selbst geklärt ist oder ad acta gelegt werden kann. Wobei hier die Emotionen den Kognitionen zeitlich hinterherhinken. Im Sinne einer kognitiven Umstrukturierung wird aber schlußendlich eine neue Realität möglich und die Sache kann vergeben werden."

[492] „… Vielleicht laut sagen: Ich vergebe jetzt! Vor die Augen treten."

2. Auswertung des Fragebogens

| Distanzphase: auf Abstand gehen, dem Vlr. aus dem Weg gehen, Zeit zum Spüren der eig. Verletztheit usw. | Kognitive Bearbeitungsphase: allein oder im Gespräch mit Dritten[493] | Wiederaufnahme der Beziehung: a) als Versuch, die Vl. im Gespräch mit Vlr. zu bearbeiten, oder: b) als Resultat des eig. Vergebungsprozesses[494] | Zusätzl. Schritte: a) Eingeständnis der eig. Wut, Vl-heit sich s. gegenüber (wird 4x als eig. Phase betont) b) Entschluß zu vergeben (wird 2x als eig. Schritt entworfen) |

Außerdem wird in zwei Fällen das Gebet explizit als zusätzliche Begleitmaßnahme des Vergebungsprozesses genannt.

c) Zwei Fünf-Phasen-Entwürfe, ein Sechs-Phasen-Entwurf

1. Phase	2. Phase	3. Phase	4. Phase	5. Phase	6. Phase
Wut über (evtl. vermeintliche) Vl.	Emotionalität bzw. Aufregung geht zurück	Rationalität tritt ein	Einsicht in eig. Unrecht/ Mißverständnis u./od.: Vlr. entschuldigt sich	Versöhnung	
Sich zurückziehen, um Distanz zu bekommen	Versuchen, sich in Vl. hineinzudenken	Gespräche	Offenheit	Verstehen und Vergeben	
Pflege der eigenen Vl.-heit	Suche nach mgl. Gründen, Einsicht in die Struktur des Vlr's	Evtl. Erkenntnis einer Mitschuld	Einordnen der Vl. als etwas, das eben so war	Loslassen aller Vorwurfsgedanken	Normale Beziehung – oder keine mehr[495]

Deutlich wird, daß in diesen Entwürfen die kognitive Phase stärker differenziert wird.

Fazit von Frage 9: Zunächst erstaunt, daß keiner der Teilnehmer der Annahme widersprochen hat, daß Vergebung ein Prozeß mit mehreren Phasen ist. Offenbar leuchtete diese Ausgangsthese den Befragten spontan ein bzw. entsprach ihren eigenen Gedanken. Faszinierend ist die Fülle an verschiedenen Stufen oder Phasen, die von den Teilnehmern benannt wurde und die sich in ihrer groben Kate-

---

[493] Dieser Schritt wurde von zahlreichen TN in zwei Schritte aufgeteilt, z.B. ein Schritt der Selbsterkenntnis und ein Schritt der Einfühlung in den Verletzer, oder ein Schritt der Reflexion und ein Schritt der Kommunikation über die Verletzung mit einer vertrauten Person.

[494] Während b) auf die Unabhängigkeit des Vergebungsentschlusses von der Stellungnahme des Verletzers hinweist, deutet a) eher auf die Abhängigkeit der eigenen Vergebungsbereitschaft von dessen Einsicht und Einstellung hin. Dementsprechend wird dann auch ein doppelter Ausgang skizziert.

[495] Warum hier trotz Vergebung die Möglichkeit totalen Beziehungsabbruchs gesehen wird, bleibt unklar.

gorisierung erstaunlich mit den Ergebnissen des Teils I dieser Arbeit deckt.[496] Dies zeigt, daß die von der Vergebungsliteratur vorgeschlagenen, teils induktiv, teils deduktiv gewonnenen Phasenmodelle der Vergebung mit den introspektiven Einsichten der Teilnehmer in ihre eigenen Vergebungsprozesse ebenso übereinstimmen wie mit den von ihnen – möglicherweise unabhängig von der eigenen Erfahrung oder Praxis – entworfenen Phasenmodellen. Trotz einiger erstaunlicher Parallelen in der Reihenfolge der Phasen gibt es durchaus Varianten, dennoch läßt sich festhalten, daß die *Phase der Distanz*, sozusagen des seelischen „Atemholens" des Verletzten in aller Regel am Anfang des Vergebungsprozesses steht, gefolgt von einer *Phase der kognitiven Auseinandersetzung*, die wiederum häufig in eine Art schlußfolgernde *Entscheidung zur Vergebung* mündet, welche auf unterschiedliche Weise mit dem Schritt der *Beziehungswiederaufnahme* verbunden sein kann. Hier muß allerdings genau unterschieden werden, ob die Beziehungswiederaufnahme noch im Dienst der kognitiven Bearbeitung steht oder erst nach Abschluß derselben und nach dem Beschluß zur Vergebung erfolgt. Im ersten Fall sind mit der Beziehungswiederaufnahme Erwartungen verbunden, die die Entscheidung zur Vergebung abhängig machen von der Stellungnahme des Verletzten, während im letzten Fall zunächst eine intrapersonale Entscheidung zur Vergebung getroffen wurde, was allerdings nicht bedeutet, daß die Reaktion des Verletzers auf diese Entscheidung in keinem Fall mehr einen Einfluß auf den Vergebenden ausüben könnte. Nicht zuletzt gibt es Fälle, wo aus verschiedenen Gründen keine Beziehungswiederaufnahme mehr möglich ist.
Die Ergebnisse stützen Hypothese 3.[497]

2.5. Potentielle Voraussetzungen und Konsequenzen von Vergebung

Frage 10: Welche Nachteile des Vergebens für den, der vergibt, könntest du dir vorstellen oder hast du erfahren?
20 Teilnehmer äußerten sich hierzu, 17 davon listeten einen oder mehrere Nachteile auf, die sich folgendermaßen unterteilen lassen:
a) Negative Auswirkungen der Vergebung, bezogen auf das Verhalten des Verletzers dem Vergebenden gegenüber:

- „Belächelt-/Ausgenutzt-/Nicht ernst- oder wahrgenommen werden."
- „Der andere nimmt die ‚Schuld' zu leicht und damit die Beziehung zu Gott und zu mir nicht ernst genug …"
- „Daß das Gegenüber seine Schuld nicht erkennt, empfindet oder zugeben kann."
- „(Vergebung) Wird oft ausgenutzt bzw. führt nicht immer zu einer wirklichen Versöhnung, oft bleibt etwas hängen, was in ähnlichen Situationen ausgenutzt werden kann."

---

[496] Vgl. S. 110ff.
[497] S.o., S. 123.

2. Auswertung des Fragebogens 143

- „Vergebungsbereitschaft wird als Schwäche ausgelegt und durch erneute ‚Schuld' überstrapaziert."
- „Daß dem anderen gar nicht bewußt war, daß er einen verletzt hat. Wobei dies nur der Fall ist, wenn nicht darüber geredet worden ist und das Vergeben im Verborgenen abgelaufen ist."
- „Könnte als Eingeständnis eigener Schuld gewertet werden; wird gelegentlich als Schwäche, als windelweich angesehen."
- „Demütigung."
- „Der Schuldner, dem vergeben wurde, könnte ermutigt werden, weiteres Unrecht zu begehen, wenn ihm allzu rasch vergeben wird. Wenn er seine Untat vorsätzlich im Hinblick auf rasche Vergebung begeht, ist das ein Nachteil. Gefahr des Vertrauensmißbrauchs."
- „Der, der Vergebung erfährt, fühlt sich durch diese Großmut a) bestätigt, daß er recht hatte oder b) gedemütigt, daß er so schwach ist."
- „Man könnte den Verdacht erregen, die Sache tangiere einen nicht allzusehr und dadurch auch beim anderen das Gefühl erwecken: ‚ist ja alles nicht so schlimm'. Mit jedem Vergeben wird die Hemmschwelle des anderen etwas heruntergesetzt."
- „Der Vergebende wird ausgenutzt, ist zu gutmütig, verliert an Achtung."
- „In der Beziehung hat sich trotz Vergebung nichts geändert – die Vergebung wurde ‚erwartet'- Eindruck: ‚mit dem kann man alles machen'."
- „Daß sich jemand vom Vergebenden bloßgestellt sieht, weil er/sie sich immer noch in der Schuld sieht. Folge: eine normale Beziehung ist nicht mehr möglich. Außerdem: daß die Vergebung nicht akzeptiert wird, weil es eben nicht dem gesellschaftlichen Trend entspricht, daß man sich vergibt."
- „Immer wieder enttäuscht zu werden."

Fast alle vorgebrachten Bedenken kreisen um die Befürchtung, die Vergebung, zumal wenn bedingungslos, könnte vom anderen ausgenutzt werden, und zwar in dreifacher Hinsicht:
1) Die Vergebung könnte der Täuschung des Täters in bezug auf die Schwere seiner Tat und das Gewicht seiner Schuld Vorschub leisten:
der Täter wird in seinem Leugnen, Verharmlosen oder Bagatellisieren der Schuld bestätigt, wenn der Vergebende kein Schuldeingeständnis verlangt. Die Vergebung könnte somit als Zeichen für die Harmlosigkeit des Unrechts gewertet werden, was zu erneutem Unrechttun führen könnte.
2) Die Vergebung leistet möglicherweise der Täuschung des Täters in Bezug auf den Vergebenden Vorschub: seine Vergebung wird nicht als Zeichen von Stärke und Großmut, sondern als Zeichen von Schwäche, Wehrlosigkeit, Gutmütigkeit, Naivität oder Robustheit ausgelegt. Die Verletztheit dessen, der vergibt, könnte vom Verletzer unterschätzt werden.
3) Die Vergebung ist unter Umständen für die Beziehung kontraproduktiv, indem sie neuen Verletzungen Tür und Tor öffnet. Außerdem könnte Vergebung vom Verletzer als demütigend empfunden werden und damit erneute Haßbereitschaft mobilisieren, anstatt zur Versöhnung beizutragen.

Auch einige *intrapersonale Nachteile* des Vergebens werden gesehen:

- „Mißtrauen in Krisensituationen."
- „Das Selbstwertgefühl leidet darunter, wenn man merkt, daß man beim Verletzer an Achtung verliert oder von ihm ausgenutzt wird."
- „In Zeiten, in denen es mir seelisch vielleicht nicht so gut geht, kann ich Vergeben als Wehrlosigkeit empfinden."

Die genannten Nachteile sind allesamt abhängig von der Reaktion des Verletzers auf die Vergebung.
Drei Personen sehen keine Nachteile:

- „Noch gar nie habe ich Nachteile gehabt, wenn ich jemandem vergeben habe. Etwas anderes könnte ich mir auch nicht vorstellen."
- „Ich möchte mir keine Nachteile vorstellen, um das Vergeben nicht zu erschweren, und ich habe selbst noch keine Nachteile erfahren."
- „Ich sehe keine ‚Nachteile', sondern die Chance …" (Ges. Antwort: s. Frage 11).[498]

Die Antworten auf diese Frage machen deutlich, daß bei aller Befürwortung und Bejahung von Vergebung, sogar von bedingungsloser Vergebung, die Gefahren der Vergebung sehr deutlich gesehen werden. Gerade weil Vergebung zunächst ein intrapersonales Geschehen ist, das den Verletzer nicht unbedingt miteinbeziehen muß, bleibt dieser der große „Unsicherheitsfaktor" im gesamten Geschehen – der Vergebende hat keine oder nur bedingte Kontrolle darüber, wie der Verletzer mit seiner Großmut, Beziehungsbereitschaft und erneuten Vertrauensbereitschaft umgeht und inwieweit ihm die Tragweite seines verletzenden Handelns überhaupt bewußt ist.
Dies zeigt, daß es notwendig ist, auch bei der bedingungslosen Vergebung mindestens *drei Situationen* zu unterscheiden:

1) Vergebung, bei der der Vergebende weiterhin mit dem Verletzer Umgang hat und dieser sich seines verletzenden Handelns zumindest nachträglich bewußt wird, ja, dies möglicherweise auch eingesteht.
2) Vergebung, bei der der Vergebende weiterhin mit dem Verletzer Umgang hat und dieser sich auch nachträglich keiner Schuld bewußt ist bzw. jede Schuld leugnet
3) Vergebung, bei der der Vergebende keinen weiteren Umgang mit dem Verletzer mehr hat, entweder weil dieser nicht mehr in Reichweite des Vergebenden ist oder weil der Verletzer zu keiner weiteren Beziehung bereit ist, oder weil der Vergebende seine Vergebung mit einem Beziehungsabbruch verbindet.

---

[498] Diese Antwort gehört zu Frage 11 inhaltlich. Vermutlich ist die betreffende Person beim Beantworten des Fragebogens der Reihe nach vorgegangen und hat deshalb nicht registriert, daß für ihre Antwort unter Frage 11 der geeignete Raum gewesen wäre.

2. Auswertung des Fragebogens

Im letzten Fall ist das Risiko erneuter Verletzungen ausgeschlossen, während im ersten Fall dieses Risiko durch die – ausgesprochene oder nichtausgesprochene – Schuldeinsicht des Täters zumindest reduziert ist. Am schwierigsten – und von den Befragten am häufigsten in Erwägung gezogen – ist Fall 2, wo weiterer Umgang zwischen Verletzer und Vergebendem unumgänglich oder von einem der beiden Beteiligten (oder beiden) sogar erwünscht ist und deshalb auch ein hohes Risiko erneuter Verletzung besteht. Hier ist ein offenes Gespräch notwendig, um die Positionen zu klären und Mißverständnisse zu vermeiden.

Frage 11: Welche Vorteile (für den, der vergibt, könntest du dir vorstellen oder hast du erfahren)?

Eine Person listete keinen Vorteil auf, vier Personen verwiesen auf schon beantwortete Fragen, drei davon allerdings mit zusätzlichen Erläuterungen. Viele Antworten kombinierten intra- und interpersonale Vorteile, weshalb die folgende Aufspaltung lediglich im Interesse einer besseren Übersicht vorgenommen wird.

a) Intrapersonale Vorteile:

- „Siehe Punkt 6: Friede, Erleichterung, Freiheit, Loslassen, eine selbstkritische Haltung, Stärke, Distanz zu sich selbst …"
- „Erleichterung, Neubeginn."
- „Großzügigkeit – Christsein – starke Persönlichkeit – sehr menschlich."
- „Psychische und physische Genesung."
- „Siehe Punkt 6: Entlastung, Erleichterung, Einfühlungsvermögen."
- „Frieden."
- „Kopf und Herz sind wieder frei; positive Seiten können wieder gesehen und genossen werden; ich empfinde eine Stärkung meines inneren Menschen."
- „Erleichterung, sich nicht mehr im Kreise drehen, sich wieder auf Neues einlassen können."
- „Siehe Nr. 8: Es befreit mich, wenn ich vergebe, da sonst Kräfte gebunden bleiben … Ich bin der Meinung, daß Nachtragen und Nicht-Vergeben einen erhöhten Zeit- und Gedankeneinsatz meinerseits zur Folge haben, und ich bin nicht bereit dazu, mir diese ‚Unfreiheit' zuzumuten."
- „Innere Ruhe."
- „Entlastung, Unabhängigkeit von anderen, Freiheit. Ich bin nicht mehr manipulierbar, kann frei entscheiden, wie ich mich gegenüber dem anderen verhalten möchte … Ich habe Frieden in mir, es gräbt nicht ständig der Groll schwarze Löcher in die eigene Seele. Gefühl, selbst beschenkt worden zu sein."
- „Friede, Freude, Eierkuchen … Befreiung im eigenen Alltag und im Umgang mit anderen."
- „Mein Selbstwertgefühl steigt enorm. Ich bin glücklich, es geschafft zu haben. Das Leben wird lebenswerter. Die Bereitschaft steigt, künftig schneller ähnlich zu reagieren …"

Wichtig ist in dieser Auflistung vor allem der Aspekt der inneren *Unabhängigkeit* im eigenen Fühlen, Denken und Handeln vom Verhalten dessen, der einen verletzt hat, sowie die Erkentnis, durch den Akt des Vergebens auch *persönliches Wachstum* und einen Zuwachs an *Selbstachtung* zu erfahren – unabhängig von der Reaktion dessen, dem vergeben wird.

b) Interpersonale, die Beziehung zum Verletzer oder auch zu anderen Menschen betreffenden Vorteile:

- „Daß keine unausgesprochenen Probleme mehr die Beziehungen belasten."
- „Gott sei Dank kann ich dem anderen wieder ins Gesicht sehen."
- „Vertiefung der Beziehung, Vertrauen."
- „Achtung – Anerkennung."
- „Aus dem Vergeben könnte sich eine neue Vertrauensbereitschaft entwickeln …"
- „Besserung des Verhältnisses zum Gegenüber; Ausräumung von Mißverständnissen."
- „Nähe, Vertrauen zum anderen werden wieder möglich."
- „Befreiung und Chance für eine Beziehungsvertiefung."
- „Die Begegnung mit dem ‚Schuldigen' ist ohne Bitterkeit möglich."
- „Neue Qualität einer Beziehung, neue und größere Offenheit/Vertrauen in der Beziehung."[499]

Fazit: Fast ebenso viele Nennungen beziehen sich auf den Beziehungsaspekt wie auf den intrapersonalen Aspekt. Dies zeigt, daß für die Teilnehmer Vergebung ein gleichermaßen selbstorientiertes wie beziehungsorientiertes Geschehen ist. Interessant ist, daß die erneute Vertrauensbereitschaft keinesfalls allein als Voraussetzung, sondern ebenso auch als Folge von Vergebung erwähnt wird.[500]
An diese Stelle gehört auch eine Antwort, die irrtümlicherweise unter Frage 10 gegeben wurde. Auch sie verbindet, wie etliche andere Antworten, intra- und interpersonale Vorteile:

„Ich sehe keine ‚Nachteile', sondern die Chance einer großen persönlichen Freiheit. Dies ist auch nicht abhängig von der Reaktion/Einsicht des anderen, selbst dan nicht, wenn eine Beziehung nicht mehr zustandekommt. Vergebung entlastet eine Beziehung, macht das Aufeinander-Zugehen wieder möglich. Vergebung ist immer personenbezogen, kann in einer Auseinandersetzung auch nur von einer Seite erfolgen. Dann ist Vergebung trotzdem möglich und nötig, nicht aber Beziehung."

---

499 Eine Bemerkung bezog sich auf die Beziehung des Vergebenden zu Gott: „Erleichterung: meine Beziehung zu Gott ist damit nicht belastet." – Offenbar waren sich die wenigsten der TN der Möglichkeit bewußt, daß fehlende Vergebungsbereitschaft ihrerseits auch ihre Beziehung zu Gott beeinflussen könnte. Möglicherweise lenkte jedoch die Formulierung der Frage ihr Augenmerk zu ausschließlich auf den Bereich zwischenmenschlicher Beziehungen.
500 Zwei Antworten nahmen auch den, dem vergeben wurde, in dem Blick, obwohl die Frage dies nicht beinhaltete: „Ich sehe die Vorteile eher beim Vergebenden. Der, dem vergeben wurde, ist vielleicht kurzfristig erleichtert, wird sich aber ärgern, daß er nicht den Anfang gemacht hat." „Der Schuldner zieht Konsequenzen aus seinem Unrecht. Der größte Vorteil wäre, er begeht selbst kein Unrecht mehr und er vergibt auch anderen, so wie ihm vergeben wurde."

In dieser Stellungnahme wird sowohl die Möglichkeit in Betracht gezogen, daß eine Beziehung zum Verletzer nicht mehr aufgebaut werden kann, als auch, daß der Verletzer aufgrund mangelnder Schulderkenntnis die erneute Beziehung zum Vergebenden verweigert, auf sein Beziehungsangebot nicht eingeht. Die Möglichkeit, daß der, dem vergeben wurde, die Beziehung zwar aufrechterhält, die erfolgte Vergebung jedoch als Legitimation weiterer Verletzungen auffaßt, wird von diesem Teilnehmer nicht reflektiert oder nicht für realistisch gehalten, weshalb er „keine Nachteile" erkennen kann. -
Während die Fragen 10 und 11 nach den *Konsequenzen* der Vergebung für den Vergebenden fragen, richten Fragen 12 und 13 die Aufmerksamkeit – ähnlich wie Frage 7 bzw. 8 – auf die *Voraussetzungen* für Vergebungsbereitschaft. Die Fragen 12 und 13 sprechen jedoch die *persönliche* Vergebungsbereitschaft des Befragten an.

Frage 12: Was macht es dir leichter, jemandem zu vergeben?
Die aufgezählten Faktoren lassen sich unterteilen in selbstbezogene, verletzerbezogene und beziehungsbezogene Voraussetzungen. Viele Teilnehmer nannten Voraussetzungen aus allen drei Bereichen.

a) Intrapersonale erleichternde Voraussetzungen der Vergebungsbereitschaft:

– Empathie; Fähigkeit zur Einsicht in die Psyche und Motive des Verletzers:

> – „Erkenntnis von möglichen ‚Zwängen' zu bestimmtem (Fehl-)Verhalten bei meinem Gegenüber (beispielsweise ‚Affekt')."
> – „Wenn ich weiß, daß Sachzwänge, ungünstige Umstände das negative Verhalten des anderen veranlaßt haben."
> – „Wenn ich die Motive des anderen verstehen/nachvollziehen kann."

- Selbsterkenntnis; Erkennen eigener Schuld und Vergebungsbedürftigkeit:

> – „Erkenntnis von möglichen ‚Zwängen' zu bestimmtem (Fehl-)Verhalten bei mir."
> – „Das Wissen um die eigene Schuld."
> – „Kenntnis meiner eigenen Unzulänglichkeiten und Schwächen."
> – „Wenn mir selbst bewußt wird, wie unnötig das Trara war."
> – „Selbst Vergebung und dadurch Entlastung erlebt zu haben."

– Selbstachtung; Ichstärke, Identität, Zufriedenheit mit sich selbst:

> – „Das Gefühl eigener Stärke; Erfolgserlebnisse auf verschiedenen Gebieten."
> – „Distanz zum Konflikt."

– Erwartung der positiven Folgen von Vergebung für die eigene Psyche:

> – „Inneren Frieden zu haben."
> – „Gedankliche Erleichterung."
> – „Einen Ballast los zu werden. Endlich nicht mehr darüber grübeln zu müssen und anderen – wichtigeren – Gedanken nachgehen zu können."

Es zeigt sich, daß die Voraussetzungen, die in der *Erkenntnis eigener Schuld oder Schuldanteile und eigener Verhaltens- oder Einstellungfehler liegen*, am häufigsten als vergebungserleichternd genannt werden, was wiederum die Bedeutung der Auseinandersetzung mit sich selbst im Lauf des Vergebungsprozesses zeigt. Dazu gehört auch die grundsätzliche Einstellung zu sich selbst, die man unter dem Begriff der „Ich-Identität" summieren könnte.

Auffallend ist, daß das Verständnis der Psyche bzw. der Motive *des anderen* eher selten als erleichternde Voraussetzung genannt wird. Ebenso scheinen die erhofften positiven Auswirkungen der Vergebung keine dominierende Rolle bei der Motivation zur Vergebung zu spielen.

b) Interpersonale, die *Beziehung zum Verletzer* betreffende erleichternde Voraussetzungen:

> – „Häufiger Kontakt."
> – „Grundsätzliche Zuneigung zu dieser Person."
> – „Wenn schon länger eine tiefe Freundschaft besteht."
> – „Wenn prinzipiell eine gute Beziehung zu jemand besteht und ich überzeugt bin, daß der andere mich mag."
> – „Liebe und Zuneigung zu diesem Menschen."
> – „Sympathie."
> – „Wenn mir die Beziehung zu dieser Person wichtig ist."
> – „Wenn ich den Menschen sehr gern habe."
> – „Wenn ich an den Menschen noch Erwartungen habe."
> – „Wenn ich ihn oder sie mag – Zuneigung, Sympathie."
> – „Wenn er mir wichtig ist."
> – „Dem anderen wieder ins Gesicht sehen zu können."
> – „Wenn die Gesprächsbasis mit dem anderen noch erhalten ist, wenn starke Gefühle – auf beiden Seiten – noch kontrolliert werden können (d.h. die Sachebene dominiert)."
> – „Das Gespräch mit meinem ‚Gegner'."
> – „Wenn ich mit dem Betroffenen reden kann."
> – „Wenn gegenseitige Bereitschaft signalisiert wird."

Die zitierten Voten zeigen in überwältigender Übereinstimmung, daß ein hohes Maß an Liebe, Sympathie und Bindung zum Verletzer die Vergebungsbereitschaft drastisch erhöht bzw. das Vergeben erleichtert, und zwar aus mehreren

Gründen. Zum einen bedeutet Bindung auch ein Stück Abhängigkeit von der Person, die man liebt, so daß man die Beziehung nicht ohne weiteres abbrechen möchte. Zum anderen hat man mit einem vertrauten und geschätzten Menschen schon eine Menge positiver Erfahrungen gemacht, die es erschweren, ihn aufgrund eines womöglich einmaligen verletzenden Verhaltens „abzuschreiben" bzw. pauschal abzulehnen. Nicht zuletzt erleichtert die Möglichkeit, mit dem Verletzer über sein Verhalten zu kommunizieren, die Empathie des Verletzten und damit die Vergebungsbereitschaft.

c) Die Person und das *Verhalten des Verletzers* betreffende erleichternde Voraussetzungen

---

- „Einsicht und Bitte um Verzeihung des anderen."
- „Wenn er um Verzeihung bittet."
- „Wenn die Schuld zugegeben wird."
- „Wenn der andere auf mich zukommt."
- „Wenn der andere Reue zeigt, sein Verhalten ändern möchte und kann."
- „Schuldeingeständnis."
- „Wenn mein Gegenüber Reue zeigt, sich entschuldigt."
- „Wenn ich erkenne, daß es dem/der anderen leid tut."
- „Die innere Einstellung des Schuldners beeinflußt maßgeblich meine Vergebungsbereitschaft. Einem arroganten Typ kann ich weniger leicht vergeben als dem reuigen kleinen Sünder."
- „Wenn er oder ich den Fehler einsehen. Wenn mein Gegenüber Schwächen zeigt."
- „Wenn die Verletzungen durch Worte bzw. Verhalten zugefügt wurden."
- „Wenn der andere mir schwächer erscheint. Wenn der andere eine ‚arme Sau' ist."
- „Wenn Vergebung nicht zum Dauerfall gemacht wird, sondern das ‚schuldig werden' die Ausnahme ist."

Entsprechend den Antworten zur Frage 10 bildet offenbar die für den Verletzten klar erkennbare Reue und Einsicht des Verletzers in sein Verhalten, verbunden mit einem deutlichen Beziehungswunsch gegenüber dem Verletzten, den am meisten vergebungserleichternden Faktor. Problematisch ist hierbei jedoch, daß der Vergebende sich vom Verletzer abhängig macht – die Haltung des *Verletzers* entscheidet über die Haltung des Verletzten.
Interessant ist auch die Überlegung, einem als „schwach" eingestuften Menschen (‚arme Sau') eher vergeben zu können. Nicht zuletzt verweist die letzte Bedingung auf das weiter oben angesprochene Problem des Ausnutzens von Vergebungsbereitschaft und leitet somit zu Frage 13 über.
Die Ergebnisse bestätigen Hypothese 4.[501]

---

[501] S.o., S. 123.

Frage 13: Was macht es für dich schwieriger, jemandem zu vergeben?
Die Antworten lassen sich unterteilen in:

a) Intrapersonale Erschwernisse

> - „Mein eigener Perfektheitsanspruch und die Übertragung auf andere."
> - „Wenn ich mich im Recht fühle."
> - „Wenn ich wider besseren Wissens nachgeben müßte. Und somit nur aus Vernunft nachgeben soll."
> - „Wenn mir ein Vergeben nur materielle Vorteile bringen würde."
> - „Wenn ich grüble und mich frage, warum ..."
> - „Wenn ich mich ausgenutzt fühle, zu gutmütig, und das Gefühl habe, daß alles mit mir zu machen ist."
> - „Wenn ich Schuld projiziere."
> - „Bei eigener Unausgeglichenheit, eigenem Streß, angekratztem Selbstwertgefühl."

Wie schon in Frage 12 spielen die Selbsteinschätzung, die Erwartungen an andere sowie die Auseinandersetzung mit der Verletzung eine Rolle bei der Verarbeitung der Verletzung und damit der Bereitschaft zur Vergebung. Wer sich im Recht fühlt, Schuld projiziert, ist zur Erkenntnis eigener Schuldanteile unfähig. Wer die Verletzung des eigenen Selbst sehr massiv empfindet oder in seinem Selbstwertgefühl von vornherein stark beeinträchtigt ist, leidet stärker unter der Verletzung und kann schwerer vergeben. Wer von anderen viel, möglicherweise zu viel erwartet, erschwert sich die Vergebung. Unklar ist, was der Teilnehmer meint, dem „materielle Vorteile" allein ein Vergebungserschwernis bilden: ist ihm dieses Motiv zu trivial, erwartet er von der Vergebung umfassendere Auswirkungen, z.B. auf die Beziehung?

b) Interpersonale, die *Beziehung zum Verletzer* betreffenden Erschwernisse

> - „Wenn ich das Gespräch suchen muß."
> - „Wenn ich denjenigen nicht mag."
> - „Wenn oben genannte Punkte (den anderen sehr gern haben, noch Erwartungen an ihn haben, ihn für eine arme Sau halten) nicht zutreffen."
> - „Wenn ich an der Glaubwürdigkeit des anderen zweifle."
> - „Wenn ich den anderen für einen leichtfertigen Menschen halte."
> - „Wenn ich ihn als Person nicht besonders mag."
> - „Wenn die Person mir fern steht, ich wenig mit ihr zu tun habe und deshalb den Prozeß der Vergebung aus Bequemlichkeit gar nicht erst anleiere."
> - „Wenn keine prinzipiell gute Beziehung zum anderen besteht, ich nicht glaube, daß er mich mag."
> - „Wenn ich die Motive des anderen nicht verstehen bzw. nachvollziehen kann."
> - „Wenn keine Gesprächsbasis mit dem anderen mehr vorhanden ist."
> - „Bei bereits vorher bestehender Antipathie."

2. Auswertung des Fragebogens

Entsprechend den Antworten auf Frage 12 zeigt sich: Wer wenig Bindung, Liebe und Sympathie gegenüber dem Verletzer hat, hat auch weniger Motivation, ihm zu vergeben, und er ist mißtrauischer und skeptischer ihm gegenüber, was Vergebung zusätzlich erschwert. Außerdem ist die Empathiefähigkeit und -bereitschaft beeinträchtigt.

Die Frage stellt sich jedoch, wie die Betreffenden mit den Verletzungen umgehen, die ihnen von ungeliebten, unsympathischen oder fernstehenden Menschen zugefügt werden. Wenn man sie nicht vergibt, vergißt man sie dann etwa? Oder trägt man sie dem anderen nach, ohne dies als besondere Belastung zu empfinden, da man möglicherweise mit der Person sowieso wenig oder nichts mehr zu tun hat?

c) Die *Person und das Verhalten des Verletzers* betreffende erschwerende Bedingungen: Er zeigt keine Schuldgefühle, keine Reue und dementsprechend auch keine Gesprächsbereitschaft oder Verhaltensänderung:

- „Wenn Stärke, Trotz und Rechthaben die Beziehung belasten."
- „Wenn sich das Verhalten des anderen durch die Vergebung nicht ändert."
- „Wenn ich beim anderen keinerlei Schuldgefühle erkennen kann."
- „Wenn er nicht bereut; wenn es ihm egal ist."
- „Wenn ich mit meinen Verletzungen nicht ernstgenommen werde, wenn der andere das Gespräch meidet."
- „Wenn der andere nicht auf mich zukommt."
- „Wenn der andere verbal auf seiner Position beharrt und tausend Gründe bringt."
- „Wenn der Verursacher einer Verletzung uneinsichtig wäre, könnte ich nicht vergeben."
- „Bei fehlender Gesprächsbereitschaft."
- „Bei Uneinsichtigkeit auf der Gegenseite."
- „Bei Ablehnung von Gesprächsangeboten."
- „Wenn der andere den Fehler nicht einsieht und keine Schwächen zeigt."
- „Wenn der andere keine Reue zeigt, sein Verhalten nicht ändern möchte."
- „Wenn der andere verschlossen ist."
- „Wenn jemand keine Fehler zugeben kann."
- „Wenn einer sich im Recht glaubt."
- „Wenn einer es wegen ‚höherer Stellung', ‚Ansehen' etc. nicht nötig hat, sich Schuld einzugestehen oder vor anderen zuzugeben."

d) Die *Person und das Verhalten des Verletzers* betreffende erschwerende Bedingungen: Das verletzende Verhalten war absichtlich und damit böswillig; der andere war sich darüber im klaren, was er tat:

- „Wenn ich sehe, daß mir mit Absicht Leid zugefügt wurde."
- „Bei Neid, Trotz, Ignoranz des anderen."
- „Bei absoluter Rücksichtslosigkeit des anderen."
- „Bei gedankenloser ‚Schuld'."

> – „Wenn jemand intrigant ist, für mich nicht kalkulierbar, unmoralisch handelt. Und dies mit Absicht. Wenn für den anderen keine ethischen Grenzen existieren. Wenn er jemand ist, der mir Angst, mich hilflos macht."
> – „Bei rein böswilligen Motiven des anderen."

e) Die *Person und das Verhalten des Verletzers* betreffende erschwerende Bedingungen: Der Verletzer zeigt zwar Reue, ändert jedoch sein Verhalten dennoch nicht:

> – „Wenn ein Verhalten, das mir weh tat, wiederholt wird."
> – Wenn der andere immer wieder bei dem gleichen Punkt schuldig wird und keine Veränderung erkennbar ist."
> – „Wenn es eine ‚Wiederholungstat' ist."

Die Häufung der Antworten in dieser Kategorie macht – auch im Vergleich zu Frage 12 – deutlich, daß die Macht des Verletzers, die Vergebungsbereitschaft des Verletzten zu erschweren oder gar zu verhindern, sehr groß sein kann. Vergebung angesichts von Uneinsichtigkeit und selbstgerechtem Verhalten des Verletzers kann nur stattfinden, wenn der Vergebende sich unabhängig von der Reue und Einsicht des Verletzers macht. Dies fällt vielen Teilnehmern offenbar sehr schwer, zumal sie dann mit erneuten Verletzungen von seiten des uneinsichtigen Täters rechnen müssen, so daß die Vergebung mit einem gewissen Risiko verbunden ist.
Die Ergebnisse bestätigen Hypothese 5.[502]

2.6. Zusammenhänge zwischen bestimmten Persönlichkeitseigenschaften und Vergebungsbereitschaft

Frage 14a: Könntest du dir einen Zusammenhang vorstellen – und wenn ja, welchen – zwischen Selbstwertgefühl/Selbstachtung und Vergebungsbereitschaft?
Anklänge zu dieser Frage sind teilweise schon bei den Antworten zu Frage 12 zu finden. – 18 TN bejahten die Möglichkeit eines Zusammenhangs,[503] wobei dieser mit sehr unterschiedlichen Erläuterungen versehen wurde. Folgende Möglichkeiten eines Zusammenhangs wurden erörtert:

1) Bei starkem Selbstwertgefühl ist es schwieriger, zu vergeben, weil der Verletzte sich fragt, ob er ‚das (den Akt des Vergebens) nötig' hat:

> – „Menschen mit hohem Selbstwertgefühl vergeben, wenn sie wollen, sicherlich

---
[502] S.o., S. 123.
[503] Eine Person äußerte sich nicht dazu, ein TN schrieb lediglich „Selbstwertgefühl-ja", ein anderer bemerkte lakonisch „Störungen ausräumen".

> leichter, zeigen eventuell aber auch weniger Bereitschaft dazu, weil sie glauben, den anderen ‚nicht nötig' zu haben."

Dementsprechend sind Menschen mit schwachem Selbstwertgefühl möglicherweise eher vergebungsbereit, weil sie stark von menschlichen Beziehungen abhängig sind und den Verletzer als Bezugsperson oder Beziehungspartner nicht verlieren wollen. Auch haben Menschen mit hohem Selbstwertgefühl eventuell höhere Erwartungen an andere:

> – „Je geringer die Selbstachtung, umso geringer die Wahrnehmung von Schuld und Unrecht, die Erwartungen an Einsicht und Reue des anderen und umgekehrt."

Hier wird Vergebungsbereitschaft mit Abhängigkeit in Verbindung gebracht, doch kann man bei einem Vergeben aus seelischer Abhängigkeit eigentlich nicht von Vergeben, sondern strenggenommen nur von Nachgeben oder Kleinbeigeben sprechen, weil der Betreffende gar nicht die Kraft oder den Mut zum Beziehungsabbruch hätte.

2) Ein ausgeprägtes Selbstwertgefühl macht von vornherein weniger schnell und tief verletzlich, es impliziert eine größere Unabhängigkeit von Menschen bzw. eine gewisse Souveränität ihren Rückmeldungen bezüglich der eigenen Person gegenüber, was Vergebung leichter macht, da die Angst vor falscher Einschätzung dieser Vergebungsbereitschaft geringer ist:

> – „Selbstachtung/Selbstwertgefühl schützt zum Teil vor tiefen Verletzungen- macht Vergebung leichter möglich."
> – „Menschen mit geringem Selbstwertgefühl ... könnten sich in ihrer ganzen Person stärker angegriffen fühlen als ein eher selbstbewußter Mensch."
> – „Starkes, von Beziehungen unabhängiges Selbstwertgefühl führt zu höherer Vergebungsbereitschaft."
> – „Nur wer sich seiner selbst sicher ist und unabhängig von Äußerlichkeiten, kann großmütig sein."
> – „Bei starkem Selbstwertgefühl fällt Vergebung leichter, weil die Lebensexistenz nicht von der *einen* Beziehung abhängt. Der Mensch weiß, daß er wertvoll ist."
> – „Je höher das Selbstwertgefühl, desto geringer die Angst, durch Vergebung als Schwächling, als ausnutzbar zu gelten, desto höher die Bereitschaft zur Vergebung."
> – „Solang ich das Gefühl habe, gedemütigt zu sein, besteht bei mir keine Bereitschaft zur Vergebung. Erst wenn ich es schaffe, darüber zu stehen, kann ich auch vergeben."

Hier wird ein richtiger Zusammenhang angesprochen, denn wo aufgrund geringerer Verletzungsgefahr weniger Anlaß zur Vergebung besteht, besteht auch a priori weniger Notwendigkeit zur Vergebungsbereitschaft.

3) Ein ausgeprägtes Selbstwertgefühl wird mit anderen, der Vergebungsbereitschaft förderlichen Eigenschaften in Verbindung gebracht:

a) Mit dem Gefühl des Angenommenseins von Gott und Menschen:

- „Selbstachtung und Selbstwertgefühl entstehen durch Angenommensein von Gott und Menschen. Wer sich von Gott und/oder Mensch angenommen und geliebt weiß, ist wohl eher bereit, andere anzunehmen und zu lieben und damit auch zu vergeben."
- „Selbstwertgefühl wird gestiftet durch die Bejahung meiner *ganzen* Person durch Menschen/Gott. Diese Selbstachtung ist nicht von einer ‚Tagesform' abhängig. Sie ist grundlegend. Dann ist das Selbstwertgefühl nicht leistungsbezogen. Dann nur ist Vergebung wirklich möglich, da die Vergebungsbereitschaft sich nicht am ‚Maß der Enttäuschung' orientiert, sondern an der grundsätzlichen Bejahung des anderen."

b) Selbstwertgefühl und Selbstachtung sind verbunden mit Stärke und der Bereitschaft, etwas loszulassen:

- „Vergebungsbereitschaft erfordert Stärke."
- „Wenn man ein hohes Selbstwertgefühl hat, ist man vielleicht eher bereit, etwas loszulassen, und das ist ja vergeben. Bei einem geringen Selbstwertgefühl versucht man vielleicht eher, an allem festzuhalten, was es nur gibt."
- „Selbstachtung/Selbstwertgefühl fördert eventuell die Großzügigkeit – macht Vergebung daher fast notwendig."
- „Mit hohem Selbstwertgefühl kann man eher eine kritische Situation durchstehen, Nachsicht und Großzügigkeit einbringen."

c) Selbstwertgefühl macht fähig zur Selbstkritik und zu Erwartungen an sich selbst:

- „So, wie ich mit mir selbst im Reinen sein will, so sollen auch meine Beziehungen aussehen."
- „Selbstachtung bedeutet, sich selbst so zu lieben und anzunehmen, wie man ist, das heißt, auch mit den eigenen Fehlern. Wer sich eigenes Fehlverhalten zugestehen kann, wird dieses anderen gegenüber auch leichter vergeben können."

4) Vergebungsbereitschaft wirkt sich auf die Selbstachtung/das Selbstwertgefühl aus:

a) positiv, das heißt: Vergebungsbereitschaft stärkt die Selbstachtung/das Selbstwertgefühl des Vergebenden:

> – „Nicht bereinigte Konflikte werden immer mitgeschleppt, ob ich will oder nicht. Sie hinterlassen ein Gefühl der Hilflosigkeit und weisen mich immer wieder in unliebsame Grenzen. Dies kann die Selbstachtung oder das Selbstwertgefühl beeinflussen, wenn mir diese Prozesse bewußt sind. Vergebung macht frei von diesen Grenzen, und das Gefühl der Hilflosigkeit verschwindet; insofern steigt auch die Selbstachtung."
> – „... es könnte sein, daß das Selbstwertgefühl durch die Vergebungsbereitschaft steigt."

b) negativ, d.h. Vergebungsbereitschaft mindert die Selbstachtung/das Selbstwertgefühl des Vergebenden:

> – „Meines Erachtens könnte das Selbstwertgefühl unter der Vergebungsbereitschaft leiden ..."
> – „Einen Zusammenhang sehe ich z.B. in dem Fall, wo A über B ehrenrührige falsche Behauptungen aufstellt und verbreitet. Wehrt sich B nicht, leidet nicht nur sein Ansehen, sondern auch sein Selbstwertgefühl ..."

Dieser Zusammenhang besteht nur dann, wenn der Verletzte die Abwertung des Selbst, die den Kern der Verletzung bildet, verinnerlicht und sich damit identifiziert.

Insgesamt zeigt die Fülle an Überlegungen, daß eine hohe Selbstachtung sowie ein hohes Selbstwertgefühl in mehrfacher Weise den Menschen vergebungsfähiger und – bereiter machen können:[504]
– Der selbstsichere Mensch ist unerschütterlicher und unverwundbarer; das Selbstwertgefühl ist wie eine Schutzhülle, die ihn vor davor schützt, von jedem Pfeil getroffen, und wenn getroffen, dann tief verletzt, erschüttert und verunsichert zu werden.
– Das „seelische Immunsystem" des selbstbewußten Menschen macht ihn fähig, mit Verletzungen besser fertigzuwerden, indem er sie daran hindert, sich auf die gesamte Selbsteinschätzung auszuwirken. Die Vergebung hindert die Wunde an weiterer Ausbreitung und ist – auch – als Selbstheilungsmaßnahme anzusehen.
– Ein hohes Maß an Selbstakzeptanz befähigt auch zu einem höheren Maß an Akzeptanz anderer Menschen sowie zu mehr Frustrationstoleranz und Nachsicht im Umgang mit Menschen.
– Hohes Selbstwertgefühl macht unabhängiger von der Meinung der Umwelt, so daß die Vergebungsbereitschaft nicht von der Angst blockiert wird, daß Vergebung als Schwäche ausgelegt werden könnte.
– Menschen mit hohem Selbstwertgefühl können es sich leisten, auch die eigenen Fehler und Defizite realistisch wahrzunehmen und insofern ihren Anteil

---

[504] Vgl. S. 54ff und Punkt 7.5., S. 102ff.

an Mitschuld bei Beziehungsstörungen zu sehen, was Vergebung erleichtert.[505]
- Die Erfahrung, vergeben zu können wird von Menschen mit hoher Selbstachtung als etwas Positives erlebt, was ihre Selbstachtung zusätzlich noch erhöht oder zumindest stabilisiert. Ebenso ist es möglich, daß die positiven Auswirkungen der Vergebungsbereitschaft auf die Beziehung zum Verletzer das Selbstwertgefühl des Vergebenden steigern, beispielsweise wenn der Verletzer positiv auf die Vergebung reagiert und es zu einer Versöhnung kommt.
- Nicht zuletzt bildet die Gottesbeziehung die Basis für das Wissen um Angenommensein, was sich positiv auf das Selbstwertgefühl auswirkt.

Die Ergebnisse bestätigen Hypothese 6.[506]

Frage 14b: Könntest du dir einen Zusammenhang vorstellen – und wenn ja, welchen – zwischen intellektuellen Fähigkeiten/Intelligenz und Vergebungsbereitschaft?

Hier gingen die Meinungen wesentlich weiter auseinander als bei der vorangehenden Frage.[507]

a) Negativer Zusammenhang zwischen Intelligenz/intellektuellen Fähigkeiten und Vergebungsbereitschaft

> - „Durch zuviel Abwägen und Bohren kann die Vergebungsbereitschaft negativ ausfallen".
> - „Intelligenz/intellektuelle Fähigkeiten – eher hinderlich?"

Interessanterweise erwähnte keiner der Teilnehmer die Möglichkeit, Intelligenz dazu zu verwenden, sich selbst mit scharfsinnigen Gründen von jeder Verantwortung oder Mitschuld freizusprechen – gerade dies dürfte jedoch in der Praxis häufig der Fall sein und sich durchaus auch auf die Vergebungsbereitschaft auswirken.

b) Positiver Zusammenhang zwischen Intelligenz/intellektuellen Fähigkeiten und Vergebungsbereitschaft:

> - „Je intensiver die eigenen Emotionen per Intellekt reflektiert werden, desto eher ist Vergebung möglich."
> - „Je mehr ich mich von meinem Ärger löse und mein Verhältnis zu anderen analysiere, desto mehr steigt meine Vergebungsbereitschaft. Wenn die subjektive Einschätzung einer objektiven weicht, steigt die Vergebungsbereitschaft."
> - „Ja – der Klügere gibt nach!"

---

505 Zur Rolle der Selbstkritik s.o., S. 70ff.
506 S.o., S. 123.
507 Vier Personen lehnten einen Zusammenhang ab, ohne dies zu begründen. Eine Person schrieb „Ich weiß nicht!", eine andere verwies auf Frage 14a, eine Dritte schrieb lediglich „Ja", ohne Begründung.

- „Zur Fähigkeit, mich in mein Gegenüber hineinzuversetzen, ist eine intellektuelle Fähigkeit nötig, um ihn und mich besser in der Situation zu verstehen."
- „Es ist einfacher, vom Verstand her zu vergeben."
- „Bei höherer intellektueller Fähigkeit ist man vielleicht fähiger, weiter über den jetzigen Zeitpunkt hinauszublicken, bzw. man ist in der Regel auch sozialfähiger."
- „Ja – man muß – aber nicht immer – Gefühle einer Rationalität unterordnen."
- „Für mich als ‚Kopfmenschen' ist es wichtig, Vergebung auch kognitiv zu vollziehen; ich erlebe dabei meine Fähigkeit, einen Sachverhalt differenziert betrachten zu können, als hilfreich, denke aber – und habe es auch schon bei Behinderten erlebt – daß minderbegabte Menschen auch ihren Weg haben."

Teilweise wird hier der Intellekt bzw. die Ratio als ein Gegengewicht zur rein emotionalen Reaktion und Beurteilung des Unrechts gesehen, das die Situationsanalyse ebenso fördert wie die Selbsterkenntnis und das Einordnen des Geschehenen in einen weiteren Horizont. Daß der Klügere allerdings grundsätzlich nachgibt bzw. nachgeben sollte, halte ich für ein sprichwörtliches Vor- und Fehlurteil; außerdem wird hier fälschlicherweise Vergebung mit Nachgiebigkeit gleichgesetzt.

Auffallend ist, daß einige Teilnehmer zwar eine mögliche, aber keine notwendige und auch keine generell positive Beziehung annehmen können oder wollen, was einen sehr differenzierten Blickwinkel verrät:

c) Kein einseitiger oder eindeutiger Zusammenhang zwischen Intelligenz und Vergebungsbereitschaft:

- „Ich kann mir den Zusammenhang konstruieren. Grundsätzlich glaube ich aber nicht, daß die Menschen eher zur Vergebung bereit sind, je intellektueller sie sind."
- Bei Menschen mit einem höheren Bildungsniveau ist die Gefahr einer rein emotionalen Reaktion etwas reduziert. Dies kann die Vergebungsbereitschaft sowohl erhöhen als auch reduzieren."
- „Ich denke prinzipiell, daß Vergebung für Menschen mit jedem IQ möglich ist. Sie sieht allerdings unterschiedlich aus, wird von unterschiedlichen Faktoren bestimmt …"
- „Kein hinreichender Zusammenhang! Intellekt/Intelligenz/rationale Einsicht können im Einzelfall ebenso hilfreich wie hinderlich sein, erfahrungsgemäß …"

Das letzte Votum trifft meines Erachtens den Sachverhalt am ehesten. Verstand und intellektuelle Fähigkeiten sind Werkzeuge, die sich für sehr unterschiedliche Ziele und Zwecke einsetzen lassen und sowohl zur Unterstützung der Vergebungsbereitschaft dienen als auch zur Legitimation der Unversöhnlichkeit eingesetzt werden können. Grundsätzlich ist jedoch, wie auch Frage 9 zeigt, eine kognitive Auseinandersetzung mit der Verletzung ein vergebungsförderlicher Pro-

zeß – wobei diese Auseinandersetzung zweifellos auf unterschiedlichen intellektuellen Niveaus ablaufen kann.[508]
Auch diese Ergebnisse bestätigen Hypothese 6.[509]

Frage 14c: Könntest du dir einen Zusammenhang vorstellen – und wenn ja, welchen – zwischen dem Einfühlungsvermögen und der Vergebungsbereitschaft einer Person?

Hier waren die Antworten – wie es die Rückmeldungen auf Frage 12 nahelegen – eindeutig: 18 Befragte sahen einen positiven Zusammenhang, und zwar im Sinne einer erhöhten Vergebungsbereitschaft.[510] Folgende Zusammenhänge wurden erörtert:

a) Zusammenhang ohne nähere Begründung:

- „Ja, es fällt leichter."
- „Ja, mir scheint dies eine Grundvoraussetzung zur Vergebung zu sein."
- „Ist leichter und schneller vergebungsbereit."
- „Ja. Einsicht in die Probleme/Gefühle anderer."
- „Größere Bereitschaft zur Vergebung."
- „Einfühlungsvermögen – im Sinne von Intellekt *und* Toleranz."
- „Ein einfühlsamer Mensch ist ein vergebungsbereiter Mensch."
- „Dies ist die Grundlage einer eventuellen Kommunikation, damit Vergebung stattfinden kann."
- „Konflikte lassen sich schneller lösen, wenn einer der Kontrahenten vergeben möchte und die Eigenarten des anderen genau kennt."

b) Zusammenhang mit näherer Begründung:

- „Nachvollziehbarkeit kann Verstehen und Verständnis eines Handelns ermöglichen und so Vergebung erleichtern, zumal wenn ein bestimmtes Handeln unter/aufgrund bestimmter Bedingungen aus eigener Erfahrung/eigenem Verhalten bekannt ist."
- „Bei größerem Einfühlungsvermögen vermag man wohl eher über die Ursachen und das Drumherum nachzudenken, das zum Entstehen des Konfliktes beigetragen hat, und sich nicht nur in die eigene Sache zu verstricken."
- „Man erkennt eventuell die Beweggründe des anderen ..."

---

[508] Ein TN suchte den Zusammenhang nicht beim Verletzten, sondern beim Verletzer, was von der Fragestellung abwich: „Einen Zusammenhang kann ich nicht erkennen bei der Person des Vergebenden, wohl aber beim Schuldner: ,Vater vergib ihnen, denn sie wissen nicht, was sie tun.' – Zusammenhang zwischen Wissen/Wissenmüssen und Vergebungsbereitschaft."
[509] S.o., S. 123.
[510] Ein TN sah „keinen direkten Zusammenhang", ein anderer meinte ganz ähnlich: „Einfühlungsvermögen kann Vergebung erleichtern, aber auch erschweren. Die Bereitschaft zum Vergeben hängt m.E. nicht mit dem Einfühlungsvermögen zusammen." Eine weitere Antwort eines TN ist etwas unklar: „Zum Beispiel schwerer, wenn Gefühle mitspielen."

> - „… Eine wichtige Phase im Vergebungsprozeß ist die Bereitschaft, sich in die Verhältnisse des ‚Schuldners' hineinzuversetzen."
> - „Für mich ist der Perspektivenwechsel und mein Einfühlungsvermögen insofern eine hilfreiche Unterstützung, als mir Vergeben leichter fällt, wenn ich die Motive des anderen nachvollziehen, verstehen kann. Die Tat an sich ist oft mehrdeutig und verletzt dadurch; eine Perspektivenübernahme kann sogar den Pozeß des Vergebens überflüssig machen, weil eine Verletzung aus der Sicht des anderen gar nicht intendiert war."[511]

c) Zusammenhang mit der Begründung, daß Empathie auch die eigene Schuld eher erkennen läßt:

> - „Wer sich in einen anderen hineinversetzen kann, kann sich eher vorstellen, daß er selber gegen ‚Schuld' nicht gefeit ist und wird barmherziger."
> - „Ja – er kennt eventuell das Wechselspiel zwischen den Beteiligten."
> - „Ja, da im Wissen um die eigenen Schwächen ein Einfühlen in die Schwächen anderer eher möglich ist und Schuld daher eher als zum Menschen gehörend akzeptiert werden kann."
> - „Einfühlungsvermögen entsteht, wo ein ausgeprägtes ‚Selbst-Bewußtsein' vorhanden ist. Wer seine ‚Schattenseiten' ebenso kennt und wahrnimmt wie seine Stärken und Beziehung erlebt, trotzdem, der kann sich einfühlen in eine Person, die sich momentan mit ihren ‚Schattenseiten' konfrontiert sieht."

Hier wird die Fähigkeit zur Einfühlung in andere auch auf die eigene Person im Sinne einer vertieften Selbsterkenntnis angewandt – ein Zusammenhang, der zweifellos vorhanden ist.[512]

Alle Begründungen bestätigen die Notwendigkeit des Perspektivenwechsels als hilfreiche Voraussetzung der eigenen Vergebungsbereitschaft. Ebenso verhilft Empathie zu mehr Klarheit über Absicht und Motive des Verletzers, was seine Tat möglicherweise verständlicher macht, wodurch sie weniger als persönliche Infragestellung verstanden werden kann. Erstaunlich ist, daß nur einer der Teilnehmer die Möglichkeit in Betracht zog, dank besserer Einsicht in die Motive des anderen auch tiefer gekränkt zu sein, beispielsweise wenn dem Verletzten klar wird, wie gezielt die Verletzung zugefügt wurde! Dieser Fall wird offenbar für weit unwahrscheinlicher gehalten als jener, im Verhalten des Verletzers mittels Empathie „mildernde Umstände" zu entdecken.

Nach den Annahmen der Attributionstheorie ist es in der Tat durch Empathie eher möglich, eine personale Attribuierung eines Geschehens oder Verhaltens („Damit wollte er/sie mich verletzen!") in eine nichtpersonale umzuwandeln

---

[511] Hier ist zu fragen, ob die Annahme zutrifft, daß eine Verletzung nicht mehr als solche empfunden wird, nur weil der Verletzte merkt, daß sie unabsichtlich geschah! Meines Erachtens wirkt diese Erkenntnis allenfalls schmerzlindernd, aber nicht schmerzeliminierend.
[512] Vgl. Schiller, Xenien: „Willst du dich selbst erkennen, so sieh, wie die anderen es treiben; willst du die anderen verstehen, blick in dein eigenes Herz."

(Zum Beispiel: „Er hat sich nur so verhalten, weil er Probleme mit sich/mit anderen hatte ...") und daher die Bedrohung des eigenen Selbstwertgefühls zu reduzieren, das heißt, die Verletzung nicht mehr als Angriff auf das Selbst zu werten.[513]

Die Ergebnisse bestätigen ebenfalls Hypothese 6.[514]

2.7. Persönliche Vergebungserfahrungen und Gedanken zum Thema

Frage 15) Schildere, wenn möglich, in einigen Sätzen eine eigene Erfahrung mit Vergebung oder Nichtvergebung!

Hier wurde bewußt an die Freiwilligkeit der Befragten appelliert und es wurde offengelassen, ob sie in der Rolle des Verletzten oder des Verletzers eine Erfahrung berichten. Interessanterweise sahen sich alle Antwortenden in der Rolle des *Verletzten*, möglicherweise als Folge der bisherigen Fragen.[515]

a) Persönliche Erfahrung mit Nichtvergeben

- „Ich konnte die schmerzliche Trennung von meiner ersten Frau noch nicht persönlich vergeben, weil sie jeden Kontakt meidet ..."
- „Bei einer Erbschaftsangelegenheit leistete ein Verwandter von mir vor Gericht meines Erachtens einen Meineid – bis heute konnte ich ihm dies nicht verzeihen, habe auch kein Gespräch gesucht und will auch nicht."

b) Positive persönliche Erfahrung mit Vergebung

- „Lange Zeit im Groll gelebt. Schlecht gelebt. Für mich irgendwann der Person vergeben. Alles wurde leicht – der Blick ist klar! Noch Fragen?"
- „Erst nach etwa zwei Jahren habe ich ... einem Vorgesetzten vergeben. Er hatte mich im Beisein eines Kollegen in Unkenntnis des exakten Sachverhalts regelrecht gedemütigt. Über zwei Jahre habe ich gebraucht, um seine damalige Haltung nicht mehr aus meinem Blickwinkel, sondern objektiv zu bewerten. Mein anschließendes Gespräch mit ihm war überaus herzlich. Seine Erleichterung war spürbar."
- „Zum Beispiel hatte ich vor einiger Zeit einen kleinen Disput mit meiner Schwester – da blieb für beide Vergebung als vernünftigste, barmherzigste und einzig fruchtbare Lösung."

---

[513] Ein TN schildert einen sehr ambivalenten Zusammenhang: „Wenn der Verletzer meine Eigenarten kennt – und ich weiß das, dann stelle ich immer wieder fest, daß ich mein Wissen dazu nütze, mit meiner Vergebung zu warten ..." – Offenbar setzt der TN die verzögerte Vergebung als bewußtes Mittel der Machtdemonstration und möglicherweise auch der „Bestrafung" des Verletzers ein. Dies setzt jedoch voraus, daß dieser die Vergebung wünscht.
[514] S.o., S. 123.
[515] Sieben TN nannten keine Erfahrung; einer nannte lediglich die Stichworte „Miteinanderreden-Mißverstandnis."

2. Auswertung des Fragebogens

c) Ambivalente Erfahrung mit Vergebung

- „Ich hatte einmal kaum Schwierigkeiten, jemandem zu vergeben, der mich tief seelisch verletzt hatte. Hatte dann aber den Eindruck, er konnte das bei meinem Versuch, die Beziehung wiederaufzunehmen, irgendwie nicht für sich annehmen, obwohl er sich eigentlich auch Christ nennt."
- „Als Verwalter eines Mietobjekts nutzte jemand mein Entgegenkommen schamlos aus. Dies führte zu einem inneren Konflikt zwischen Durchsetzung von weltlichem Recht und der Anwendung christlicher Nächstenliebe. Jetzt führe ich einen Zivilprozeß."
- „Mein Partner ging fremd – ihm habe ich verziehen, der anderen Frau nicht."
- „Die Vergebung hat nur mit Worten stattgefunden – es ist ein Riß geblieben – man ist vorsichtiger!"

d) Allgemein formulierte Erfahrungen mit Vergebung bzw. Nichtvergebung:

- „Bei Vergebung: Freude über bereinigte Beziehung zu Gott und Menschen. Ungeheure Entlastung. Bei Nichtvergebung: Es ist keine Gemeinschaft möglich."
- „Trotz der Einsicht und Reue des anderen habe ich schön öfters die Erfahrung gemacht, daß ich eine Sache zwar vergeben kann, daß das Vertrauensverhältnis aber danach so gestört war, daß eine fortgesetzte Beziehung oder ein Zusammenwirken für mich nicht mehr vorstellbar oder reizvoll erschien."
- „Für mich ist es schwerer zu vergeben, wenn die dabei entstandenen Verletzungen zu tief gegangen sind."
- „Vergeben ist umso schwieriger, je mehr man verletzt wird, auch je unterlegener man dem anderen ist. Das ist zwar keine bestimmte Erfahrung, trifft aber für viele Erfahrungen zu."
- „Vergeben können ist für mich die Voraussetzung für befriedigende, tiefgehende zwischenmenschliche Beziehungen. Letzere sind für mich zentraler Lebensinhalt, insofern leide ich immer wieder sehr darunter, wenn ich den Clinch mit einer anderen Person nicht beilegen kann, ihr nicht verzeihen kann. Ich bin dann immer auf der Flucht vor dieser Person, fühle mich in meinem Handlungsspielraum sehr stark eingeschränkt, finde den Zustand unerträglich."

Frage 16: Was findest du an diesem Thema besonders brisant oder interessant?

19 der 21 Befragten äußerten sich dazu in unterschiedlicher Ausführlichkeit:

- „Für mich zu lernen: Immer wieder zu vergeben. Mich mit diesem Thema auseinanderzusetzen. Immer wieder: Reflexion über zwischenmenschliche Beziehungen."
- „Die Frage: Warum vergebe ich da – und dort bin ich nicht bereit dazu? Die Schwierigkeit: Wie hebe ich mich über mich selbst hinaus in der Vergebung? Die Vermutung: Nichtvergeben schadet. Die Erkenntnis: Vergebung kann keine selten stattfindende ‚Sensation' sein, sondern muß fast täglich auch im Kleinen geübt werden."

- „Interessant ist für mich das Zusammenspiel zwischen einer subjektiven Einschätzung und dem Versuch einer objektiven Betrachtung. Zum ersten Mal war ich beim Nachdenken über die hier gestellten Fragen damit konfrontiert: wie halte *ich* es mit dem Vergeben? Hierbei sind mir dann so langsam meine Schwächen aufgegangen, die zu bekämpfen es sich lohnt. Ob es anderen auch so geht?"
- „Schwieriges, schwieriges Thema!!! Sehr gefühlsbezogen bzw. von Gefühlen abhängig. Meinem besten Freund kann ich doch eher vergeben wie einem vielleicht neidischen Kollegen/Nachbarn/xy-Mann oder -Frau."
- „Wer sich nicht entschuldigen kann bzw. nicht vergeben kann, wird einsam."
- „Das Spannende am Thema Vergeben ist nicht nur die Auseinandersetzung zwischen dem hohen christlichen Anspruch und den gesellschaftlichen Verhältnissen, sondern auch das Phänomen, Vergebung selbst zu praktizieren und ihre Wirkung zu erleben."
- „Herunter vom Sockel. Eigene Entwicklung. Selbsterkenntnis, Auseinandersetzung."
- „Vielleicht, daß sich so viele unheimlich schwer damit tun und dabei gar nicht realisieren, daß es eigentlich nur Positives für sie gibt, wenn sie vergeben haben."
- „Die Möglichkeit/Chance zur Verbesserung des menschlichen Miteinanders."
- „Vergebung ist ein zentrales Thema in meinem Leben; meine Lebenszufriedenheit hängt sehr stark davon ab, ob sie geschieht oder nicht. Sie fördert die Fähigkeit zur Selbstreflexion, die mir Motor der Persönlichkeitsentfaltung und -entwicklung ist. – Was ich oft schade finde, ist, daß ‚Vergebung' einen merkwürdigen Beigeschmack in unserer Gesellschaft hat, wenig gepflegt wird und in der Erziehung der Kinder nicht mehr vorgelebt und ‚beigebracht' wird. Die Ichzentrierung hat Vergebung abgewertet als Schwäche, Feigheit etc. Ihre Stärke und ihr Potential für die Persönlichkeitsentwicklung gehen dabei leider oft verloren. Insofern halte ich das Thema für ein sehr wichtiges Thema …"
- „Vergebung ist wie eine ungewisse Reise zweier Menschen. Sie setzen sich in ein Zugabteil und kennen den Zielbahnhof noch nicht. Eine gemeinsame Reise, bei der ich nicht weiß, wie der andere reagiert und handelt. Springt er aus dem Fenster – zieht er die Notbremse – schlägt mich wieder – gibt keine Antworten mehr – Tränen, Freude, sich in den Armen liegen und dann ein gemeinsames Fest feiern für den Neuanfang. Eine Lebendigkeit und Ungewißheit, die Lebenstiefe und Qualität ausdrückt. Ein Thema, vor dem ich keine Angst haben muß."
- „Es ist sehr vielschichtig, weil es nicht nur eine zwischenmenschliche Frage ist, sondern auch eine Frage der Beziehung Gott – Mensch. Und: weil wir oft an unsere Grenzen stoßen, da es auch jemand anderen betrifft, auf den ich keinen Einfluß habe."
- „1. Das Erleben dessen, dem vergeben wird. 2. Bedeutung der Hilfe/des Eingreifens Dritter oder Außenstehender. 3. Zusammenhang zwischen Vergebung – Selbstwert – Selbstbewußtsein – Demut."
- „Ich kann mir vorstellen, daß es bestimmte Situationen gibt, in denen es fast unmöglich ist, zu vergeben, zum Beispiel, wenn schwerste körperliche oder psychische Schäden zugefügt werden. Ich bin froh, daß ich noch nie in einer solchen Lage war und habe keine Ahnung, wie ich da reagieren würde."
- „Vergeben heißt, auf sein ‚Recht' freiwillig zu verzichten; Unrecht als Teil des Lebens bewußt hinzunehmen. Unserer Gesellschaft hülfe es sicher, wenn weni-

ger Rechthaberei (vorhanden wäre). Rechtsdiskussion hilft, Positionen zu verhärten, anstatt sie aufzuweichen."
- „Wie man zu seiner eigenen Schuldhaftigkeit stehen kann, ohne die ganze Zeit mit einem schlechten Gewissen herumzulaufen. Wie Nichtchristen mit dem Problem der Schuldhaftigkeit umgehen, da sie ja nicht die institutionalisierte Schuldvergebung (Abendmahl) haben. Wie in einer Zeit, in der das Eingeständnis von Fehlern und von Schuld bis in höchster Ebene tabuisiert wird (Politiker gestehen keine Fehler ein oder geben nicht zu, daß sie etwas falsch gemacht haben, sondern sie ‚räumen ein', daß …), eine Kultur der Akzeptanz von eigener und fremder Schuld entstehen kann."
- „Daß hier ein Feld vorliegt, das dringend besser von mir bearbeitet werden sollte!"
- „Kurz und knapp, trotzdem sehr ernsthaft: Beziehung ist *das* zentrale Element in unserem Leben. Alles andere muß sich dem unterordnen. Vergebungsbereitschaft und die Bereitschaft, Vergebung anzunehmen, eben: Versöhnung zu leben, ist das grundlegende Element von Beziehung. Grund genug also, sich ein Leben lang damit zu beschäftigen."

3. Interpretation und Diskussion der Ergebnisse

Folgende Schlußfolgerungen lassen sich aus den Ergebnissen der Befragung ziehen:

1. Christen haben eine grundsätzlich positive Einstellung zur Vergebung, da das Bewußtsein der eigenen Vergebungsbedürftigkeit ein konstitutives Element ihrer Gottesbeziehung darstellt.[516]
Ihr Glaube verbietet ihnen Selbstgerechtigkeit und endgültige Verurteilungen; er motiviert und er befähigt sie zum Risiko der Vergebung, da sie nicht nur ihrer Beziehung zu Gott, sondern auch ihren Beziehungen zu Mitmenschen zentrale Bedeutung im Leben beimessen. Die „zuvorkommende" Vergebung Gottes ist ihnen Ansporn und Ermutigung, Vergebung nicht an das Schuldeingeständnis des Täters zu knüpfen.
Diese Ergebnisse stützen Hypothese 7.[517]
Es wäre allerdings zu untersuchen, ob Christen *in der Praxis* tatsächlich eher vergebungsbereit sind.

2. Von allen Teilnehmern wird die Problematik und das hohe Risiko einer Vergebungsbereitschaft reflektiert, der nicht Einsicht, Schulderkenntnis und Reue auf seiten des Verletzers entsprechen. Hier wäre weiter zu forschen: Welche Maßnahmen sind sinnvoll und notwendig, um dieses Risiko zu vermindern, ohne daß hierbei die Möglichkeit einer Wiederaufnahme der Beziehung nachhaltig beeinträchtigt oder gar verunmöglicht wird? Wie ist es möglich, zu vermeiden, daß der Verletzer die Vergebungsbereitschaft mißachtet, mißdeutet oder mißbraucht? Damit zusammen hängt die Frage, in welchen Fällen und in welcher Form der Vergebende dem Verletzer – der sich zumindest einer Schuld bewußt sein sollte – *mitteilen* soll, daß er ihm vergibt oder vergeben hat.

3. Wie die Ergebnisse außerdem zeigen, spielt nach Auffassung der Befragten der *Zeitfaktor* im Vergebungsprozeß eine nicht unwesentliche Rolle. Dies bedeutet, daß die Bereitschaft zur Vergebung nicht der unumschränkten Willkür des Verletzten unterstellt ist, sondern eine eigene, in gewissem Maß möglicherweise dem Willen entzogene zeitliche und seelische Dynamik besitzt. Trotz vieler intra- und interpersonal erleichternder und fördernder Faktoren läßt sich Vergebung zwar zielstrebig ansteuern, aber sie läßt sich, bildlich gesprochen, offenbar nicht ‚übers Knie brechen'. Möglicherweise kommt an dieser Stelle die *Gnade* des Verzeihenkönnens ins Spiel, um die gebetet und gerungen, die aber nicht erzwungen werden kann. Zu fragen wäre hier auch, ob und inwiefern die *Schwere* der Verletzung auf den Vergebungsprozeß und die Fähigkeit zu vergeben Einfluß hat.

---

[516] Vgl. Enright et al., s.o., S. 83ff.
[517] S.o., S. 123.

4. Trotz der überwältigenden Zeugnisse für den entlastenden Effekt von Vergebung wäre zu überlegen, ob es außer Vergeben und Nicht-Vergeben nicht auch eine *dritte Haltung* gibt, die man mit dem Begriff des „Ad-acta-legens" umschreiben könnte: „Ich verzeihe nicht, ich grolle nicht, sondern ich *kümmere mich nicht mehr* um das Geschehene." Falls eine solche quasi-neutrale Haltung möglich wäre, so ist zu fragen, welche intra- und interpersonalen *Auswirkungen* sie für den Verletzten und seine Beziehung zum Verletzer hat.

4. Interviews: Methodik

4.1. Grundsätzliche Bemerkungen zu qualitativen Forschungsmethoden in den Sozialwissenschaften

Ohne die jahrzehntelange Diskussion über quantitative versus qualitative Ansätze psychologischer Forschung rekapitulieren zu wollen,[518] läßt sich als Ergebnis dieser Diskussion festhalten, daß qualitative Forschungsansätze inzwischen als notwendige Ergänzung, ja häufig sogar als Voraussetzung quantitativer Forschung angesehen werden: „Die Anwendung qualitativer Methoden in der Psychologie wurde in unserer Disziplin um so unumgänglicher, je mehr in ihr die alltäglichen Nöte und Konflikte des Menschen in den Mittelpunkt des Interesses rückten."[519] Die durch standardisierte Erhebungsinstrumente und statistische Auswertungsverfahren charakterisierte konventionelle empirische Sozialforschung weist, wie inzwischen überzeugend demonstriert wurde,[520] eine Reihe schwerwiegender Defizite auf. Bezogen auf das Forschungsinterview setzen die Itemformulierungen der standardisierten Verfahren beispielsweise voraus, daß das zu erwartende Ja oder Nein des Befragten in seiner Bedeutung schon Eindeutigkeit besitzt, daß also die Eindeutigkeit der Fragestellung Fragen nach der Bedeutung der Antwort obsolet macht. Allerdings bietet die quantitative Methodologie keine Handhabe, diese Unterstellung zu überprüfen. Demhingegen ermöglichen es qualitative Verfahren, solche Unklarheiten der Bedeutung im Forschungsprozeß – in diesem Fall im Interview- selbst erhellen und eventuell ausräumen zu können oder sie zumindest im Auswertungsprozeß zu berücksichtigen. Dies gelingt dem Forscher durch die Möglichkeit, das Gespräch mit dem Interviewpartner zu steuern und zu strukturieren, indem er beispielsweise im Gespräch überprüfen kann, ob die Übersetzung seiner Forschungsfragen in den Code der Befragen auch gelungen ist: Bei qualitativen Verfahren wird aus den Antworten der Befragten deutlich, wie sie eine Frage jeweils aufgefaßt haben. Außerdem kann der Befragte seine eigenen Kognitionen zueinander in Beziehung setzen, statt daß ihm bestimmte Strukturierungsprinzipien vom Verfahren a priori aufgezwungen werden. Folgende Vorteile qualitativer Verfahren sind zusammenfassend zu nennen:[521]

1. Qualitative Verfahren versuchen, Beziehungsstrukturen zu erkunden, sie sind holistisch oder gestalthaft, während quantitative Verfahren partikularisierend bzw. elementaristisch vorgehen.
2. Qualitative Verfahren bevorzugen eine Innen- und Teilnehmerperspektive,

---
[518] Vgl. G. Jüttemann (Hrsg.), Qualitative Forschung in der Psychologie, Heidelberg 1989.
[519] Thomae 1989, S. 93.
[520] Vgl. Thomae, 1989, S. 94, der feststellt, daß bei dem Streßforscher Lazarus am Ende einer langen Forschungsaktivität die Einsicht steht, daß „das, was sich ‚im wirklichen Leben' abspielt, wenn Belastungen auftreten und Versuche zur Bewältigung oder emotionale Reaktionen auslösen", mit quantitativen Methoden nicht erfaßt werden könne.
[521] Vgl. Aschenbach u.a. 1989, S. 33ff.

während quantitative Verfahren eine Außen- und Beobachterperspektive favorisieren.
3. Qualitative Verfahren verzichten auf Durchführungsobjektivität; statt dessen wird den individuellen Besonderheiten der Forschungssituation und der beiden Teilnehmer des Interviews Raum gegeben.

   Damit verbunden ist der Verzicht auf Auswertungsobjektivität, da diese der Kontextabhängigkeit von Reden und Handeln der beteiligten Personen nicht Rechnung trägt.
4. Qualitative Verfahren erheben keinen Anspruch auf Repräsentativität, da sie prinzipiell bezweifeln, daß diese sich durch quantitative Verfahren erreichen läßt.
5. Qualitative Verfahren können Entwicklungsverläufe und -prozesse beim Befragten eher nachzeichnen, da sie ein Dialog-Konzept verfolgen, während quantitative Verfahren zu einem Kreuzverhör-Konzept tendieren, bei dem der Befragte in vorgeschriebener Form auf Fragen reagieren muß.

   Die Erhebungssituation bei der qualitativen Forschung ähnelt in hohem Maß einem Alltagsgespräch, bei dem der Befragte nicht so sehr Antworten gibt, sondern sich selbständig mitteilt und den Umfang sowie die Tiefschicht seiner Äußerungen selbstverantwortlich steuert.[522]
6. Im Vordergrund der qualitativen Verfahren steht die Rekonstruktion von Lebenswirklichkeit, während bei quantitativen Verfahren vorrangig die Hypothesenprüfung Ziel und Inhalt der Forschung bildet.

   Für den forschenden Interviewer besteht demzufolge die Kunst der Gesprächsführung darin, einerseits die Rolle des interessierten Gesprächspartners zu übernehmen, die er zum Teil auch im Alltag spielt, und andererseits die Rolle des Forschers nicht zu vernachlässigen, der ein spezifisches Interesse verfolgt und dafür mitunter den Gesprächsverlauf beeinflussen muß, indem er z.B. an bestimmten, besonders neuralgischen Punkten gezielt nachfragt, was im Alltagsgespräch in der Regel vermieden wird. Daraus ergibt sich, daß „im nachhinein ... sicherlich in jedem qualitativen Interview ‚Kunstfehler'"[523] zu finden sind, was angesichts der skizzierten Vorteile qualitativer Forschungsverfahren jedoch nicht zu deren Diskreditierung, sondern zur produktiven Auseinandersetzung animieren sollte.

4.2. Das problemzentrierte Interview

Das von mir angewandte qualitative Verfahren zur weiteren Erforschung des Vergebungsthemas ist das problemzentrierte Interview, dessen Entwicklung das Ergebnis der Kritik an standardisierten Meßverfahren der empirischen Sozialforschung bildet. Diese Methode soll vor allem gewährleisten, daß sich der For-

---

[522] Überspitzt ließe sich sagen, daß sich bei den qualitativen Verfahren die Erkenntnisse nach dem Gegenstand richten, während die quantitativen Forscher anzunehmen geneigt sind, daß die Gegenstände sich nach ihren Erkenntnissen zu richten haben.
[523] Aschenbach u.a. 1989, S. 41.

schende auf die Sichtweise der befragten Individuen einläßt, um deren Konstruktionsweisen der Wirklichkeit zu erfassen. Entsprechend diesem „Prinzip der Offenheit" wird „auf eine vorgängige explizite Hypothesenbildung ex ante verzichtet, um den empirischen Erkenntnisgewinn nicht durch ein, der Untersuchung a priori aufoktroyiertes Kategoriensystem zu begrenzen."[524] Dies bedeutet, daß ich als Fragestellerin ein relativ offenes theoretisches Konzept haben muß, um das Interview nicht durch Suggestivfragen zu steuern, sondern umfassend auf die Problemsicht des Befragten einzugehen. Es verbietet sich dementsprechend auch, mit einem vorgefaßten Fragenkatalog in die Befragung zu gehen, da dies den kommunikativen Charakter der Datengewinnung nicht mehr zulassen würde. Im vorliegenden Fall wurde den Teilnehmern meiner Interviews von mir lediglich mitgeteilt, daß ich eine Dissertation über das Thema der Vergebung schreibe und daß es mich interessiert, herauszufinden, wie Menschen mit tiefen seelischen Verletzungen umgehen, die ihnen in der Vergangenheit von einer anderen Person zugefügt worden sind. Ich verzichtete bewußt darauf, den Probanden die bisherigen Erkenntnisse meiner Arbeit sowie die Ergebnisse meiner schriftlichen Befragung mitzuteilen, da dies ihre Unbefangenheit bei der Darstellung der eigenen Geschichte beeinträchtigt hätte und damit der Prozeßorientierung des Verfahrens nicht gerecht geworden wäre. Es ging mir nicht darum, in den Berichten der Befragten eine Bestätigung meiner Hypothesen zum Vergebungsprozeß und zu den Voraussetzungen und einzelnen Komponenten des Vergebungsgeschehens zu erreichen, sondern darum, durch eine möglichst unvoreingenommene Aufgeschlossenheit ein möglichst ehrliches und realistisches Bild der Verarbeitungsprozesse meiner Gesprächspartner zu bekommen. Dazu legte ich mir die Beschränkung auf, mit möglichst wenig Zwischenfragen in die Berichte der Befragten einzugreifen und wenn, dann möglichst nur Verständnisfragen zu stellen. Die Aussagen der Interviewpartner wurden von mir zunächst auf Tonband aufgenommen, sodann transkribiert, wobei sich die einzelnen Beiträge als so umfassend erwiesen, daß eine Kürzung von einzelnen Passagen unumgänglich wurde. Dies bedeutet zwar einen Eingriff in das Textmaterial, doch wurde versucht, nur dort zu kürzen, wo es sich um allzu ausführliche Detailschilderungen und um Abschweifungen vom eigentlichen Thema sowie um Wiederholungen von schon mehrmals Gesagtem handelt. Wie das verbleibende Textmaterial zeigt, habe ich auf eine sachliche Straffung des inhaltlich Gesagten bewußt verzichtet, um den Prozeßcharakter des Gesprächs nicht zu verfälschen und um deutlich werden zu lassen, wo für den Befragten die wichtigen Themen lagen, die er in variierender Form immer wieder anklingen ließ.

Dennoch ist mir bewußt, daß hier ein subjektiver Eingriff stattfand, der durchaus kritisch hinterfragt werden kann.[525] Zur Auswertung der Interviews stützte ich mich auf das Verfahren der Qualitativen Inhaltsanalyse, die die systematische, das heißt regelgeleitete und theoriegeleitete Analyse sprachlichen Materials zum

---

[524] Witzel 1989, S. 228.
[525] Beispielsweise ist es ohne Zweifel auch vom eigenen Forschungsinteresse und von eigenen Schwerpunktsetzungen abhängig, was vom Interviewer als „nebensächlich" oder „unwesentlich" eingestuft wird und was nicht.

Ziel hat. „Die Regelgeleitetheit ermöglicht dabei ein Nachvollziehen für andere, die Theoriegeleitetheit stellt sicher, daß bei den angestrebten Aussagen an das bisherige Wissen über den jeweiligen Gegenstand angeknüpft wird."[526] Der Vorteil der qualitativen Analyse ist, daß sie sich verstehend und interpretierend auf die Komplexität des einzelnen Falles einlassen möchte und somit die Grundlagen für den Begriffsapparat (= das inhaltsanalytische Kategoriensystem) und das Analyseinstrumentarium für eventuelle quantitative Verfahren erst schafft.

Die Interviews werden nach folgenden Kategorien analysiert:
1. Welches Selbstbild, welches Bild von der eigenen Mitverantwortung am Geschehen und welche Veränderungen des eigenen Selbstbildes lassen sich beim Befragten erkennen?
2. Welches Bild vom Verletzer, welches Bild von seiner Verantwortung und welche Veränderungen dieses Bildes lassen sich beim Befragten erkennen?
3. Welche Phasen des Verletzungsprozesses lassen sich erkennen?
4. Welche Phasen des Vergebungs- bzw. Verarbeitungsprozesses lassen sich erkennen?
5. Welche Rolle spielt die christliche Glaubensorientierung des Befragten für sein Selbstbild, sein Bild vom Täter sowie für die Verarbeitung der Verletzung?

4.3. Auswahl der Probanden und Vorgehensweise

Auf eine Annonce im Schwäbischen Tagblatt[527] meldeten sich 7 Frauen und 2 Männer.[528]
Mit einem Mann kam kein Kontakt zustande, zwei Frauen zogen ihr Gesprächsangebot beim ersten Telefonat wieder zurück. Mit den restlichen sechs Personen wurden in der Regel eineinhalb- bis zweistündige Gespräche geführt, wovon jedoch nur zwei in die vorliegende Arbeit aufgenommen wurden.[529]

---

526 Mayring 1989, S. 187.
527 Die Annonce erschien am 19.3.97 im „Mittwochsmarkt" unter der Rubrik „Verschiedenes" und hatte folgenden Inhalt: „Theologin und Psychol. sucht für wissensch. Arbeit Menschen, die bereit sind zum Gespräch über eine tiefe seel. Wunde/Verletzung, die sie verzeihen konnten oder verz. möchten. Streng vertraulich. Zuschr. unter ..."
528 Aus dieser Geschlechterverteilung läßt sich folgern, daß Männer entweder nicht so schnell eine „tiefe Verletzung" erleiden wie Frauen, oder daß sie größere Vorbehalte bzw. Schwierigkeiten haben, mit einer dritten, dazu noch fremden Person – außerdem einer Frau – darüber zu reden. Möglicherweise trifft auch beides zu; darüber hinaus sehe ich es als wahrscheinlich an, daß Männer sich ihre Verletzungen seltener bewußt machen als Frauen, was sicherlich mit dem herrschenden Leitbild der seelischen Unverwundbarkeit des Mannes zusammenhängt. (Vgl. dazu das Lied „Männer" von H. Grönemeyer, das die Ambivalenz und Widersprüchlichkeit des aktuellen Männerbildes andeutet: „Männer sind so verletzlich, Männer sind auf dieser Welt einfach unersetzlich. Männer habens schwer, nehmens leicht, außen hart, und innen ganz weich, werden als Kind schon auf Mann geeicht ...")
529 In zwei Fällen handelte es sich um eher banale Vorfälle, die aus meiner Sicht nicht unter die Kategorie der „tiefen Verletzungen" fielen, auch wenn sie von den Betroffenen subjektiv so erlebt wurden. In zwei anderen Fällen ging es nicht um abgeschlossene Verletzungen,

Die restlichen fünf Interviewpartner kamen teils aus dem beruflichen, teils aus dem privaten Umfeld. Mit drei von ihnen hatte ich vor dem Interview nur ein- oder zweimal Kontakt gehabt, wobei mir spontan von der zurückliegenden tiefen Verletzung erzählt worden war. Einige Zeit später fragte ich telefonisch an, ob die Betreffenden zu einem Interview bereit wären, was von allen drei Frauen bejaht wurde.

Es war mein Wunsch, Interviewpartner zu finden, die sich dem christlichen Glauben in irgendeiner Weise verbunden fühlten, da es einen wichtigen Teil meiner Fragestellung bildete, die Rolle einer christlichen Glaubensorientierung bei der Verarbeitung von Verletzungen zu erforschen.

Von den sieben in dieser Arbeit vorgestellten Interviewpartnern sprechen sechs die Bedeutung an, die ihr Glaube in der Verarbeitung ihrer Verletzungen gespielt hat.

---

sondern um Ehen, die von dauernd neuen Verletzungen und Enttäuschungen geprägt waren. Dies ging an der Fragestellung ebenfalls vorbei.

5. Interviews: Inhalte und Interpretation

Zu Beginn der Interviews, die teils an neutralen Orten (Park), teils im Haus der Befragten, teils in der Wohnung der Befragenden, stattfanden, wurden die Teilnehmer gefragt, ob sie damit einverstanden seien, daß das Gespräch auf Cassettenrecorder aufgenommen werde. Sodann wurde ihnen noch einmal in wenigen Sätzen Sinn und Ziel des Gesprächs erklärt, worauf sie zu erzählen begannen.[530]

5.1. Frau B., 29 Jahre alt, verheiratet

Fallbeschreibung: Frau B. wuchs als ältestes von drei Kindern auf einem oberschwäbischen Bauernhof auf. Ihr Vater (60 Jahre alt) war und ist Alkoholiker, und sie wurde von Kindheit an Zeugin, wie er Tiere mißhandelte, ihre Mutter bedrohte und die Familie auf vielerlei Weise tyrannisierte und einschüchterte.

Frau B. verließ mit ihrer Heirat zwar das Elternhaus, hält aber aus Sorge um die Mutter (50 Jahre alt) weiterhin engen Kontakt mit ihren Eltern und besucht diese häufig. Seit alle Kinder das Elternhaus verlassen haben – und wohl auch als Folge des durch jahrzehntelangen Alkoholismus ausgelösten geistigen Abbaus – sank die Hemmschwelle des Vaters kontinuierlich herab, was sich sowohl in Vergewaltigungen seiner Ehefrau als auch in allgemein zunehmender Schamlosigkeit und körperlicher Vernachlässigung äußert.

5.1.1. Das Selbstbild

Das vorliegende Interview macht deutlich, daß das Selbstbild der Befragten von ihrem Mutterbild und ihrer Mutterbeziehung nicht zu trennen ist. Wie die ungewöhnlich ausführlichen, immer wiederkehrenden Beschreibungen des mütterlichen Verhaltens zeigen, war die Mutter – und ist ihr teilweise – Vorbild, was die Bewältigungsstrategien und das Verhältnis zum Vater anbelangt.

Frau B. beschreibt ihre Mutter folgendermaßen:

„Meine Mutter hat nie Haß gezeigt gegen meinen Vater. Ich habe nur im Kopf: sie hat Angst gehabt vor ihm" (S. 224) – „Meine Mutter hat immer gesagt ..., wenn ihr mal älter seid, dann packt ihr ihn mal und werft ihn aus dem Haus ..." (S. 224). Sie selbst hat nie ernsthaften Widerstand dem Vater gegenüber gezeigt, auch heute nicht, wo er sie häufig vergewaltigt. Sie läßt seine Brutalität über sich ergehen, da sie es nicht erträgt, wenn er mit ihr beleidigt ist. Sie möchte auch nicht, daß die Kinder polizeilich oder juristisch gegen ihn vorgehen. Zwar liebt

---

[530] Ich bemühte mich, den Wortlaut meiner Erklärung nicht allzusehr zu variieren. Sie lautete ungefähr folgendermaßen: „Wie du ja schon weißt/wie Sie ja schon wissen, schreibe ich eine wissenschaftliche Arbeit über das Thema der Vergebung. Nachdem ich jetzt sehr viel darüber gelesen und geschrieben habe, möchte ich gerne auch wissen, wie Menschen *in der Praxis* mit Verletzungen umgehen, was da bei ihnen abläuft, wie das konkret vor sich geht. Könntest du/könnten Sie mir einfach mal erzählen, was bei Dir/was bei Ihnen vorgefallen ist und wie Du/Sie damit umgegangen bist/sind?"

sie den Vater nicht mehr, aber sie fühlt sich für ihn verantwortlich, hat Mitleid mit ihm, weil er inzwischen krank und schwach ist. In gewisser Weise ist die Mutter aus Sicht der Tochter dennoch „eine wahnsinnige Kämpferin" (S. 225), die sich ein gewisses Selbstbewußtsein und „kleine Fluchten" wie Reisen usw. aufgebaut hat. Andererseits war sie selbst von der eigenen Mutter unterdrückt und tyrannisiert worden, konnte kein Selbstwertgefühl entwickeln und hat es trotz Protest nicht gewagt, die Ehe mit diesem Mann zu verweigern.

Auch wenn sich die Mutter heute in gewisser Weise als die Stärkere fühlt („Heute hat unsere Mutter weniger Angst, weil er schwächer ist", S. 224), ist sie trotzdem unfähig, der seelischen und körperlichen Brutalität und Tyrannei ihres Mannes Widerstand entgegenzusetzen.

Die Ambivalenz der Mutter, ihre Unfähigkeit, sich ihrem Ehemann gegenüber abzugrenzen, die Mischung von Mitleid und Angst, spiegelt sich im Selbstbild von Frau B. exakt wieder:

Frau B. hatte einerseits immer Angst vor ihrem Vater, hat diese Angst bis heute, andererseits empfindet sie Mitleid mit ihm, er tut ihr leid in seiner körperlichen Schwäche, seiner gescheiterten Existenz: „… ich leide immer noch ein bißchen mit ihm, denn ich weiß ja, er hat auch Schmerzen …" (S. 226). Auch die Tochter schafft es nicht, sich dem Vater gegenüber konsequent abzugrenzen, sie schwankt zwischen Haß und Mitgefühl, zwischen Zuneigung und Ekel ihm gegenüber und spiegelt damit die Ambivalenz der Mutter wieder. Doch auch der Mutter gegenüber empfindet sie diese Zwiespältigkeit: einerseits tut ihr die Mutter leid und sie bewundert deren Tapferkeit und Mut, andererseits empfindet sie fast eine Art Ekel der Mutter gegenüber, kann sie nicht anfassen („Ich habe meine Mutter noch nie umarmt. Ich kann nicht, ich kann das nicht. Nicht aus Wut, das ist eher … Ekel", S. 224), was deutlich macht, daß sie die Mutter eben nicht nur als Opfer, sondern auch als Täterin sieht und die Mitverantwortung der Mutter an ihrem Schicksal sowie am Schicksal ihrer Kinder durchaus erkennt (ohne ihr dies allerdings zu sagen). Besonders deutlich wird dies in den Äußerungen: „Also in meinen Augen braucht sie ihn genauso" (S. 225). – „Ich weiß nicht, warum meine Mutter nicht geht, ich kanns nicht erklären, ich kanns nicht erklären" (S. 226), und besonders im letzten Satz „Oder sie sucht sich den leichtesten Weg, und das war für sie die Zeit – kommt Zeit, kommt Rat. Aber was sie da bei uns zerstört hat, das ist ihr gar nicht bewußt" (S. 228).

Fazit: Die Unfähigkeit der Mutter, dem destruktiven und brutalen Treiben des Vaters Widerstand entgegenzusetzen, führte dazu, daß auch die Kinder relativ hilflos diesem ausgeliefert waren und in der Mutter keinerlei Vorbild für irgendwelche Bewältigungsstrategien fanden, geschweige denn eine Verbündete im Kampf gegen seine Brutalität. Statt dessen sucht die Mutter bis heute Halt bei ihren Kindern und verpflichtet diese zu einer gewissen Solidarität ihr gegenüber, die den Kindern sozusagen die Hände bindet, wenn sie nicht in einen Loyalitätskonflikt mit der Mutter kommen wollen.[531]

---

[531] Wie Frau B. erzählt, hätte die Mutter beim Auszug des einzigen Sohnes geweint und gesagt „Laß du mich auch vollends im Stich!". Das dritte Kind, eine Tochter, hat frühzeitig räumli-

Dennoch spiegelt Frau B. eine ähnliche Mischung von mühsam erworbenem Selbstbewußtsein bei gleichzeitiger Unfähigkeit zur Abgrenzung jenen gegenüber wieder, die ihr wehtaten und -tun, wie sie bei ihrer Mutter zu finden ist. Dies dürfte Vergebung erschweren, da diese mit der Fähigkeit zur Abgrenzung und zur Selbstverteidigung verbunden ist.

5.1.2. Das Bild vom Verletzer

Den Vater erlebte Frau B. von klein auf als bedrohlich und brutal, besonders den hilflosen Kühen des Bauernhofes gegenüber. Sie versucht heute, sein Verhalten zu deuten und sieht darin den Ausdruck tiefsitzender Angst und Aggressionen, die dadurch kompensiert werden, daß er anderen Angst macht und seine Wut an Schwächeren ausläßt: „Für mich wars immer: Er will uns Angst machen, denn er hat auch Angst gehabt früher ... und der Alkohol hat ihn stark gemacht" (S. 223).
Inzwischen ist er durch den Alkohol zwar gesundheitlich zerrüttet, doch hindert ihn dies nicht, seine Frau zu vergewaltigen, wann immer es ihm beliebt, was Frau B. mit dem Ausdruck „unterleibsgesteuert" bezeichnet (S. 224). Obwohl Frau B. betont, daß heute der Vater eigentlich auf die Mutter angewiesen ist und ohne sie „in der Gosse" landen würde (S. 225), hat sich an den Machtverhältnissen in ihrem Elternhaus kaum etwas geändert – als die zweite Tochter beispielsweise einen kritischen Brief schreibt, bekommt sie vom Vater Hausverbot erteilt. Dies und die Brutalität, mit der er ihre Mutter behandelt, führen einerseits zu Wut und Haß dem Vater gegenüber, andererseits sieht Frau B. auch die Mitverantwortung der Mutter und sie bemüht sich, auch den Vater zu verstehen. Sie zieht seine Kindheit heran, um ihn selbst als „Opfer" sehen zu können („Ich sage auch immer dazu, mein Vater ist auch ein Opfer", S. 226), es tut ihr leid, daß er seinen Bruder so früh verlor, der ihm ein Vertrauter hätte sein können, und daß er nicht die Kraft hatte, mehr aus seinem Leben zu machen: „Mir tut es aber auch leid, daß er nicht gekämpft hat um sein Leben ..., daß er nicht gedacht hat, ... jetzt mache ich aus dem Leben doch noch etwas ..." (S. 227). Auffallend ist, daß sie selbst *heute* noch dankbar über ein kleines Zeichen seiner Zuneigung ist – „Er steht hin, wenn ich gehe, und winkt mir nach" (S. 225) –, was deutlich macht, daß sie innerlich von ihm genauso wenig unabhängig ist wie ihre Mutter. Im Gegensatz zu ihrer Mutter erlaubt sich Frau B. aber nicht nur Mitleid und Verantwortungsgefühl, sondern auch Abscheu und Empörung und versucht nicht, diese Seite ihrer Gefühle zu vertuschen: „Für mich hat der Mann alle Ehre verloren" (S. 224).
Fazit: Das Verhalten ihrer Mutter sowie die Solidarität mit ihr verwehrt Frau B. die Möglichkeit, im Verhältnis zu ihrem Vater einer gewissen Stagnation zu entrinnen, da ihre Mutter eine offene Konfrontation oder Vorwürfe ihm gegenüber

---

chen Abstand gesucht und lebte zunächst in Australien und jetzt in Schweden,- ohne jedoch damit auch innerlich Abstand zu bekommen, wie ihr Brief an den Vater beweist.

mit anschließender Auseinandersetzung aus Angst um ihr eigenes Wohlergehen nicht zuläßt. Die Mutter zwingt damit ihre Kinder, in der gleichen passiven Ambivalenz stehen- und steckenzubleiben, die auch ihr Verhalten charakterisiert. Daß sie dadurch ihren Kindern auch einen Verarbeitungs- und Vergebungsprozeß quasi verunmöglicht, ist ihr nicht klar, und Frau B. bringt es, wie ihre letzte Äußerung zeigt, nicht übers Herz, ihre Mutter damit zu konfrontieren, sondern entlastet sie im Gegenteil: „Ich habe mal zu ihr gesagt, Mama, du mußt keine Angst haben, das ist alles okay, die Zeit."[532] Indem sie ihre Mutter solchermaßen „schont", erlaubt sie dieser jedoch dasselbe, was die Mutter dem Vater ermöglicht: sich nicht zu ändern.

5.1.3. Der Verletzungsprozeß

Die Brutalität des Vaters in Worten und Taten, vor allem den Tieren und der Mutter gegenüber, machten Frau B. Angst und wurden wie Wunden empfunden, die er ihr selbst schlug, denn sie litt, genau wie ihre Geschwister, mit den Tieren und mit der Mutter in schrecklicher Intensität mit („Die Tierquälereien, das war für mich das Schlimmste", S. 223). Seine Trunksucht und seine Unehrlichkeit – „Er hat uns auch immer angelogen" (S. 224) – führten zum Vertrauensverlust und zu bitterer Scham; sie spürte, daß sie von den Mitschülern und der Dorfgemeinschaft verachtet und gemieden wurde. Streckenweise litt Frau B. so sehr unter seinem Verhalten, daß sie an Epilepsie erkrankte. Das Empfinden der eigenen Ohnmacht, die permanente Angst um die Mutter und die Angst, ebenfalls Opfer seiner Zerstörungswut zu werden, das alles zeigt sich in den Äußerungen: „Aber das waren ganz wenige Augenblicke, wo ich sagen kann, ich habe einen Vater gehabt" (S. 224) und: „Da er mir ja nichts getan hat, nur meine Kindheit mir genommen ..." (S. 225). Durch die räumliche Trennung dank der Heirat kam zunächst eine gewisse Entspannung in die Beziehung, doch die Information, daß er ihre Mutter immer wieder sexuell mißbraucht, rief erneut Haß und Abscheu hervor: „Der Haß gegen meinen Vater war weg, bis ich wieder erfahren habe, was er mit meiner Mutter macht ..." (S. 225). Die Äußerung: „Ich glaube, daß mich das mein Leben lang belastet ..." (S. 226) macht deutlich, wie tief die Wunden sind, die der Vater ihr zugefügt hat.

Fazit: Frau B. erfuhr von ihrem Vater weder Geborgenheit noch Zuneigung oder Anerkennung, sondern Brutalität, Bedrohung und Entwürdigung. Da ihre Mutter bei allen drei Kindern dies mit viel Liebe und Zuwendung auszugleichen versuchte, ist die starke Bindung an sie verständlich. Doch vor den Verletzungen, die das Verhalten des Vaters ihrer Vertrauensbereitschaft und ihrem – wahrscheinlich ohnehin schwachen – Selbstwertgefühl zufügte, konnte die Mutter ihre Kinder nicht schützen, da sie sich ja nicht einmal selbst davor schützen konnte. Statt dessen kam es zu einer Rollenverkehrung: die Kinder, vor allem Frau B., übernahmen Verantwortung für ihre Mutter und versuchten, sie in

---

532 Gemeint ist damit die vergangene Zeit, also die Kindheit und Jugend von Frau B.

5. Interviews: Inhalte und Interpretation 175

Schutz zu nehmen: „… Aber mit einem Ohr war ich immer bei meiner Mutter, wenn er getobt hat, wenn er rumgeschrien hat" (S. 224).
Die damit verbundene psychische Überforderung muß ebenfalls als gravierende Verletzung angesehen werden, die der Verarbeitung im Erwachsenenalter bedarf.

5.1.4. Der Verarbeitungsprozeß

Obwohl Frau B. nach wie vor von dem Verhalten ihres Vaters zutiefst abgestoßen ist, versucht sie, das Vergangene zu verarbeiten. Folgende Schritte lassen sich erkennen:
– Frau B. versucht, ihren Vater nicht nur auf sein „böses Tun" zu reduzieren, sondern sie ist – auch heute noch – sensibel für kleinste positive Signale von seiner Seite. In der Kindheit: „Das fand ich eigentlich noch das Positive, daß er uns nichts getan hat" (S. 223). In der Gegenwart: „Erst seit ich hier wohne, in unserer Wohnung, freut sich mein Vater, wenn ich heimkomme …" (S. 224).
– Frau B. versucht, sein Verhalten zu verstehen, sich in ihn einzufühlen:
„Ich suche immer einen Grund zu finden, warum ein Mensch so ist, wie er ist. Und das ist meine Erklärung für ihn, daß er eben keine Liebe erfahren hat früher, und jetzt eben so ist …" (S. 226). Sie sieht ihn als Opfer seiner eigenen problematischen Kindheit und seiner daraus resultierenden Minderwertigkeitsgefühle, sieht die unheilvolle Rolle, die der Alkohol in seinem Leben spielt und den Mangel an Gesprächspartnern, denen er sich hätte öffnen können.
– Frau B. gesteht sich ihre Wut und Verletztheit über sein Verhalten ehrlich ein und versucht nicht, ihn – oder ihre Mutter – aus der Verantwortung zu entlassen oder ihre Gefühle zu unterdrücken:
Ihre Wut: „Für mich hat der Mann alle Ehre verloren" (S. 224). „… so ein Depp" (S. 226). „Also da hätt ich wirklich mit dem Revolver hinfahren können, so weit war ich schon …" (S. 226).
Seine Verantwortung: „Ich schäme mich nicht mehr für meinen Vater. Er hat sein Leben, das hat er gemacht, und ich bin nicht schuldig, das ist seine Tat, die er getan hat …" (S. 227). – „Mir tut es aber auch leid, daß er nicht gekämpft hat um sein Leben … daß er nicht gedacht hat, komm, jetzt mache ich aus dem Leben doch noch etwas …" (S. 227).
– Frau B. bemüht sich, das Erlebte zu reflektieren und an sich selbst zu arbeiten:
„Verzeihen, ich sage nicht verzeihen, aber ich akzeptiers … Ich bin nicht nachtragend, die Zeit ist vorbei" (S. 226). – „Aber bevor ich mein neues Leben anfange, muß ich das Vergangene erst verarbeiten … Wie mache ich das: mit vielen Leuten reden darüber … Denn ich habs ja lang in mich hineingefressen alles …" (S. 226). – „Mein Bruder, der hat jetzt noch Alpträume … Der geht nicht so tief, der macht sich selber was vor. Denn das Thema muß man ganz ernst nehmen (S. 226).

– Frau B. suchte und sucht nach Sinn, nach Positivem in dem ganzen Geschehen: „Ich habe immer gedacht, das hat bestimmt seine Ursache, warum das so ist, und das wird bestimmt mal besser ... Ich habe immer gedacht, das hat schon seinen Sinn. Das denke ich heute noch ... Ich sehe heute auch Positives ... Ich habe hier drin jetzt so viele Werte, sage ich jetzt für mich, wo ich sagen kann, Mensch, ich bin froh, daß ich nicht so bin wie die anderen" (S. 227). – „Vor allem, man lernt Menschen kennen ... die haben mir so viel Tips gegeben, da ist jetzt noch eine Freundschaft da" (S. 227).

Allerdings hindert die immer noch praktizierte Brutalität der Mutter gegenüber Frau B. am *Verzeihen*, zumal sie jede Andeutung von Einsicht und Reue bei ihrem Vater vergeblich sucht: „Ich könnte meinem Vater verzeihen, wenn ich merken würde, er ist nicht mehr so, er hat sich geändert ... Er muß ja nicht sagen, es tut mir leid ... ich will nur, daß er's einsieht ..." (S. 226). Andererseits hat es den Anschein, als ob Frau B. Vergebung mit einer „Schwamm-drüber-Haltung" gleichsetzt, die das geschehene Unrecht bagatellisiert, anstatt es beim Namen zu nennen: „... unter Verzeihen verstehe ich, daß ich hingehe und sage, hey Papa, komm Papa, alles vorbei ..." (S. 226).

Ich vermute, es würde Frau B. eher möglich sein, ihrem Vater das vergangene Unrecht zu verzeihen, wenn sie ihn daran hindern könnte, auch in der Gegenwart noch Unrecht zu tun. Dies läßt jedoch die passiv-duldende Haltung ihrer Mutter nicht zu. Aus dem gesamten Verhalten und Denken von Frau B. wird erkennbar, daß sie liebend gerne vergeben würde und nichts lieber hätte als ein Elternhaus, in das sie endlich ohne innere Anspannung und Angst vor neuen Verletzungen kommen könnte. Doch die Enttäuschung darüber, daß der Vater seine Brutalität der Mutter gegenüber aufrechterhält, sich also nicht grundsätzlich geändert hat und auch nicht versucht, sich zu ändern, lassen die Verletzungsgeschichte von Frau B. zu einer bis dato „unendlichen Geschichte" werden, die noch gar nicht abgeschlossen ist.

Da Frau B. derzeit aufgrund des Widerstands ihrer Mutter keine Möglichkeit sieht, ihren Vater an weiteren Verletzungen wirkungsvoll zu hindern, kann eine Vergebung, wenn überhaupt, dann wahrscheinlich erst nach dessen Tod stattfinden. Es ist die Frage, ob damit nicht eine große Chance für alle Beteiligten vertan wird, und ob Frau B. nicht ihre Rücksicht der Mutter gegenüber aufgeben sollte, um ihr eigenes Verhältnis zum Vater endlich nach ihren eigenen Bedürfnissen zu gestalten und sich damit die Chance eines Neuanfangs – oder einer echten Abgrenzung – zu geben.

5.1.5. Die Rolle des Glaubens

Nach dem Vorbild der Mutter, die in ihrer Not immer zum heiligen Josef gebetet hatte, flüchtet sich auch Frau B. ins Gebet: „Also, ich habe das Beten nie aufgegeben, ich habe immer gebetet. Und das hat mir eigentlich den Halt gegeben, ich habe mir gesagt, das ist nicht so schlimm, das wird auch wieder anders, also, ich

habe die Hoffnung nie aufgegeben ... Ich glaube, ohne Gebet hätte ich es gar nicht geschafft ..." (S. 227).
Was der Glaube in dieser Situation leistete, war, Kraft und Hoffnung zum Ertragen einer schweren Lebenslage zu geben. Was er nicht leistete, weder bei der Mutter noch bei ihr, war, durch die Beziehung zu Gott und die damit verbundenen Überzeugungen und potentiellen Persönlichkeitsveränderungen (Stärkung des Selbstwertgefühls beispielsweise) so viel Selbstbewußtsein und Selbstwertgefühl zu mobilisieren, daß der Mut und die Kraft zur energischen Abgrenzung, zum „Widerstand gegen das Böse" (vgl. Jak. 4,7) geweckt wurden. Es ist angesichts dieses fehlenden Abstandes und mangelnden Selbstbewußtseins gegenüber dem Verletzer auch nicht verwunderlich, daß Frau B. ihrem Vater nicht verzeihen kann: „Verzeihen: ich sage nicht verzeihen ... Verzeihen glaube ich nicht" (S. 226).
Die Geschichte von Frau B. zeigt eindrücklich, daß Vergebung eine Position der Stärke und damit auch der Möglichkeit zum Schutz vor weiteren Verletzungen fast zwingend voraussetzt. Aus einer Position der Hilflosigkeit und des Ausgeliefertseins heraus zu vergeben ist immer ein Akt der Schwäche und Unfreiwilligkeit und kann nicht als echte, das heißt freiwillige Vergebung gewertet werden. Es wird deutlich, daß ein relativ diffuser Glaube, der sich vor allem im Notgebet (an Heilige) äußert, wenig verhaltensprägend wirkt und wenig innovative Kraft in sich birgt.
Darüber hinaus wird deutlich, daß die Bereitschaft zum Vergeben auch aus christlicher Motivation mit dem Mut zur Abgrenzung und zur Selbstbehauptung gegenüber dem Verletzer verbunden sein muß, um aus einer Position der Stärke und Distanz anstatt der Schwäche und Hilflosigkeit heraus zu erfolgen. Vergebung setzt die christliche Überzeugung des eigenen Rechts auf Menschenwürde, auf eine „gerechte" Behandlung von seiten der Mitmenschen voraus, denn nur unter dieser Prämisse kann das Verhalten des Verletzers als „ungerecht" und damit schuldhaft erkannt werden.

5.2. Frau S., 28 Jahre alt, in einer Beziehung lebend

Fallgeschichte: Frau S. wuchs mit einer älteren Schwester als Tochter eines italienischen Vaters und einer deutschen Mutter in einer mitteldeutschen Stadt auf. Als die Ehe in eine Krise geriet, begann der Vater, seine Töchter zur sexuellen Befriedigung zu benutzen und sie dabei zu strengster Geheimhaltung zu verpflichten, so daß Frau S. lange Zeit nicht wußte, daß ihr Vater auch ihre Schwester mißbrauchte. Dank ihrer Asthmaerkrankung, die bis heute das Leben von Frau S. stark einschränkt, konnte Frau S. früh durch zahllose Krankenhaus- und Kuraufenthalte dem Elternhaus immer wieder entfliehen. Später entwickelte sie mehrere Suchterkrankungen und beging einige Selbstmordversuche, bis sie schließlich in eine therapeutische Einrichtung kam. Im Verlauf der Therapie setzte sie sich nicht nur mit ihrer Vergangenheit intensiv auseinander, sondern befaßte sich auch intensiv mit Gott und dem Gedanken an Vergebung. Es kam zu einer Versöhnung mit dem Vater, der – nachdem inzwischen die Schwester tödlich verunglückt war – aufrichtige Reue über sein Handeln zeigte. Der Verarbeitungsprozeß ist für Frau S. jedoch nach eigener Auskunft noch lange nicht abgeschlossen.

5.2.1. Das Selbstbild

Auffallend ist die starke Veränderung, die die Persönlichkeit und damit auch das Selbstbild von Frau S. durchlaufen haben. Als Kind empfand sie massive Angst und das Gefühl hilflosen Ausgeliefertseins gegenüber dem Vater: „Die Angst fing im Prinzip an, wo ich gemerkt hab, daß das nicht okay ist ... Und von dem Moment an war eigentlich die Angst da" (S. 229). Frau S. wählte dann mit 12 Jahren die Flucht in die totale Distanz dank einer wohl auch psychosomatisch mitbedingten Krankheit (Asthma), die sie die nächsten zehn Jahre vor dem Zuhauseleben weitgehend bewahrte: „... weil ich dann ins Krankenhaus mußte und da war ich dann sicher" (S. 229). Es folgten Jahre der Sucht, in denen die Ablehnung und das Ausweichen sowohl dem Vater als auch der Mutter gegenüber vorherrschten, was im Wunsch nach totalem Beziehungsabbruch gipfelte. Frau S. betäubte sich in verschiedener Form, um das Erlebte zu vergessen und zu verdrängen. Erst in der Therapie begann sie, sich selbst, ihren Vater sowie ihre Erfahrungen anzuschauen, wobei sie sich in einem langen und mühsamen Prozeß Selbstwertgefühl und eine Position der Stärke, ja, man kann geradezu sagen, der Überlegenheit gegenüber dem Vater erarbeitete. Diese Überlegenheit zeigt sich in einer gänzlich verwandelten Einstellung ihm gegenüber, die auch eine selbstkritische Haltung sich selbst gegenüber einschließt und vor allem eine ungewöhnliche Bereitschaft zur Verantwortungsübernahme für das eigene Schicksal mitbeinhaltet: „*Ich* war ja diejenige, die Drogen und das alles genommen hat ... ich hätts ja nicht machen müssen ... es war *meine* Entscheidung" (S. 233).

Die tiefgreifendste Veränderung bei Frau S. liegt darin, daß sie zwar in ihrer Kindheit massiven Kontrollverlust erlebte, jedoch dank der Therapie und ihres Glaubens wieder die Überzeugung gewonnen hat, Kontrolle über ihr Leben und über das, was mit ihr geschieht, zu haben: „Ich kann vielleicht mein Leben in den Griff kriegen, ... verstehst du, ich bin auch schon dabei, ich hab schon so viel erreicht" (S. 233). Damit einher ging ein Erstarken ihres Selbstwertgefühls.

5.2.2. Das Bild vom Verletzer

Meines Erachtens schließt Frau S. völlig zu Recht auch ihre Mutter in die Verantwortung für das Handeln ihres Vaters mit ein. Ihr Bild von der Mutter ist dementsprechend kritisch, aber nicht undifferenziert: Sie sieht klar, daß die Mutter, indem sie sich dem Vater sexuell entzog, auch eine Mitverantwortung für dessen Mißbrauch der Töchter hat: „Ich denke, meine Mutter hat sich längere Zeit meinem Vater entzogen und er hat sich dann an uns schadlos gehalten ..."

(S. 229). Den Beteuerungen der Mutter, lange Zeit ahnungslos gewesen zu sein, begegnet sie mit einer gewissen Skepsis: „Also ich meine, ich denke, meine Mutter ist nicht ganz unschuldig ..." (S. 230). Auch die Versuche der Mutter, nachdem sie den Mißbrauch entdeckt hatte, etwas gegen den Vater zu unternehmen, scheinen nach dem Eindruck von Frau S. etwas halbherzig gewesen bzw. unter dem Einfluß der Umgebung recht schnell wieder aufgegeben worden zu sein. Frau S. erinnert sich, daß ihre Mutter sie öfters mit Liebesentzug bestrafte, sich aber ansonsten durchaus um eine gute Erziehung bemüht hätte. Was sie an ihrer Mutter kritisiert, ist deren Weigerung, dem Vater zu vergeben und ihre Neigung, ihm seine Schuld immer wieder vorzuhalten: „Meine Mutter hat ihm nicht wirklich verziehen ... Mein Vater hat in ihren Augen immer noch die Schuld" (S. 233).[533] Alles in allem bemüht sich jedoch Frau S., auch ihre Mutter so zu akzeptieren, wie sie ist, und ihr nichts nachzutragen („Auch für die Erziehung bin ich ihr eigentlich dankbar", S. 234).

Wesentlich intensiver als zur Mutter – gezwungenermaßen, kann man fast sagen – war und ist die Beziehung zum Vater; das Bild von ihm fällt plastischer und differenzierter aus. Mit ihm mußte sich Frau S. einerseits mehr auseinandersetzen, andererseits erscheint er aufgrund seiner Reue und seinem Schuldeingeständnis Frau S. gegenüber entwicklungsbereiter und selbstkritischer, als die Mutter es ist. Frau S. benennt sein Fehlverhalten in ihrer Kindheit (Mißbrauch, verbunden mit Drohungen, Ausnutzen ihrer Unwissenheit, Lügengeschichten) ausdrücklich beim Namen und verschweigt auch ihre Wut nicht: „... das war eine Riesenschweinerei, die er da gemacht hat ..." (S. 231). Anderseits betont sie, daß ihr Vater durchaus auch Mitleid mit ihr hatte und weder gegen sie noch gegen ihre Schwester je Gewalt anwandte: „Er hat uns ja nicht irgendwie geschlagen, daß wir da mitmachen, das nicht" (S. 230). Im Zuge der Verarbeitung der Verletzungen änderte sich ihre Beziehung zu ihm drastisch: Sie erkannte bzw. sie glaubte, daß ihr Vater sein Verhalten ehrlich bereute, und war bereit, ihm wieder Vertrauen und Zuneigung entgegenzubringen, ja, ihn sogar wieder zu umarmen. „Also ich denk, daß es (seine Reue, Anm. von Verf.) nicht gelogen ist. Ich weiß, daß mein Vater mich liebt, und ich weiß auch, daß er mir nichts mehr tun würde ... In dem Moment, wo ich meinem Vater wieder vertraue, ist es ja auch ein Stück einfacher" (S. 233).

Fazit: Interessant ist, daß das Bild von ihrem Vater und das Verhältnis zu ihm bei Frau S. eine Entwicklung durchlaufen haben, die fast parallel zu der Entwicklung ihres Verhältnisses zu sich selbst und ihres Bildes von sich selbst vor sich ging: Je mehr Frau S. Selbstvertrauen und Selbstannahme lernte und damit verbunden auch die Verantwortung für ihr Leben übernahm, desto mehr war sie auch bereit, am Verhältnis zu ihrem Vater zu arbeiten und es auf eine neue Grundlage zu stellen. Glücklicherweise fiel diese Bereitschaft mit seiner erklärten Reue und Bitte um Vergebung zusammen und konnte sich auf dieser Basis entfalten: „Und ich weiß, daß es ihm unendlich leidtut" (S. 233).

---

[533] Vermutlich steckt hinter der anklagenden Haltungt der Mutter auch der Wunsch, den eigenen Anteil an Schuld nicht sehen zu müssen.

5.2.3. Der Verletzungsprozeß

Zunächst benutzte der Vater die Tochter zu seiner sexuellen Befriedigung – allerdings ohne mit ihr Geschlechtsverkehr zu haben –, indem er sie unter Druck setzte und sie zur Heimlichkeit zwang. Nach Jahren hilflosen Ausgeliefertseins und atemloser(!) Angst konnte sich Frau S. mittels schwerer Asthmaanfälle, die ihre innere Anspannung und Panik wiederspiegeln, dem Elternhaus entziehen, so daß es zu keinem sexuellen Übergriff mehr kam. Der Preis war allerdings hoch: Frau S. verbrachte ihre Jugendjahre weitgehend in Krankenhäusern und Kurkliniken: „Ich bin zehn Jahre nur in Kliniken gewesen" (S. 230). Wichtig war für Frau S. dennoch die Verbindung zu ihrer daheim lebenden älteren Schwester, die ihr so etwas wie Schutz und Halt gewährte, und es stürzte sie in tiefe Verzweiflung, als diese bei einem Verkehrsunfall ums Leben kam. Die folgenden Jahre waren nicht nur vom Kreislauf von Sucht und Entzug bis hin zu Selbstmordversuchen geprägt, sondern auch von einer geradezu panischen Angst vor männlicher Berührung sowie von äußerster Verkrampfung in sexueller Hinsicht: „Wenn ich nur schon einen Mann gesehen hab oder wenn mich jemand berührt hat, aus Versehen oder so, hab ich ja schon Panik gekriegt" (S. 230). Diese Verkrampfung ist auch heute noch nicht ganz abgebaut und belastet das Verhältnis zu ihrem Freund: „Ich hab bis vor kurzem immer noch Alpträume gehabt und ich hab manchmal heute noch Bilder in gewissen Situationen ... wo der Film hochkommt" (S. 234) Einerseits konstatiert sie nüchtern: „... ich finds hart zu sagen, er hat mir mein Leben zerstört, aber im Prinzip ist es auch so" (S. 232), doch andererseits sieht sie sich auf einem Weg der Verarbeitung, auf dem sie immer noch weiterzukommen hofft: „Ich kann vielleicht mein Leben in den Griff kriegen, verstehst du, ich bin auch schon dabei, ich hab schon so viel erreicht. Und ich arbeite daran ..." (S. 233). – „... ich meine, ich weiß, daß ich immer noch dran arbeiten muß, ich weiß, daß es eigentlich noch nicht vorbei ist ..." (S. 233).

5.2.4. Der Verarbeitungsprozeß

Er wird von Frau S. in aller Deutlichkeit als Vergebungsprozeß charakterisiert. Dieser konnte jedoch erst beginnen, nachdem Frau S. in der Therapie das genaue Hinschauen gelernt und ausgehalten hatte: „Ich hab da schon hingeguckt, das war verdammt hart, das war die schlimmste Zeit in meinem Leben" (S. 234). Frau S. versucht nicht, die erlittenen Verletzungen zu bagatellisieren oder – aufgrund ihres neuen Verhältnisses zum Vater – zu entschuldigen. Das „Hinschauen" ermöglicht Frau S. einerseits, sich mit ihrer Vergangenheit mutig auseinanderzusetzen, andererseits weigert sie sich, sich ausschließlich als „Opfer" dieser Vergangenheit zu begreifen und ihr Leben endgültig als „zerstört" zu betrachten. Dies wiederum hängt wesentlich mit ihrer Verarbeitungsweise zusammen.

Daraus entstand der Wunsch, nicht nur mit sich selbst, sondern auch mit ihrem Vater ins reine zu kommen. Frau S. nahm brieflichen Kontakt zu ihrem Vater auf

und er reagierte prompt, indem er aufrichtige Reue zeigte, ja, gerade zu tiefe Verzweiflung – inzwischen war ja auch die einst ebenfalls mißbrauchte Schwester ums Leben gekommen. Der daraufhin sich entwickelnde Vergebungsprozeß zwischen Frau S. und ihrem Vater wurde durch mehrere Bedingungen erleichtert:
- Das verletzende Handeln des Vaters war abgeschlossen und lag schon Jahre zurück; Frau S. hatte darüber hinaus räumliche Distanz zu ihrem Vater.
- Der Tod der Schwester hatte tiefe Schuldgefühle beim Vater aktiviert und damit wohl zu seiner Reue und Bereitschaft, um Entschuldigung zu bitten, entscheidend beigetragen: „Er hat sich damals sogar umbringen wollen ... vor Schuldgefühlen ..." (S. 231).
- Frau S. entschloß sich, wieder eine vertrauensvolle Beziehung zu Gott anzuknüpfen, weil sie sich dadurch Hilfe und Halt in ihrem Leben nach dem Entzug erhoffte: „Ich wollt mit ihr (der Klinikpfarrerin, d. Verf.) reden, aus dem Grund, weil ich wieder an Gott glauben wollte" (S. 231).
- Frau S. fand in der Therapie eine verständnisvolle Klinikpfarrerin, die ihr dabei behilflich war, ihren Wunsch nach Glauben, nach einer Beziehung zu Gott zu realisieren und Verständnis für ihre Probleme, dem Vater zu vergeben, zeigte („Die Pfarrerin hat nie gesagt, ich soll verzeihen ...", S. 231).
- Frau S. hatte aus eigenem Antrieb den Wunsch, ihrem Vater vergeben zu können und erhoffte sich hierbei eine Hilfe durch den Glauben. Allerdings setzte sie sich zeitlich niemals unter Druck („Das mit dem Verzeihen, das hat bei mir lang gedauert", S. 234).

Folgende *Beweggründe* veranlaßten Frau S., ihrem Vater vergeben zu wollen bzw. ihm zu vergeben:
- Frau S. erhoffte sich durch die Vergebung Entlastung: „Aber es war eigentlich so, also mir gehts einfach besser, indem ... ich mir sag, das Thema ist gegessen" (S. 232).
- Die Reue des Vaters unterstützte ihr Vertrauen und ihre Versöhnungsbereitschaft. Frau S. vermutet, daß es ohne diese Reue für sie schwieriger gewesen wäre, ihm zu vergeben: „Wenn mein Vater nicht diese Reue zeigen würde – ob ich dann noch vergeben könnte, das weiß ich nicht ... Vielleicht könnte ich es, vielleicht auch erst viel später ... Ich möchte auch, daß es ihm irgendwo noch besser geht" (S. 234).
- Die Einfühlung in den Vater erweckte Mitleid: „... ich hab mich einfach in seine Lage hineinversetzt. Er hat sein Leben lang die Schuld" (S. 233). – „Ich denk mir einfach, ein Mensch, der muß sein Leben lang die Schuld mittragen, und ich denk, mein Vater hat einfach genug gelitten. Meine Schwester lebt nicht mehr, bei der kann er sich gar nicht mehr entschuldigen ..." (S. 232).
- Die Versöhnung mit sich selbst, mit dem eigenen Leben und ihre Hoffnung für die Zukunft befähigen Frau S. zur Vergebung: „Ich meine, ich hatte kein leichtes Leben ..., aber ich ... denke dann einfach so, es gibt viel schlimmeres ... Also mir reicht das, was ich durchmachen mußte ... Aber ... ich würde gerne den Leuten sagen, daß nicht alles selbstverständlich ist ... Ich wär bestimmt ein ganz anderer Mensch, wenn ich das *nicht* erlebt hätte. Vielleicht

wär ich arrogant oder was weiß ich, keine Ahnung, und ich bin dankbar, daß ich nicht so bin. Ich bin auch dankbar, daß ich ein Gewissen habe ..." (S. 234f).

Allerdings betont Frau S. selbst, daß mit dem Entschluß zur Vergebung und dem entsprechenden Verhalten ihrem Vater gegenüber für sie der Verarbeitungsprozeß noch nicht abgeschlossen ist:

„Es ist schon schwierig, ich mein', es hört sich vielleicht irgendwo hirnrissig an, daß für mich das Thema noch nicht abgeschlossen ist und trotzdem vergeb ich meinem Vater, aber zumindest ist es doch ein Stück in die Richtung!" (S. 234)

5.2.5. Die Rolle des Glaubens

Es ist erstaunlich, wie bewußt, reflektiert und differenziert Frau S. ihren Glauben und seine Funktion in der Verarbeitung ihrer Verletzungen beschreibt:
– Frau S. fühlte sich zunächst keineswegs verpflichtet zur Vergebung: „Ich hatte nie das Gefühl, daß Gott von mir verlangt, daß ich vergeben soll, so nicht" (S. 232). Inzwischen allerdings, nachdem sie ihre Beziehung zu Gott vertieft und ihrem Vater vergeben hat, denkt sie darüber kritischer: „Weil, auch wenn der andere schuldig ist, hast du in dem Moment selber eine Schuld, weil du nicht verzeihen kannst, so seh ich das irgendwie ..." (S. 233).
– Ihr Vertrauen in Gott ermöglicht es ihr, auch und gerade in ihrem Leiden einen möglichen Sinn zu sehen: „... jetzt ist es einfach so, daß ich ... der Meinung bin, daß der Weg für mich bestimmt war und daß ich den hab gehen müssen, um überhaupt bis hierher zu kommen ... Ich denk, jeder Mensch muß eine gewisse Zeit erleben, um überhaupt aufzuwachen oder um seinen Weg zu finden" (S. 231).
– Ihr Glaube gibt ihr die Kraft, nicht rückfällig zu werden: „Ich denke, wenn mein Glaube nicht wäre, wäre ich heute nicht clean ... und ich bleibs auch, das weiß ich" (S. 233).
– Frau S. ist dank ihres Glaubens zuversichtlich und zukunftsorientiert: „Ich hab das Gefühl, daß mir der Glaube das Verzeihen leichter macht ... Seitdem ich wieder glaube, hab ich eine ganz andere Einstellung gekriegt irgendwie. Ich schau vielleicht mehr nach vorne ..." (S. 234). Sie ist überzeugt, durch die zerstörenden Erfahrungen ihrer Kindheit und Jugend nicht unwiderruflich geschädigt zu sein: „Ich denk einfach, viele haben sowas erlebt, und auch noch andere Sachen, bei denen lief es ähnlich ab, daß sie dann abhängig geworden sind etcetera und ... die kommen mit dem Leben nicht klar. Und viele denken auch wirklich so: es geht nicht anders, ist man einmal, ist man immer. Das denken viele, aber das stimmt nicht ..." (S. 234).

Fazit: Das Beispiel von Frau S. ist in mehrerer Hinsicht als Beispiel eines gelungenen Vergebungsprozesses zu werten:
1) Frau S. hatte den Mut, sich ihre Verletzungen bewußt zu machen, sie nicht mehr zu verdrängen.

5. Interviews: Inhalte und Interpretation 183

2) Sie begann eine intensive Auseinandersetzung mit sich selbst ebenso wie mit dem Verletzer. Ein Ergebnis dieser Auseinandersetzung war der Entschluß, mit ihrem Vater wieder Verbindung aufzunehmen, ein anderes war die Überzeugung, Gottes Hilfe und Kraft zu benötigen, wenn sie vergeben und ein neues Leben beginnen wollte.

3) Dem Entschluß, die Beziehung zu Gott zu suchen, folgte der Entschluß, ihrem Vater zu vergeben.

4) Frau S. untermauerte ihren Entschluß zur Vergebung mit dem entsprechenden beziehungsbereiten und versöhnten Verhalten dem Vater gegenüber, obwohl ihr klar war und ist, daß ihr Verarbeitungsprozeß bezüglich der erlittenen Verletzungen noch nicht abgeschlossen ist.

5.3. Frau H., 39 Jahre, 4 Kinder, geschieden, in neuer Beziehung lebend

Fallgeschichte: Frau H. heiratete recht jung einen zehn Jahre älteren Mann, mit dem sie drei gesunde Töchter hatte. Als das jüngste Kind ein behinderter Sohn (Down-Syndrom) war, löste dies beim Vater eine massive Distanzierung zunächst von diesem Sohn, bald aber von der gesamten Familie aus. Herr H. benahm sich zuhause mehr und mehr als Gast, der vor allem seine Ruhe haben wollte. Während einer Kur begann er ein Verhältnis, das er vor seiner Ehefrau geheimzuhalten versuchte. Als sie es entdeckte und geraume Zeit später schließlich mitsamt den Kindern auszog und die Scheidung einreichte, begann Herr H., sie auf jede erdenkliche Weise zu schädigen, zu schikanieren und sie in finanzielle Schwierigkeiten zu bringen. Inzwischen ist das Paar geschieden, doch setzt Herr H. seine Versuche, die ihr zustehenden Unterhaltszahlungen für die Kinder vorzuenthalten, weiterhin fort.

5.3.1. Das Selbstbild

Frau H. beschreibt sich als eine Frau, die im Verhältnis zu ihrem Mann eine deutliche Entwicklung durchmachte. Zunächst ließ sie sich sehr stark von den Erwartungen und Vorstellungen ihres Mannes bestimmen und lenken, setzte allerdings durch, für einige Zeit berufstätig zu sein: „Es war einfach so, daß ich wieder arbeiten wollte, mein Freiheitsdrang in seinen Augen ..." (S. 235). Als ihr viertes, behindertes Kind geboren wurde, gingen die Reaktionen der Eltern völlig auseinander: Während der Vater dieses Kind im Grunde niemals annahm, stellte sich die Mutter von Anfang an der großen Herausforderung, die der Sohn mit sich brachte. Ohne daß Frau H. dies von Anfang an bewußt war, beschleunigte sich durch diese unterschiedliche Reaktion bei ihr ein Prozeß der inneren Verselbständigung und Unabhängigkeit von ihrem Mann, während dieser sich immer mehr seiner väterlichen Verantwortung und Rolle entzog. („Er hat sich immer mehr rausgezogen ...", S. 235.) Ihr wurde klar, daß er sie von Anfang an auf die Rolle der möglichst perfekt funktionierenden Ehefrau, Hausfrau und Mutter fest-

legte und sie als eigenständige Persönlichkeit nicht oder nur widerwillig wahrzunehmen bereit war, indem er ihren bescheidenen Wünschen nach gelegentlicher Freizeit oder Abwesenheit kein Verständnis entgegenbrachte und zu keinerlei Aufgabenübernahme im Haushalt zu bewegen war („... ja wenn du die Kinder versorgt hast, dann kannst du fahren ...", S. 236).
So tapfer Frau H. die Erziehung der vier Kinder quasi alleine betrieb, so deutlich wurde ihr aber auch, wie sehr ihr Ehemann sie funktionalisierte und bevormundete: „Vor allem ist mir immer bewußter geworden, in welchen Zwängen und Verpflichtungen ich drinstecke, was er von mir verlangt, und immer meint noch, ich tue zu wenig ..." (S. 237). Diese Erkenntnis gipfelte in innerer und äußerer Distanzierung, zumal als sie entdeckte, daß er in der Kur eine Beziehung zu einer anderen Frau aufgenommen hatte. Frau H. begann, selbst ihr Schicksal und das ihrer Kinder in die Hand zu nehmen: „... also ich hab dann gedacht, jetzt lass ich mich nicht mehr manipulieren und immer abwarten, was er jetzt tut, ich gab gesagt, jetzt tu *ich* was ..." (S. 238). Ihre Abgrenzung verstärkte sich, als er auf ihre darauffolgenden Aktivitäten mit immer neuen Beschimpfungen und Demütigungen reagierte. Es kam ihr in dieser Phase zugute, daß sie seit der Geburt des behinderten Sohnes in hohem Maß Selbständigkeit und Eigeninitiative entwickeln und einüben mußte. Darüber hinaus war und ist es Frau H. wichtig, ein selbstbeherrschter Mensch zu sein, der sich vom Verhalten des Gegenübers nicht anstecken und provozieren läßt, sondern souverän bleibt und ein gewisses Niveau wahrt. – Davon abgesehen sieht sie durchaus eigene Mitschuld an der Entwicklung ihrer Ehe: „... und ich hab sicher von Anfang an den Fehler gemacht, daß ich mich nie gewehrt hab, ich hab einfach stillgehalten" (S. 238).

5.3.2. Das Bild vom Verletzer

Frau H.'s Schilderungen machen deutlich, daß sie sich sehr intensiv mit ihrem Ehemann und seinem Verhalten auseinandergesetzt und es gründlich reflektiert hat. Was ihr frühzeitig auffiel, war die fehlende Gesprächsbereitschaft ihres Mannes, wenn es Meinungsverschiedenheiten gibt. Entweder flüchtete er in Sexualität, in Schweigen oder in verbale Herabsetzungen ihrer Person: „... und ja, bei ihm ging Versöhnung dann meistens so, daß man nicht ausdiskutiert, sondern daß man einfach wieder im Bett sich versöhnt hat" (S. 235). – „... und das fing dann an, daß er mir also erzählt hat, ich sollt' mich nur mal im Spiegel angucken, wie ich aussehe ..." (S. 236). – Die Fähigkeit zur konstruktiven Auseinandersetzung war nicht vorhanden, was besonders nach der Geburt des behinderten Sohnes gravierend zutage trat: Herr H. zog sich immer mehr zurück, schob die Probleme von sich weg – „... und ich denke, das hatte was mit Matthias (Name des behinderten Sohnes, d.Verf.) zu tun ..." (S. 236) –, und entzog sich seiner Verantwortung. Diese unreife Haltung, die mit ausgesprochenem Egoismus verbunden war, zeigte sich auch an seinem „Pascha-Verhalten", das sogar den Töchtern auffiel: „... und dann (wenn er krank war, Anm. der Verf.) lag er aber da, und dann hat er sich bedienen lassen" (S. 237).

Herr H. erwartete ein blitzblankes Heim, eine folgsame und pflegeleichte Ehefrau und ebensolche Kinder, die ihm vor allem seine Ruhe ließen: „... so daß ich die Wochenenden damit verbracht habe, vier Kinder im Haus ruhig zu halten, also wirklich auf Zehenspitzen ..." (S. 235). – Nach den Bedürfnissen von Kindern oder Ehefrau fragte er nicht. Als Frau H. Wünsche anmeldete, erlebte sie ihren Mann als extrem verständnislos, ja, geradezu zynisch: „... also er hat es nicht verstanden, was ich eigentlich will. Weil mir gehts besser wie Metzgers Hund und mir gehts einfach zu gut, das ist mein ganzes Problem, das war seine Reaktion" (S. 236). – Als Herr H. erkannte, daß seine Frau zur Trennung entschlossen war, versuchte er, sie mit allen Mitteln zu schikanieren, zu demütigen und ihr Schaden zuzufügen, ohne dabei irgendwelche Rücksicht auf die Kinder zu nehmen. „Ich denke, er war furchtbar in seinem Ego gekränkt ..." (S. 237) erklärt sich Frau H. seine Reaktion.

Trotz dieser massiven Verletzungen sieht Frau H. ihren Ehemann ohne Haß: „... im Prinzip ist er ein Mensch, der zu bedauern ist, weil er furchtbar arm ist ... (...) Also ich denke, der Hilflose und der Schwache ist eigentlich er" (S. 239). Auch empfindet sie eine gewisse Verachtung: „... aber daß ich jetzt sage, ich hasse ihn, da kann ich nicht sagen. Ich finde ihn eigentlich sehr lächerlich ..." (S. 240), und nicht zuletzt eine enorme innere Distanz: „Und wenn ich ihn jetzt heute so sehe ..., dann denke ich immer, ... das ist für mich unfaßbar, daß ich mit diesem Mann fünfzehn Jahre gelebt habe ..." (S. 237).

5.3.3. Der Verletzungsprozeß

Die eigentliche Krise in der Ehe der H.'s begann mit der Geburt des mongoloiden vierten Kindes, des einzigen Sohnes nach drei Mädchen.[534] Die Fassade der gutfunktionierenden Bilderbuchfamilie, auf die Herr H. bis dato großen Wert legte, ließ sich nicht länger aufrechterhalten. Herr H. zog sich aus der Familie zurück, ließ sein behindertes Kind buchstäblich links liegen und bürdete die gesamte Last für Haushalt und Kinder, auch für den behinderten Sohn, seiner Ehefrau auf, wobei er ihr großes Engagement für diesen Sohn sogar noch heftig kritisierte: „Und diese ganze Gymnastik und was man alles machen mußte, das hat er alles für Quatsch gehalten, was das bringen soll ..." (S. 236). Frau H. erkannte, daß sie alleingelassen wurde und daß ihr Mann dieses Kind weder akzeptierte noch liebte. Auf ihre Bitte, sich mehr in der Familie zu engagieren, reagierte er mit Beleidigungen, Abwehr und noch mehr Rückzug. In der Kur, zu der sie ihn schickte, um ihrer Ehe nochmals eine Chance zu geben, begann er eine Beziehung zu einer Frau. Er versuchte, diese Beziehung vor seiner Ehefrau zu verheimlichen, indem er seine häufigen Abwesenheiten am Wochenende anderweitig begründete („... da mußte er immer auf Geschäftsreise ...", S. 236). Als sie, in Erkenntnis der Lage, aus dem gemeinsamen Schlafzimmer auszog, begann er, sie zu beschimpfen und zu schikanieren, indem er ihr ihre Perspektivlosigkeit

---

[534] Allerdings hatte Herr H. einen Sohn aus einer vorehelichen Beziehung.

ausmalte, das Telefon vor ihr wegschloß, ihr das Auto ebenso wie das Haushaltsgeld vorenthielt und ihr beim schließlich doch erfolgenden Auszug jede Unterstützung versagte („Jetzt war da ein Riesenberg, alles, was im Keller noch rumgefahren ist, hat er alles vor die Tür geschmissen, inclusive Müll", S. 239). Als sie den Rechtsanwalt bzw. das Gericht einschaltete, versuchte er auch hier, durch Lüge und Verdrehung ihr möglichst viel Schaden zuzufügen und möglichst wenig finanzielle Mittel zukommen zu lassen: „... worauf er sagte, Du und Geld, dir steht überhaupt nichts zu ..." (S. 238). Dabei nahm er keinerlei Rücksicht auf die Kinder, sondern zahlte auch den Unterhalt für sie nur widerstrebend, unter gerichtlichem Druck. Ein Ende dieses verletzenden Verhaltens ist für Frau H. trotz seiner neuen Eheschließung mit einer sehr wohlhabenden Frau nicht abzusehen: „Er versucht halt immer irgendwo zu linken und zu türken, das geht auch weiter so" (S. 239).

Die Verletzung kann als eine doppelte angesehen werden: Weder fühlte sich Frau H. als Ehefrau geliebt, geachtet und anerkannt, noch konnte sie erkennen, daß er die gemeinsamen Kinder liebte, achtete und für sie ausreichend zu sorgen bereit war.

5.3.4. Der Verarbeitungsprozeß

Da aufgrund der finanziellen Abhängigkeit Frau H.'s ein Ende der Verletzungen noch nicht stattgefunden hat bzw. noch nicht abzusehen ist, empfand und empfindet sie Zorn über sein Verhalten: „... ich bin manchmal wütend, was er so treibt, also wütend bin ich, aber daß ich jetzt sage, ich hasse ihn, das kann ich nicht sagen" (S. 240). Gelegentlich verspürte sie auch den Wunsch, ihrem Mann etwas heimzuzahlen, aber sie setzte sich kritisch mit ihren Rachephantasien auseinander, und der Gedanke an die Konsequenzen hielt sie davon ab: „Natürlich hats mich manchmal gejuckt und ich hab gedacht, jetzt könnt ich ihm dies oder jenes tun. Aber dann hab ich gedacht, was bringts, es befriedigt dich kurz und dann ärgerst du dich nachher, daß du dich zu so was herabgelassen hast ..." (S. 239). Außerdem war sich Frau H. darüber im klaren, daß ihr Mann mit seinen Schikanen auch das Ziel verfolgte, sie aus der Reserve zu locken, und diesen „Gefallen" wollte sie ihm nicht tun: „Ich hab gedacht, auf das Niveau will ich nicht sinken ..." (S. 239). Nach der intensiven Auseinandersetzung mit dem Verletzer und einer daraus resultierenden inneren Distanz und Souveränität entwickelte sich in Frau H. der Wunsch, keinen Groll ihm gegenüber aufrechtzuerhalten: „Ich hab nie bewußt ‚beschlossen', ihm zu vergeben. Aber für meinen inneren Frieden war das sicherlich wichtig ..." (S. 239).

Auffallend ist die Dankbarkeit, die Frau H. für das nunmehr Erreichte trotz des steinigen Weges und ihrer großen Alleinverantwortung für vier Kinder[535] empfindet: „Es geht uns eigentlich, im Prinzip geht es uns saugut, ich kann meine Kinder genießen, ich kann mein Leben wieder so gestalten, wie ichs will ..." (S. 240).

---

535 Inzwischen lebt Frau H. wieder in einer Partnerschaft.

5.3.5. Die Rolle des Glaubens

Frau H. konstatiert: „... mein Glaube hat mir sehr geholfen" (S. 240). Sie betete und erfuhr dadurch Stärkung und Hilfe, und sie war und ist, bei allem eigenen Engagement, überzeugt davon, daß Gott „die Hand über mich hält und dafür sorgt, daß es uns dann schließlich und endlich doch gut geht" (S. 240). Ihr Vertrauen in Gott gab ihr den Mut, Schritte zu unternehmen, die sie in eine zunächst in jeder Hinsicht sehr ungewisse Zukunft führten. Doch mit jedem erfolgreichen Schritt (z.B. dem Finden einer günstigen Wohnung) und mit jedem Menschen, der sie hilfreich unterstützte, sah sie sich in ihrem Vertrauen bestätigt. Das Mitwirken Gottes erlebte sie auch bei mancher Gerichtsverhandlung, wo unerwartet zu ihren Gunsten entschieden wurde: „Es fügt sich wirklich, also auch bei Gericht jetzt ... also ich habs ein paar Mal wirklich erlebt, wo ich gedacht hab, wer hat den Richter bestochen?" (S. 240)

Fazit: Frau H. schöpfte aus ihrem Glauben das Selbstbewußtsein, das es ihr ermöglichte, sich gegen die herabsetzende und entwürdigende Behandlung durch ihren Ehemann zur Wehr zu setzen, sowie die Zuversicht, daß sie auch als Alleinerziehende ihrer Verantwortung gerecht werden könnte und ihr Leben mit den Kindern meistern würde. Auch die liebevolle und engagierte Annahme ihres behinderten Sohnes kann auf dem Hintergrund ihrer christlichen Überzeugung gesehen werden, daß auch ein behindertes Kind ein kostbares Kind ist. Nicht zuletzt kann die Standhaftigkeit, Gelassenheit und Souveränität Frau H.'s während der gesamten Auseinandersetzungen mit ihrem Ehemann als Zeichen ihres tiefverwurzelten Vertrauens in Gottes Fürsorge interpretiert werden.

5.4. Frau B., 39 Jahre alt, 2 Kinder, geschieden, vor 2. Ehe stehend

Fallgeschichte: Auch Frau B. hat sehr früh geheiratet und über lange Jahre nicht gemerkt, daß ihr Mann sie mit wechselnden Partnerinnen betrog. Als die Erkenntnis schließlich unausweichlich war und sie ihn zur Rede stellte, leugnete er seine Untreue, bis sie ihn eines Tages in flagranti erwischte und sofort die Scheidung einreichte und seinen Auszug aus dem gemeinsamen Haus verlangte. Daraufhin begann Herr B., sie auf jede erdenkliche Weise zu schädigen und zu demütigen und ihre hohe finanzielle Verluste anzudrohen, so daß Frau B. gezwungen war, jahrelang um das ihr und den beiden Töchtern zustehende Vermögen gerichtlich zu kämpfen. Sie setzte sich durch und ist inzwischen eine neue Bindung mit einem anderen Mann eingegangen.

5.4.1. Das Selbstbild

Frau B. reflektiert außerordentlich intensiv über sich und ihr eigenes Verhalten im Verlauf ihrer Ehe. Sie ist weit davon entfernt, sich selbst nur als Opfer und ihren Ehemann nur als Täter anzusehen, sondern konstatiert nüchtern: „Ich habs ihm auch relativ leichtgemacht ... Ich hab das verdrängt, ich hab das regelrecht verdrängt ... Aber wenn ich heute darüber nachdenke, denke ich, ich war blind, ich war regelrecht blind" (S. 241). – „Ich habe sicherlich auch Fehler gemacht, absolut. Ich war wahrscheinlich nie die Frau, die er haben sollte. Er ist bei mir zu wenig ... auf Widerstand gestoßen" (S. 246). Ihr Idealbild sowohl vom Ehemann als auch von der Ehe ließ die Wahrnehmung der Untreue und Unaufrichtigkeit des Ehemannes lange Zeit nicht zu. Das Idealbild von sich selbst als Ehefrau verbot ihr intensives Nachspionieren – „Und daß ich ihn kontrolliere, da war ich mir irgendwo zu schade ..." (S. 241) –, bis sie eines Tages nicht mehr umhin konnte, ihre eigene Nachsicht als ein Stück Dummheit bzw. Verdrängung zu begreifen: „Und irgendwann hab ich mal gedacht, ich glaube, ich bin doch die blödeste Kuh von der ganzen Welt" (S. 242). – „Ich habe mir vorgeworfen, daß ich zu vertrauensselig war" (S. 246). Sie zog daraus die Konsequenzen und begann, ihren Mann zur Rede zu stellen, sich aufzulehnen gegen sein Verhalten, es kritisch zu hinterfragen. Als es schließlich zur Trennung kam, war *sie* diejenige, die einen Schlußstrich zog und nicht länger bereit war, sein Handeln hinzunehmen. Mit diesem Entschluß und dem darauffolgenden Verhalten leitete sich eine gravierende Veränderung ihres Selbstbildes ein. Frau B. grenzte sich ab, behauptete sich, kämpfte um ihre Rechte, ließ sich nicht einschüchtern und nicht übervorteilen. Aus der etwas naiven, folgsamen Gattin wurde eine selbstbewußte Frau, die wußte, was sie wollte, die Mut und Zähigkeit bewies. Folgende Gründe führt sie für diesen Wandel an:

- „Die Wut hat mir die Kraft gegeben, und vor allem auch der Glaube" (S. 244). Sowohl ihre Empörung über das Verhalten ihres Mannes als auch die in dieser Zeit erfolgte Hinwendung zu Gott bewirkten einen Wandel ihrer Ichidentität und damit auch ihres Verhaltens.
- Die Hilfe und Unterstützung anderer Menschen gab ihr Kraft und Selbstvertrauen: „Das hat mir wahnsinnig viel geholfen, die Leute, die mich aufgefangen haben, die mich beraten haben und die mich unterstützt haben und die für mich gebetet haben" (S. 244).
- Frau B. wollte das Bild, das ihr Vater von ihr hatte, widerlegen: „,Du bist ein blindes Huhn gewesen, hast an dem (Ehemann, Anm. d. Verf.) hinaufgeschaut, da siehst du jetzt' ... und schon aus dem Grund habe ich auch gedacht, ich muß meinem Vater noch zeigen, daß ich sehr wohl auch fähig bin ..." (S. 244).
- Frau B. wollte das Bild, das ihr Ehemann von ihr hatte, widerlegen: „Irgendwie muß ich dem vorgekommen sein wie so ein blindes Huhn, so ... so ... einfach, null Achtung hat der vor mir gehabt. Der hat gedacht, ich kann machen, was ich will, die schläft weiter vor sich hin. Und so wars auch, das ist wahr!" (S. 246). – Doch dieses Bild änderte sich im Zuge der Trennung: „Mein Selbstbewußtsein ist gestiegen, auch vor ihm, ich habe gemerkt, der kriegt wieder Achtung vor mir ..." (S. 244). – „... Und er konnts einfach nicht fassen, daß sich bei mir da was geändert hat ..." (S. 246).
- Frau B. wollte ihre verletzte Selbstachtung wiedergewinnen: „Aber so konnte

ich endlich mal selber wieder in den Spiegel schauen und hab gesehen, ich bin auch jemand!" (S. 244). – „... ich hab das Gefühl gehabt, ich muß es dem irgendwann einmal beweisen, daß ich nicht das blöde kleine Dummchen bin, für das er mich gehalten hat. Und mir selber, in erster Linie, mußte ich es beweisen" (S. 246).
- Frau B. fühlte sich sowohl persönlich darauf angewiesen, als auch ihren Kindern gegenüber verpflichtet, sich finanziell nicht übervorteilen zu lassen: „... einfach das Überleben. Ich habe gewußt – also entweder schwimmst du, oder du gehst unter ... Und dann die Kinder. Das furchtbar schlechte Gewissen meinen Kindern gegenüber auch" (S. 246).

5.4.2. Das Bild vom Verletzer

Im Gegensatz zu dem Selbstbild von Frau B. ist ihr Bild von ihrem Exgatten relativ konstant und unverändert geblieben, nachdem sie im Lauf ihrer Ehe ihre ursprüngliche Einstellung zu ihm aufgeben mußte: „Mein Mann war meine Sandkastenliebe ... und ich hab halt gedacht, dieser tolle Mann ..." (S. 240). – Sehr bald nach der frühen Heirat bemerkte sie seine Unzufriedenheit und versuchte, ihm bei der Verwirklichung seiner beruflichen Ziele zu helfen. Als ihr Mißtrauen bezüglich seiner Treue schließlich geweckt war, ließ sie sich zunächst beschwichtigen, das heißt, sie hielt am Vertrauen ihrem Mann gegenüber fest, weil sie an ihrer Ehe festhalten wollte: „... und er hat immer so geschickte Entschuldigungen gehabt ... und das hab ich glauben wollen!" (S. 241) Doch eines Tages konnte sie aufgrund ihrer Beobachtungen nicht umhin, ihn entschlossen zur Rede zu stellen. Ihr Mann reagierte aggressiv in der Erwartung, sie damit einzuschüchtern: „Dann kams zu ganz schlimmen Streits, wo er gemeint hat, wenn er recht schreit, dann bin ich wieder zahm ..." (S. 242). – „Er hat gedacht, die krieg ich schon klein ..." (S. 243). – „Ich glaube, wegen dem war er auch so gemein, weil er gedacht hat, so kriege ich die wieder dahin, wo ich sie haben will" (S. 246). – Nachdem ihr Mann erkannt hatte, daß sie sich nicht mehr einschüchtern und beschwichtigen ließ, begann er, sie mit allen Mitteln zu demütigen und „fertigzumachen" aus Angst, selbst nunmehr der Verlierer zu sein: „Er wollte einfach nicht klein beigeben. Er hat Angst gehabt davor ..." (S. 243). – Heute sieht sie in ihm einen Menschen, der zwar gelernt hat, sie zu respektieren, der aber letzten Endes unfähig zu einer tiefgreifenden Selbstkritik, geschweige denn zu einer Veränderung seines Denkens und Handelns ist, da er davor ausweicht, sein früheres Verhalten gegenüber Ehefrau und Töchtern ehrlich aufzuarbeiten: „Mein Exmann, ich glaube, der zerstreut sich so, daß er gar nicht über das Geschehene nachdenken will. Und wenn meine Kinder davon reden, sagt er, das ist schon lang her ..." (S. 245). – Die Konstanz ihres Bildes vom Verletzer entspricht der Stagnation in der Entwicklung ihres Ex-Ehemannes: Eine Verhaltensänderung oder Anzeichen von Reue oder Einsicht sind bis zum heutigen Tag von ihm nicht gekommen, abgesehen davon, daß ihr Exmann nicht mehr versucht, sie zu demütigen.

5.4.3. Der Verletzungsprozeß

In der ersten Phase der ehelichen Krise mußte Frau B. erkennen, daß ihr Mann sie belügt und betrügt. Bei den anschließenden Auseinandersetzungen zeigte sich, daß er nicht wirklich zu einer Verhaltensänderung bereit war, sondern lediglich danach trachtete, mit Tricks und Einschüchterung seinen Lebensstil und gleichzeitig seine Ehe aufrechtzuerhalten. Als seine Frau dennoch eines Tages auszog, kämpfte er um die Wiederherstellung des alten Zustandes: „Er hat mich abgepaßt und mir alles mögliche versprochen und komm doch wieder, ich brauche dich ... Ein Zuhause und nach außen hin die Fassade, das wollte er schon haben ..." (S. 242). – Als ihm klar wurde, daß seine Frau zur Scheidung entschlossen war, kam die Phase der intensivsten Verletzungen: „Dann wollte er kämpfen und hat mich so richtig moralisch fertiggemacht ..." (S. 243). – „Überhaupt kommt jetzt das, was mich eigentlich am meisten verletzt hat ... die Art und Weise, wie er mich nachher hat fertigmachen wollen, das war gemein. Und auch wie er mit den Kindern umgesprungen ist, also das hat mich sehr verletzt ... Eine verbrecherische Art, muß ich gerade sagen ..." (S. 243). Ihr Ehemann schreckte auch vor Lug und Trug nicht zurück, um seine Ehefrau zu schädigen und zu demütigen: „Eigentlich war das Verletzendste an der Sache diese Abwertung meiner Person und da hinterher das Gemeine, daß er immer eine noch tiefere Schublade gezogen hat und daß er immer noch versucht hat, mich reinzulegen ... Und ... der hat mir regelrecht gedroht" (S. 246). – „Er hat immer gesagt, ich bring dich so klein mit Hut, so klein ..." (S. 243). -Als die Schikanen endlich aufhörten, zeigte dies keine Einsicht, sondern: „Er hat ... nichts mehr gehabt, was er gegen mich ausspielen konnte ..." (S. 244).

5.4.4. Der Verarbeitungsprozeß

Frau B. betont, daß sie *während* der mehrjährigen Auseinandersetzungen und des Scheidungsprozesses an Vergebung weder denken wollte noch denken konnte, und zwar aus folgenden Gründen:
- Solange das Scheidungsverfahren noch im Gange war, hatte sie zu wenig Abstand zum Verletzer und mußte darüber hinaus immer auf neue Verletzungen gefaßt sein: „... verzeihen Sie mal, wenn sie mittendrin sind (...) Also vor Gericht, ich hätt ihn grad abmurksen können!" (S. 244). – „Ich wollte ihm damals nicht verzeihen (...) Und solange ich noch so drinhänge mit ihm, probiere ich das auch gar nicht, denn wenn ichs probiert habe, dann war immer irgendwas, wo der mich wieder an den Punkt zurückgebracht hat, wo ich angefangen habe" (S. 245).
- Frau B. befürchtete bzw. hatte den Eindruck, daß ihr Ehemann ein Signal von Versöhnungsbereitschaft ihrerseits nur ausgenutzt hätte: „Ich hätte während dieser Zeit damals immer die Angst gehabt, wenn ich jetzt sage, ich verzeihe dir, ... daß dann alles vergessen ist ..." (S. 244). – „Ich habe immer das Gefühl gehabt, wenn ich ihm den kleinen Finger gebe, dann nimmt er die ganze Hand" (S. 245).

Die erste Phase bestand darin, daß Frau B. ihre Wut zuließ und sich gleichzeitig entschieden abgrenzte und zur Wehr setzte gegen ihren Ehemann. Sie kämpfte um ihre Rechte und entwickelte ungeahnte Selbstbehauptungskräfte und ein zähes Beharrungsvermögen. Dabei erlebte sie ihre Wut als ausgesprochen konstruktiv, da diese ihr auch die Energie zum Kämpfen lieferte. – Trotz dieser Kraftentfaltung gestand Frau B. sich ein, daß sie allein mit der Bewältigung ihrer Aufgaben und der Verarbeitung ihrer Verletzungen überfordert wäre. Sie bezog andere Menschen mit ein, ließ sich von ihnen unterstützen und beraten, schüttete ihr Herz aus und fand bei ihnen Verständnis, ohne daß sie sich unter Druck gesetzt fühlte. In diesem Fall, so Frau B., hätte sie sich entschieden gewehrt, da sie selbst das Tempo ihres Verarbeitungsprozesses bestimmen wollte.

„Aber man muß mit anderen darüber reden. (...) Das muß jemand anderes, der nicht da drin steckt, von außen anschauen und Ratschläge geben, anders geht das nicht ... Meine Freunde, die haben mir zugehört und haben mir das Gefühl gegeben, daß sie mich verstehen in meiner Wut ... Und ich habe sehr geschätzt, daß niemand Druck auf mich ausübte ..." (S. 246f).

Erst als der eigentliche Scheidungsprozeß vorbei war, begann Frau B., sich mit dem Thema „Verzeihen" zu beschäftigen bzw. sich mit ihrem Groll auseinanderzusetzen: „... dann hat bei mir der Prozeß angefangen, daß ... ich habe Abstand gehabt von ihm und dann ... ist auch der Haß zurückgegangen ..." (S. 244). – „Ich habe schon gewußt, ich muß ihm irgendwann verzeihen, damit ich auch selber den inneren Frieden bekomme ..." (S. 245). Frau B. war klar, daß sie auf keinen Fall den Rest ihres Leben in Bitterkeit und Groll verbringen wollte: „Ich wollte nie, daß meine Wut die Endstation ist" (S. 247).

Auch wenn Frau B. von sich sagt, keinen förmlichen „Entschluß" zur Vergebung getroffen zu haben, so kann sie heute doch ihrem Ex-Ehemann ohne Bitterkeit begegnen: „Ich kann ihm heute wieder so ohne Groll begegnen ... Ich merke halt, daß es mir heute gutgeht wieder, und daß, wenn er anruft, ich normal mit ihm reden kann ..." (S. 245). – „Also, wenn ich jetzt das Gefühl hätte, daß ich mit dem nicht zurecht komme innerlich, daß da was da ist noch, wo ich einfach nicht verarbeitet habe oder so ..., dann würde ich schon noch was machen. Aber so habe ich irgendwo eigentlich keinen Anlaß dazu" (S. 246). – Dennoch hält Frau B. Abstand zu ihrem ehemaligen Gatten: „Da müßt ich was sehen, wo ich dann denken kann, bei ihm hat sich was verändert ... Ich wäre zu mißtrauisch ihm gegenüber, ich hätte immer das Gefühl, der hat irgendwas im Hinterkopf, wo er wieder erreichen will ..." (S. 245).

5.4.5. Die Rolle des Glaubens

Frau B. spricht von sich aus immer wieder die Bedeutung an, die der Glaube in dem Verarbeitungsprozeß für sie gespielt hat.

Zunächst in der Trennungsphase, als sie anfing, sich selbst zu behaupten: „Warum ich mich so geändert habe? ... Erstens, die Bekehrung hat mir Kraft gegeben ..." (S. 246). – „Die Wut hat mir die Kraft gegeben, und vor allem auch

der Glaube. In der Zeit bin ich nämlich zum Glauben gekommen ... Durch die Trennung, durch die Krise. Das hat mir wahnsinnig viel geholfen ..." (S. 244).
Nach dem Trennungsprozeß und dem Abschluß der gerichtlichen Auseinandersetzungen wollte Frau B. ihrem Ex-Ehemann vergeben, allerdings aus freien Stücken: „Ich habe nie gedacht, daß ich ihm verzeihen muß, daß das Gott von mir erwartet" (S. 246). – „Ich habe dann gebetet darüber, und bin auf jeden Fall ruhiger geworden, entspannter ... und, ja, so ein richtig einschneidendes Erlebnis gibt es da eigentlich nicht ..." (S. 245).
Fazit: Frau B. vermittelt den Eindruck, daß sie aus der Verletzungszeit, die die Ehe mit ihrem Mann und die darauffolgende Scheidungsprozedur darstellte, letzten Endes gestärkt und keinesfalls verbittert hervorgegangen ist. Einer der Gründe ist mit Sicherheit darin zu suchen, daß Frau B. ihre Beziehung zu Gott aktivierte und intensivierte; sie nennt es „Bekehrung" (S. 246). Aus dieser Gottesbeziehung schöpfte sie Kraft und Rückhalt sowie Orientierung: Ihr war klar, daß innerer Friede ohne Vergebung nicht zu bekommen war. Ebenso war ihr bewußt, daß Vergebung nicht von allein zustandekommt – ihre Töchter, meint sie, hätten ihrem Vater noch nicht verziehen. Andererseits *zwang* sich Frau B. nicht zu einem „Akt des Vergebens", sondern arbeitete daran – und betete darum, ihrem Ex-Ehemann sachlich und ohne Bitterkeit begegnen zu können. Damit verband sie allerdings eine strikte Abgrenzung ihm gegenüber, das heißt, sie ist nicht bereit, ihm Gelegenheit zu geben, sie erneut zu verletzen. Dazu kommt, daß Frau B. einen neuen Lebenspartner gefunden hat, was ihr, wie sie sagt, die Abgrenzung sowie den Abstand zum Vergangenen zusätzlich erleichtert.

5.5. Herr K., Mitte 40, 2. Ehe, 1 Kind aus 1. Ehe, 2 Kinder aus 2. Ehe

Fallgeschichte: Herr K. wuchs mit einem Zwillingsbruder und zwei Schwestern als Sohn eines Alkoholikers in einer schwäbischen Kleinstadt auf und erlebte von Kindheit an die Brutalität und Zerstörungswut seines Vaters sowie die ohnmächtige Angst der Mutter. Als junger Mann verfiel Herr K., zunächst ohne es zu realisieren, ebenfalls dem Alkoholismus. Erst auf massiven Druck seiner zweiten Ehefrau und seines Arbeitgebers hin willigte er in eine Entziehungskur ein, in deren Verlauf Herr K. sich dem christlichen Glauben zuwandte und seinem Vater das Geschehene vergeben konnte.
Herr K. ist nunmehr bald drei Jahre völlig frei von seiner Sucht.

5.5.1. Das Selbstbild

Herrn K.'s Selbstbild ist ausgesprochen differenziert, was sicherlich eine Folge der therapeutischen Gespräche ist, die Herr K. führte. In seiner Selbstbeschreibung unterscheidet Herr K. explizit zwischen seiner Persönlichkeit vor der Therapie und nach der Therapie. Seine Wesensmerkmale *vor* der Therapie beschreibt Herr K. folgendermaßen:
– Die Angst, die er vor seinem Vater hatte, übertrug er auch auf andere Men-

schen – „… eine brutale Angst hab ich gehabt vor jedem Menschen" (S. 249) – und erlebte sich selbst als schüchtern und unfähig zu jeglicher Abgrenzung gegenüber fremden Erwartungen und Ansprüchen. Er litt darunter, daß er „zu allem Ja und Amen" sagte (S. 247) und von anderen ständig manipuliert und ausgenutzt wurde: „Ich war eigentlich mein ganzes Leben immer nur eine Marionette" (S. 248).
Durch seine Gefälligkeit und Gefügigkeit versuchte Herr K., die Anerkennung und Zuneigung zu erringen, die ihm im Elternhaus vorenthalten wurde: „… meine Mutter, die hat mich so erzogen, sei ruhig, sei still, der Kluge gibt nach, nach der Devise. Ja nicht aufmucken, ja nichts sagen … so hat sie sich auch verhalten …" (S. 247). – „… die Mutterliebe hat mir auch wahnsinnig gefehlt" (S. 248). Auch seine „Arbeitssucht" diente der Jagd nach Anerkennung: „Ich hab dann gemerkt, je mehr ich arbeite, dafür bekomme ich plötzlich Anerkennung!" (S. 249). Nicht zuletzt sollte der Alkohol sein fehlendes Selbstwertgefühl kompensieren: „Und ich hab gemerkt, daß … wenn ich zwei, drei Flaschen Bier getrunken habe, daß ich dann plötzlich mutig und stark geworden bin" (S. 248).
Andererseits erlebte Herr K., daß seine zweite Ehefrau ihn aufgrund seines fehlenden Selbstbewußtseins sowie aufgrund der Trunksucht und der damit verbundenen Unfähigkeit, Verantwortung zu übernehmen und Entscheidungen zu treffen, verachtete und sich von ihm zurückzog. : „… und sie hat natürlich auch gemerkt, daß ich Probleme hab mit dem Alkohol. Und in dem Moment hab ich auch keinen Wert mehr gehabt bei ihr …" (S. 249).
Nach der Therapie hat sich die Persönlichkeit von Herrn K. gravierend gewandelt; er selbst sagt, er hätte sich „um 180 Grad gewendet" (S. 251) und sein Leben in die Hand genommen. Herr K. hat gelernt, sich abzugrenzen („Ich habe mich … von meinem Schwiegervater distanziert", S. 250), Konflikte auszutragen und auszuhalten und Verantwortung zu übernehmen. Die Grundlage dafür ist in seinem Selbstwertgefühl zu suchen: „Mein Selbstwertgefühl ist gestiegen" (S. 251f). – „… ich bin jetzt stark geworden in meinem Leben, meine Willenskraft hat sich gestärkt" (S. 252). Auch berichtet er, daß er sich „nicht mehr herumkommandieren" (S. 201) lasse, „endlich mal auch Entscheidungen treffe … und wenn ich jetzt Mist baue, dann bin ich selber verantwortlich" (S. 251).
Fazit: Es ist nicht daran zu zweifeln, daß Herr K. eine enorme Veränderung seiner Persönlichkeit und seines Selbstbildes erlebt hat, in deren Folge sich auch sein Verhältnis zur Umwelt sowie sein Verhalten gegenüber seinen Mitmenschen gravierend geändert hat.

5.5.2. Das Bild vom Verletzer

Obwohl Herr K. vor allem die Beziehung zu seinem Vater thematisiert, macht er kein Hehl daraus, daß auch die Beziehung zur Mutter problematisch war. Die Mutter hat ihm einerseits jene Zärtlichkeit und Liebe vorenthalten, der er – vor allem angesichts des brutalen Vaters – so dringend bedürft hätte: „Ich wüßte nicht, wann mich meine Mutter mal in den Arm genommen hätte …" (S. 248), andererseits war sie ihm ein Negativmodell dafür, wie mit dem Vater und generell mit Menschen umzugehen ist: „... wenn man zu meiner Mutter sagt, komm tu das oder tu das, dann macht sie das. Sie springt sofort ..." (S. 248). Das fehlende Abgrenzungsvermögen und Selbstwertgefühl der Mutter übertrug sich voll und ganz auf den Sohn.

Zum alkoholabhängigen Vater war die Beziehung von Kindheit an von extremer Angst geprägt. Zum einen, weil der Vater sowohl immer wieder die Wohnung demolierte als auch die Kinder aus nichtigem Anlaß brutal verprügelte („Was der mich sinnlos geschlagen hat, furchtbar!" S. 251), zum anderen, weil er jede Achtung den Söhnen gegenüber vermissen ließ: „Ich habe übrigens keinen Beruf erlernen dürfen, ich habe müssen sofort in die Fabrik zum Arbeiten gehen, das Geld mußte ich daheim abliefern ... der hat das Geld wahrscheinlich gebraucht zum Versaufen" (S. 247). Als Herr K. von seiner ersten Frau verlassen wurde und ins Elternhaus zurückkehrte, wurde ihm klar: „Dann habe ich überhaupt keinen Wert mehr gehabt" (S. 248).

Als Folge all dieser Erfahrungen war Herr K. nicht nur extrem unsicher und eingeschüchtert, sondern er entwickelte „einen brutalen Haß" (S. 251) auf seinen Vater, der sich in schlimmen nächtlichen Alpträumen manifestierte sowie in dem Wunsch, nie so zu werden wie der Vater: „Ich habe immer gesagt, ich will nicht so werden wie mein Vater" (S. 248). Andererseits war ihm der Vater Modell, wie man Probleme verdrängt, so daß er bald selbst, ohne sich dessen bewußt zu werden, zum Alkoholiker wurde.

Durch die Therapie konnte Herr K. lernen, sich von seinem – schon seit einigen Jahren verstorbenen – Vater innerlich zu distanzieren und sich gleichzeitig nachträglich noch in ihn einzufühlen: „... ich hab dann auch gemerkt, daß mein Vater nichts dafür konnte, daß er so war. Also, er war ja selber ein Gefangener des Alkohols, er hat ja seinen Geist versoffen ... Und daß er, wenn er nüchtern war, daß er dann anders war ..." (S. 251).

5.5.3. Der Verletzungsprozeß

Durch die Gewalttätigkeit und Unberechenbarkeit des Vaters, das Fehlen jeglicher Zuneigung und Wertschätzung, konnte Herr K. kein Selbstwertgefühl entwickeln, sondern verinnerlichte die Behandlung, die ihm zuhause zuteil wurde, und nahm sich selbst als völlig wertlosen Menschen wahr. Durch eine recht überstürzte Eheschließung versuchte er, einerseits aus dem häuslichen Umfeld so bald als möglich auszubrechen und andererseits sich eine Art „Nest" aufzubauen, in dem er die Liebe und Anerkennung zu finden hoffte, die ihm bis dahin versagt geblieben war: „Und dann hab ich das gemerkt, ... daß man mich auch gernhaben kann. Mit mir war man freundlich und ... dann hab ich sofort meine Sachen gepackt und hab geheiratet ..." (S. 248). Auch durch seine Nachgiebigkeit, seine Bereitschaft, sich von Kollegen oder Schwiegereltern ausnutzen zu lassen, hoffte Herr K., Wertschätzung und Anerkennung zu erringen und bemerkte doch feinfühlig, daß gerade das Gegenteil der Fall war: man erkannte seine Schwäche, nutzte sie aus und verachtete ihn für seine Unfähigkeit, Nein zu sagen: „Jeder hat können zu mir herkommen und sagen, komm, mach mir mal die Maschine sauber oder hole mir mal ein Vesper und so ... die haben mich total ausgenutzt ... ich war der Lakai da drin" (S. 247). Die damit verbundene erneute Frustration verdrängte Herr K. wiederum mit Hilfe des Alkohols, der ihm wenigstens für Stunden eine Art Selbstbewußtsein und das Gefühl, anerkannt zu werden, verlieh: „Dann bin ich mutig und stark geworden, dann konnte ich auch einmal mal die Meinung sagen ..." (S. 248). Doch die nächtlichen Alpträume – „... und Alpträume, um Gottes Willen, ich hab Alpträume gehabt, ... das war furchtbar ... Nachts bin ich schweißgebadet aufgewacht ..." (S. 251). – „Ich habe schon Angst gehabt, abends beim Hinliegen, daß die Alpträume wiederkommen" (S. 251) – erinnerten ihn immer wieder an die tiefen Verletzungen, die er im Elternhaus erlitten hatte. Dazu kam eine neue Verletzung: seine erste Ehefrau verließ ihn abrupt; er fühlte sich allein mit dem Kind völlig überfordert („Ich hab mir das nie vorstellen können, um Gottes Willen, allein bleiben mit dem Sohn", S. 249) und machte sich sofort auf die Suche nach einer zweiten Ehefrau. Sobald diese zweite Frau, die in ihrer Kindheit ebenfalls tiefe seelische Verletzungen erlitten hatte, seine Entscheidungsschwäche und seine Trunksucht bemerkte, trennte sie sich zwar nicht von ihm – inzwischen waren wieder zwei Kinder geboren –, entzog sich ihm jedoch körperlich und seelisch in massiver Weise und übernahm die Führungsrolle in der Ehe: „Ich wollte keine Verantwortung übernehmen ... Und dann hat sich natürlich meine Frau eine Machtposition aufgebaut in unserer Ehe" (S. 249). – Herr K. hat für dieses Verhalten nachträglich viel Verständnis, sieht selbstkritisch seine Schuld an dieser Entwicklung, leidet jedoch darunter, daß seine Frau auf die inzwischen erfolgte Wandlung seiner Persönlichkeit sowie auf das Ende seines Alkoholismus nicht mit Annäherungsbereitschaft reagiert: „Zwischen uns ist irgendwie noch ... eine brutale Mauer, eine ganz gewaltige Granitmauer, die sie sich in diesen Jahren aufgebaut hat zwischen mir und ihr, gell, sie hat sich abgeschottet vor mir" (S. 250).[536]

5.5.4. Der Verarbeitungsprozeß

Er ist bei Herrn K. untrennbar verknüpft mit seiner Therapie, mit der dabei vollzogenen Abwendung vom Alkohol sowie der Hinwendung zu Gott.
Vor der Therapie versuchte Herr K., mittels seiner Trunk- als auch seiner „Arbeitssucht" seine Probleme und Minderwertigkeitsgefühle einfach zu verdrängen. Seine Erkenntnis während des Alkoholismus, aus eigener Kraft nicht wirklich „neu anfangen" zu können, führte zu einer Hinwendung zu Gott, die zunächst auch enorm positive Folgen hatte, doch nach einem Jahr in einem Rückfall in den Alkoholismus endete. Dennoch blieb diese Erfahrung in ihm lebendig, ebenso die Sehnsucht, vom Alkohol wegzukommen. Der Wunsch, nicht vollständig das Gesicht zu verlieren, weder vor der Ehefrau noch vor dem Arbeitgeber, zwang Herrn K., ein angebotenes Therapieangebot schließlich anzunehmen

---

[536] Inzwischen – ungefähr ein halbes Jahr nach diesem Gespräch – hat Frau K. ihre Abwehrhaltung aufgegeben und sich ihrem Mann wieder vertrauensvoll zugewandt, was für diesen fast an ein Wunder grenzt.

und die Therapie auch nicht abzubrechen, obwohl er sich zunächst heillos überfordert fühlte. Die für ihn entscheidenden Bestandteile der Therapie, die zur Heilung seiner Verletzungen und zur Änderung seiner Persönlichkeit führten, waren:
- die therapeutischen Gespräche, in denen Herr K. sich mit sich selbst und seiner Vergangenheit auseinandersetzen mußte: „In der Therapie hat man ja die Kindheit aufgearbeitet, wo ist die Wurzel begraben …" (S. 250). – „… in der Therapie, … da habe ich gemerkt, daß ich jemand bin. Daß ich genauso das Recht darauf habe, akzeptiert zu werden, wie jeder andere auch" (S. 251). Da die Therapeuten Christen waren, konfrontierten sie ihn auf unaufdringliche Weise auch mit der Möglichkeit des Vergebens: „Und dann noch die Einzelgespräche mit meinem Therapeuten, der hat gesagt, ob ich wüßte, was das ist, dem anderen zu verzeihen" (S. 251).
- die Gruppengespräche, in denen Herr K. lernte, standzuhalten statt zu flüchten, sich zu behaupten, statt nachzugeben und Position zu beziehen sowie vor einer großen Gruppe von Menschen zu reden: „Gell, da hat man auch gelernt, Konfrontationen … Konflikte auszustehen und mit Konflikten umzugehen … Da darf keiner wie ein verscheuchtes Huhn irgendwo in eine Ecke hinein, sondern der hat sich müssen stellen, und zwar mit Worten! Und das hab ich auch gelernt …" (S. 252).
- Herr K. erkannte in der Therapie: „… wenn ich da rauskomme, allein packe ich es nicht mehr" (S. 250). Als Konsequenz „schrie" er zu Gott und bat ihn um Hilfe, vom Alkohol wegzukommen. Die darauffolgenden Veränderungen waren umfassend und führten dazu, daß Herr K. sich selbst zu vertrauen und wertzuschätzen und seinem Vater zu verzeihen lernte, wodurch, wie er sagt, die ganze Last seiner Vergangenheit, aber auch seines Hasses von ihm genommen worden sei. Dies äußerte sich sowohl in einer neuen, ungekannten Freude, die Herr K. empfand und nach wie vor empfindet, als auch im Ausbleiben seines Hasses auf den Vater und der nächtlichen Alpträume, die ja immer ein Signal dafür waren, daß die Verletzungen noch keineswegs vernarbt oder verarbeitet waren: „Und als ich ihm verziehen hatte, hat das schlagartig aufgehört … Und dann hab ich gemerkt, daß es mir plötzlich gutgeht, daß ich plötzlich eine Lebensfreude entwickelt hab …" (S. 251).
- Ein Traum machte Herrn K. deutlich, daß er seine Vergangenheit abschließen konnte und sich nicht länger von den darin erlittenen Verletzungen bestimmen lassen mußte: „Da ist das ganze Zeug … alles hab ich auf die Seite geschoben und habe einen Weg freigebahnt, irgendwie" (S. 251).

5.5.5. Die Rolle des Glaubens

- Der Glaube half und hilft Herrn K., nicht rückfällig zu werden in seiner Sucht: „Ja, und jetzt bin ich quasi seit zwei Jahren trocken und hab … noch keine Sekunde Verlangen gehabt nach dem Alkohol. Und ich habe … ein wahnsinniges Verlangen nach Gott … – jeden Tag bin ich mit ihm verbunden" (S. 250).

- Der Glaube führte zur Befreiung von der Last der traumatischen Vergangenheit und zu neuer Lebensfreude: „Und dann ist plötzlich Gott wieder in mein Leben getreten dort ..., ich hab das gemerkt, daß plötzlich die ganze Last wieder weggerissen worden ist. Ich konnte plötzlich wieder frei aufatmen und hab gemerkt, da ist jemand da ... Ich hab auch eine Superfreude dann gehabt ..." (S. 250). – „Mir gehts so gut, so gut ists mir in meinem ganzen Leben noch nicht gegangen" (S. 250).
- Der Glaube ließ in ihm den Wunsch erwachen, seinem Vater zu verzeihen: „Und, auf alle Fälle, ich hab ihm dann verziehen, weil ... er ist tot und da kann man nichts mehr daran ändern, daß das so passiert ist ... Ich hab irgendwie das Verlangen danach bekommen, meinem Vater zu verzeihen" (S. 251). – „... und wenn ich bereit bin zum Verzeihen, dann hilft mir ja Gott dabei ... Das habe ich auch erlebt ..." (S. 251).
- Durch die Verbundenheit mit Gott wurde Herr K. selbstbewußter: „... durch Gott, kann ich auch sagen, einfach, ich bin jetzt stark geworden in meinem Leben, meine Willenskraft hat sich gestärkt" (S. 252).

5.6. Herr S., 35 Jahre alt, verheiratet, 3 Kinder

Fallgeschichte: Herr S. eröffnete nach dem Studium der Agrarwissenschaften in einer süddeutschen Universitätsstadt ein Lebensmittelgeschäft für Biolebensmittel und stellte nach einiger Zeit einen ehemaligen Studienkollegen als Teilhaber ein. Nach anfänglich guter Zusammenarbeit begann der Teilhaber jedoch, sich mehr und mehr den Aufgaben und der Verantwortung zu entziehen und auch die Kommunikation mit Herrn S. zunehmend zu reduzieren, bis er eines Tages auf dessen Ausspracheangebot mit der unvermittelten Ankündigung seines Ausstiegs aus dem Geschäft reagierte. Damit verbunden war die Forderung nach sofortiger Auszahlung seines eingebrachten finanziellen Anteils, wodurch Herr S. mit seinem Unternehmen an den Rand des Ruins gebracht wurde.
Der Teilhaber ist inzwischen nach Norddeutschland verzogen, Herr S. konnte die geforderten Gelder auftreiben und seinen Betrieb weiterführen.

5.6.1. Das Selbstbild

Herr S. reflektierte im Lauf des Verletzungs- und Verarbeitungsprozeß sehr gründlich über sich selbst und sein Verhalten und versuchte, das Verhalten des Verletzers auch als Reaktion zu verstehen.
Die von Herrn S. bei Einstellung seines Teilhabers gewählte Betriebsform der GBR zeigt, daß Herr S. ursprünglich einen gleichberechtigten Partner an seiner Seite haben wollte: „... und das war im Grund Grundlage der Erweiterung, daß mans eben gemeinsam gemacht hat, die Erweiterung ... Das heißt, das war natürlich ein existenzielles Aufeinander-Einlassen" (S. 252). Bald bemerkte Herr S., „daß ich aus dieser Chefrolle nicht richtig herausgekommen bin ... Das lag, denke ich, aber auch natürlich an meiner Person ..." (S. 252). Als Herr S. ver-

suchte, die sich ergebenden Schwierigkeiten im sachlichen Gespräch mit seinem Teilhaber zu klären, mußte er erkennen, daß sein Teilhaber nicht darauf einging, so daß die für Herrn S. übliche und vertraute Form der Konflitkbewältigung nicht möglich war: „… also ich habe mich da immer hilfloser gefühlt. Ich habe zumindest extreme Schwierigkeiten gehabt, überhaupt mit ihm zu kommunizieren …" (S. 253). – Herr S. versuchte, sein eigenes Verhalten kritisch zu reflektieren: „… daß du natürlich selber dich in Frage stellst und sagst, wie kommts zu so einer gewaltigen Auseinandersetzung mit einem Menschen, den du als jemand eingeschätzt hast, mit dem du zusammenarbeiten könntest – daß du dir überlegst, wie hast du dich verhalten …" (S. 255). Er entdeckte einige problematische Punkte: „… ich habe mich immer auch als mitbeteiligt empfunden, quasi auch von der Schuld, oder von den Mängeln, die ich eingebracht habe. (…) Ich habe das als großes Defizit von mir gefunden, daß ich gedacht habe, ich habs nicht gemerkt, welche Bedeutung das für ihn gehabt hat, daß er im Grund ein Jahr lang einfach diesen Abstand zu mir hat nicht verringern können …" (S. 258). – „Ich hab gedacht, ich habs nicht begriffen, was das für ihn bedeutet, der einfach stiller ist oder introvertierter war …" (S. 258). – „Es war natürlich auch ein wichtiger Aspekt, daß ich gemerkt habe, ich habe da einen Teil dazu beigetragen, daß es zu dieser Eskalation kommt …" (S. 258).

Fazit: Herr S. hat sein Selbstbild durch die erlebten Konflikte und Verletzungen massiv hinterfragt und in mancher Hinsicht auch korrigiert. Die Auseinandersetzung mit seinem Teilhaber – auch nach dem Bruch mit ihm – ging Hand in Hand mit einer intensiven Auseinandersetzung mit sich selbst, die zu einer größeren Bewußtheit und Selbstkritik und damit zu einem differenzierteren Selbstbild führte.

5.6.2. Das Bild vom Verletzer

Die Äußerungen von Herrn S. über seinen ehemaligen Geschäftspartner machen deutlich, daß er sich sehr darum bemühte, die Beweggründe und Motive des Verletzers zu verstehen und sein Verhalten nachzuvollziehen.

Zunächst konstatiert Herr S: „Er ist vom Typ her völlig anders als ich, was im Nachhinein eben auch zu Komplikationen geführt hat" (S. 252). Als es um die Aufgabenverteilung im Betrieb ging, zeigte sich, daß F. „sehr gern Kompetenzen an mich weitergereicht hat …" (S. 252), weil er keine Lust hatte, sich in die betreffenden Bereiche einzuarbeiten oder bestimmte Aufgaben zu übernehmen: „… und dann wars eben auch so, daß schnell klar war, wir haben bestimmte grundsätzlich andere Anforderungen oder Grundlagen, was wir von uns verlangen …" (S. 253). Bald zeigte sich auch, daß F. mit falschen Vorstellungen in den Betrieb eingestiegen war: „… und es ist auch immer klarer geworden, daß im Grunde das, was er sich darunter vorgestellt hat beruflich, einfach weit von dem entfernt war, was sich in so einem kleinen Betrieb in so kurzer Zeit hätte realisieren lassen … Also er hat das Mißverhältnis von dem, was er verdient und dem, was er Arbeitsleistung bringen muß, völlig anders eingeschätzt. Ich denke, das war bei ihm auch eine ganz massive Enttäuschung …" (S. 253f).

Als F. eines Tages Herrn S. mit der Entscheidung überraschte, aus dem Betrieb auszusteigen, war Herr S. wie vor den Kopf geschlagen, „weil ich das überhaupt nicht erwartet habe, daß er so rigide vorgeht. Aber das war nicht untypisch ... für ihn als Mensch oder nicht untypisch für das, wie wir miteinander umgegangen sind, vielleicht eher so" (S. 254). – Herr S. versucht im nachhinein, sich dieses rigorose Vorgehen zu erklären: „Er hat sicher den Eindruck gehabt, daß es an der Zeit ist, keinerlei Zugeständnisse mehr zu machen, also er hat offensichtlich das Jahr vorher als permanente Zugeständnisse mir gegenüber empfunden ..." (S. 254). – „... da ist mir halt so in der Auseinandersetzung immer bewußter geworden, wie er ... gelitten hat; sein extremes Verhalten kann ich im Grunde auch unter dem Licht nur sehen, daß er sich subjektiv extrem unter Druck gefühlt hat von mir" (S. 258).

Im Verlauf der folgenden Auseinandersetzungen fiel Herrn S. vor allem die Egozentrik seines Teilhabers auf: „... das hauptsächliche Thema war *er*, und was *er* alles gemacht hat in dem Jahr ..." (S. 256). – „Für mich war das unglaublich, wie jemand so bindungslos und so verantwortungslos im Grund nach so kurzer Zeit die Sache einfach hinschmeißt und damit im Grunde andere Existenzen gefährdet durch sein Verhalten" (S. 256). – Auch nach dem Weggang von F. setzte sich Herr S. noch mit dessen Persönlichkeit auseinander, und er konstatiert, „daß ich einfach gemerkt habe, mit dem Abstand von fast einem Jahr, daß im Grund von seiner Person her ... der F. der viel größere Verlierer war" (S. 257). – „Ich denke sehr oft an ihn ..., was macht er wohl oder ... wo sitzt er in seiner Perspektivlosigkeit ..." (S. 257). – „Also ich denke, er hat das schwerere Teil erwählt, oder: er *hat* das schwerere Teil" (S. 257). – „Er hat auf mich sehr hilflos gewirkt, zumindest im Nachhinein, und ich denke, er ist auch ziemlich hilflos mit der Situation im Nachhinein ... also ich glaube, er hat das größere Problem" (S. 259).

Interessant an dem Bild, das Herr S. vom Verletzer zeichnet, ist der massive Wandel eines Teils dieses Bildes im Lauf des Verletzungsprozesses. Fühlte sich Herr S. zunächst als überraschtes und relativ hilfloses Opfer der Willkür seines Teilhabers, so gelangte er durch gründliche Analyse des Geschehens und seines Teilhabers immer mehr zu der Erkenntnis, daß F. selbst ein Opfer ist, auch ein Opfer seiner eigenen Persönlichkeit und Vorgehensweise. Man könnte etwas vereinfacht sagen: statt Haß überwog am Ende eher Mitgefühl.

5.6.3. Der Verletzungsprozeß

Zunächst setzte Herr S. große Hoffnungen und großes Vertrauen in seinen Teilhaber, indem er ihn zum finanziell beteiligten Mitgesellschafter seines Betriebs machte. Bald jedoch erkannte Herr S., daß F.'s Interesse und Engagement sich auf bestimmte Bereiche des Betriebs beschränkte, so daß Herr S. aus seiner Führungsrolle nicht richtig herauskam und F. „von seiner Art her nicht so richtig in eine Chefrolle reingekommen ist, also das war einer von den Auslösern des Konflikts, daß da so Kompetenzen nicht so klar verteilt waren" (S. 252). Obwohl F. auf eigenen Wunsch auf eine umfassende Gleichstellung verzichtete („... wo es klar war, der F. hat keine Neigung dazu, bestimmte Dinge zu übernehmen," S. 253), kam es nach gut neun Monaten zu offenen Konflikten, weil F. sich einerseits wohl benachteiligt fühlte und andererseits, sozusagen als Ausgleich, zunehmend rücksichtslos seine Interessen durchsetzte: „Es war ... so, daß ich einfach immer wieder vor Tatsachen gestellt worden bin. Also eben daß er mehrere Wochenenden nicht da war ..." (S. 253). – „Er hat auf jeden Fall deutlich den Eindruck gehabt, er wird im Grund ausgenutzt, er macht so den Hiwi-Job" (S. 253). – Auf diese ersten Verletzungen in Form von zunehmenden Eigenmächtigkeiten reagierte Herr S. mit einem offiziellen Gesprächsangebot, das von F. dazu benutzt wurde, Herrn S. seinen Ausstieg aus dem Betrieb zu erklären: „Und dann wars aber kategorisch klar und für mich völlig überraschend, daß er beschlossen hatte, auszusteigen, das hat er an dem Abend gesagt. Und da gabs dann auch überhaupt keine Gesprächsmöglichkeit mehr ..." (S. 254). Voller Entsetzen erkannte Herr S., daß F. „im Grunde auch nicht mehr den Versuch macht, noch etwas zu retten ... Das war für mich unfaßbar, daß man allen Ernstes nach so kurzer Zeit so einen Schritt machen kann" (S. 254).

Die nächste Phase des Verletzungsprozesses bestand in der Art, wie F. die Verhandlungen über die Modalitäten seines Ausstiegs führte: „Er ... ist fest davon ausgegangen, daß er im Grund am Drücker ist mit den Forderungen ... Und deshalb hat er auch relativ hoch gepokert und hat dementsprechende Forderungen gestellt ..." (S. 255). – „Und die letzte Phase unserer Auseinandersetzung hat sich noch mehr verschärft insofern, als er praktisch dann nur noch über den Rechtsanwalt mit mir kommuniziert hat" (S. 255). – „Das Verletzende war, daß es klar war, daß der F. im Grund ohne Rücksicht auf Verluste diese Sache durchpeitscht und er hat genau gewußt, daß ich Kinder habe ..., daß das finanziell für mich zum Kollaps werden kann, die ganze Geschichte" (S. 255). – „... also er hat im Grund den Kollaps von dem Betrieb und auch von unserer Familie einfach eingeplant oder zumindest billigend in Kauf genommen, ... um seine Interessen durchzusetzen" (S. 256).

Fazit: Den Kern des Verletzungsprozesses bildete offenbar die Tatsache, daß der Teilhaber von Herrn S. seine „Macht" gegenüber Herrn S. rücksichtslos ausnutzte und damit Herrn S. nicht nur in seiner beruflichen Existenz bedrohte, sondern auch in eine extrem hilflose Position brachte, zumal er jedes intensivere Gespräch über Ursachen und Gründe des Konflikts verweigerte. In dem Maß, wie Herr S. erkannte, daß sein Teilhaber die bedrohlichen Konsequenzen seines Handelns für Herrn S. und seine Familie schlichtweg ignorierte bzw. billigend in Kauf nahm, wuchs seine Wut, seine Verzweiflung und seine Hilflosigkeit: „Und das war ganz schwierig, das war eine Zeit, wo wir zusammen sehr verzweifelt waren ... Also ich denke, so ein Haß oder so eine Wut entsteht da einfach aus einer unglaublichen Hilflosigkeit. Hilflosigkeit in allen Bereichen war da sozusagen das Thema ..." (S. 256). Hinzu kam die tiefe Enttäuschung, daß eine langjährige freundschaftliche Beziehung auf solch abrupte und unversöhnliche Weise beendet wurde: „Also das Unbegreifliche ist einfach, daß so eine Beziehung, die über Jahre hinweg da ist, so endet ..." (S. 256).

5.6.4. Der Verarbeitungsprozeß

Herr S. betont, daß der Zeitfaktor eine große Rolle bei der Verarbeitung des Geschehenen gespielt hat: „Es hat schon ganz lang gedauert, also sicher so ein dreiviertel Jahr oder ein Jahr später, bis ich ... insofern zur Ruhe gekommen bin, als auch manches dann zur Ruhe gekommen ist" (S. 256)
Erst nachdem klar war, daß die betriebliche Existenz vorläufig auf jeden Fall gesichert war, konnte Herr S. sozusagen aufatmen und sich mit dem gesamten Konflikt in Ruhe befassen. Dies tat er, indem er das Geschehen von mehreren Seiten bzw. unter mehreren Fragestellungen analysierte:

- Herr S. gestand sich seine Gefühle während des Konflikts – Wut, Enttäuschung, Hilflosigkeit – ehrlich ein („... und da hab ich wirklich einen Haß gehabt auf ihn ...", S. 256) und setzte sich nicht unter Druck, diese Gefühle möglichst schnell abzubauen: „Das erste halbe, dreiviertel Jahr war einfach davon geprägt, die Auseinandersetzung einigermaßen zu bewältigen ..., den Ärger schlucken oder auch nicht ... und das hat abgeschlossen sein müssen, also das wäre für mich nicht möglich gewesen, parallel zu vergeben oder irgendwie so" (S. 258).
- Herr S. versuchte, seine eigene Mitverantwortung und „Mitschuld" an der Entwicklung des Konflikts zu sehen: „Einmal ist es das, daß du natürlich selber dich in Frage stellst und sagst, wie kommts zu so einer gewaltigen Auseinandersetzung ... daß du dir überlegst, wie hast du dich verhalten ..." (S. 255). – „Es war natürlich auch ein wichtiger Aspekt, daß ich gemerkt habe, ich habe da einen Teil dazu beigetragen, daß es zu dieser Eskalation kommt, und ich kanns nicht mehr korrigieren ..." (S. 258).
- Herr S. versuchte, sich in seinen Kontrahenten einzufühlen, ihn nicht nur als „Täter" zu sehen: „... also er hat offensichtlich das Jahr vorher als permanente Zugeständnisse mir gegenüber empfunden ..." (S. 254). – Er erkannte, daß die ursprüngliche Bereitschaft zur Mitarbeit von F. auch seine langfristigen Vorteile für ihn, den Betriebsinhaber, hatte: „... daß ich gedacht habe, der Entschluß, den Betrieb zu erweitern, war mit der Person verknüpft ... Im Nachhinein hat sich dann immer klarer herausgestellt, daß es an sich eine richtige Entscheidung war ..." (S. 256). – Herr S. beobachtete darüber hinaus, so weit es ihm möglich war, den weiteren Werdegang von F. und sah, daß dessen Probleme mit dem Ausstieg aus dem Tübinger Betrieb keineswegs aufhörten: „... und das war so ein zweiter Aspekt, der sich dann bei mir so langsam sozusagen eingeschlichen hat, daß ich gemerkt habe, der F. hat viel größere Probleme als die, die ich habe ... Daß ich einfach gemerkt habe, mit dem Abstand von fast einem Jahr, daß ... der F. der viel größere Verlierer war ..." (S. 257).
- Nachdem Herr S. einigen Abstand gewonnen hatte zu dem Verletzungsprozeß, hatte er den Wunsch, seinem Kontrahenten zu vergeben: „Es war für mich in einer bestimmten Zeit ziemlich wichtig, einfach den Groll abzubauen, weil ich den Eindruck gehabt habe, daß es irgendwie unangemessen wäre, den aufrechtzuerhalten" (S. 257). – „... das war dann für mich schon so ein Punkt,

wo ich gemerkt habe, daß ich einfach mich selbst entlaste, wenn ich ... mich innerlich auch versöhne" (S. 257). – „Ich habe gemerkt und einfach gewußt, daß so eine Vergebungsbereitschaft, die ich im Grund für *mich* klarmache, denn vor ihm hab ichs nicht klarmachen können, daß die mich richtig entlastet" (S. 257). Allerdings ist sich Herr S. darüber im klaren, daß der trotz allem glimpfliche Verlauf des Konflikts – sein Betrieb ging nicht bankrott – ihm möglicherweise die Vergebungsbereitschaft auch erleichtert hat.

Dennoch betont er, daß Vergebung nicht von selbst geschieht: „Ich denke schon, daß das Vergeben ein aktiver Prozeß ist, das passiert nicht einfach so, das ist etwas, was sehr aktiv laufen muß ..., die Phase der Vergebung oder der Versöhnung muß auch richtig ins Auge gefaßt werden" (S. 259).

5.6.5. Die Rolle des Glaubens

– Im Verlauf des Nachdenkens über den Konflikt entdeckt Herr S. seine Mitschuld bzw. Mitverantwortung, die ebenfalls der Vergebung bedurfte: „Und dann ist es auch etwas, was ... in meiner Frömmigkeit zum Ausdruck kommt, daß ich sage, ich kann mich als entlastet empfinden. Also ich werde im Grunde von Gott entlastet, das wird mir nicht aufgerechnet ... Und ich denke, wenn du so eine Vergebung empfindest, also mir selber gegenüber, da ... ist das auch mit der erste Schritt, daß du anderen Leuten vergibst" (S. 258).

– Aufgrund seines Glaubens fühlt sich Herr S. nicht völlig menschlicher Willkür ausgeliefert: „Was für mich ziemlich wichtig ist ..., ist, daß ich denke, es ist kein Zufall, so eine Situation, also es ist nicht völlig willkürlich, was passiert. Und das finde ich eine große Entlastung, weil du denkst, Gott hat da seine Hände im Spiel zumindest insofern, als er dich begleitet in so einer Situation ... also da denke ich manchmal, das kann einen wirklich entspannen ... Ich fühle mich schon sehr geborgen, daß ich denke, es geschieht nicht einfach was mit mir ... Und das finde ich ... ein wesentliches Merkmal zur eigenen Vergebungsbereitschaft, wenn man so was empfindet ..." (S. 259). – „Wenn man die Chance hat, aus einer Gottesbeziehung heraus so was zu erleben, also da denke ich, hat man eine bestimmte Freiheit, die es einem ermöglicht, mit solchen Situationen leichter umzugehen ... ich empfinde es als ... eine Gelassenheit, ohne dann stoisch zu sein" (S. 259).

5.7. Frau S., Ende 50, geschieden, Lebensgefährte gestorben

Fallgeschichte: Frau S. war um die fünfzig Jahre alt und lebte seit Jahren mit einem zwanzig Jahre älteren Lebensgefährten zusammen, bis sie eines Tages entdeckte, daß er ihr untreu geworden war. Obwohl ihr Lebensgefährte das Verhältnis sofort beendete, konnte Frau S. ihren Groll nicht überwinden und begann schließlich ihrerseits ein Verhältnis zu einem geschiedenen Mann, das sie ihrem Lebensgefährten ebenfalls verheimlichte. Als er es entdeckte und ebenfalls den sofortigen Abbruch dieser Beziehung forderte, weigerte sie sich. Sie teilte hinfort ihr Leben weiterhin mit ihrem Lebensgefährten, traf sich jedoch einmal in der Woche mit ihrem Freund, was bei ihrem Lebensgefährten immer wieder zu Äußerungen des Grolls führte. Als dieser vor ca. eineinhalb Jahren sehr plötzlich starb, blieb Frau S. mit massiven Schuldgefühlen zurück.

5.7.1. Das Selbstbild

Frau S. war – und ist – tief ambivalent in ihrer Selbstwahrnehmung. Einerseits agierte sie recht eigenwillig, verteidigte ihr Verhalten ihrem Lebensgefährten gegenüber und war nicht bereit, deswegen zu seinen Lebzeiten Schuldgefühle zu haben, andererseits ließ – und läßt – sie sich von ihren „Männern" auf eine Art und Weise behandeln, die wenig Selbstbewußtsein verrät: Ihr Lebensgefährte, so berichtet sie, versuchte, sie zu erziehen und über sie zu bestimmen und konnte dabei auch recht mißachtend mit ihr umgehen, was sie sich offenbar weitgehend gefallen ließ. „Er war ... so impulsiv, daß er mich im Krankenhaus noch verletzt hat. Er war herrisch, ein herrischer Typ ... Er hat mich eingesperrt, ich nannte das auch ‚meinen goldenen Käfig'" (S. 263). – Auch zu ihrem jetzigen Freund hat sie ein zwiespältiges Verhältnis: „Er ist nicht der falsche, aber ein bißchen unter meinem Niveau, wenn man das so sagen darf" (S. 261). – „Also, ich erwisch immer die falschen Männer, die falschen, die furchtbar viel reden, sehr von sich eingenommen sind ... Ich hab das Gefühl, ich tu ihm noch was Nettes, indem ich zuhorche, und dann tu ich ihm noch was Gutes, indem wir laufen ..." (S. 261).
Die Rechtfertigung ihres Verhaltens ihrem Lebensgefährten gegenüber brach jedoch mit dessen unerwartet schnellen Tod abrupt in sich zusammen – seither empfindet Frau S. quälende Schuldgefühle: „Tja,.wenn man an gebrochenem Herzen stirbt, dann hat der andere ihm's Herz gebrochen, nicht? Daß ich praktisch schuld bin an dem Tod!" (S. 262f), obwohl sie andererseits nach wie vor der Meinung ist, ihrem Lebensgefährten gerecht geworden zu sein („Wir haben wunderbar zusammengeschafft gegen Ende ...", S. 262).

5.7.2. Das Bild vom Verletzer

Die Ambivalenz in Frau S.'s Selbsteinschätzung spiegelt sich nicht nur in ihrem Verhalten wider, sondern auch in den zwiespältigen Äußerungen über ihren Lebensgefährten (sowie über ihren Freund). Den Lebensgefährten beschreibt sie nicht nur als „impulsiv" und „herrisch", sondern auch als jemanden, der sie immer wieder mit herabsetzenden Äußerungen kränkte („... so ungefähr, du bist blöd und primitiv und mit dir kann man nicht reden ...", S. 261). Dennoch sieht sie in ihm einen Menschen, der „auch ein Niveau gehabt" hat (S. 262), der sie „sehr liebevoll ... und kavaliersmäßig behandelt" hat (S. 260), der sehr an ihr hing und sie auf keinen Fall verlieren wollte („... da war er auch schon selig, wenn ich zu ihm kam, daß er nicht so alleine war", S. 262), auch wenn er ihr die Beziehung zu ihrem Freund übelnahm („Der Groll kam ... ab und zu hoch ...", S. 262). Einerseits hinderte ihn sein umfassender Besitzanspruch, diese Beziehung zu tolerieren, andererseits war ihm klar, daß seine Partnerin in diesem Punkt unnachgiebig blieb. Trotz seines wiederholt geäußerten Grolls verhielt er sich jedoch fürsorglich und großzügig seiner Lebensgefährtin gegenüber und bot ihr sogar die Heirat an, was diese jedoch aufgrund ihrer Liaison mit dem anderen Mann – und weil sie dachte, noch lange Zeit zu haben – vorläufig ablehnte. Auch deswegen hat Frau S. heute Schuldgefühle: „Ich finde es so häßlich von mir, daß ich seinen Vorschlag immer wieder abgelehnt habe ..." (S. 263).

5.7.3. Der Verletzungsprozeß

Frau S. entdeckte eines Tages Briefe einer Nichte ihres Lebensgefährten, aus denen hervorging, daß dieses Mädchen ihren Lebensgefährten schwärmerisch verehrte und ihm dreimal wöchentlich schrieb. Außerdem entnahm sie den Briefen, daß ihr Partner von der jungen Frau Nacktfotos gemacht und mit ihr geschlafen hatte. Auch wenn es, wie dieser beteuerte, nur ein einmaliger Seitensprung gewesen war („... und es passiert ja nie wieder ...", S. 260), und auch wenn er unter ihrem Druck sich – wenn auch nicht sofort – bereit erklärte, die Korrespondenz mit dem Mädchen abzubrechen („... und er wollte die Korrespondenz trotzdem weiterführen, und dann war ich auch noch sauer ...", S. 260), war Frau S. so tief verletzt, daß sie ihm nicht verzeihen konnte: „Das ist passiert, und zwei Jahre war ich sauer und wütend und fassungslos ..." (S. 260). Sie fühlte sich gedemütigt, weil ihr Lebensgefährte zwar zwanzig Jahre älter als sie, das Mädchen hingegen um vieles jünger als sie selbst war. Außerdem fand der Seitensprung zu einem Zeitpunkt statt, wo ihre weibliche Identität durch die Menopause ohnehin in einem labilen Zustand war: „... und ich war eine Fünfzigerin, wo ja sowieso alles zusammenbricht und man merkt, daß man älter wird" (S. 261). Es scheint, als ob ihr Lebensgefährte keine allzugroßen Schuldgefühle Frau S. gegenüber hatte und sich dadurch, daß er den Kontakt mit dem Mädchen nicht mehr in der bisherigen Form weiterführte, weitgehend rehabilitiert fühlte („... und er hat es auch nie wieder gemacht ... und er hat gemeint, dann wär das doch aus der Welt ...", S. 260).

5.7.4. Der Verarbeitungsprozeß

Die Besonderheit dieses Falles liegt darin, daß Frau S. eine ungewöhnliche und, wie sich herausstellte, sehr problematische Form wählte, die erlittene Verletzung zu verarbeiten.
Zunächst stellte sie fest, daß sie zwei Jahre lang grollte und nicht in der Lage war, über die Untreue ihres Partners hinwegzukommen. Schließlich gab sie ein Inserat auf und beschreibt ihre Motive: „Ich hab mir jemand gesucht, ich wollte

nicht mehr fixiert sein auf ihn und leiden unter ihm. Und weglaufen konnt ich nicht" (S. 260). – „Ich wollte mich anders orientieren, um nicht immer auf ihm rumzuhacken und böse mit ihm zu sein" (S. 260). – Frau S. versuchte offenbar, durch eine andere Beziehung innere Distanz zu ihrem Lebensgefährten zu bekommen, nachdem die räumliche Distanz bzw. die Trennung – aus ihrer Sicht – nicht möglich war. Doch die Beziehung zu ihrem Lebensgefährten hatte sich grundlegend verändert: „... von dem Moment (des entdeckten Seitensprungs, d. Verf.) ab wurde er mehr mein Vater ..." (S. 260). – „... er war mein altes Vatterle sozusagen ab dann ..." (S. 260). – Frau S. sah in ihrem Lebensgefährten keinen Sexualpartner mehr – seine sexuelle Untreue hatte bei ihr zu einem Erlöschen der sexuellen Anziehung geführt, und es kam ihr nur entgegen, daß die Potenz ihres Lebensgefährten rapide nachließ. Andererseits wollte sie auf Sexualität nicht ganz verzichten. Allerdings betont Frau S., daß sie nicht aus Rachegefühlen nach einem anderen Partner gesucht hat: „Es war nicht so, daß ich sagte, so jetzt zahle ichs ihm zurück, jetzt mach ich dasselbe" (S. 261). – „Ich hab zu meinem Lebensgefährten damals nicht gesagt, ich will das machen, was du auch machst" (S. 262).

Es scheint, als ob Frau S. in einer anderen Beziehung einerseits die Heilung ihres angeschlagenen weiblichen Selbstwertgefühls, die Bestätigung als Frau suchte, andererseits aber auch einen emotionalen Halt, der sie von ihrem Lebensgefährten seelisch unabhängiger machte. Dies fand sie auch: „Ich hab mir in der anderen Beziehung, so verrückt sie ist, doch die Ruhe wieder geholt und die Kraft (...) Ich hab mir da Luft geholt" (S. 260). – „... und an den Mann habe ich mich auch emotional gebunden, verrückterweise" (S. 261). – „Ich bin durch ihn (den anderen Freund, d. Verf.) aus dem Sumpf raus und wir hatten sozusagen uns getröstet, er ist auch ein verletzter Mensch, dem die Frau weggelaufen ist ..." (S. 261). – „Es ist tatsächlich einmal in der Woche amüsant, mit ihm zusammen zu sein. Interessant, amüsant ..." (S. 261).

Frau S. konnte aufgrund dieser neuen Beziehung ihrem Lebensgefährten vergeben: „Ich hab ihm schon vergeben, aber ... in den zwei Jahren konnte ich das nicht sagen" (S. 261). – Problematisch wurde die eingeschlagene „Problemlösung" von Frau S., die sie genauso hinter dem Rücken ihres Lebensgefährten betrieb („... ich hab auch lang abgestritten, daß da überhaupt was wär ..." S. 262), wie dieser ihr seine Verbindung mit dem jungen Mädchen verheimlicht hatte, als ihr Lebensgefährte dasselbe machte, was sie damals tat: Er brach in ihre Privatsphäre ein und las ihre Tagebücher, aus denen hervorging, daß sie eine intime Beziehung zu dem neuen Freund hatte. Ihr Lebensgefährte stellte sie zur Rede und verlangte, daß sie die Beziehung abbreche, was sie verweigerte. Daraufhin forderte er sie auf, zu gehen, doch als sie es schließlich tat, reagierte er schockiert: „Das hat ihn also sehr getroffen, daß ich ernst gemacht hab ..." (S. 262). Es blieb ihm aufgrund seiner seelischen Abhängigkeit in der Folgezeit nichts anderes übrig, als die Beziehung zähneknirschend zu akzeptieren, doch belastete sie das Verhältnis, auch wenn Frau S. ihn immer wieder beschwichtigte und alles tat, um ihm gegenüber keine Schuldgefühle haben zu müssen: „Ich hab ihm immer gesagt, ich verlaß dich nicht, ich bleib bei dir ... Ich will hier leben

mit dir und ich bleib bei dir ..." (S. 260). – „... ich hab gesagt, lieber W., ich bin bei dir und ich bleib bei dir und dir gehören doch 80 Prozent von mir ..." (S. 262).
Ihr Lebensgefährte rebellierte dennoch gelegentlich: „... dann haben wir wieder so Diskussionen gehabt, er will keine Wirtschafterin und er will keine Altenpflegerin, er will eine Frau und er will mich hunderprozentig und sonst will er mich gar nicht. Und ich soll doch gehen zu diesem neuen Mann" (S.260). – „Der Groll kam nur ab und zu hoch, und dann hab ich ihn verdrückt und umarmt ..." (S. 262). – „... er hat gewußt, daß ich keinen Groll hab, absolut nicht ... Aber wie gesagt, *sein* Groll kam gelegentlich so hoch" (S. 262). – „Er warf mir vor, daß ich nicht aufgehört habe mit diesem wöchentlichen Weggehn" (S. 263). Offenbar hätte Frau S. mit diesem gelegentlichen Groll leben können, ohne allzugroße Schuldgefühle zu haben, wenn ihr Lebensgefährte nicht eines Tages gesagt hätte: „Und wenn ich sterbe, dann sterbe ich an gebrochenem Herzen" (S. 262). – Frau S. war zwar sehr betroffen von dieser Aussage, änderte aber ihr Leben nicht. Als ihr Lebensgefährte kurz darauf überraschend starb, brachen allerdings vehemente Schuldgefühle bei ihr auf: „Für mich ist das große Problem, daß ich denke, er hat mir nicht verziehen" (S. 263).

5.7.5. Frau S. als Beispiel einer mißlungenen Verarbeitung einer Verletzung

Obwohl es zunächst den Anschein hat, als ob Frau S. eine elegante Lösung gefunden hätte, um mit der erlittenen Verletzung fertigzuwerden, hat sie meines Erachtens das Problem damit nur verlagert – das Resultat sind die Schuldgefühle, die sie seither hat und die sie schon in ihrem Einleitungssatz formulierte: „Ich habe was vergeben können – aber *mir* ist nicht vergeben worden!" (S. 259).
Das Problematische an der „Lösung" von Frau S. liegt darin, daß sie das Unrecht, das ihr Lebensgefährte ihr antat, nur dadurch vergeben konnte, daß sie ihm ihrerseits auch Unrecht antat. Zwar war sie in der Diskussion mit ihrem Lebensgefährten nie bereit, ihre Liaison als Unrecht zu empfinden, doch die Tatsache, daß sie die neue Beziehung ihrem Lebensgefährten lange Zeit verheimlichte, zeigt, daß sie sich darüber im klaren war, ihm damit weh zu tun. Faktum ist, daß sie ihren Lebensgefährten nach seinem Seitensprung zwang, sie mit einem anderen Mann zu teilen, und daß sie genau wußte, daß ihr Lebensgefährte schon aufgrund seines hohen Alters zu abhängig von ihr war, um sich von ihr zu trennen oder sie vor ein Ultimatum zu stellen. Allerdings war Frau S. auch zu geradlinig, um ihren Lebensgefährten pro forma oder um finanzieller Vorteile willen zu heiraten und dabei die Liaison heimlich oder auch nicht heimlich weiterzuführen. Dennoch bleibt festzustellen: das Modell von Partnerschaft, das Frau S. ihrem Lebensgefährten aufoktroyierte, war *ihr* Modell, nicht seines. Sie war die Stärkere, die sich durchsetzte, er war der Schwächere, der sich abfinden mußte.
Wie schwer ihm dies fiel, zeigt seine Äußerung, dermaleinst an gebrochenem Herzen zu sterben, – eine Äußerung, die allerdings auch ein hohes Maß an Selbstgerechtigkeit verrät, denn seine Schuld der Frau gegenüber – die diese ja erst zu der neuen Liaison animierte – schien er nicht mehr zu sehen.

6. Die Vergebungsprozesse im Vergleich

6.1. Vergleich der Selbstbilder

Nach der als Ergebnis von Teil I entwickelten Vier-Phasen-Theorie der Vergebung umfaßt die *erste Phase* die Auseinandersetzung des Verletzers mit sich selbst und seiner Verletztheit. Dieser Schritt umfaßt folgende Teilkomponenten:
- Wahrnehmung der eigenen Verletztheit
- Erkenntnis, daß dieser Verletztheit eine Kränkung des Selbstwertgefühls bzw. der Selbstachtung zugrunde liegt
- Intensives Gefühl der Ohnmacht, der Hilflosigkeit, des Ausgeliefertseins oder Kontrollverlusts gegenüber dem Verletzer
- Erkenntnis einer zumindest partiellen Mitverantwortung; Verzicht auf die Perspektive der ausschließlichen Opferrolle

Allerdings gelten diese Teilkomponenten für die Verletzungen, die *Erwachsenen* zugefügt werden; anders verhält es sich bei der Verletzung von *Kindern*, und zwar in folgenden Punkten:
- Das Selbstwertgefühl eines Kindes kann sich nicht oder nur schwach entwickeln, wenn das Kind von früh an seelisch tief verletzt wurde. Es wird statt dessen als Folge der Verletzungen intensive Scham- und Minderwertigkeitsgefühle entwickeln.
- Ein Kind ist dem Verletzer zu machtlos ausgeliefert, um für das, was mit ihm geschieht, in irgendeiner Weise mitverantwortlich zu sein. Die Auseinandersetzung mit sich selbst kann deshalb kein Erkennen eigener Mitverantwortung beinhalten. Statt dessen muß dem „Opfer" bei der Auseinandersetzung mit seiner Verletztheit nachträglich deutlich werden, daß es keinerlei Schuld an dem Verhalten des Verletzers hat.

Von den sieben Interviewpartnern der vorliegenden Arbeit wurde einer der Befragten von seinem Geschäftspartner geschädigt und enttäuscht. Drei Gesprächspartner wurden als Kinder durch das Verhalten ihrer Väter (und indirekt auch der passiven Mütter) tief verletzt. In drei weiteren Fällen wurden wurden Erwachsene von ihrem (Ehe-) Partner durch sein Verhalten während der Partnerschaft tief verletzt. Die beiden bestehenden Ehen wurden geschieden, im Fall der dritten Beziehung – einer Lebensgemeinschaft – beendete der Tod des Verletzers die Beziehungsprobleme. (Die Schritte des Verarbeitungsprozesses sind in diesem Fall in Klammern gesetzt, um deutlich zu machen, daß es sich um eine nicht gelungene „Lösung" im Umgang mit einer Verletzung handelt.)

In den nachfolgenden Tabellen werden folgende Abkürzungen verwendet:
VA = Vater Alkoholiker; VM = Vater Mißbrauch; PP = Partnerproblematik; GP = Geschäftspartner. SWG = Selbstwertgefühl; SA = Selbstachtung, MWG = Minderwertigkeitsgefühle

Phasen/Schritte der Auseinandersetzung mit dem Selbstbild Interviewpartner	Wahrnehmung der eigenen Verletztheit	Wahrnehmung der Kränkung des SWG/ der SA bzw. Wahrnehmung der MWG	Wahrnehmung der Hilflosigkeits- und Ohnmachtgefühle während der Vl.	Wahrnehmung der eigenen partiellen Mitverantwortung am Geschehenen
Frau B/VA	Ekel Wut/Haß (bis heute): „Ich habe gedacht, so ein Depp ..."	– Scham: „... ich habe mich ja immer geschämt für meinen Vater ..." – Hunger nach Zuneigung des Vaters (bis heute)	– Krankheit (Epilepsie) – Angst und Ohnmacht (bis heute)	Da Kind: keine Mitverantwortung „Ich bin nicht schuld am Schicksal meines Vaters"
Herr K/VA	Haß Ablehnung (will nie so werden wie Vater)	– Schüchternheit/ Angst vor Vater/ vor anderen Menschen – Kein SWG: „Marionette" sein	Angst Alpträume (auch nach Tod des Vaters)	Da Kind: keine Mitverantwortung
Frau S/VM	Verletztheit Ekel	Scham Probleme mit Sexualität/Nähe Medikamentensucht	Angst Krankheit (Asthma) Alpträume	Da Kind: keine Mitverantwortung
Frau B/PP	Verletztheit Wut Haß	„... das Verletzendste war ... die Abwertung meiner Person ..."	„... die Art ... wie er mich hat fertigmachen wollen, das war gemein"	„Ich habe auch Fehler gemacht, war zu nachgiebig, vertrauensselig, habe verdrängt ..."
Frau H/PP	„Ich konnte ihn nicht mehr riechen" Wut	„... diese üblen Beschimpfungen ... dieses Niedermachen ..."	„Psychoterror"	„Ich hab sicher ... den Fehler gemacht, daß ich mich nie gewehrt habe ..."
Herr S(GP)	Haß Wut Empörung	„Das Verletzende war, daß der F. ohne Rücksicht auf Verluste diese Sache durchpeitscht ..."	„... unglaubliche Hilflosigkeit in allen Bereichen"	„... du merkst, du hast Fehler gemacht" „... ich habe da einen Teil dazu beigetragen ..."
(Frau S/PP)	(Wut, Groll Fassungslosigkeit, Aggressivität)	(Selbstzweifel. „... daß mir das passiert")	(Da Verletzg. erst nachträgl. entdeckt wurde: fällt weg)	(Keine Wahrnehmung eigener Mitvera.)

Es zeigt sich, daß im *ersten Schritt* – Eingeständnis der eigenen Verletztheit – bei allen Befragten Übereinstimmung herrscht.
Im *zweiten Schritt* gab es Parallelen:
- Die Befragten, die als Kinder verletzt worden waren, berichten übereinstimmend von ihrem Mangel an Selbstwertgefühl (Scham/ Schüchternheit/Angst).
- Die zwei Ehepartnerinnen erlebten das Verhalten ihrer Männer als Versuch, ihre Selbstachtung zu unterminieren – durch verbale Angriffe, durch unfaires Verhalten usw.
- Der Geschäftsmann nahm zwar die extreme Rücksichtslosigkeit und Skrupellosigkeit seines Geschäftspartners wahr, sah sich dadurch jedoch – da es keine gezielten Angriffe gegen seine Person waren – nicht in seiner Selbstachtung angegriffen.

Im *dritten Schritt* herrscht wieder bei allen Beteiligten Übereinstimmung: In der Verletzungszeit wurde teilweise massive Hilflosigkeit und Ohnmacht, bei den Kindern, verbunden mit einem permanenten Gefühl des Bedrohtseins und der Angst, erlebt.
Der *vierte Schritt* – die Wahrnehmung der eigenen Mitverantwortung – erfolgte nur bei den drei Befragten, die als Erwachsene verletzt worden waren. Die drei Personen, die in ihrer Kindheit und Jugend verletzt worden waren, empfanden diese Verantwortung berechtigterweise nicht bzw., nach dem Prozeß der Verarbeitung (Frau B/VA), nicht mehr ...
Im Fall der „mißglückten Vergebung" gibt es keinen Hinweis, daß die Befragte nachträglich eine eigene Mitverantwortung am verletzenden Handeln ihres Lebenspartners empfand. Dies hatte Folgen für ihren Umgang mit der Verletzung.

6.2. Vergleich der intrapersonalen Auseinandersetzungen mit dem Verletzer

Entsprechend der entwickelten Vier-Phasen-Theorie muß die in der zweiten Phase erfolgende Auseinandersetzung mit dem Verletzer das Bemühen enthalten, sich in diesen einzufühlen (Empathie) und damit einen Perspektivenwechsel und eine Neubewertung der Verletzung zu vollziehen.
Diese Einfühlung darf jedoch nicht in ein Entschuldigen des verletzenden Verhaltens münden, da sonst aus der Mitverantwortung des Verletzten für das Geschehene seine *Alleinverantwortung* resultieren würde.
Der Verletzte muß außerdem emotionale Distanz und Abgrenzung gegenüber dem Verletzer entwickelt haben; er darf sich ihm nicht mehr ‚ausgeliefert' fühlen. Damit einher geht in der Regel räumliche Distanz zum Verletzer sowie einige zeitliche Distanz zum Verletzungsgeschehen.

Phasen/Schritte der Auseinandersetzung mit dem Verletzer / Interviewpartner	Versuch der Einfühlung in den Verletzer, aber kein Entschuldigen seines Verhaltens	Emotionale Distanz zum Verletzer
Frau B/VA	– „... er will uns Angst machen, denn er hat auch Angst gehabt" – „... mein Vater ist auch ein Opfer"	Fehlende Distanz: „Ich glaube, daß mich das ein Leben lang belastet, aber ... ich leide immer noch ... mit ihm"
Herr K/VA	„... mein Vater hat nichts dafür können, daß er so war ... er war ja ein Gefangener des Alkohols ..."	Traum, daß er alles zerbrochene Geschirr auf die Seite schiebt, das sein Vater zertrümmerte ...
Frau S/VM	– „... ich denke, mein Vater hat genug gelitten" – „... und daß mein Vater auch ein guter Mensch ist ..." – „... ich hab mich in seine Lage versetzt ..."	– „Ich will meinen Vater nicht in Schutz nehmen ..." – „... er hat sein Leben lang die Schuld ..."
Frau B/PP	– „Ich glaube, er hat immer gedacht, er hätte etwas versäumt durch seine Ehe ..." – „... ich hab's ihm auch relativ einfach gemacht ..."	– „Ich würde ihm nicht erlauben, daß er mich nochmals so beleidigen kann ..." – „... dem seine Schönrederei, sein Machogehabe ... ich kann das einfach nicht mehr haben ..."
Frau H/PP	– „Ich denke, er war furchtbar in seinem Ego gekränkt ..." – „... im Prinzip ist er ein Mensch, der zu bedauern ist, weil er furchtbar arm ist ..." – „Ich denke, der Hilflose und der Schwache ist eigentlich er"	– „... das ist für mich unfaßbar, daß ich mit diesem Mann 15 Jahre gelebt habe ..." – „Ich finde ihn eigentlich sehr lächerlich ..."
Herr S/GP	– „... im Grund ist er der Verlierer aus der Geschichte" – „Er hat das schwerere Teil ..." – „... das ist mir ... immer bewußter geworden, wie er ... gelitten hat"	„Ich glaube, daß das für ihn eine viel größere Last ist. Er hat auf mich sehr hilflos gewirkt ..."
(Frau S/PP)	(„... ich denke, er hat mir nicht verziehen")	(„Daß ich praktisch schuld bin an dem Tod!")

Deutlich wird, daß *alle Befragten* sich nachträglich intensiv in den Verletzer einzufühlen versuchen, um die Triebfedern seines Verhaltens zu verstehen oder um sich klarzumachen, daß der Verletzer keineswegs als Sieger aus dem Verletzungsprozeß hervorging. Dies bestätigt die wichtige Rolle der Empathie im Vergebungsprozeß.

Bei Frau B/VA wird allerdings deutlich, daß sie noch keine wirkliche emotionale Distanz zum Verletzer entwickelt hat – sie nicht entwickeln konnte!

Im Fall von Frau S/PP ist offensichtlich, daß sie sich ebenso als Opfer wie als Täterin fühlt und aus dieser Ambivalenz heraus keineswegs emotionale Distanz zu ihrem Lebensgefährten hat - auch heute nach seinem Tod nicht.

6.3. Vergleich der Verarbeitungsprozesse

Ausgehend von der These, daß ein optimaler Verarbeitungsprozeß ein Vergebungsprozeß ist, sollten dieser Prozeß folgende Schritte beinhalten:
- Eine gewisse Zeitspanne, in der man die Verletzung verarbeitet, aber noch nicht in der Lage ist, zu vergeben
- Den Wunsch oder Beschluß, dem Verletzer zu vergeben
- Die – möglicherweise erst mit einigem zeitlichem Abstand folgende – Wahrnehmung, daß man dem Verletzer tatsächlich vergeben *hat*, ihm nicht länger grollt oder feindlich gesinnt ist.

Phasen des Vergebungsprozesses Interviewpartner	*Zeitspanne, in der man die Verletzung verarbeitet, aber noch nicht vergeben kann*	*Wunsch/Beschluß, dem Verletzer zu vergeben*	*Wahrnehmung, daß man dem Verletzer vergeben hat*
Frau B/VA	– „Die neue Information (über den Vater) hat allerdings eine alte Wunde aufgerissen ...": Keine Verarbeitung der Vl. möglich	– „Ich könnte ... verzeihen, wenn ich merken würde, er ist nicht mehr so, er hat sich geändert ... Ich will nur, daß er's einsieht ...": Kein Entschluß zur Vergebung	– „... ich sage nicht verzeihen, aber ich akzeptiers ... Ich habe keinen Groll, aber unter verzeihen verstehe ich ..." – „Der Haß gegen meinen Vater war weg, bis ich erfahren habe ..."
Herr K/VA	„In der Therapie hat man ... die Kindheit aufgearbeitet ... jede Station ... und dann ist es auch ums Verzeihen gegangen ..."	„Ich hab ... das Verlangen danach bekommen, meinem Vater zu verzeihen"	– „... als ich ihm verziehen hatte, hat das (Haß/Alpträume) schlagartig aufgehört" – „Verzeihen ... das hat mich wahnsinnig befreit ..."
Frau S/VM	– „Das Verzeihen, das kam so nach und nach." „Das ... Verzeihen, das hat bei mir lang gedauert ..."	„Das mit dem Verzeihen ... ich hab das selber in Angriff genommen"	– „... es geht mir einfach besser, seitdem ich ihm vergeben hab ..." – „... weil ich (bei der Umarmung) keine Angst mehr hatte vor ihm ..."
Frau B/PP	– „... verzeihen Sie mal, wenn Sie mittendrin sind!" – „Ich wollte ihm damals nicht verzeihen ... den Zeitpunkt bestimme ich"	-"Ich habe gewußt, ich muß ihm irgendwann v., damit ich ... den inneren Frieden bekomme ..." – „Ich wollte nie, daß meine Wut die Endstation ist ..."	„... wenn ich das Gefühl hätte, daß da noch was ist, wo ich nicht verarbeitet habe ... dann würde ich schon noch was machen ..."
Frau H/PP	(nichts erwähnt)	„Ich hab nie ‚beschlossen', ihm zu	„... wenn wir uns vor Gericht begeg-

			vergeben, aber für meinen inneren Frieden war das ... wichtig ..."	nen ... daß ich ... sage, ich hasse ihn, das kann ich nicht sagen ..."
Herr S/GP		„Das erste halbe, dreiviertel Jahr ... da wär es für mich nicht möglich gewesen, parallel zu vergeben ..."	– „Es war für mich ... wichtig, den Groll abzubauen ..." – „Ich denke, daß V. ein aktiver Prozeß ist ..."	„... ich habe gemerkt ... daß so eine Vergebungsbereitschaft ... mich richtig entlastet"
(Frau S/PP)		(Keine Verarbeitung des Grolls erkennbar)	(Kein Vergebungswunsch)	(Keine Entlastung)

Fünf der Befragten – außer Frau B/VA und Frau S/PP – faßten nach einer Zeit der Verletztheit sowie der Auseinandersetzung mit der Verletzung und der emotionalen Distanzierung vom Verletzer den mehr oder weniger „bewußten" Entschluß, um ihres inneren Friedens willen dem Verletzer zu vergeben. In keinem dieser Fälle ging dem Entschluß ein Schuldeingeständnis bzw. die Bitte um Vergebung von seiten des Verletzers voraus; in einem Fall (Frau S/VA) fiel der Entschluß aber beim Verletzer auf fruchtbaren Boden; dieser zeigte aufrichtige Reue. Das Hauptmotiv zur Vergebung war der Wunsch nach innerer Entlastung. In der Tat zeigte sich bei den Vergebungsbereiten durchgehend ein positiver Effekt der Vergebung auf ihre seelische Befindlichkeit sowie auf ihre Art und Weise, dem Verletzer zu begegnen, die zwar teilweise von mehr Distanz, nicht jedoch von Haß oder Groll geprägt ist.-

Frau B/VA allerdings konnte sich bis heute noch nicht überwinden, ihrem Vater zu vergeben, da sie nie den entsprechenden inneren Abstand zu ihm und seinem verletzenden Tun noch nicht gefunden hat, und da sie bis heute aufgrund ihrer emotionalen Bindung an die Eltern über keine Möglichkeit verfügt, sein verletzendes Verhalten zu unterbinden bzw. sich diesem nicht mehr auszusetzen. Vergebung würde bei ihr nach eigenem Bekunden Reue und eine Verhaltensänderung des Verletzers voraussetzen – möglicherweise auch dessen Tod, der das Ende der Verletzungen bedeuten würde.

Frau S/VA hat ebenfalls nie in Erwägung gezogen, ihrem Lebensgefährten zu vergeben bzw. sie sah sich dazu außerstande, solange sie nicht dank einer neuen Liebesbeziehung seelischen Abstand zum Verletzer gewann. Erst dann war es ihr möglich zu sagen, sie hätte „vergeben".

6.4. Die Rolle des Glaubens im Vergleich

Der christliche Glaube kann im Vergebungsprozess folgende Komponenten beinhalten, die den Prozess unterstützen:[537]

---

[537] S.o., S. 106f.

- Er kann das Bewußtsein der eigenen grundsätzlichen Vergebungsbedürftigkeit wecken oder vertiefen und damit die Vergebungsbereitschaft dem Verletzer gegenüber erhöhen
- Er kann von der zwanghaften Rückschau in die Vergangenheit zu einem Akzeptieren der Gegenwart und zu einer hoffnungsvollen Wendung in die Zukunft führen bzw. ermutigen.
- Er kann den Wunsch sowohl nach innerem als auch nach zwischenmenschlichem Frieden und damit nach einer erneuerten Begegnungsfähigkeit gegenüber dem Verletzer wecken oder verstärken.
- Er kann das eigene Selbstwertgefühl und die Selbstachtung erhöhen und eine daraus erwachsende innere Distanz zu den Verletzungen und zum Verletzer unterstützen.
- Er kann die Überzeugung wachsen lassen, nicht der Willkür eines Menschen – nämlich des Verletzers – ausgeliefert (gewesen) zu sein, sondern einen Weg mit Gott zu gehen.

(Frau S/PP wurde im folgenden aufgrund ihres Nichterwähnens christlicher Überzeugungen nicht aufgeführt)

Komponenten des Glaubens Interviewpartner	Bewußtsein eigener Vergebungsbedürftigkeit	Hoffnungsvolle Sicht in die Zukunft	Wunsch nach innerem Frieden ...	Stärkung des eigenen Selbstwertgefühls/ der Selbstachtung	Überzeugung, einen Weg mit Gott zu gehen ...
Frau B/VA		„Ich habe die Hoffnung nie aufgegeben ..."			„Ich habe immer gedacht, das hat schon seinen Sinn"
Herr K/VA	– „Ich hab gemerkt ..., die Feindschaft kann ich nicht aufrechterhalten ..." – „... wenn man einem nicht verzeiht, ist das ein Hindernis zu Gott ..."	– „Und ich muß jetzt ein neues Leben anfangen, hab ich zu mir gesagt ..." – „... daß ich jetzt quasi mein Leben in die Hand genommen habe ..."	„Ich hab irgendwie das Verlangen danach bekommen, meinem Vater zu verzeihen"	– „Mein Selbstwertgefühl ist gestiegen ..." – „... durch Gott kann ich sagen, ... ich bin jetzt stark geworden in meinem Leben ..."	„... jeden Tag bin ich mit ihm (Gott) verbunden ..."
Frau S/VM	– „... und ob er (Gott) mir das verzeihen kann"	– „Seitdem ich wieder glaube, ... schau ich ...	– „... mir gehts einfach besser, indem ... ich	„Ich bin dankbar, daß ich nicht arrogant	– „... jetzt ist es einfach so, daß ich der Meinung

	– „... du hast ... selber eine Schuld, wenn du nicht verzeihen kannst"	mehr nach vorne" – „... ist man einmal, ist man immer. Das denken viele, aber das stimmt nicht ..."	mir sag, das Thema ist gegessen ..." – „... daß es für mich einfacher ist, wenn es aus dem Weg geschafft ist."	oder was weiß ich bin, ich bin dankbar, daß ich ... ein Gewissen habe ..."	bin, daß der Weg für mich bestimmt war ..." – „ich denke, daß es schon einen Sinn hat, daß man gewisse Dinge erlebt."
Frau B/PP	„Ich habe nie gedacht, daß ich verzeihen muß, daß das Gott von mir erwartet ..."		„Ich habe gewußt, ich muß ihm irgendwann verzeihen, damit ich ... inneren Frieden bekomme"	– „Der Glaube hat mir die Kraft gegeben (mich zu wehren)." – „Mein Selbstbewußtsein ist gestiegen ..."	
Frau H/PP		„Ich denke immer, daß da jemand die Hand über mich hält und dafür sorgt, daß es uns dann ... doch gut geht ..."	„Ich hab nie bewußt „beschlossen", ihm zu vergeben, aber für meinen inneren Frieden war das sicherlich wichtig ..."	– „... ich hab gedacht, jetzt laß ich mich nicht mehr manipulieren ... jetzt tu ich was ..." – „... der Hilflose u. Schwache ist ... er"	– „Mein Glaube hat mir sehr geholfen. ... Ich sende ... Gebete gen Himmel,. und habe Stärkung und Hilfe bis jetzt immer gekriegt ..."
Herr S/GP	„... wenn du so eine Vergebung (von Gott her) empfindest, dann ... ist das auch mit der erste Schritt, daß du anderen Leuten vergibst"	... Ich fühle mich schon sehr geborgen, daß ich denke, es geschieht nicht einfach was mit mir ... was immer passiert, du bist nicht völlig der Willkürlichkeit ausgeliefert ..."	– „... wo ich gemerkt habe, daß ich ... mich selbst entlaste, wenn ich mich innerlich auch versöhne ..."	– „... daß ich gemerkt habe, der F. hat viel größere Probleme als ich ..." – „... hat sich herausgestellt, daß es an sich eine richtige Entscheidung war, den Betrieb zu erweitern ..."	– „... (wenn) du denkst, Gott hat seine Hände im Spiel zumindest insofern, als er dich begleitet ..., dann ist das, was passiert, auch nicht völlig willkürlich" – „... daß ich denke, es ist kein Zufall, so eine Situation ..."

6. Die Vergebungsprozesse im Vergleich

Deutlich wird, daß nicht alle Komponenten bei allen Befragten eine Rolle spielen bzw. in ihrem Denken auftauchen, daß jedoch der Glaube in jedem Fall den inneren und äußeren Verlauf des Vergebungsprozesses entscheidend und in vielfältiger Weise mitbeeinflußt.

Offenbar spielen die *Glaubensinhalte* hierbei eine große Rolle – wie stellt man sich Gottes Ein- oder Mitwirken im menschlichen Leben vor, wie intensiv wird die Gottesbeziehung gelebt, um nur zwei Punkte zu nennen –, und es wäre reizvoll und spannend, diesem Thema weiter nachzugehen.

7. Diskussion der Ergebnisse

- Die in den Interviews zum Ausdruck gebrachten intrapersonalen Prozesse der Verarbeitung von Verletzungen sind kongruent zu der im theoretischen Teil der Arbeit postulierten Phasen- oder Stufentheorie der Vergebung. Die vergebungsorientierten Befragten bestätigen die positiven intrapersonalen Auswirkungen der Vergebung.
- Die Aussagen der Befragten über die Rolle und Bedeutung, die ihrem christlichen Glauben im Verarbeitungsprozess zukam, stimmen mit den im theoretischen Teil der Arbeit dargelegten Begründungen uind Argumenten für Vergebung aus theologischer Sicht relativ exakt überein, wobei nicht alle Befragten auf alle Begründungen rekurrierten.
- Während für den retrospektiven Teil der Vergebung – die Verarbeitung des Geschehens – ein hoher Grad an Übereinstimmung im Procedere der Befragten zutage trat, divergieren die Vorgehensweisen, wo es um den prospektiven Aspekt geht: um die Neugestaltung der Beziehung zum Verletzer. Die hier zu beobachtenden unterschiedlichen Einstellungen und Beziehungsformen sind auf die unterschiedlichen Verhaltensweisen der Verletzer bzw. auf die unterschiedlichen Erwartungen der Vergebenden bezüglich des weiteren Verhaltens der Verletzer zurückzuführen.

Grundsätzlich läßt sich konstatieren, daß einem Verletzer, der keinerlei Anzeichen von Reue und Schuldeinsicht erkennen läßt, trotz erfolgter intrapersonaler Vergebung mit Distanz und zunächst deutlich reduzierter Vertrauensbereitschaft begegnet wird. Diese Distanz entspricht zum einen der neugewonnenen, von unrealistischen Erwartungen befreiten Sicht des Vergebenden vom Verletzer, zum anderen entspricht sie dem Wunsch dessen, der vergeben hat, sich vor erneuten Verletzungen zu schützen.

Es zeigt sich, daß hier das letzte Ziel der Vergebung, nämlich die Beziehungserneuerung zum Verletzer, an eine Grenze kommt – die Grenze der psychischen Belastbarkeit des Vergebenden.

8. Abschließende Überlegungen, weiterer Forschungsbedarf

1. Sowohl bei der schriftlichen als auch bei der mündlich durchgeführten Befragung in dieser Arbeit dominierten Menschen, die sich selbst als überzeugte Christen bezeichneten. Bei diesen wiederum zeigte sich durchweg eine ausgeprägte Aufgeschlossenheit für Vergebung sowie eine hohe Vergebungsbereitschaft. Es wäre nachzuprüfen, ob diese Aufgeschlossenheit bzw. Vergebungsbereitschaft tatsächlich eine Folge des Glaubens ist und wenn ja, welche *Aspekte des Glaubens* (Höheres Selbstwertgefühl? Hohes moralisches Urteilsniveau? Mehr Empathiebereitschaft?) für diese positive Einstellung zur Vergebung von ausschlaggebender Bedeutung sind. Wie muß Glaube inhaltlich gefüllt sein, damit er die Vergebungsbereitschaft erhöht?

2. Bezüglich der Auswirkungen der Vergebung auf den Verletzer sowie auf die Beziehung zwischen Vergebendem und Verletzer wäre zu fragen: Treten die von einigen der Vergebenden zum Ausdruck gebrachten Befürchtungen (Ausnutzen ihrer Vergebungsbereitschaft; Neuverletzung usw.) tatsächlich ein? Oder beeinflußt die Vergebung den Verletzer, *auch wenn* dieser keine Schuldeinsicht zeigt, und wenn ja, in welcher Weise beeinflußt sie ihn?

3. Es wäre zu untersuchen, wo der Ort des Vergebungsprozesses sowohl in den verschiedenen psychotherapeutischen Theorien als auch in den ihnen entsprechenden therapeutischen Prozessen sein könnte: Wie könnte „Vergebung" als therapeutisches Werkzeug oder als therapeutisches Thema implantiert werden?[538]

4. Welche Rituale – beispielsweise im Sinne einer feierlichen Bezeugung der Vergebung oder einer Erneuerung der Beziehung – könnten den Vergebungsprozeß unterstützen, und zwar sowohl für den häufig vorkommenden Fall der intrapersonalen Vergebung, bei der der Verletzer nicht miteinbezogen werden kann, als auch für den Fall der interpersonalen Vergebung.

5. Der Zusammenhang zwischen dem moralischen Urteilsniveau und der Vergebungsbereitschaft bzw. dem Verständnis von Vergebung, der im theoretischen Teil der Arbeit dargestellt wurde, könnte anhand eines entsprechenden Schulungsprogramms an Jugendlichen und jungen Erwachsenen überprüft werden: Ist es möglich, durch eine Hebung des moralischen Urteilsniveaus auch die Motivation zur Vergebung zu erhöhen?

6. Die Anwendung des Vergebungsprozesses in verschiedenen settings und gesellschaftlichen Institutionen steht noch aus: Wie könnte ein „Vergebungspro-

---

[538] S.o., S. 67ff.

gramm" beispielsweise an Schulen installiert werden (bei sozialen Problemen, Gewalttätigkeiten usw.), in Gefängnissen, an Krankenhäusern, in der Ehe- und Erziehungsberatung, in Trauergruppen?[539]

7. Wie diese Arbeit deutlich machte, besteht eine dringende Notwendigkeit des interdisziplinären Austausches zwischen Theoretikern (Theologen, Wissenschaftler) und Praktikern (Seelsorger, Psychotherapeuten, Berater, Sozialarbeiter, Mediziner usw.) über Begründung, Ort und Umsetzung des Vergebungsthemas in ihrem jeweiligen beruflichen Kontext.

Abschließend zu meiner Beschäftigung mit diesem Thema, die mir selbst ein großer Gewinn war, soll ein Gedicht von Joachim Ringelnatz stehen, der wesentliches in wenigen Worten andeutet:

„Es ließe sich alles versöhnen,
Wenn keine Rechenkunst es will.
In einer schönen,
Ganz neuen und scheuen
Stunde spricht ein Bereuen
So mutig still.

Es kann ein ergreifend Gedicht
Werden, das kurze Leben,
Wenn ein Vergeben
Aus Frömmigkeit schlicht
Sein Innerstes spricht.

Zwei Liebende auseinandergerissen:
Gut wollen und einfach sein!
Wenn beide das wissen,
Kann ihr Dach wieder sein Dach sein
Und sein Kissen ihr Kissen."

---

[539] S.o., S. 63ff, wo einige solche Anwendungen vorgestellt werden.

Anhang

Fragebogen

Liebe(r)
Zur Vorbereitung meiner Interviews zum Thema „Einander vergeben" möchte ich anhand von diesem Fragebogen das Thema etwas näher eingrenzen. Es geht mir darum, über DEINE Gedanken zur Vergebung und Vergebungserfahrungen möglichst viel zu erfahren.
Ich habe deshalb die meisten Fragen ohne die normalerweise übliche Möglichkeit, eine Antwort anzukreuzen, gestellt, damit Du möglichst präzise DEINE persönlichen Gedanken und Erfahrungen mir mitteilen kannst.
Mir ist klar, daß dies für Dich einiges an zeitlichem und gedanklichem Aufwand erfordert und danke Dir schon jetzt dafür, daß Du diese Mühe auf Dich nimmst.
Insgesamt sind nur 20 Freunde und Bekannte von mir gebeten worden, diesen Fragebogen auszufüllen – Du gehörst dazu, und ich bitte Dich, mir den Fragebogen bis spätestens Sonntag, den 14. Oktober zurückzugeben oder zu schicken.
Als Dank werde ich Dir eine Zusammenstellung aller Antworten überreichen/übersenden.
Der Fragebogen ist anonym; die Fragen am Anfang dienen lediglich zur besseren Klassifizierung der Antworten. Sollte der Platz für Deine Antwort nicht ausreichen, so benutze bitte die Rückseite des Blattes!

1. Wie alt bist Du?   20–30...   30–40...   40–50...   50–60...   60–70...

2. Mann/Frau?

3. Zur „religiösen Biographie":
a) Wurdest du christlich erzogen und wenn ja, worin drückte sich dies aus?

b) Fühlst Du Dich einer christlichen Kirche oder Gemeinschaft zugehörig?
   Wenn ja, worin drückt sich dies aus?

b) Betest du? Häufig _____ gelegentlich _____ sehr selten _____ nein_____
(Zutreffendes bitte ankreuzen)

c) Würdest Du Dich als Christ/Christin bezeichnen und wenn ja, woran machst du dies fest?

4. Zum Thema „Jemandem vergeben" habe ich mir bisher Gedanken gemacht ...
   ... schon oft
   ... hin und wieder
   ... so gut wie nie

5. Ich würde von mir behaupten, daß Vergeben mir im allgemeinen ...
   ... sehr schwerfällt
   ... eher schwerfällt
   ... eher leichtfällt
   ... sehr leicht fällt
   ...

6. Ich verbinde mit dem Wort „ (jemandem) Vergeben/Verzeihen" ...
   (alles Zutreffende ankreuzen) ... Großmut – Leichtnehmen – Selbstverleugnung – unterdrückter Zorn – Entlastung – Scheinfriede – Freiheit – Nachgeben – Friede – Schwammdrüber – Loslassen – eine selbstkritische Haltung – Einfühlungsvermögen – falsche Nachsicht – Risiko – Gefühlsunterdrückung – Verzicht auf Rache – Freude – Überlegenheit – Schwäche – Mut – Gnade – Jesus – Selbstbeherrschung – Stärke – Feigheit – Vergessen – Nachgiebigkeit – Verzicht auf Schadenersatz – erneute Vertrauensbereitschaft – Wehrlosigkeit – Distanz zu sich selbst – Nachdenken – Erleichterung
   EIGENE ASSOZIATIONEN:

7. Bist du nur bereit, jemandem zu vergeben, der seine Schuld einsieht und sein Unrecht bereut?
   Wenn ja, warum?

8. Wenn nein, warum nicht?

9. Vergebung braucht oft Zeit. Welche Schritte oder Phasen des Vergebungsprozesses kannst du Dir vorstellen?

10. Welche Nachteile des Vergebens für den, der vergibt, könntest du dir vorstellen oder hast du erfahren?

11. Welche Vorteile?

12. Was macht es dir leichter, jemandem zu vergeben?

13. Was macht es für dich schwieriger, jemandem zu vergeben?

14. Könntest du dir einen Zusammenhang vorstellen – und wenn ja, welchen -:
a) zwischen Selbstwertgefühl/Selbstachtung und Vergebungsbereitschaft

b) zwischen intellektuellen Fähigkeiten/Intelligenz und Vergebungsbereitschaft

c) zwischen dem Einfühlungsvermögen und der Vergebungsbereitschaft einer Person?

16. Schildere wenn möglich in einigen Sätzen eine eigene Erfahrung mit Vergebung oder Nichtvergebung!

17. Was findest du an diesem Thema besonders brisant oder interessant?
(Hier auch Möglichkeit zu eigenen Anmerkungen zum Thema) Bitte Rückseite!

Interviews (gekürzter Text)

Interview mit Frau B., 29 Jahre alt

„Das erste mal, als es mir bewußt wurde, daß mein Vater Alkoholiker ist, da war er betrunken und hat dann Steine aufs Dach geworfen, so daß die Dachplatten teilweise beschädigt wurden.
Da habe ich Angst bekommen. Ich war damals sechs, sieben Jahre alt. Danach habe ich es immer häufiger beobachtet.
Meine Mutter hat Angst gehabt vor ihm; wir waren froh, daß er uns in Ruhe gelassen hat. Einmal hat er meine Mutter angegriffen, er hat ihr einen Schlüssel an den Kopf geworfen, als sie gesagt hat, sie geht jetzt aus dem Haus. Da gabs eine Platzwunde. Und außerdem mit den Tieren – die hat er gequält, das war ganz schlimm.
Das habe ich allerdings erst später gemerkt, zwischen 10 und 15 war ich, als sich das abspielte. Das war also brutal, wie er das gemacht hat, wie er die Tiere gequält hat.
Jeden Tag hat er es getan. Die Kühe im Stall waren an Ketten, er nahm die Gabel, stach hinten hinein und fuhr dann herunter mit der Gabel. Und ein paar Tage später, als es ein bißchen verheilt war, ist er wieder heruntergefahren mit der Gabel, das war eine Kruste von Blut. Oder hat er nachts einer Kuh einen Sack über den Kopf getan und ihren Hals hochgebunden. Und ich bin dann nachts immer rein und habe den Sack weggetan, damit sie wenigstens nicht mehr im Dunkel ist. Wahrscheinlich wollte mein Vater, daß die Kuh Angst hat vor ihm. Das war sein Spiel, will ich sagen, zum Macht ausspielen. (…) Hauptsache, er konnte sein Inneres aus sich hinausschlagen, daß ers draußen hat. (…)
Ich habe aber dann keinen Grund mehr gesucht, ich habe nur versucht, daß wir ohne Schmerzen aus dem ganzen Schlamassel herauskommen.
Meine Schwester hat einmal zu ihm gesagt- sie ist vor ihn hingestanden, als er eine Gabel in der Hand hatte, und hat zu ihm gesagt: Komm, ersteche mich, bevor du die Kühe nochmal schlägst. Also, meine jüngere Schwester, die hat da richtig mitgelitten. Da machst du lieber mich kaputt, hat sie gesagt. So ist meine Schwester gewesen, aber er hats nicht gemacht. Er hat sich weggedreht und weitergeschimpft. Das fand ich eigentlich noch das Positive, daß er uns nichts getan hat.
Ich bin immer davon ausgegangen, daß er uns schlägt, wenn wir da versuchen, einzugreifen.
Wenn es ganz unerträglich war nachts, sind wir zu den Nachbarn, die hatten einen Wohnwagen, wo wir dann übernachtet haben. Und einmal sagten die Nachbarn: Komm, holt die Polizei. Und die ist gekommen und dann haben die nur gesagt, da muß etwas passieren, bis wir eingreifen können. Und mein Vater hat ja nur vor sich hingebruddelt, hat Türen ausgehängt und Fenster eingeschlagen …
Wir sind gegangen, weil er nachts die Melkmaschine anmachte, was ein lautes Geräusch war, so daß man nicht schlafen konnte. Oder er hat die Türen ausgehängt, so daß wir keine Tür zumachen konnten, und wenn wir uns im oberen Stockwerk eingeschlossen haben, hat er die Tür eingeschlagen, also wir hatten keine Ruhe vor ihm nachts (…)
Das war nur Schikane, Zerstörungswut, und Angstmachen. Für mich wars immer: er will uns Angst machen, denn er hat auch Angst gehabt früher … und der Alkohol hat ihn stark gemacht. Das war immer mit Alkohol verbunden, im Sommer wars am schlimmsten, weil er da viel getrunken hat. (…)
Die Tierquälereien, das war für mich das schlimmste. Oder meinen Bruder, den hat er einmal so geschlagen, daß er richtig blau war. Er hat nicht mal einen Grund gehabt. Mein Bruder hat geschrien, das höre ich jetzt noch. Da war er ungefähr 10 Jahre alt. Meine Mutter saß auf dem Clo nebendran, die hat Angst gehabt, die hat Angst gehabt. Meine Mutter hat gestottert, schon ganz früh. Und wehe – er hat so einen Blick gehabt. Wenn der einen angeschaut hat – die ganze Kraft ist aus mir hinaus. Und bei meiner Mutter genauso. (…)

Meine Mutter hat immer gesagt, als wir noch klein waren, wenn ihr mal älter seid, dann packt ihr ihn mal und werft ihn aus dem Haus. Dann habe ich gesagt, natürlich, wenn wir älter sind, aber ich hätte nicht einmal jetzt den Mut.
Wenn ich meine Mutter heute frage, hast du keine Angst, gell, paß auf dich auf, dann sagt sie nein, ich muß nur aufrecht vor ihn hinstehen und so machen, dann fällt er um. Heute hat unsere Mutter weniger Angst, weil er schwächer ist. Und er braucht sie im Prinzip. (...)

Normale Stunden mit unserem Vater gab es nie. Er hat uns auch immer angelogen.
Ich bin mit den Geschichten, die er uns erzählt hat, in die Schule gegangen, weil ich dachte, das ist eine super Geschichte, die muß ich gleich erzählen. Und dann habe ich sie erzählt, und dann hat man mich gleich als Lügnerin hingestellt. (...) Das hat mir eigentlich auch weh getan, daß man ihm gar nicht mehr trauen kann. Da war echt der Augenblick da, wo ich gesagt habe, jetzt mußt du über alles nachdenken, was er erzählt, und nicht alles gleich weitersagen, es stimmt eh nicht. Am Anfang war es ihm bestimmt bewußt, daß er lügt, doch später nicht mehr.

Ob er auch einmal liebevoll mit uns umgegangen ist? Ich weiß halt, einen Gutenachtkuß haben wir immer bekommen, den wollte ich gar nicht ... Also, meine Eltern traue ich mich heute noch nicht, anzufassen. Ich habe meine Mutter noch nie umarmt. Ich kann nicht, ich kann das nicht. Nicht aus Wut, das ist eher, ich möchte sagen, Ekel.
Ich mag sie ganz arg, meine Mutter, ich könnte nicht ohne sie sein momentan, aber ich traue mich nicht, sie anzufassen, ihr die Hand zu geben oder so.
Was das mit Ekel zu tun hat? Ich weiß es nicht, ich kann es Ihnen nicht sagen. (...) Aber das waren ganz wenige Augenblicke, wo ich sagen kann, ich habe einen Vater gehabt.

Ich habe immer mein eigenes Zimmer gehabt, da war ich immer allein. Ich war schon gern daheim, weil ich immer gehorcht habe, weil ich immer mit einem Ohr bei meiner Mutter war, was jetzt ist. Auch nachts, wenn Fütterungszeit war im Stall, bin ich immer – also wenn er getobt hat, dann habe ich durchs Fenster geschaut und habe im Auge gehabt, was er macht. Und wenn er gewalttätig, also wenn er auf meine Mutter zugegangen ist, bin ich hinein und habe gesagt, Vater, laß es sein, oder ich bin dazwischen, damit er weiß, daß noch jemand da ist. Aber mit einem Ohr war ich immer bei meiner Mutter, wenn er getobt hat, wenn er rumgeschrien hat.
Die Wörter, die er geschrien hat, kann ich gar nicht sagen, „du Hure" hat er zu meiner Mutter immer gesagt und so weiter ... Und da gehts ja noch weiter ... wirklich schlimm.

Meine Mutter hat nie Haß gezeigt gegen meinen Vater. Ich habe nur im Kopf: sie hat Angst gehabt vor ihm. Und weinen habe ich meine Mutter nie gesehen, nie.
Aber sie hat jetzt erst zu mir gesagt, sie hätte viel geweint. Und sie hat dann so eine Bronzefigur, den heiligen Josef, im Bett gehabt, und zu dem hat sie immer gebetet. Und sie sagt auch heute noch, der hätte ihr geholfen in der Zeit.
Mein Vater ist später raus, ist ins Wohnzimmer gekommen. Er ist aber nachts immer hochgekommen und hat sie regelrecht vergewaltigt, das macht er heute noch ... Unterleibsgesteuert ist der jetzt, das ist ganz schlimm (...)
Meine Mutter sagt, sie macht das solange mit, bis er es nicht mehr kann ... Ich weiß nicht, warum ... Ich will da gar nicht mehr so nachfragen, weil mich das sowas von ... (schüttelt sich) Ich könnte da ehrlich kotzen, wenn ich das höre. Für mich hat der Mann alle Ehre verloren. Wir haben das auch mitgekriegt daheim, er hat sich nicht geniert vor uns ... Ich habe mir dann immer die Ohren zugehalten, meine Schwester hat Musik angemacht und mein Bruder ist spazierengegangen, glaube ich. Ich war immer da, weil ich wollte meine Mutter schützen ... Sie hat einfach Angst gehabt vor ihm. Und das macht er heute noch, nicht nur einmal am Tag.
Ich habe meiner Mutter schon vorgeschlagen, Mama, komm, jetzt gibt es doch das Ge-

setz für Vergewaltigung in der Ehe, jetzt machen wirs doch so, wenn der Vater das gerade macht, dann rufen wir die Polizei, und dann haben wir ihn, dann kommt er ins Gefängnis. Aber das will sie nicht. Also in meinen Augen braucht sie ihn genauso.
Ich habe ihr gesagt, lieber ein Ende mit Schrecken, also daß es schnell geht. Ich meine, das wäre keine einfache Zeit, aber das wärs dann. Das wäre für mich die größte ... das Größte, wenn der ... ich weiß auch nicht. Obwohl es mir auch wieder leid täte. Aber so tut mir meine Mutter leid, also das muß ja nicht sein, sich wie Tiere behandeln zu lassen,
Aber ich rede schon noch mal mit ihr und sage, komm, das versuchen wir einmal, denn sie ist noch jung, sie ist erst 50, sie könnte noch was aus ihrem Leben machen.

Als ich meinen jetzigen Mann kennengelernt habe, bin ich gleich zu ihm in sein Elternhaus gezogen, das war keine Wohnung, sondern sein Zimmer, damit ich mal da rauskomme. Da war ich 21 Jahre alt. Da habe ich dann wieder ein anderes Familienleben kennengelernt. Da mag man sich, da ist es sauber ... das war etwas ganz anderes wieder. (...) Erst seit ich hier wohne, in unserer Wohnung, freut sich mein Vater, wenn ich heimkomme. Er steht hin, wenn ich gehe, und winkt mir nach. Das ist das, was mir eigentlich immer gefällt, wenn er es macht. (...)
Meine Mutter ist eine wahnsinnige Kämpferin, habe ich erst kürzlich gedacht. Wie die sich aus dem Loch herausgeholt hat, das ist unwahrscheinlich. Wissen Sie, keine Hilfe von außen, außer ihren Schwestern, aber die haben ihr auch nicht so helfen können.
Das Stottern ist jetzt weg, sie stottert nicht mehr so. Und als man den Hof aufgeben mußte, hat sie sich eine Stelle gesucht und eine gute Stelle bekommen in einer Gärtnerei, da hat es ihr gut gefallen, weil sie mit Behinderten arbeiten mußte, das hat ihr wohl gefallen ... Ich sage ja, die ist jetzt ganz anders als damals, selbstbewußter vor allem. Sie steht jetzt hin ... schaut auch auf ihre Kleidung. Der Vater siehts nicht so gern, hab ich das Gefühl. Ich habe ihm gesagt, die Reiselust darfst du ihr nicht nehmen, Vater, das ist nicht okay, ich finde es gut, wenn sie geht.
Meine Mutter sagt, wenn sie ihn verlassen würde, würde er in der Gosse landen. Sie fühlt sich auch verantwortlich für ihn. Und das Hauptsächliche ist: da, wo sie jetzt wohnen, das ist ihr Haus, die Wohnung von ihren Eltern. Und wenn sie ginge, dann hätte ja er alles. Und freiwillig würde er nicht gehen, jetzt schon gar nicht mehr.
Meine Mutter beklagt sich nicht. Im Gegenteil, wenn was wäre, wir könnten immer zu ihr kommen. Und das bewundere ich so an ihr, daß wenn wir Probleme haben, hört sie uns zu und sagt, das ist nicht so schlimm, komm, mach es so und so, trotzdem ...
Meine Mutter sagt „Meine Mutter hätte es nie tun sollen, uns zwei zusammenzubringen. Das war der größte Fehler". Und ich sage, ihr zwei, ihr hättet gar nicht heiraten sollen. Meine Mutter hat sogar zu ihrer Mutter gesagt, laßt den Kerl beim Teufel, laßt ihn weg, so hat die schon gesagt, aber dann ist meine Oma immer hinaus und hat ihn zum Mittagessen hereingeholt – er war Straßenbauer und hat vor dem Haus gearbeitet und da haben sie ihn gesehen und immer hereingeholt zum Essen und da haben sie wahrscheinlich die zwei zusammengekuppelt ...
Meine Mutter war eigentlich eine hübsche Frau, aber sie war schüchtern und ist von ihrer Mutter immer unterdrückt worden. Sie hat keine schöne Kindheit gehabt, weil sie unterdrückt wurde und weil viele Schläge bekam, mit 21 hat sie noch Schläge bekommen von ihrer Mutter, hat sie mir mal erzählt. (...)
Mein Vater kann keine Tiere mehr quälen, weil keine mehr da sind. Er tobt nicht mehr, aber er spinnt schon noch, indem er an meiner Mutter herummault – wie siehst du heut wieder aus – und Türen zuschlägt. Und dann noch das Wort, Hure und so, das sagt er oft, und noch schlimmeres. Meine Mutter hat mal gesagt, sie muß büßen für seine Mutter.

Der Haß gegen meinen Vater war weg, bis ich wieder erfahren habe, was er mit meiner Mutter macht, die Vergewaltigungen ... Da habe ich gesagt, jetzt ist es vorbei, so habe ich schon dahergeredet, so leichtsinnig: „Jetzt habe ich keinen Vater mehr, jetzt will ich nicht mehr", weil, das hat mich so belastet, da bin ich wieder hierherkommen, und bin dann in ein Loch gefallen drei Tage lang ...

Mein Bruder hat mir das erzählt, er hat sie mal in flagranti erwischt. Und dann habe ich meine Mutter mal gefragt, da war sie ganz schlecht drauf, und da hat sie gesagt, der will nur noch, Petra, und ich weiß nicht, was tun ... da war sie ganz schlecht dran. Und da hat sie mir leid getan, ich habe gedacht, so ein Depp, und ich habe ihr das mit der Polizei vorgeschlagen ... Vor einem Jahr habe ich das erfahren. Ich hatte gedacht, sein ganzes gewalttätiges Verhalten hätte sich gelegt ...
Da er mir ja nichts getan hat, nur meine Kindheit mir genommen ... Verzeihen ... ich sage nicht, verzeihen, aber ich akzeptiers. Verzeihen glaube ich nicht ... Denn das hat mir schon alles wehgetan, was er mir da genommen hat, die ganze Kindheit. Die Freunde, ich habe keine Freunde gehabt, in der Kirche hat man uns gemieden ...

Ich bin nicht nachtragend, die Zeit ist vorbei. Ich habe keinen Groll, aber unter Verzeihen verstehe ich, daß ich hingehe und sage, hey Papa, komm Papa, alles vorbei, also, daß ich ihm das ins Gesicht sage, das nicht. Aber bevor ich mich da noch weiter belaste, lasse ich die ganze Zeit hinter mir. Also bevor ich mein neues Leben anfange, muß ich das vergangene erst verarbeiten. Und das lasse ich schon hinter mir ... Wie mache ich das: mit vielen Leuten reden darüber, auch mit meinem Mann viel darüber reden, mit meiner Mutter ... einfach das Reden. Denn ich habs ja lang in mich hineingefressen alles, und da gehts mir jetzt leichter, wenn ich rede und mich nicht mehr schäme. Das schlimmste war, ich habe mich geschämt für meinen Vater, daß mein Vater Alkoholiker ist, das ist nicht mehr. Das sollen alle Leute wissen, ich bin wirklich auf einem, in Anführungsstrichen, Leck-mich-am-Arsch-Standpunkt ... Wenn ich das nicht täte, könnte ich nie ein eigenes Leben haben, nie!
Ich sage auch immer dazu, mein Vater ist auch ein Opfer. Ich suche immer einen Grund zu finden, warum ein Mensch so ist, wie er ist. Und das ist meine Erklärung für ihn, daß er eben keine Liebe erfahren hat früher, und jetzt eben so ist. Das macht es mir leichter ...
Die neue Information (über seine Vergewaltigungen, d. Verf.) hat allerdings eine alte Wunde aufgerissen. Das hat mir, das muß ich sagen, wirklich wehgetan. Also da hätt ich wirklich mit dem Revolver hinfahren können, so weit war ich schon ... Er nimmt sich etwas, wo meine Mutter eigentlich gar nicht will, also wieder mit Gewalt. Und wenn sie nicht mitmacht, ist er wieder wochenlang beleidigt mit ihr, redet nicht mit ihr, das ist dann für meine Mutter auch schlimm. Wenn meine Mutter dann was kocht und sagt, komm zum Essen, dann kommt er gar nicht herein ...
Ich weiß nicht, warum meine Mutter nicht geht, ich kanns nicht erklären, ich kanns nicht erklären ... Da kann ich meine Mutter wirklich nicht verstehen. Aber ich werde mein Mitgefühl nie aus mir hinausbekommen. Ich dachte immer, sie hat so lange kein schönes Leben gehabt, aber jetzt ist das vorbei, jetzt hat sie ein schönes Leben. Und jetzt gehts wieder los ... Er hätte vielleicht damals schon zu einem Psychotherapeuten gehört oder irgendjemand, der ihm auch zuhört. Er hat einen Bruder gehabt, mit dem ist er gut ausgekommen, und der ist dann gestorben durch einen Unfall. Wenn der noch wäre, ich glaube, der hätte schon lange zu ihm gesagt, du, jetzt aber!
Sein Bruder war sein größter Halt, das war ein ganz angenehmer Mensch, der hat nicht getrunken.
Ich könnte meinem Vater eher verzeihen, wenn ich merken würde, er ist nicht mehr so, er hat sich geändert, oder wenn er sagen würde, Mensch Petra, jetzt überlege ich gerade, ihr habt auch keine schöne Zeit gehabt, oder so, okay, es war nicht leicht mit mir. Er muß ja nicht sagen, es tut mir leid, nein, das verlange ich nicht mal, ich will nur, daß ers einsieht, aber das ist jetzt schon abgefahren, der Zug.
Mein Bruder, der hat jetzt noch Alpträume, ganz schlimme, der tut ihn verarschen, der nimmt das ein bißle auf die lustige Art, und das ist in meinen Augen – also wie er es macht, das ist nicht richtig, meine ich, das ist zu oberflächlich. Der geht nicht so tief, der macht sich selber was vor. Denn das Thema muß man ganz ernst nehmen.

Ich glaube, daß mich das mein Leben lang belastet, ... aber wenn er mal tot ist, also, ich leide immer noch ein bißchen mit ihm, denn ich weiß ja, er hat auch Schmerzen, und wenn er mal tot ist, dann weiß ich, jetzt ist es vorbei mit seinen Leiden.

Er hat Schmerzen im Arm und im Daumen, er hat Kopfweh, er hats immer auf dem Magen gehabt ... Mir tut es aber auch leid, daß er nicht gekämpft hat um sein Leben, das hat mir weh getan, daß er nicht gedacht hat, komm, jetzt mache ich aus dem Leben doch noch etwas, jetzt habe ich drei gesunde Kinder und eine Frau, die mich eigentlich mag, aber das hat er nicht gemacht ... Am Anfang hat ihn meine Mutter schon gemocht, ich habe mal gesehen, wie sie einander geküßt haben und ganz zärtlich umarmt, das war eigentlich das erste mal, wo ich die zwei habe zärtlich miteinander umgehen sehen. Mama sagt, irgendwie hätte sie ihn schon mögen.
Aber jetzt ist es nur noch Mitleid ... Ich glaube, meine Mutter hat ihm schon verziehen.

Meine Schwester, die hat Bücher gelesen wie „Ich bin um die Kindheit betrogen", ... aber ich, ich habe meinen Freund bald kennengelernt, das hat mir sehr geholfen, daß er mir zugehört hat. Ich habe keine Alpträume mehr, mein Bruder schon. (...)
Wie ich das verarbeitet habe? Ich habe immer gedacht, das hat bestimmt seine Ursache, warum das so ist, und das wird bestimmt mal besser. Also, ich habe das Beten nie aufgegeben, ich habe immer gebetet. Und das hat mir eigentlich den Halt gegeben, ich habe mir gesagt, das ist nicht so schlimm, das wird auch wieder anders, also, ich habe die Hoffnung nie aufgegeben. Ich habe immer gedacht, das hat schon seinen Sinn. Das denke ich heute noch. Ich glaube, ohne Gebet hätte ich es gar nicht geschafft ... Ich sehe heute auch Positives. Ich weiß nicht, wie ich sagen soll, ich schaue die Menschen schon ganz anders an. Ich bin glücklich über ein Stück Holz, wo andere über einen Geldschein glücklich sind. Mich freut einfach, daß ich gesund bin und glücklich bin ... Wir waren damals nicht reich, und ich bin so froh, daß wir nicht reich waren. Ich habe hier drin jetzt so viel Werte, sage ich jetzt für mich, wo ich sagen kann, Mensch, ich bin froh, daß ich nicht so bin wie die anderen.

Ich habe schon gelitten unter meinem Vater, bin auch krank geworden, so schlimm war das, ich habe Epilepsie bekommen. Aber jetzt ... ich habe schon etwas ... ich habe schon etwas mitgenommen, ich habe immer versucht, das Positive zu sehen. Und, wie soll ich sagen ... ich denke, seit ein oder zwei Jahren bin ich auch weniger oberflächlich. Vor allem, man lernt Menschen kennen, Menschen, wo ich dachte, ach was, oberflächlich, kannst du vergessen, mit denen habe ich dann die interessantesten Gespräche geführt, gerade über das Thema, da habe ich so viel mitgenommen, die haben mir so viel Tips gegeben, da ist jetzt noch eine Freundschaft da. Und das sind wirklich Menschen, wo ich sagen kann, das ist ein Freund für mich. Und das reicht mir auch ...
Ich habe erst spät festgestellt, daß ich mich öffnen kann, ich habe mich ja immer geschämt für meinen Vater, immer. Ich habe spät gelernt, zu sagen, mein Vater ist Alkoholiker, und zwar ganz schlimm. Und ich kann sagen, das war keine schöne Zeit, und ich möchte nicht mehr drüber reden oder so, das kann ich auch sagen, und ich kann auch sagen, das mit den Tieren, das war früher ganz schlimm, das habe ich nie sagen können, weil es immer weh getan hat. Ich will mich ... ich schäme mich nicht mehr für meinen Vater. Er hat sein Leben, das hat er gemacht, und ich bin nicht schuldig, das ist seine Tat, die er getan hat. Ich verachte meinen Vater nicht, ich sage jetzt einfach klipp und klar, daß die Schuld nicht bei mir ist, sondern bei meinem Vater. Ich habe ja nichts gemacht. Okay, ich hätte vielleicht drüber reden sollen, oder zur Polizei gehen ... Ich habe schon noch die Angst drin, daß wenn was ist, daß dann die Leute sagen, warum hast du nicht früher etwas gemacht ... Zum Beispiel wenn er meiner Mutter mal, was weiß ich, im Reflex ein Messer reinhaut oder das Haus anzündet. Meine Mutter sagt allerdings, sie hätte keine Angst ... Man sieht ja auch, daß er sie braucht.

Warum ich ihm nie die Meinung gesagt habe? Weil ich weiß, daß er mir dann Hausverbot geben würde. Ich habs ja bei meiner Schwester gesehen, die hat mit ihrem Brief auch nichts erreicht außer Hausverbot. Meine Mutter ist da machtlos, weil mein Vater da stur ist. (...) Ich weiß da keine Lösung, oder wissen Sie da was? Das ist etwas, was mir noch zu schaffen macht, wo in mir wurmt.
Es ist so: Ich habe zu meiner Mutter auch schon gesagt, du, ich sags jetzt zu ihm, und

dann sagt sie: Du sagst nichts, denn du gehst nachher wieder, und dann habe ich das ganze Theater hier. Also ich habe auch schon so halbe Streitgespräche mit ihm geführt, und dann hat meine Mutter mich unter dem Tisch gestupft ...
Mein Vater hat jeden Tag einen Vollrausch, aber er ist nicht verblödet ... Meine Mutter war schon bei einer Gruppe für Allkoholiker, aber sie hat gesagt, das ist sinnlos. Vielleicht hat sie gedacht, das schaffe ich sowieso nicht. Oder sie sucht sich den leichtesten Weg, und das war für sie die Zeit, kommt Zeit, kommt Rat. Aber was sie da bei uns zerstört hat, das ist ihr gar nicht bewußt ... Ich habe mal zu ihr gesagt, Mama, du mußt keine Angst haben, das ist alles okay, die Zeit."

Interview mit Frau S., 28 Jahre alt

„Ich denke, es hat früh angefangen ... ich schätze, so zwischen drei und vier. Und schlimmer ist es geworden dann so mit sechs. Wie lang das ging, kann ich dir auch nicht sagen, so bis zehn, zwölf, bis ich weggegangen bin eigentlich. Es war immer so etappenweise. Aber die Angst war eigentlich immer da ... Also ich bin nicht mehr auf die Toilette gegangen, weil ich Angst hatte, mein Vater steht in der Toilette ... Wenns dunkel war, hab ich unterm Türschlitz geguckt, ob Licht ist, daran kann ich mich noch erinnern ... Er hat nicht abgeschlossen, er stand halt manchmal auf der Toilette und hat sich da halt ... Auf jeden Fall, die Angst war lange, die war eigentlich immer da. Ich habe manchmal die ganze Nacht nicht geschlafen, weil ich Angst hatte, die Tür geht auf und mein Vater kommt rein ... Und dann, in der Zeit hatten auch meine Eltern ohne Ende Krach, und ich weiß mittlerweile, daß in der Zeit meine Mutter meine Schwester und meinen Vater erwischt hat, praktisch.
Wir hatten beide ein Einzelzimmer, meine Schwester und ich. Wo es dann richtig angefangen hat, hatten wir ein Einzelzimmer. Ich denke aber, daß es schon vor dem Umzug, als wir zu zweit ein Zimmer hatten ... aber da kann ich mich nicht erinnern, daß da etwas gewesen ist. Ich kann mich nur erinnern ... ich weiß nicht, ob das schon dazugehört, da haben wir mit unserem Vater zusammen gebadet, ja, und da kann ich mich noch schwach dran erinnern, daß er so gewisse Spielchen mit uns gemacht hat. Ich denke einfach, daß er vorher schon irgendwie die Unwissenheit ausgenutzt hat und da irgendwas gemacht hat. Aber richtig angefangen hats dann im Prinzip doch erst, als ich sechs war ... da wars dann eigentlich richtig, weil mit sechs Jahren sind wir umgezogen.
Zum Geschlechsverkehr kams eigentlich nur einmal fast, also war schon so weit, aber dann hab ich zum Glück einen Asthmaanfall bekommen, und dann hat er wohl Mitleid gehabt. Aber er hat halt schon mich angegriffen, angefaßt ... er hat sich dann befriedigt in meiner Gegenwart, das auch ... Meine Mutter hat immer geputzt bis abends um halb sieben, und er ist um vier Uhr nach Hause gekommen. Und er ist dann auch nachts gekommen, wenn meine Mutter geschlafen hat.
Meine Mutter, die hat ... die hat, wo das mit meiner Schwester war, das habe ich erst viel später, in der Therapie habe ich das erfahren, da hat sie das mitgekriegt und dann hat sie die Anja genommen, ich war im Krankenhaus, und ist mit ihr zum Hausarzt und hat ihm das erzählt, war halt heulend, was soll ich jetzt machen, soll ich jetzt meine Kinder nehmen und weggehn, und da hat halt mein Hausarzt zu ihr gesagt, ach Frau S., das kommt in den besten Familien vor, das legt sich wieder.
Damit hat sie sich aber nicht zufriedengegeben, dann hat sie es noch jemandem anderes erzählt, der Frau G., und die hat im Prinzip genau dasselbe gesagt, ja, das wäre nicht so schlimm, und das ist nur eine Macke, und ... äh, das hört wieder auf. Und dann hat sie noch auf ihn eingeredet, du kannst doch deinen Mann nicht einfach verlassen, und dann hat meine Mutter noch dem Papa seine Schwester angerufen ... es weiß ja keine Sau, außer die Schwester von meinem Vater, meine einzige Tante, die hat sie dann auch angerufen in Italien, heulend, und die G. hat nur gesagt, ich will davon nichts wissen. Das war eigentlich alles, was sie dazu gesagt hat. Also, alle Leute sind eigentlich dem

aus dem Weg gegangen. Ich nehm auch an, es war in der Zeit, wo sie so viel Krach gehabt haben. Die hatten dann nur noch Krach. Ich weiß nicht, wie lange, auf jeden Fall war es eigentlich so, daß meine Mutter bis spät in die Nacht gearbeitet hat, die hat noch genäht, mit der Nähmaschine bis um zwölf oder so ... Mein Vater hat gegessen abends und ist um sechs, halb sieben schon ins Bett.
(...)
Meine Mutter ist mit zwei Männern fremdgegangen, das hat mir mein Vater später erzählt. Das muß schon wahr gewesen sein, weil, grad wegen dem Krach, der zwischen den zwei Familien war. Und ich habs mal zu ihr gesagt im Streit, und da hat meine Mutter nur gesagt, ja man macht immer mal Fehler, und ich denke schon, daß es damals auf das bezogen war. Ich meine, ich hab sie dann nie mehr darauf angesprochen ... Ich denke, meine Mutter hat sich längere Zeit meinem Vater entzogen und er hat sich dann an uns schadlos gehalten ... Obwohl ich denke, die Veranlagung muß vorher schon dagewesen sein bei meinem Vater. (...)
Als Kind so, da war das alles ... da hatte ich noch keine Angst. Aber die Angst fing im Prinzip an, wo ich gemerkt hab, daß das nicht okay ist. Irgendwann hab ich mir dann schon gedacht ... und ich hab zu meinem Vater ja auch immer gesagt, ich will das nicht. Und von dem Moment an war eigentlich die Angst da. Ich hab Angst gehabt, mit meinem Vater allein im Auto zu fahren, wenn ich mit ihm Einkaufen fahren sollte, wenn man mich nicht allein lassen konnte und meine Mutter sagte, du fährst mit dem Papa mit einkaufen, dann hab ich halt geheult und hab Theater gemacht und hab gesagt, ach nee, ich bin müd, ich will hierbleiben, ich spiele ... Ich wollte auch nicht alleine ins Bett gehen. Ich hatte Angst, an der Schlafzimmertür vorbeizugehen, weil ich ganz genau wußte, die geht gleich auf und mein Vater steht dann nackt in der Tür. Der hat sich dann da nackt hingestellt und hat sich dann vor meinen Augen dann ... Er hat mir immer gesagt, wenn ich mit ihm Liebe mache, dann würde mein Asthma weggehen. Und er hat mir auch andere Geschichten erzählt, die ich aber niemals glaube. (...) Wahrscheinlich wollt er mir klarmachen, daß es nichts schlimmes ist, ich hab keine Ahnung, warum er mir so was erzählt hat. Und das war auch die Zeit eigentlich, wo ich dann ... ich hab panische Angst vor dem Asthma gehabt, aber in der Zeit wars dann eigentlich so, daß ich mir einen Asthmaanfall oft gewünscht hab, aus dem Grund, weil ich dann ins Krankenhaus mußte und da war ich dann sicher. Oft wars so, daß wenn ich entlassen worden bin, daß ich dann absichtlich ne Treppe hoch- und runtergelaufen bin oder mich angestrengt hab, damit ich noch einen Asthmaanfall bekomme. Das hat aber dann mal ein Arzt mitgekriegt und hat dann mit meinen Eltern gesprochen, ob irgendwas nicht okay wäre zu Hause ... ja, nee, bei uns ist alles in Ordnung, hats geheißen.
(...)
Ich bin mit 12 ja von zu Hause weg, und so mit zehn, ich kanns dir nicht genau sagen, wann es aufgehört hat, aber für mich hats eigentlich nie aufgehört, verstehst du? Es war eigentlich immer aktuell, allein wegen der Angst schon. (...)
Ich hab versucht, wegzulaufen. Ich hab nachts nicht geschlafen, und wenn mein Vater reinkam, dann hab ich mich oft so hingestellt ... Warum ich nicht geschrien habe? ich kann es dir nicht sagen, aber von meiner Therapeutin weiß ich, daß das bei jedem Kind ist, bei fast jedem so. Es läuft kein Kind zur Mutter, wahrscheinlich aus Scham, ich hab keine Ahnung. Auf jeden Fall ist es ja auch ein Verbot vom Vater, überhaupt irgendwas zu sagen. Ich kanns dir nicht sagen, es muß schon aus dem sein. Heute würde ich mich ja wehren, heute würde ich irgendwie schreien ... Obwohl, ich wollt schon mal schreien, aber dann hat mein Vater mir halt den Mund zugehalten. Und er hat uns auch gedroht, wir dürfen das niemals sagen, sonst müssen wir in ein Kinderheim, und all so ein Kack, lauter so Geschichten halt.
Irgendwann haben meine Schwester und ich es voneinander gewußt, ich kann dir aber nicht sagen, wann das war. Und dann haben meine Schwester und ich auch versucht, uns gegenseitig zu helfen. Aber vorher, bis zu diesem Zeitpunkt, ich weiß nicht ... ich hab mich einfach geschämt ... ich kanns dir nicht sagen, warum. (...) Also meine Schwester hat immer versucht, bei mir zu sein, wenn sie da ist, und sie hat sich dann schon gewehrt. Wenn wir zusammen waren, hat er keine Chance gehabt. Er hat uns ja

nicht irgendwie geschlagen, daß wir da mitmachen, das nicht. Meine Schwester hat also schon ... ... ich kann mich noch dran erinnern, da hat sie oben auf der Treppe gestanden, und mein Vater war unten, und da hat sie ihn angebrüllt und hat gesagt, du Drecksau, du Schwein, wegen dir ist die Cona so krank, du läßt sie in Ruhe. Die war eineinhalb Jahre älter als ich, da war sie wohl so zwischen 12 und 14, als sie das sagte.
Das war so die Zeit, als meine Mutter es erfuhr. Aber ich wußte nie, daß meine Mutter das weiß, ich weiß es eigentlich erst heute. Meine Mutter sagt jetzt, jetzt sagt sie zu mir, glaubst du denn wirklich, wenn ich gewußt hätte, was da alles abgeht, daß ich euch dann nicht weggenommen hätte. Sag ich, ja aber was war dann mit der Anja? Ja, es war dann ja alles wieder in Ordnung, sagt sie ... Also ich meine, ich denke, meine Mutter ist nicht ganz unschuldig ... wo sie das, spätestens da ... Aber ich kanns dir auch nicht sagen. Heute sagt sie, sie würde ganz anders handeln, aber es hat ihr ja auch jeder ausgeredet, mit wem sie geredet hat, die haben gemeint, es wär nix schlimmes, das legt sich wieder, du kannst doch nicht deinen Mann verlassen, und überhaupt, und dies und jenes ... Meine Mutter hat ja auch im Prinzip ohne meinen Vater nix. Ich weiß nur, daß es nur Krach war. Und dann hab ich das ja nicht mehr mitgekriegt, aus dem Grunde, weil ich dann weg war, ab zwölf.
Es hat geheißen, für ein Jahr an die Nordsee, aber dann war ich zehn Jahre weg. Und im Prinzip war ich nur zehn Jahre weg von zuhause, aus dem Grunde, weil ich mir selber eingeredet hab, ich kann woanders nicht leben. Wenn ich in Davos wegmußte und ich mußte wieder nach Hause, wenns geheißen hat, ja, es geht mir so weit gut, daß ich wieder nachhause kann, dann gings mir kurz drauf wieder schlecht und dann mußt ich in ein anderes Krankenhaus. Es kam im Prinzip automatisch ...
Ich bin zehn Jahre nur in Kliniken gewesen ... Ich denke schon, daß mein Asthma sehr psychisch bedingt war, aber dann auch lebensgefährlich psychisch bedingt, ich hatte dann schon schlimme Anfälle. Und ich denke, mein Asthma wäre nie so schlimm geworden, wenn die Sache nicht so schlimm gewesen wäre ...
(...) Heimweh hab ich nicht gehabt, aber ich war auch nicht gern in den Kliniken. Meine Schwester, die war in der Zeit zu Hause, aber die war immer weg, die war in der Schule, die hat Abitur gemacht, dann hat sie Ballettunterricht gehabt, dann hat sie Gymnastik gemacht ... Und mit 18 hatte sie einen Freund kennengelernt, und ich glaube, es war im Gespräch, daß sie auszieht, und dann ist sie tödlich verunglückt. Da hat sie ihren ersten Freund kennengelernt. Und meine Schwester hat auch Probleme mit Männern gehabt. Also ich denke mal, daß das einfach der Grund war, daß sie keine Freunde hatte, und da hat sie erstmals einen Freund gehabt und war auch echt glücklich und ... ja, es hat nicht sollen sein.

Vor der Therapie wollte ich eigentlich die Beziehung zu meinen Eltern total abbrechen. Ich wollte in Therapie gehen und danach wollte ich nie wieder was von meinen Eltern wissen ... Ich bin ja abhängig geworden, ich hab die ganzen ... ich hab das alles einfach nicht mehr ertragen. Ich hab mir ja zeitweise eingeredet, daß das ... daß alles okay ist, daß ich mir das alles nur eingebildet hab und solche Dinge halt. Und ne Zeitlang wars auch so schlimm, ich wollte das einfach vergessen, ich wollte da nicht dran denken, weil ich hatte die Bilder ja eigentlich immer vor meinen Augen. Wenn ich nur schon einen Mann gesehen hab oder wenn mich jemand berührt hat, aus Versehen oder so, hab ich ja schon Panik gekriegt. Wenn ein Arzt mich abgehört hat, ein männlicher Arzt, da bin ich schier ausgerastet und keiner wußte, warum.
Dann bin ich abhängig geworden ... am Anfang Alkohol, dann kamen Medikamente dazu, also, das heißt, nee, Medikamente haben früher angefangen, weil ich ja schon vom Asthma her immer Beruhigungsmittel gekriegt habe. Aber als Kind hab ich schon probiert, mit sechs Jahren ungefähr, hab ich meinen ersten Vollrausch im Prinzip kannst du sagen, gehabt. Da hab ich das mal getestet. Da standen noch im Wohnzimmer Gläser herum, und ich war stockbesoffen. Da hab ich gemerkt, daß mir das gutgetan hat ...

Aber später, im Sommer 1994 war das, da wollte ich keine Therapie machen, weil es geheißen hat, du mußt eineinhalb Jahre Therapie machen, weil ich auch drogenabhän-

gig war. Ich war 1994 mindestens sechs- oder siebenmal auf Entgiftung, in Karlsruhe. (...)
Wie gesagt, ich wollte die Beziehung zu meinen Eltern abbrechen, vollständig. Und dann fing es eigentlich an, daß ich wieder an Gott geglaubt habe, also durch ne Pfarrerin dort in O., in der Klinik. Die war Pfarrerin und hat dort Gottesdienste gehalten und hat auch einen Unterricht gegeben, irgendwas mit Lebensorientierung oder so was. ... Mir gings damals ziemlich schlecht, ich hab Halluzinationen gehabt, hab oft nachts meinen Vater nackt in meinem Zimmer stehen sehen, obwohl ich keine Drogen mehr genommen hab. Und so war das dann eigentlich. Dann hab ich Haldol bekommen, damit das aufhört ... mir gings halt ziemlich schlecht. Und dann hab ich, ich weiß nicht mehr genau, wie das angefangen hat, auf jeden Fall hab ich mich halt damit auseinandergesetzt und, mir ist einfach klar geworden, vielleicht muß ich an irgendwas glauben, damit es mir einfach besser geht, daß ich das irgendwie besser begreife und besser zurechtkomme und dann hab ich halt mit der Frau gesprochen, Ich hab zu ihr gesagt ... jetzt weiß ich wieder, wie das war: Ich wollt mit ihr reden, aus dem Grund, weil ich wieder an Gott glauben wollte. Also, ich hab das damals total abgelehnt, als das mit meiner Schwester passiert war, war ich also total im Clinch mit Gott, kann man sagen. Weil sie ja mein einziger Lichtpunkt war, sie war eigentlich meine Familie, denn meine Eltern hatte ich ja abgeschrieben.
Ja, und nach dem Tod meiner Schwester wollte ich auch nicht mehr, hab 'zig Selbstmordversuche gehabt, und das hat alles nicht geklappt ... ja, und dann hab ich mit der Pfarrerin gesprochen und hab gesagt, ja, im Prinzip ist es so, daß ich ... daß ich doch an Gott glaube und manchmal bete ich auch, aber ich gebs nicht zu, und ... es kam halt irgendwann eine Zeit, wo es wieder kam. Obwohl ichs mir nicht eingestehen konnte, und ich wollt immer sagen, Gott ist, was weiß ich ... ich hab so Wörter wie Arschloch gesagt, innerlich, und solche Sachen, und ‚das stimmt alles nicht'
Ja, hab ich dann zu ihr gemeint, ich glaub, für mein neues Leben, wenn ich das hier schaffen will oder muß, brauch ich einfach seine Hilfe dazu, und ob er mir das verzeihen kann, und irgendwie so hab ich mit ihr ... (...). Und dann fings an, daß ich ein bißchen was erzählt hab und so ... Ich weiß nicht, und jetzt ist es einfach so, daß ich einfach der Meinung bin, daß der Weg für mich bestimmt war und daß ich den hab gehen müssen, um überhaupt bis hierher zu kommen, und allein durch die Meinung, die ich mir dann gebildet hab, und ich denk, das war einfach so, jeder Mensch muß seinen Weg gehen, und wenn er noch so hart ist, das muß einfach vorbestimmt sein. Ich denk, jeder Mensch muß ne gewisse Zeit erleben, um überhaupt aufzuwachen, oder um seinen Weg zu finden. Ich weiß nicht, ob das stimmt, aber das ist meine Meinung.
Ja, und dann, dann hab ich mir auch gedacht, die Menschen, die so was machen, die müssen krank sein, die können nicht normal sein. Ich will meinen Vater nicht in Schutz nehmen oder so, das mach ich ganz gewiß nicht, das war eine Riesenschweinerei, die er gemacht hat, aber mein Vater ist mir in dem Sinn entgegengekommen, weil er bereut hat. Er hat sich entschuldigt und hat gemeint, er würde alles wieder rückgängig machen, wenn er mir nur helfen könnte. Und das macht kein Täter, und da hab ich Glück gehabt. Sonst hätte ich vielleicht anders reagiert. Hätte mein Vater alles abgestritten, dann wärs ... dann hätt ich ihm nicht vergeben ... ich weiß es nicht, ich weiß nicht, wie es wäre, es wäre für mich schwieriger. Vielleicht hätt ich ihm in meinem Herzen irgendwie ... Aber jetzt ist es einfach so. Ich denke, mein Vater hat genug gelitten. Er hat sich damals sogar umbringen wollen, ich denke vor Schuldgefühlen, weil er es nicht mehr ertragen hat. Das war, bevor ich wegmußte. (...)

Ich hab meinem Vater irgendwann mal einen Brief geschrieben. Die Pfarrerin hat nie gesagt, ich soll verzeihen, im Gegenteil, sie war eigentlich sehr bestürzt und sie hat zu mir gesagt, sie kann das verstehen, wenn ich so was nicht verzeihen kann. Aber es war eigentlich so, also mir gehts einfach besser, indem, wo ich mir sag, das Thema ist gegessen ... Wenn ich mein Leben lang nachtragend bin ... mein Vater, es ist doch auch ... wollen wir mal so sagen: wenn ich mich anstrenge, und wenn ich irgendwas mache und was für mich tu ... klar, ich meine, mein Leben ist nicht einfach und ich merk immer noch, daß ich Probleme damit hab, es sind immer noch Probleme da, grad mit meinem Freund. Ich hab mit meinem Freund immer noch nicht geschlafen, und sexuell sind auch Probleme da ... Er ist eigentlich sehr verständnisvoll ... ich meine, ich kann jetzt schon Nähe ertragen von ihm, ich brauch sogar seine Nähe, und das ist für mich was ganz neues, weil für mich war das ja immer ein Muß und ekelhaft und das war nichts für mich ... Also, ich hab ihm von Anfang an gesagt, daß es für mich ein Problem ist und daß er warten muß, bis ich so weit bin. Und ich hab zu ihm gesagt, wenn du das nicht kannst, dann versteh ich das. Aber er ist eigentlich sehr verständnisvoll, ich hab ihm gesagt, was los ist, nur, was heißt ... er weiß nichts über meinen Vater, er weiß die Geschichte, aber ich hab sie ... ich hab ihm, ich hab ihm ein paar Sachen erzählt, damit er Bescheid weiß, aber ich hab gesagt, es wär mein Onkel gewesen. Weil ... ich weiß nicht, wie er reagiert, also, wie er das von meinem Onkel erfuhr, hat er gemeint, der dürfte mir nicht über den Weg laufen, hat er gesagt. Ich meine, das ist natürlich auch irgendwo ne Belastung, daß ich ihm nicht die Wahrheit sagen kann, aber ich hab auch Angst, wie es dann endet, verstehst? Ich möcht ihn nicht verlieren ... weil ich hab ihn ja im Prinzip angelogen. Aber ich denk mir einfach, ein Mensch, der muß sein Leben lang die Schuld mittragen, und ich denk, mein Vater hat einfach genug gelitten. Meine Schwester lebt nicht mehr, bei der kann er sich gar nicht mehr entschuldigen, verstehst, er kann überhaupt nichts mehr zu ihr sagen! Und ich denk, daß ihn das auch ... irgendwie so die Einstellung gemacht hat, und ich denk, daß er das deswegen auch ... weil ich weiß, daß ihm das ganz arg wehtut, daß die Anja nicht mehr ist, weil ich weiß, daß mein Vater die Anja geliebt hat, nicht von dem Sinne her, sondern ganz normal als Tochter irgendwo.

Das Verzeihen, das kam so nach und nach. Ich hab ihn halt drauf angesprochen, wie er reagiert, und es war auch alles ziemlich schlimm für mich halt ... Ich hab ihn drauf angesprochen ... ich weiß gar nicht mehr, wie ich ihn drauf angesprochen hab. Ich hab ihm mal einen Brief geschrieben, daß das nicht okay ist, was er gemacht hat, und so ... und daß er nichts sagt, ja, und daraufhin hat er mich dann halt angerufen. Und ich hab ihm nochmal ein zweites Mal einen Brief geschrieben und ... ja, und dann haben wir am Telefon gesprochen, dann bin ich praktisch dem aus dem Weg gegangen, weil ichs einfach nicht gepackt hab und hab gesagt, ja okay, wir reden ein andermal. Ja, und so ... äh ... mir ist einfach, das mit der Vergebung war einfach so, indem ich eigentlich auch wieder an Gott geglaubt hab, irgendwie einen Halt hatte ... und ... ja, ich mein, ich bin jetzt nicht der größte gottesgläubige Mensch, bestimmt nicht, aber ich hab schon einen Halt irgendwo inzwischen (...) Ich bin schon irgendwie ein Gewissensmensch in der Hinsicht und ich versuch schon, alles richtig zu machen. Obwohl ich ganz genau weiß, es ist nicht alles richtig, was ich mache, aber ... es gibt mir einfach einen Halt, und irgendwann wars einfach so, daß ich mir gesagt habe ... als ich versucht habe, mich damit auseinanderzusetzen, ich mein, das Thema ist noch nicht beendet, aber ich mein, so gut, wie ich heute mit dir darüber geredet hab, hat es eigentlich noch nie geklappt, muß ich ganz ehrlich sagen.
Ich hatte nie das Gefühl, daß Gott von mir verlangt, daß ich vergeben soll, so nicht. Nur hab ich mir gesagt, mein Vater ist eigentlich genug gestraft worden. Und ich wollt ihm eigentlich entgegenkommen und wollt ihm sagen, das Thema ist gegessen, wir machen da jetzt einen Schlußstrich drunter und wir versuchen das einfach irgendwie ... Ich meine, im Prinzip ... ich finds hart zu sagen, er hat mir mein Leben zerstört, aber im Prinzip ist es auch so ... Früher hab ich halt gedacht daß er nur der Schuldige ist – ich meine ich weiß, ich hab keine Schuld in dem Sinn, aber ... äh ... ja ich denke einfach, der Mann wird auch immer älter, und ... ich weiß nicht, es geht mir einfach besser, seitdem ich ihm vergeben hab. Weil er hat dann ja auch versucht, mir zu sagen, ja ich helf dir, und ich mach dies und ich mach jenes, und ich geh mit dir ... wenn dir das was hilft, dann mach ich mit dir zusammen ne Therapie, und all solche Dinge ... Also seit das mit der Anja war, denke ich schon, daß es echt ist. Also ich denk, daß es nicht gelogen ist. Ich weiß, daß mein Vater mich liebt, und ich weiß auch, daß er mir nichts mehr tun würde. – Wenn allerdings irgendwas sein sollte, dann ist es vorbei.

Ich hab schon Angst davor, aber ich bin vielleicht schon ein bißchen arg in dem ... Ich hab meinen Vater letztens mal umarmt, und da hat er geheult vor Freude eigentlich, also es liefen ihm die Tränen herunter, mein Vater ist eigentlich kein Mensch, der heult. Und dann hat er gemeint, oh, ich hab mir das so sehr gewünscht, daß du mich mal wieder umarmst. Ich war schon ein bißchen unsicher dabei, aber dann hab ichs schon gerne gemacht ... gerne kann man ... jein, es war ein komisches Gefühl, aber es war ein schönes Gefühl, weil ich in dem Moment keine Angst direkt hatte vor ihm. Und ich denke, wenn ich ihm innerlich nicht vergeben hätte ... ich meine, ich habe ihm nicht direkt gesagt, ich vergeb dir oder so, ich hab nur zu ihm gesagt, wir versuchen es einfach jetzt so ... ich weiß, daß es nicht okay war ...
Er hat zu mir gesagt, du mußt mir das nicht verzeihen, du kannst mir das gar nicht verzeihen, hat er zu mir gesagt. Er hat zu mir gesagt, ich soll ihm sagen, was er tun soll. Soll er weggehen, soll er ... er würde das machen, was ich ... ich bin sicher, er machts. Wenn ich ihm sag, geh weg, oder bring dich um, oder was weiß ich ... gut, ob er den Mut dazu hätte ... ich glaub schon, daß er den Mut dazu hätte. Aber ich hab mich einfach in seine Lage hineinversetzt. Er hat sein Leben lang die Schuld.
Ich kann vielleicht mein Leben in den Griff kriegen, verstehst du, ich bin auch schon dabei, ich hab schon so viel erreicht. Und ich arbeite daran ...

Ich meine, ich war ja diejenige, die Drogen und das alles genommen hat. Okay, einerseits wollt ich alles vergessen, weil ichs nicht mehr ertragen hab. Aber ich hätts ja nicht machen müssen, verstehst du, ich hätt mich ja nicht so runterwirtschaften müssen. Aber ich wollt halt einfach nicht mehr, ich wollte das einfach nicht mehr ertragen, und ich ... ich hätt ja auch sagen können, nein, es ist schlecht für mich, weil ich Asthma hab. Aber nein, das hab ich nicht gesagt, im Gegenteil, es wurde immer schlimmer, ich hab alles genommen. Zum Schluß hab ich auch gedrückt, ich hab eigentlich alles gemacht. Und es war *meine* Entscheidung.

Ich denke, wenn mein Glaube nicht wäre, wäre ich heute nicht clean. Obwohl ich gedanklich noch nicht clean bin, also an Silvester hatte ich einen Rückfall. Und die erste Zeit wo ich ausgezogen bin, waren vielleicht Anfangsschwierigkeiten oder so ... Aber jetzt bin ich clean und ich bleibs auch, das weiß ich.
Wo es mir mit dem Mißbrauch einfach besser geht, ist wirklich, seitdem ich ihm eigentlich verziehen habe. Vielleicht auch irgendwie als Ausrede, ich hab keine Ahnung ... Ich mein, ich muß immer noch hingucken, das ist klar. Nee, nicht als Ausrede, war vielleicht blöd gesagt. Halt einfach so, daß es für mich einfacher ist, wenn es aus dem Weg geschafft ist. Aber so ist es nicht ... Aber ich denke, ich hab hingeguckt, ich meine, ich weiß, daß ich immer noch dran arbeiten muß, ich weiß, daß es eigentlich noch nicht vorbei ist. Aber es ist einfach ... in dem Moment, wo ich meinem Vater wieder vertraue, ist es ja auch ein Stück einfacher. Verstehst, wenn ich immer Angst haben müßte und ich hätte Angst, ich könnte ihm nicht vertrauen ... aber ich weiß, daß ich das kann, weil er hats mir ja auch gesagt, und ich glaub ihm das schon. Und ich weiß, daß es ihm unendlich leid tut. Also ich glaub nicht, daß mein Vater mich in der Hinsicht ... Vielleicht wärs anders gelaufen, wenn meine Schwester noch leben würde, ich hab keine Ahnung. Vielleicht mußte meine Schwester auch dafür sterben, ich weiß es nicht.
Wenn mein Vater nicht diese Reue zeigen würde – ob ich dann noch vergeben könnte, das weiß ich nicht. Das kann ich dir jetzt nicht sagen. Vielleicht könnte ich es, vielleicht auch erst viel später ... also ich kann nur sagen, ich kanns nur so formulieren, daß es für mich einfacher ist, seitdem ich ihm irgendwo vergeben habe. Ich möchte auch, daß es ihm irgendwo noch besser geht. Weil die ganzen Jahre so eine Schuld mit sich rumtragen, es muß wahnsinnig schwer sein!
Meine Mutter hat ihm nicht wirklich verziehen ... ich sags ihr immer wieder, aber ...
Mein Vater hat in ihren Augen immer noch die Schuld. Meine Mutter hats eine Zeitlang so gemacht, wenn zum Thema Mißbrauch was im Fernsehen kam, hat sie gesagt, so, und das schaust du dir jetzt an!(...)

Das mit dem Verzeihen ist erst so nach und nach gekommen, das hab ich mit mir selber ausgemacht, und ich hab das auch selber in Angriff genommen und hab zu meinem Vater gesagt, es ist okay, es ist einfach so, wie es ist. Es ist passiert und wir könnens nicht mehr ändern und wir fangen einfach nochmal von vorne an. Und ich denke, daß ich meinem Vater da schon ... jetzt ne kleine Erleichterung schon gegeben hab. Es reicht das, was er von meiner Mutter jetzt noch mitbekommt. Mein Vater hat kein leichtes Leben mit meiner Mutter, das weiß ich. Obwohl ich ihr schon zigmal gesagt hab, daß sie es lassen soll, ihm das aufs Butterbrot zu schmieren, daß es meine Entscheidung ist ... Ich weiß nicht, ob sie es noch macht, ich glaubs und hoffs nicht, aber ... nee, also ... Also ich kann nur sagen von mir aus: es geht einem besser, wenn man verzeiht. Weil, auch wenn der andere schuldig ist, ja, du hast in dem Moment ja selber eine Schuld, weil du nicht verzeihen kannst, so seh ich das irgendwie. Also mir ist einfach leichter, seitdem das so ist. Mir gehts viel besser damit, obwohl das alles so schlimm war. Ich meine, ich hab bis vor kurzem immer noch Alpträume gehabt, und ich hab manchmal heute noch Bilder in gewissen Situationen, wo mein Freund mich irgendwie umarmt, oder er streichelt mich, dann gibts immer noch so Situationen, wo der Film hochkommt. Aber trotz allem ist es dann in dem Moment klar, bin ich hin- und hergerissen, aber ich bin nicht irgendwie böse auf meinen Vater, es tut einfach weh ...

Das mit dem Verzeihen, das hat bei mir lang gedauert. Ich mein, ich hab das ja seit der Therapie, sagen wir mal, das war der Knackpunkt bis jetzt, sagen wir mal, so drei Jahre. Ich hab da schon hingeguckt, das war verdammt hart, das war die schlimmste Zeit in meinem Leben. Die haben mir eher ... ich sollte eher meine Wut rauslassen und solche Dinge. Das hab ich aber nie gemacht, ich hab ein Problem heute noch damit, es war einmal, daß es rauskam ... Es ist heute noch, wenn ich da dran denke, krieg ich einen Ekel und ich könnt kotzen, und deswegen versuch ich das jetzt irgendwie ... ich geh dem schon ein bißchen aus dem Weg, obwohl ich ganz genau weiß, es wäre schon richtig, hinzugucken, damit ich endlich sagen kann, es ist fertig, weil es ist noch nicht fertig. Es ist schon schwierig, ich mein, es hört sich vielleicht irgendwo hirnrissig an, daß für mich das Thema noch nicht abgeschlossen ist und trotzdem vergeb ich meinem Vater, aber zumindest ist es doch ein Stück in die Richtung! Vielleicht ist es auch einfach der Wunsch, daß ich wieder Eltern haben möchte, weil ich die nie hatte. Ich hatte Eltern, ich meine, die haben sich gut um mich gekümmert im Prinzip, also ... grad weil ich krank war und so, meine Mutter hat sich schon Mühe gegeben. Gut, es war nicht immer das beste so, sie hat mich oft mit Liebesentzug bestraft, und ich denke, das ist manchmal schlimmer wie Schlagen oder sonstwas. Grad wenn ich krank war, aber ... sie haben sich schon Mühe gegeben. Auch für die Erziehung bin ich meiner Mutter eigentlich dankbar.

Ich hab das Gefühl, daß mir der Glaube das Verzeihen leichter macht. Ich weiß nicht, seitdem ich wieder glaube, hab ich eine ganz andere Einstellung gekriegt irgendwie ... Ich schau vielleicht mehr nach vorne. (...)
Ich hab immer gesagt früher, irgendwann schreib ich ein Buch über mein Leben, und dann stell ich meine Eltern bloß. Das war ja im Prinzip Rache. Aber jetzt würde ich das gar nicht mehr wollen. Aber andererseits, ich denke, ich werde mal ein Buch schreiben, aber erst, wenn meine Eltern nicht mehr leben. Aber dann werde ich auch das mit der Vergebung reinbringen, und daß mein Vater auch ein guter Mensch ist, und daß mein Vater kein schlechter Mensch ist (...). Wenn ichs machen würde, dann nur aus dem Grund, um anderen Menschen in der gleichen Situation damit zu helfen. Ich würde das nicht machen, um ... den Leuten zu erzählen, was ich erlebt hab, in dem Sinne, sondern gleichzeitig auch als Hilfestellung. Ich denk einfach, viele haben sowas erlebt, und auch noch andere Sachen, bei denen lief es ähnlich ab, daß sie dann abhängig geworden sind etcetera und ... die kommen mit dem Leben nicht klar. Und viele denken auch wirklich so: es geht nicht anders, ist man einmal, ist man immer. Das denken viele, aber das stimmt nicht, und das möchte ich im Prinzip den Leuten sagen, deswegen würde ich das gerne machen. Ich meine, ich hatte kein leichtes Leben, das weiß ich schon, aber ich zum Beispiel denke dann einfach so, es gibt noch ... es gibt viel schlimmeres, mein

Leben wäre sicherlich noch schlimmer, wenn ich jetzt nicht mehr laufen könnte oder sonstwas, verstehst, da bin ich dann auch wieder dankbar dafür, daß es nicht *so* ist. Also mir reicht das, was ich durchmachen mußte ... Aber grad auch, das ist vielleicht auch grad ein Thema, ich würde gerne den Leuten sagen, *daß* nicht alles selbstverständlich ist. Also ich bin im Prinzip dankbar dafür, weil ich denke, ich wär ein ganz anderer Mensch ... ich bin nicht dankbar, das ist Blödsinn, aber andererseits schon, aus dem Grund, ich wär bestimmt ein ganz anderer Mensch, wenn ich das *nicht* erlebt hätte. Vielleicht wär ich arrogant oder was weiß ich, keine Ahnung, und ich bin dankbar, daß ich nicht so bin. Ich bin auch dankbar, daß ich ein Gewissen habe. Und ich denk mir, wenn ich das alles nicht so erlebt hätte, wär ich ... hundertprozentig wär ich ein anderer Mensch!

Früher hab ich immer gesagt ... ich hab das nicht verstanden, warum Gott so was zuläßt. Aber heute, muß ich sagen, versteh ich das, weil die Menschen zum Teil irgendwie ... die sind einfach alle drauf aus auf Krieg, auf Macht, auf Haben, Haben, Haben, daß die das auch gar nicht sehen. Und ein Mensch, wenn er irgendwas erlebt- ich denk einfach, daß Gott deswegen das zuläßt, aus dem Grund, daß die Leute aufwachen, so wie bei mir jetzt. Ich denke, daß es schon einen Sinn hat, daß man gewisse Dinge erlebt. Ich denke auch, daß ich jetzt im Krankenhaus das Sterben meiner Zimmermitbewohnerin miterlebt hab, letzte Woche, ich glaube, das hat so sein sollen. Ich denke auch, daß das für mich wieder was war, also für mich wars, denke ich, nur positiv. Letzte Woche hab ich zum erstenmal gesagt, die Anja ist tot, und ich konnte sonst immer dieses Wort überhaupt nicht aussprechen. (...)"

Interview mit Frau H., 39 Jahre

„Losgegangen ist es schon zu der Zeit, als ich im Pfarramt gearbeitet hab, 1989 oder so. Es war einfach so, daß ich wieder arbeiten wollte, mein Freiheitsdrang in seinen Augen, daß er das nicht akzeptieren konnte, daß ich auf eigenen Füßen wieder mehr stehen wollte, und da haben wir viel diskutiert, und, ja, bei ihm ging Versöhnung dann meistens so, daß man nicht ausdiskutiert, sondern daß man einfach wieder im Bett sich versöhnt hat. Und so ist dann Alexandra als Versöhnungskind quasi entstanden ... Ja, und dann ist mir eigentlich nichts anderes übriggeblieben als zu sagen, ja, jetzt hast du wieder ein Kind, also bleibst halt zusammen. Für ihn war das nie ein Thema, also auch dann zum Schluß, wo es richtig losging, eigentlich nicht, er hat nie verstanden, um was eigentlich geht ... Wir haben dann gebaut, und dann ist Matthias geboren mit seiner Behinderung, das war 1992, Alexandra ist 1990 geboren. Dann waren wir mit dem Hausbau beschäftigt, da ist man gar nicht zum Nachdenken gekommen, dann war ich wieder schwanger, dann kam die Aufregung mit Matthias. 1991 sind wir umgezogen, 1992 ist Matthias geboren, und da hat man das ja vorher gewußt, und wo man uns das gesagt hat im Krankenhaus, daß das Kind eine Behinderung haben wird, wenns geboren ist, da hat er ... also, da war er drei Tage sprachlos. Er hat mit mir nicht drüber reden können, und hat auch hinterher eigentlich nicht viel drüber gesprochen. Und als Matthias dann geboren ist und eigentlich relativ gut drauf war, hat er gesagt, wenn das nicht so gewesen wär, hätt ich ihm ein Kissen aufs Gesicht gedrückt, das war seine einzige Feststellung. Und dann hat er eigentlich angefangen, immer mehr Geschäftsreisen zu machen. Also ich habs immer im Kalender aufgeschrieben, wenn er weg war, das ist also ab dem Moment konstant angestiegen, daß er also wirklich immer länger weg war, und wenn er dann wieder kam, wirklich seine Ruhe wollte, so daß ich die Wochenenden damit verbracht habe, vier Kinder im Haus ruhig zu halten, also wirklich auf Zehenspitzen und psst und Papa schläft und Papa braucht seine Ruhe. Und mit uns wegfahren wollte er auch nicht, und wenn ich dann alleine wegwollte, ‚das braucht man nicht' ...
Er hat sich immer mehr rausgezogen, und ich denke, das hatte was mit Matthias zu tun, aber das war ihm wohl gar nicht bewußt. Mit Alexandra hat er als Baby geschmust, und

mit den anderen auch, aber mit Matthias ... er hat ihn auch im Krankenhaus nicht besucht, der war ja dann sechs Wochen in der Klinik, und mit einem Jahr war er nochmals in der Klinik, da war ich dann auch zur gleichen Zeit ... da hat sich einfach mein Körper gewehrt und da hab ich auch mit Fieber gelegen, konnt nicht in die Klinik fahren nach Tübingen. Und da hat er gesagt, er fährt da nicht hin, was soll das, das merkt Matthias sowieso nicht, ob er kommt oder nicht, und dann ist mein Frühbetreuer hingefahren und hat nach Matthias geguckt. Weil, ich hatte keine Ruhe, wie es dem Kind geht, und dann ist er jeden Mittag, wenn er nach Reutlingen fuhr, wo er wohnt, ist er bei Matthias vorbei, und jeden Morgen, und hat nach ihm geguckt. Und mein Mann, er ist eigentlich nie hin. Und diese ganze Gymnastik und was man alles machen mußte, das hat er alles für Quatsch gehalten, was das bringen soll und ... es hat viel gebracht, das Kind ist sehr fit. Und das hat mich schon gestört, ich hab einfach gemerkt, daß es unheimlich an meine Kräfte geht, denn die andern drei waren ja auch noch da, und ich hab mich manchmal richtig aufgefressen gefühlt von allen Kindern, und dann hab ich immer gesagt, also ich akzeptiere, daß er seine Geschäftsreisen macht und daß er arbeiten muß, aber er kommt abends um sechs nachhause und dann kann er auch mit den Kindern was machen. Aber wir sind also nie ins Freibad, also im Hochsommer oder so, wir haben ja Urlaub zuhause gemacht, weil er mit so vielen Kindern nicht verreisen wollte, also, Freibad oder so, das war nicht, dann hat er ja immer erwartet, daß das Haus picobello ist. Und dann hat er seinen Garten gehabt und hat mir immer irre viel Gemüse und Obst angeschleppt, was ich alles einkochen, einwecken, einfrieren mußte, und hat immer gesagt, ja also, ich brauch nicht immer weggehen, ich soll halt zuhause nach dem Rechten sehen, und wenn zuhause alles okay ist, dann könnt ich auch mal fortgehen. Und wenn ich dann mal gesagt hab, ich brauch ein Wochenende mal für mich, ich möcht eine Freundin in München besuchen oder so, hieß es: ‚Ja, wenn du die Kinder versorgt hast, dann kannst du fahren'.
Und das hat sich dann so gesteigert, bis vor zwei Jahren, und da war ich also wirklich mit den Nerven runter, Matthias wurde ja auch immer anstrengender, der braucht viel Aufmerksamkeit, viel Förderung, und ich merke einfach jetzt, wie er sich entwickelt in den letzten zwei Jahren, daß das schon die Mühe wert ist, aber es frißt mich auf, das ist ... Und dann hab ich also gesagt, wenn er andauernd so viel Ruhe braucht, dann soll er halt zur Kur gehen mal, sich erholen, und dann diskutieren wir hinterher. Und dann hab ich ihm das alles nochmal schriftlich niedergelegt, wie ich das so denke und wie ich mir eigentlich meine Ehe mal so als junger Spunt von 20 vorgestellt habe und was eigentlich draus geworden ist, und, ja, das hat er total in den falschen Hals gekriegt. Das hat er ... also er hat es nicht verstanden, was ich eigentlich will. Weil, mir gehts besser wie Metzgers Hund und mir gehts einfach zu gut, das ist mein ganzes Problem, das war seine Reaktion. Mir gehts einfach zu gut!
Und das fing dann an, daß er mir also erzählt hat, ich sollt mich nur mal im Spiegel angucken, wie ich aussehe, und alles was ich bin, das bin ich eh nur durch ihn, und, ja ... Und nach der Kur wurds richtig offen, vorher wars so mau. Und da bin ich auch viel weggegangen, also abends, wenn er kam, bin ich einfach gegangen, weil, diese üblen Beschimpfungen, so, immer dieses Niedermachen, das hab ich einfach dann irgendwann nicht mehr hören mögen. (...) Und dann war er andauernd am Telefonieren und Briefeschreiben und ging immer dann hoch in sein Schlafzimmer und immer ganz heimlich ... (...) Und das war diese Gabriele in Frankfurt. Die hatte er in der Kur kennengelernt, da war ich für ihn schon erledigt. Aber er hat halt die Kosten gesehen, die auf ihn zukommen ... Ich hab ihn dann zur Rede gestellt, hab gesagt, du hast da jemanden kennengelernt, das hat er abgestritten, nein, hat er gar nicht. (...) Er ist nach dem Zeitpunkt, nach der Kur, an sehr vielen Wochenenden nicht da gewesen, da mußte er immer auf Geschäftsreise, immer so mittwochs, donnerstags, und flog immer über Frankfurt. Da hab ich gedacht, für wie blöd hältst du mich eigentlich, weil, ich wußte ja, daß die in Frankfurt wohnt, und dann ist er halt immer über Frankfurt ... Er hat auch Urlaubstage genommen, Gleitzeit und so, die konnte er freitags immer abgelten. Und dann haben wir halt so richtig Krieg und Frieden gespielt, so richtig Psychoterror im Haus. Er hat mir dann das Telefon weggenommen, ich brauch kein ... also ich bin dann

ausgezogen, also im Mai war er zur Kur und ich bin im Juni aus dem gemeinsamen Schlafzimmer ausgezogen ins Kinderzimmer hoch, hab zwei Kinder in ein Zimmer und hab ein Zimmer für mich genommen, das kleinste, und dann hat er das Schlafzimmer behalten, und das Telefon hatten wir im Schlafzimmer, und er hat das Telefon im Schlafzimmer eingeschlossen, weil ich bräuchte kein Telefon, und auf den Anrufbeantworter hat er draufgesprochen, dies ist der Anschluß von Peter Hansel und fertig. Dann hab ich gesagt, du ich brauch hier ein Telefon, weil wenn mit den Kindern was ist ... ja, pf, ich brauch kein Telefon. Dann wars prompt so, daß Sonja in der Schule ... irgendwie war ihr schlecht geworden und die Lehrerin wollt mich anrufen und ich war eben nicht erreichbar, dann haben sie die Schulsekretärin rübergeschickt, weil das nur ein Katzensprung war und dann hab ich gesagt, es ist das und das passiert, und wenn mit Matthias was ist, ich kann keine Hilfe holen, das geht nicht. Dann hat ers Telefon doch wieder raus, und dann bin ich mit der Fröbelschule auf eine Freizeit gegangen, mit den Behinderten, und in der Zeit hat er das Telefon abgemeldet, dann hatten wir also keinen Telefonanschluß mehr. Dann hat er mir das Auto immer wegnehmen wollen, ich brauch kein Auto, wozu sollte ich ein Auto brauchen, einkaufen könnte ich auch so ... (...). Also solche Sachen ... manchmal wars einfach schlichtweg albern, und manchmal wars also auch richtig fies. Hab ich gesagt, ich möchte am Wochenende zu meiner Freundin nach München fahren, ja, da fährst du mit dem Zug. Dann hab ich gesagt, nein, ich möchte das Auto nehmen. Die Kinder hatte ich bei einer Freundin untergebracht, und ... ich bin dann aus dem Haus und merke, an meinem Schlüsselbund ist der Autoschlüssel weg. Hat er also die Autoschlüssel weggenommen. (...)
Dann hat er mir keinen Unterhalt, kein Haushaltsgeld mehr gegeben, also ich war dann immer knapp, ich konnte auch nicht sagen, gut, dann nehm ich eben ein Taxi und fahr nach Tübingen in die Klinik, wenn mit Matthias was ist, das war einfach nicht drin.

Zu Anfang hat er immer noch gesagt, was willst du eigentlich, überleg doch mal, was willst du überhaupt, und was soll denn aus dir schon werden, welche Perspektiven hast du für die Zukunft? Und dann hab ich immer gesagt, eigentlich nur bessere als jetzt, und das hat ihn immer furchtbar geärgert. Ich denke, er war furchtbar in seinem Ego gekränkt, daß ich mich jetzt getrau, gegen ihn aufzumucken. Das war also nicht von wegen, meine geliebte Frau will mich verlassen, sondern einfach, das ist mein Eigentum, und die will weg. Und so war das auch eher die letzten Jahre ...
Das hat er gar nicht verstehen wollen, denn einen Peter H. verläßt man nicht ... (...)
Warum ich ihn verlassen wollte? Ich konnte ihn nicht mehr riechen, buchstäblich! Also das, das hat mich wahnsinnig gemacht, schon eine ganze Zeit, bevor es so massiv wurde, da sind einfach so viele Sachen zusammengekommen. Aber das ist auch mit der Clara, von seinem Ältesten die Mutter ... die hab ich mal gefragt, warum hast du ihn eigentlich nicht geheiratet, ich hab gesagt, du warst schlauer wie ich, du hast ihn nicht geheiratet, da hat sie gesagt, ja, sie hat ihn nicht mehr riechen können.
Und da hab ich nachher gedacht, das ist mir jetzt genauso gegangen.Und wenn ich ihn jetzt heute so sehe und treffe, ich meine, man sieht sich wegen der Kinder oder jetzt vor Gericht ein paarmal, dann denke ich immer, also diese fünfzehn Jahre, das ist für mich unfaßbar, daß ich mit diesem Mann fünfzehn Jahre gelebt habe ...
Vor allem ist mir immer bewußter geworden, in welchen Zwängen und Verpflichtungen ich drinstecke, was er von mir verlangt, und immer meint noch, ich tue zu wenig, das meint er heute noch, und ... ich eigentlich oft wirklich an den Grenzen meiner Belastbarkeit war, auch mit den Kindern, und er das überhaupt nicht anerkannt hat. Er hat immer gemeint, Kinder hat man so nebenbei. (...) Trotz vier Kindern war mein Haus von oben bis unten wie geschleckt, das hat er einfach so erwartet. Und wenn er dann am Wochenende irgendwas entdeckt hat, hat er gesagt, tja, du solltest mal weniger mit deinen Freundinnen Kaffee trinken und dafür vielleicht mal ein bißchen mehr im Haushalt schaffen! Oder wenn ich dann wirklich mal krank war oder mir gings nicht gut oder Kopfweh, oder ich merkte, ein Schnupfen ist im Anzug, ich fühlte mich matt, dann hat ers spätestens am nächsten Morgen auch gehabt. Und dann lag er aber, und dann hat er sich bedienen lassen. Stefanie sagt heute noch, wenn ich dran denke, Papa lag immer im

Bett und hatte ein Glöckchen, und er hat damit geläutet, daß du kommst und ihm was bringst. (...) Er hat sich in der Rolle des alten Patriarchen, hat er sich schon gefallen, so: das Weibe sei ihm untertan und die Kinder dazu ...

Und dann hat er unheimlich angefangen, Geld auszugeben (...), da hab ich gedacht, wenn der so weitermacht, ist bald kein Pfennig Geld mehr da. Und dann hat er sich aufgeregt, daß ich das Pflegegeld für Matthias auf mein Konto krieg, ich hatte mir dann selber ein Konto eingerichtet und hab gedacht, ich muß jetzt mal schauen, daß ich ein bißchen Geld für uns krieg, von irgendwas müssen die Kinder ja leben. (...) Dann hab ich gesagt, ich möcht dann jetzt Haushaltsgeld haben, ja, das gibt er mir im September dann, und im September kam dann nichts, da hab ich gesagt, ja wie ist es nun, worauf er sagte: Du und Geld – dir steht überhaupt nichts zu. Und das werde ich dir noch beweisen, daß dir überhaupt nichts zusteht.
Und dann bin ich zum Anwalt, und dann haben wirs über Gericht eingeklagt, daß er zumindest für die Kinder Unterhalt zahlen muß. Im Haus wohnten wir ja noch zusammen und da hatte ich noch Vorteile. Und dann bin ich auf Wohnungssuche gegangen. (...)
Irgendwann hab ich ihn nicht mehr so richtig an mich herangelassen. Wo für mich das klar war, daß ich ausziehe, also ich hab dann gedacht, jetzt lass ich mich nicht mehr manipulieren und immer abwarten, was er jetzt tut, ich hab gesagt, jetzt tu ich was, und dann bin ich ja los und hab ne Wohnung gesucht und hab über die katholische Kirche eine gekriegt und ab da wars mir eigentlich egal, was er tut. Da hab ich gedacht, ich hab jetzt mein Refugium, da kann er nicht rein, da darf er nicht rein, das wäre Hausfriedensbruch. Einen Tag vor Weihnachten 1995 hat er dann die Scheidung eingereicht ...
Er hat nicht mal versucht, das Steuer rumzureißen, das hat mich eigentlich auch enttäuscht. Ich denke, wenn ich gemerkt hätte, er versucht sich irgendwie noch zu ändern, daß man da sicherlich irgendwas noch hingekriegt hätte, Eheberatung oder irgendwas. Aber da wäre er ja auch nie mit hingegangen, denn: er hat keine Schuld. Ich war wegen Sonja mal eine Zeitlang in der Erziehungsberatung, und da hat er sich geweigert, mitzugehen, weil er macht nichts falsch in der Erziehung. Wenn, dann liegt es an mir und dann soll ich auch hingehen, aber er macht nichts falsch. Und ich denk, falschmachen tut jeder was, und ich hab sicher von Anfang an den Fehler gemacht, daß ich mich nie gewehrt hab, ich hab einfach stillgehalten.

Diese ewigen Diskussionen dann abends, als wir noch zusammen waren, das war mir dann so zuwider eines Tages ... Er hat einfach immer nur wissen wollen, welche Perspektiven ich habe, da hackte er immer drauf rum, in so nem Singsangton hat er das immer wiederholt, und einmal hab ich ihn dann richtig angeschrien und hab gesagt, du kannst mir nicht mal zuhören! Und er hat gesagt, du hast einen anderen, da hab ich gesagt, erstens geht es dich nichts an, denn du hast auch eine andere, und zweitens hab ich keinen, ich sagte, ich brauch keinen. Und dann wollte er von meinen Eltern wissen, da ist er nach Hamburg gefahren und wollte von meinen Eltern wissen, welche meiner Freundinnen mir diese Flausen in den Kopf gesetzt hat. Und da hab ich gesagt, der traut mir nicht mal zu, daß ich selber ...
Das ärgert ihn tierisch, meine Selbständigkeit, das merke ich an seinen Reaktionen. Wo ich ausgezogen bin, da hat er mir ja mit der letzten Fuhre Umzugsgut hat er mir das Auto dann doch weggenommen, weil ich grad wegen fünf Minuten die Wegfahrsperre nicht reingetan hab. Er hatte gesagt, er ist nicht da, und dann hat ers halt abgepaßt, und dann wars Auto weg, und dann hab ich gesagt, ich brauch die Sachen noch aus dem Auto und ich hab noch Sachen im Haus. Ja, das ist ihm wurst, die stellt er mir vor die Tür. Dann hats abends um zehn geklingelt, und er hat gesagt, dein Zeug steht vorne auf der Straße. Dann hat er mein Zeug aus dem Auto alles kunterbunt auf die Straße geschmissen, also es war ... Nachbarn haben mir dann geholfen, das ganze Zeug von der Straße zu holen. Und er hat dreimal noch ... dieser Frühbetreuer von Matthias kam mal morgens und sagt, da hat einer seinen Sperrmüll vor der Tür abgeladen. Ich sag, das kann nicht sein, da ziehen bestimmt Leute ein. Dann hat er gesagt, Sie, da steht aber

‚Frau Hansel' dran. ... Jetzt war da ein Riesenberg, alles, was im Keller noch rumgefahren ist, hat er alles vor die Tür geschmissen, inclusive Müll. Ich hab drei Stunden heulend gesessen und hab das Zeug sortiert. Einmal hat er mir noch zu Ostern den Christbaum vor die Tür gelegt und solche Sachen. Da hab ich aber nie was dazu gesagt, ich hab gedacht, das ärgert ihn viel mehr. Erst hab ich gedacht, das pack ich ein und schmeiß es ihm vor die Tür, und dann hab ich gedacht, und genau das machst du nicht. Ich hab gedacht, stillhalten, ruhig sein, das ärgert ihn viel mehr, denn er wollt mich immer aus der Reserve locken, daß ich jetzt mal irgendwas tu, und das hab ich aber nicht, und das hat ihn dann viel mehr geärgert. Ich hab gedacht, auf das Niveau will ich nicht sinken, daß ich jetzt anfange, ihm die Reifen zu zerstechen, Auto zu zerkratzen oder solche Blödheiten, in so was gipfelt das dann ja. Und das war mir einfach zu dumm, und irgendwann war ihm halt die Munition dann auch ausgegangen ...

Ich war auch ganz geschockt, daß er auf solche Sachen kommt, aber ich denke ... also, nachdem das vom Gericht geklärt war alles, mit Kindsunterhalt und Scheidung und so, hat er den Kindsunterhalt mehr oder weniger regelmäßig gezahlt, ich habs dann über ne Pfändung ... mal kams am zehnten, mal am fünfzehnten, ich hab gesagt, ich habe meine Rechnungen zu zahlen, also irgendwie brauche ich meinen Kindsunterhalt regelmäßig. Und das hab ich dann auch gekriegt, das lief, und dann hab ich ja für mich Unterhalt eingeklagt, da hat er sich ja geweigert, zu zahlen, und das kam dann auch vor Gericht. Und da hat er dann versucht, schmutzige Wäsche zu waschen, auf eine ganz üble Tour ... (...) Er versucht halt immer irgendwo zu linken und zu türken, das geht auch weiter so. Ich hab gesagt, er hat eine Partnerin gefunden, wo er ja angeblich sehr glücklich ist, jetzt sollten wir mal wieder zur Ruhe kommen, und wenn er jetzt zahlt, dann ist einfach mal Ruhe.

Also, für mich ist er eigentlich irgendwo nur ... ich tu es nicht, aber im Prinzip ist er ein Mensch, der zu bedauern ist, weil er furchtbar arm ist.
Also ich hab mich schon gut gefühlt damals im Sommer 1995, wo ich gemerkt hab, ich bin ihn los. Das war wie so ein Ballast, der von mir gefallen ist. Ich hab gedacht, Mensch, du hast wieder Perspektiven, ich kann meine Kinder so erziehen, wie ichs will, ich kann mit Matthias machen, wie ich will, ohne daß ich mir andauernd irgendwelche Vorträge anhören muß, daß ich meine Zeit vertue, weil ich mit ihm in den Schwarzwald fahre zu einer Logopädin oder solche Sachen, und, ja ich hab halt auch unheimlich Rückhalt im Freundeskreis gehabt, das muß ich sagen. (...) Ich meine, einige haben gesagt, denk an die Kinder, grad die älteren Leute, und da hab ich gesagt, grad an die denk ich, weil, ich denke, wenn Kinder immer erleben, wie sich Mutter und Vater fatzen, das macht mehr kaputt wie getrennt. Und wenn sie dann immer hören, wie Mutter niedergemacht wird und so weiter ...

Ich hab nie bewußt ‚beschlossen', ihm zu vergeben. Aber für meinen inneren Frieden war das sicherlich wichtig, weil ich denk, du steigerst dich ... Ich erleb das jetzt beim Gerhard und seiner Ex-Frau, die hat ihrem Mann nicht vergeben, und die führt nach vier Jahren Scheidung immer noch Krieg gegen ihren Mann. Und das wollt ich einfach nicht. Ich hab gedacht, man muß sich auf der Straße zumindest begegnen können, man muß sich nicht vor Freude in die Arme fallen, aber allein der Kinder wegen schon sollte man zumindest ... einigermaßen normal miteinander umgehen können. Das war mir eigentlich wichtig, weil ich denke, unter so was leiden die Kinder ... Natürlich hats mich manchmal gejuckt und ich hab gedacht, jetzt könnt ich ihm dies oder jenes tun. Aber dann hab ich gedacht, was bringts, es befriedigt dich kurz und dann ärgerst du dich nachher, daß du dich zu so was herabgelassen hast, und im Prinzip hab ich gedacht, er ärgert sich viel mehr darüber, wenn er mich nicht aus der Reserve locken kann, das hat ihn bestimmt vielmehr geärgert ... Ich hab das ja an seinen Reaktionen gemerkt, ‚dann geh halt wieder zu deinem geliebten Anwalt', das hat ihm also furchtbar gestunken, daß ich so einen guten Anwalt hab, der mich so gut berät, und der hat auch immer gesagt, kommen Sie, warten Sie ab, das dauert, aber das wird, und das kriegen wir hin, und da brauchen Sie sich keine Sorgen machen, auch mit dem Unterhalt und so, und das hat er auch hingekriegt, und mein Exmann hat alle Naslang den Anwalt gewechselt, bei jeder Verhandlung hat er einen anderen Anwalt gehabt. Also ich denke, der Hilflose und der Schwache ist eigentlich er.

Ich wollte einfach, daß man sich wieder ... also wenn wir uns jetzt auch vor Gericht begegnen, ich hab da jetzt keine ... ich bin manchmal wütend, was er so treibt, also wütend bin ich, aber daß ich jetzt sage, ich hasse ihn, das kann ich nicht sagen.
Ich finde ihn eigentlich sehr lächerlich. Wenn meine Schwägerin sagt, ach Gott, ist das ein toller Mann, dann denke ich, da steht ne lächerliche Figur, aber kein toller Mann, aber ich seh ihn einfach anders. (...)
Für mich war das eine unheimliche Befreiung. Und mein Glaube hat mir sehr geholfen. In meinen stillen Momenten sende ich immer wieder Gebete gen Himmel, wo ich dann so Stärkung und Hilfe erhoffe, und die habe ich bis jetzt immer gekriegt.
Ich denke immer, daß da jemand die Hand über mich hält und dafür sorgt, daß es uns dann schließlich und endlich doch gut geht. Ich denk immer, trotz aller ... ja, finanzielle Not hab ich auch nicht, wir können keine großen Sprünge machen, aber es geht uns auch nicht schlecht, und von daher denk ich immer, es geht uns eigentlich, im Prinzip gehts uns saugut, ich kann meine Kinder genießen, ich kann mein Leben wieder so gestalten, wie ichs will, und das hab ich damals schon so empfunden, wo ich noch im Haus gelebt hab, wo wir im Haus getrennt gelebt haben, da hab ich schon gedacht, er kann mir nix mehr sagen, ich kann tun und lassen, was ich will, und dann hab ich nur gedacht, hoffentlich find ich ne Wohnung, und die hab ich dann ja auch gefunden.
Also ich bin einfach kein Typ, der sich ins Eck setzt und sagt, nun helft mir mal, also einfach nur abwartend. Ich muß selber agieren, und dann merk ich auch, daß was zurückkommt. Wenn man nur sich hinsetzt und nix tut, dann kann nichts passieren ... Es fügt sich wirklich, also auch bei Gericht jetzt ... also ich habs jetzt ein paar Mal wirklich erlebt, wo ich gedacht hab, wer hat den Richter bestochen? (...)
Den Passat haben wir ja mit Hilfe meiner Eltern gekauft, weil wir das Geld nicht hatten, meine Eltern haben uns 15 000 Mark geliehen, daß wir den Passat bezahlen konnten. Und jetzt war das so, mit der Trennung ergab sichs dann so, daß bis Oktober waren 10 250 Mark abbezahlt, und da hat Peter die Zahlung eingestellt und hat gesagt, es wäre immer nur die Rede von 10 000 Mark gewesen (...)
Und dann hat er also die dollsten Sachen behauptet, wie das gelaufen ist, ich wär einfach nach Hamburg gefahren und hätt ein Auto mitgebracht, und er hat aber wirklich ... in jedem Brief oder in jeder Stellungnahme hat er was Neues dazugebracht oder irgendwas anderes behauptet. Also ich wurde als Zeugin geladen und hab dann einfach ausgesagt, so wie es ist, und auch einfach ... weil ich eben keine Haßgefühle hab, also total emotionslos, und da hat der Böblinger Richter meinen Eltern recht gegeben und hat gesagt, er muß diesen Rest noch zahlen und hat also geschrieben, obwohl man bedenken muß, daß wir eben geschieden sind, wäre ich trotzdem sehr souverän und glaubwürdig aufgetreten und an meiner Aussage wäre also überhaupt nicht zu zweifeln ... und da war ich natürlich zehn Zentimeter größer (lacht). (...)"

Interview mit Frau B., 39 Jahre alt

„Mein Mann war meine Sandkastenliebe. Wir waren vorher vier Jahre befreundet. Dem sind immer schon Mädchen hinterdreingelaufen, und ich habe halt gedacht, dieser tolle Mann ... der hat mich auch gern gehabt, das hat man gemerkt.
Er war 20 und ich 18, als wir geheiratet haben. also wir haben einander schon gern gehabt, beide, nur haben wir uns während der Ehe dann unterschiedlich entwickelt, denke ich. Ich glaube, er hat immer gedacht, er hätte etwas versäumt durch seine Ehe. Er ist nie zufrieden gewesen, er war unheimlich unzufrieden im Beruf. Dann habe ich gesagt, wenn du den Meister machen willst, dann mach ihn doch, wenn es das ist, was dich so

unzufrieden macht. Und dann ist er ein Jahr auf die Schule gegangen, ich bin arbeiten gegangen, er ist auf die Schule gegangen. Dann war das vorbei, dann war er aber immer noch nicht zufrieden. Und so ging das immer ... Ich glaube, daß er einfach gemeint hat, ich hab was versäumt durch die Ehe, durch die frühe Gebundensein. Und dann halt die Frauengeschichten ... Ich habs ihm auch relativ einfach gemacht ... Ich glaube, das war ... wenn ich so zurückdenke, war da bestimmt immer irgendetwas am Laufen bei ihm. Nur hat ers am Anfang wahrscheinlich noch ein bißchen mehr verborgen oder was weiß ich ...
Wir waren 13 Jahre verheiratet ... Ich hab das verdrängt, ich hab das regelrecht verdrängt. Ich hab so eine Einstellung gehabt von Ehe und von Familie, so wie mir das von daheim aus beigebracht worden ist, daß man da zusammenhält und daß da alles innerhalb der Ehe bleibt und ja nichts nach außen ...
Er hat halt am Anfang immer so ... so Ausrutscher gehabt, glaube ich, so ab und zu so one-night-stands oder wie man da heute dazu sagt ... und dann wars eben einmal eine längere Beziehung, die er gehabt hat, und da hat er geglaubt, er hätte seine Traumfrau gefunden, und das ist eineinhalb Jahre gegangen, bis ich dahintergekommen bin. Aber wenn ich heute darüber nachdenke, denke ich, ich war blind, ich war regelrecht blind. Ich hab so viel von außen Tips bekommen, die habe ich aber nicht begreifen wollen, das wollt ich nicht wissen. Und er hat immer so geschickte Entschuldigungen gebracht ... und das hab ich glauben wollen!

Es sind dann aber so kurzfristig hintereinander ein paar Andeutungen gekommen, die mich sehr ins Nachdenken gebracht haben. Ich habe einfach gemerkt, der ist überhaupt nicht mehr da, und habe gedacht, wo ist der? Ich habe nächtelang auf ihn gewartet ... der war oft die ganze Nacht weg. Und dann hat er gesagt, hast du eine Ahnung, wenn wir Tanzmusik machen, dann wirds ... dann wollen die Leute verlängern um zwei Stunden, dann essen wir noch was, dann sitzt man noch zusammen, und dann ist es ruckzuck fünf, sechs Uhr morgens! Und dann ist er ja in der Woche zweimal zum Proben gegangen, und so ähnliche Geschichten hat er mir da auch immer erzählt, also immer recht glaubhaft einfach ... Und daß ich ihn kontrolliere, da war ich mir irgendwo zu schade, da hab ich immer gedacht, also ich möchte nicht die Frau sein, die ihrem Mann die Jackentaschen ausräumt vor lauter Eifersucht, und ihm hinterherfährt. Ich habe immer einen Ekel gehabt vor solchen Frauen, die so etwas machen. Vielleicht wärs mal gut gewesen, ich hätts getan.
(...) Und einmal hat einer angerufen, ein Arbeitskollege, ich solle meinem Mann ausrichten, er müsse nicht mehr kommen, dann habe ich gesagt, wie, nicht mehr kommen. Ja, der hätte mich doch gerade zum Arzt gefahren. Dann habe ich gesagt, ach ja, ist gut, und hab aufgelegt. Mich zum Arzt gefahren, hab ich gedacht, da müßte ich ja etwas davon wissen! Und da war mir klar, er war in der Zeit bei seiner Freundin und hat das im Geschäft als Grund angegeben, daß er mich zum Arzt fährt.
Dann hab ich ihn natürlich gestellt, auf das hin. Ich habe gesagt, jetzt will ich sofort wissen, wo du warst. Ja, er hätte jemanden auf die Hulb fahren müssen, da hätte er eine Reparatur gehabt an seinem Mercedes und lauter ... nur ... der hat immer noch Ausreden auf Lager gehabt! Auf jeden Fall ist mir das dann alles komisch vorgekommen, und dann hab ich schon etwas aufgepaßt und die Ohren gespitzt. Und dann irgendwann, ich glaube 14 Tage vor Weihnachten war es, da habe ich an einem Abend auf ihn eingeredet und habe ihn so richtig in die Enge getrieben im Gespräch, ich wußte, jetzt ist es ihm unangenehm. Ich habe gesagt, jetzt will ich sofort wissen, was los ist, einfach. Dann hat er zu mir gesagt, ja gehts dir dann besser, wenn du es weißt? Dann hab ich gesagt, ja, denn mit einer Gewißheit ist besser zu leben als mit einer Ungewißheit. Und dann hat er mirs gesagt und hat mir auch ... ein paar andere Geschichten hat er mir dann eingestanden, weil ich dann zu ihm gesagt habe, gell, da und da und da war auch was, wo er vorher immer mich für blöd erklärt hat, ha, du spinnst dir da was zusammen und so ...
Zuerst hat er gesagt, ich solle da noch eine Weile zuschauen und er könne das jetzt nicht von jetzt auf nachher lösen, aber er würde es lösen, und dann habe ich gedacht,

haja, jetzt gibst du ihm mal Zeit, wir haben zwei Kinder und waren dreizehn Jahre verheiratet ... du wirfst nicht wegen einer Geschichte gleich deine Ehe über Bord. Aber ich war schon verletzt, also ich hab mich schon wahnsinnig verletzt gefühlt.
Aber wissen Sie, dann ging das so ab, dann kam der abends heim, hat geduscht, hat mir seine Wäsche hingeworfen und hat sich mit Parfüm vollgeschmiert und ist wieder ab aus dem Haus. Und irgendwann habe ich mal gedacht, ich glaube, ich bin doch die blödeste Kuh von der ganzen Welt ... Das war dem wohl so, ich habe gewußt, wo er ist, und jetzt ist er entlastet! Und irgendwann habe ich mal den Wäschekorb heraufgeholt und hab seine Wäsche heraussortiert und habe sie vor die Tür gestellt, und als er gehen wollte, hab ich zu ihm gesagt, du, da steht deine Wäsche, die nimmst du auch mit, deine Dreckwäsche. Mit der, wo du heute nacht zusammen bist, die soll dir gefälligst auch deine Dreckwäsche waschen ... Also irgendwo hörts auf.
Dann kams zu ganz schlimmen Streits, wo er gemeint hat, wenn er recht schreit, dann bin ich wieder zahm, wie das immer früher funktioniert hat. Er hat dann immer Streit angefangen, wo er dann hinterher sagen konnte, da bist du dran schuld, und dann ist er hinaus im Streit, hat die Tür hinter sich zugeschlagen und ist die Nacht über nicht heimgekommen. Jetzt hat er einen Grund gehabt, wo er beleidigt sein konnte. Und so waren immer die Spielchen ... Ja, und dann, dann hab ich ihn vor die Wahl gestellt und hab gesagt, also entweder gehst du oder gehe ich, so geht es nicht mehr weiter. Und dann hat er gesagt, er würde das Verhältnis beenden. Und dann ... auf alle Fälle ... habe ich ihn vor die Wahl gestellt, und ich glaube, damals wollte er noch nicht, und dann bin ich ausgezogen und bin zu meinen Eltern, auch unter mords Theater. Dann habe ich acht Wochen bei meinen Eltern gewohnt und er hat alles mögliche angestellt, um mich wieder zurückzuholen. Er hat mich abgepaßt und mir alles mögliche versprochen und komm doch wieder, ich brauche dich ...
Ein Zuhause und nach außen hin die Fassade, das wollte er schon haben, das wollte er schon haben. Und dann ... dann hab ich mich bequatschen lassen und an einem Sonntag bin ich wieder eingezogen. Und wo ich dann ins Haus kam, habe ich irgendwie die Erwartung gehabt, ha ja, da steht ein Blumensträußchen auf dem Tisch oder der Mann sitzt womöglich daneben und sagt, jetzt ist es wieder gut und ich hab das alles abgebrochen ... – und dem war eben nicht so. Ich bin eingezogen gewesen und der ist irgendwann zwei Stunden später gekommen, und dann hab ich zu ihm gesagt, ich denke, wir sollten einfach noch einmal darüber reden, ich habe das Bedürfnis, darüber zu reden. Und dann hat er gesagt, da gibts überhaupt nichts zu reden, ich bin jetzt müde, und er ist ins Bett und hat geschlafen. Und da habe ich gedacht, hoppla, *so* geht das jetzt weiter. Und dann ging er morgens zu einer Zeit und kam abends wieder, also schon geregelt dann, aber ich habe angefangen zu rechnen: Wenn er morgens so bald geht und abends um die und die Zeit kommt, dann hat er jeden Tag zwei Überstunden. Und so habe ich also schon angefangen, zu kontrollieren. Und dann irgendwann an einem Samstag hat er mir vorgerechnet, daß wir sparen müssen, weil dies und jenes am Haus noch gemacht werden muß. Dann hab ich gesagt, das ist doch für uns kein Problem, du arbeitest doch jeden Tag zwei Überstunden, dann mußt du ja einen Mordsgehalt mit heim bringen am Ende vom Monat! Und dann hat er sich ertappt gefühlt, dann hat er getan wie ein Rädle, ich würde ihn nur anmachen und an ihm rummotzen, und ist ab dann wieder, beleidigt abgezogen und Türe zugeschlagen. Und dann habe ich mich umgezogen und bin ihm hinterhergefahren. Und dann hat er an diesem Abend Sitzung gehabt, das wußte ich, und dann hab ich gedacht, vielleicht steht das Auto dort, dann stand das Auto dort nicht, dann hab ich bei seinen Eltern geschaut, und dort stand das Auto auch nicht, folgerichtig muß es dort stehen, wo er die letzten eineinhalb Jahre stand. Und das wußte ich, wo das war, da habe ich im Telefonbuch nach ihrer Adresse geschaut, und bin dort hingefahren. Und komischerweise hab ich das auch gefunden ohne zu fragen. Ich bin in den fremden Ort hineingefahren, bin gleich die erste Straße rechts abgebogen, den Berg hinauf, und da stand das Auto. Ich bin direkt vor die Tür hingefahren, wie wenn mich jemand dort hingeleitet hätte. Und da stand sein Auto, dann hab ich geklingelt, die Frau hat rausgeschaut, dann hab ich gesagt, ich möchte gern meinen Mann sprechen, dann wollte sie die Tür gleich wieder zudrücken, dann hab

ich den Fuß in die Tür reingetan, hab sie auf die Seite gedrückt, bin in die Wohnung rein, und irgendwo in einem Zimmer auf dem Bett lag er dann ... hat natürlich schnell ... na, lassen wir das. Dann hab ich zu ihm gesagt, so, du kannst jetzt heimkommen, kannst deinen Koffer holen und deine Sachen, und dann kannst du wieder hierherfahren, also jetzt, jetzt reichts. Und dann bin ich heimgefahren, hab den Koffer von der Bühne geholt, hab die Schranktüren aufgemacht, schon bereit, bis er gekommen ist. Und als er gekommen ist, hab ich gesagt, ich würde mit den Kindern eine Stunde weggehen, er solle sein Zeug packen, und bis wir kommen, solle er verschwunden sein. Und so wars dann auch, aber dann war er verschwunden mit meinen ganzen Sachen, mit meinen ganzen schriftlichen Sachen. Mit meinen Gehaltsabrechnungen, mit allem möglichen ... Nein, so fies, diese Fiesheit habe ich ihm nicht zugetraut. Ja, und dann hat er also alles gehabt ... Ich hab von meinen Eltern ein Grundstück geerbt, selbst da die Unterlagen davon ... also ich habe nichts mehr gehabt, nichts Schriftliches mehr. Meine Pässe, von den Kindern die Pässe, meine Sparbücher, alles war weg! Ja, und dann habe ich ja gewußt, der hat Sitzung, der kann heute abend nur im Rathaus sein. Und dem fahre ich hinten drauf, so daß der nicht wegfahren kann mit dem Zeug drin im Kofferraum. Dann fahre ich zum Rathaus, dann war der anscheinend so durcheinander, daß er den Kofferraum nicht abgeschlossen hat. Dann habe ich den Kofferraum ausgeräumt, also in mein Auto eingeladen, und bin mit den Koffern heimgefahren. Und dann hab ich gedacht, wo verstecke ich das jetzt? Und dann hab ichs in den Garten, in den Hasenstall hineingesperrt und hab gedacht, da sucht ers nicht. Und irgendwann nachts um eins hats Sturm geklingelt. (...) Und dann hab ich meinen ganzen Mut zusammengenommen, bin raus, an die Tür hin, hab aufgemacht und gesagt: Was willst du? So richtig gewalttätig. Und dann hat er gesagt, du weißt genau, was ich will, und dann hab ich gesagt, ja, also das läuft nicht. Du kannst deine Sachen haben, aber meine bleiben da. Und dann hab ich die Koffer geholt und dann haben wirs miteinander verlesen. Und dann ist er noch eine Stunde lang draußen vor dem Haus gehängt und hat den Kopf runtergehängt und hat nicht gewußt, was er jetzt machen soll. Der war so verblüfft von dem, was ich mir da jetzt geleistet habe, daß er überhaupt nicht gewußt hat, was er jetzt machen soll. Weil ich gesagt habe, wenn du jetzt hier hinausgehst und die Tür hinter dir zumachst, ist unsere Ehe gelaufen, glaubs mir. Ja, und nach einer Stunde ist er dann weggefahren, und am anderen Tag bin ich zum Rechtsanwalt und hab die Scheidung eingereicht. Und als ich die Scheidung eingereicht hatte, ist der daheim über nacht wieder eingezogen und hat gesagt, den zeigst du mir, der mich aus meinem Haus hinausbringt.
Dann wollte er kämpfen, und hat mich so richtig moralisch fertiggemacht, so richtig ... durchs Haus gepfiffen, wie wenn ihm das alles überhaupt nichts ausmachen würde ...
Er hat gedacht, die krieg ich schon klein ... Er hat immer gesagt, ich bring dich so klein mit Hut, so klein ... Er wollte einfach nicht klein beigeben. Er hat Angst gehabt davor, daß er muß ... ja, daß er mal den Kopf runtertun muß, oder so ähnlich ...

Überhaupt kommt jetzt das, was ... was mich eigentlich am meisten verletzt hat. Denn den Seitensprung, ich glaube, den hab ich ihm schon lange ... also schon lange vorher verziehen. Aber die Art und Weise, wie er mich nachher hat fertigmachen wollen ... das ... das war gemein. Und auch wie er mit den Kindern umgesprungen ist, also das ... das hat mich sehr verletzt ... Eine verbrecherische Art, muß ich gerade sagen. Er hat gewußt, das Haus läuft noch auf seinen Namen, und dann hat der immer gesagt, haja, wenn du gehen willst, du kannst gehen, das Haus läuft auf meinen Namen, du bekommst gar nichts. Und das Geld, das du reingesteckt hast – das beweis mir erst einmal! Da werd ich nämlich überhaupt ... ich hab nichts von dir bekommen und so, jetzt beweise es mal! Und es war ja tatsächlich auch so, daß ich das damals habe nicht aufschreiben lassen. (...) Aber da habe ich drum gekämpft. Da bin ich durch sämtliche Instanzen, zuerst auch wegen dem Unterhalt.

Ich habe mein Geld dann über den Zugewinnsausgleich herausbekommen. Das Haus ist so hoch geschätzt worden, daß ich praktisch mein Geld, das ich reingesteckt hatte, auf die Art und Weise wieder herausholen konnte. ... Das Haus hat ja plötzlich alle möglichen Mängel gehabt. Das hat 150 qm, wissen Sie, das ist ein Riesenbunker. Mein Mann mußte mich dann auszahlen, aber das ging fünf Jahre, fünf Jahre ging das. Ich mußte wahnsinnig kämpfen, ich habe 30.000 Mark fürs Gericht gebraucht in diesen fünf Jahren, und er hat vielleicht das doppelte bezahlt. Was meinen Sie, was das für ein Streitwert ist! Und erst gings um den Unterhalt und ... das wollte er auch nicht zahlen, zumindest für mich nichts, für die Kinder hat er dann schon einen Betrag bezahlt, aber da auch ewig lang nichts. Und selbst als es vom Gericht her also so festgelegt worden ist, wieviel ich bekomme, hat er trotzdem nicht bezahlt, und dann ist er gepfändet worden. Ich glaube, das hat er von mir einfach nicht gedacht, daß ich so was mache, daß ich zu so etwas fähig bin. Aber ich hab so eine Stinkwut auf den gehabt, ich hab gedacht, wenn du meinst ... Die Wut hat mir die Kraft gegeben, und vor allem auch der Glaube. In der Zeit bin ich nämlich zum Glauben gekommen, das war die Zeit. Durch die Trennung, durch die Krise. Das hat mir wahnsinnig viel geholfen, und auch die Leute, die mich aufgefangen haben, die mich beraten haben und die mich unterstützt haben und die für mich gebetet haben.

Mein Vater hat ja damals noch gelebt, und der hat mir auch immer ... Menschenskinder, was hast du auch da gemacht, wie konntest du auch so etwas tun, dem das ganze Geld geben und nichts aufschreiben, und da habe ich natürlich auch Mordsvorwürfe bekommen, mit Recht! Du bist ein blindes Huhn gewesen, du hast an dem hinaufgeschaut, da siehst du jetzt ... und schon aus dem Grund habe ich auch gedacht, ich muß meinem Vater noch zeigen, daß ich sehr wohl auch fähig bin ...

Sie kriegen immer mal wieder zu hören, Sie müssen verzeihen, Sie müssen verzeihen, sonst bekommen Sie selber keinen Frieden, aber verzeihen Sie mal, wenn Sie mittendrin sind! Wenn immer mal wieder was kommt, wo ich dem echt links und recht hätte eine an die Backen schlagen können ... Also vor Gericht, ich hätte ihn grad abmurksen können! Wissen Sie, der hat immer so ein bißchen auf die Tränendrüsen gedrückt, der hat sich immer ein wenig so mitleidheischend hingestellt, und ich wußte ja genau, wie der war! Selbst da bei der Scheidung sind dem die Kullertränen die Backen hinuntergelaufen! Und am anderen Tag ist er mir hohnlachend mit der Freundin nebendran ... und hat zum Fenster herausgegrinst, ha, die hab ich ausgetrickst, oder so ... Ich habe mich durchgesetzt, doch es hat viel Nerven und viel Kraft gekostet und ich möchte das nie mehr mitmachen.

Aber so konnte ich endlich mal selber wieder in den Spiegel schauen und hab gesehen, ich bin auch jemand! Mein Selbstbewußtsein ist gestiegen, auch vor ihm, ich habe gemerkt, der kriegt wieder Achtung vor mir, der lernt auch vor mir wieder Achtung zu haben. (...)

Der Prozeß war dann vorbei, nach fünf Jahren war der letzte, und dann vielleicht noch ein Jahr dauerte es, bis ich zur Ruhe kam. Und dann hat bei mir der Prozeß angefangen, daß ... ich habe Abstand gehabt von ihm und dann ... ist auch der Haß zurückgegangen. Wissen Sie, dann haben Sie ja keine Konfrontationspunkte mehr und ... ja, und irgendwann hat er einfach auch selber nicht mehr so blöd mich angelacht, wenn er mir begegnet ist. Hat mich nicht mehr versucht, zu demütigen. Er hat dann nichts mehr gehabt, was er gegen mich ausspielen konnte, um mich kleinzukriegen ...

Ich hätte während dieser Zeit damals immer die Angst gehabt, wenn ich jetzt sage, ich verzeihe dir, so offen ihm gegenüber, daß es dann alles vergessen ist, was ... was da einfach war. Jetzt ist das alles vom Tisch, fertig. Und so leicht wollt ichs ihm auch nicht machen. Aber ich kann ihm heute wieder so ohne Groll begegnen ... ich weiß nicht, vielleicht habe ich ihm auch noch gar nicht so ganz richtig verziehen, ich weiß es nicht ... Ich merke halt, daß es mir heute gutgeht wieder, und daß, wenn er anruft, daß ich dann normal mit ihm reden kann wieder, ohne zu meinen, ich müsse ihm irgendeine Gemeinheit an den Kopf werfen oder so. Daß ich ruhig und sachlich mit ihm reden kann ... Einmal habe ich vor einer Verhandlung ein Gespräch gehabt mit ihm. Und da bin ich ihm ein Stück weit entgegengekommen, und dann hat er gleich, postwendend, gesagt, ich sei schuldig, daß seine Mutter gestorben sei, die hätte sich so gegrämt, wegen unserer Scheidung und wie das mit den Kindern alles gelaufen sei. Und dann war ich natürlich gleich wieder auf hundertachtzig, dann hab ich gesagt, hast du dir schon mal überlegt, was da der Grund war, weshalb wir uns scheiden ließen? Hast du dir das schon *einmal* überlegt, weshalb es so weit gekommen ist?? ... Ich habe immer das Gefühl gehabt, wenn ich ihm den kleinen Finger gebe, dann nimmt er die ganze Hand.

Ich wollte ihm damals nicht verzeihen, und jeder, der das zu mir gesagt hat, zu dem hab ich gesagt, ich will ... ich will dem nicht verzeihen, jetzt im Moment noch nicht. Wenn ich irgendwann so weit bin, dann ... aber den Zeitpunkt, den bestimme ich. Und solange ich noch so drinhänge mit ihm, probiere ich ... probiere ich das auch gar nicht, denn wenn ichs probiert habe, dann war immer irgendwas, wo der mich wieder an den Punkt zurückgebracht hat, wo ich angefangen habe.

Ich habe schon gewußt, ich muß ihm irgendwann verzeihen, damit ich auch selber den inneren Frieden bekomme. Ich habe dann gebetet darüber, und bin auf jeden Fall ruhiger geworden, entspannter ... und ... ja, so ein richtig einschneidendes Erlebnis gibt es da eigentlich nicht, wo man sagen kann, wir haben uns die Hand gereicht und ... und jetzt ... äh, verzeihen wir oder so, das gabs eigentlich nicht. Auch bei ihm ist irgendwann etwas anders geworden, einfach, daß er mir einfach auch ganz anders begegnet ist ... Aber in der Phase drin wollte ich dem regelrecht nicht verzeihen, das wollte ich nicht!

Ich würde ihm nicht erlauben, daß er mich nochmals so beleidigen kann, das würde ich ihm einfach nicht erlauben. Wenn er mir wüst kommt am Telefon, dann sage ich, du, in dem Ton möchte ich mich mit dir nicht mehr weiterunterhalten. Entweder du kommst jetzt wieder runter und redest mit mir normal, oder ich lege den Hörer auf, das sage ich ihm dann am Telefon.
Also vergeben ja, aber mit ihm Brüderschaft trinken oder ... oder daß ich mit meinem Exmann fortginge, Essen ginge oder sonst irgendwas, das möchte ich nicht. Also ich habe da eine Linie gezogen. Wenn er sich entschuldigen wollte, da wäre ich wahrscheinlich im Moment zu mißtrauisch. Da müßte sich sichtbar in seinem Leben ... müßt ich was sehen, wo ich dann denken kann, bei ihm hat sich was verändert. Aber so, wie er es jetzt ja laufend gemacht hat, eine Beziehung um die andere und ... Ich wäre zu mißtrauisch ihm gegenüber, ich hätte immer das Gefühl, der hat irgendwas im Hinterkopf, wo er da wieder erreichen will oder wo er da wieder sich irgendwo was ... einen Hintergedanken würde ich dem schon unterstellen, ja ... Weil, wissen Sie, er wäre so ein Typ, wenn ich dem den kleinen Finger ... der würde bei mir ein- und ausgehen. Der würde bei mir ein- und ausgehen und nebenher seine Freundschaften noch pflegen ... das würde der auch noch mitnehmen.

Ich kann einfach dem seine Schönrederei, sein Machogehabe und das, das ich kann das einfach nicht mehr haben. Ich glaube, da käme ich bald wieder an einen Punkt, wo ich sagen würde, du ... du stinkst mir, ich kann das nicht brauchen! (...)
Mein Exmann, ich glaube, der zerstreut sich so, daß er gar nicht über das Geschehene nachdenken will. (...) Und wenn meine Kinder davon reden, sagt er, das ist schon lang her. Das ist doch passiert, das ist schon lang her, da brauchen wir jetzt nicht mehr drüber reden. Und das ist mir einfach zu einfach. Auch wenn ich manchmal angefangen habe am Telefon oder so, wieso hast du das und das eigentlich gemacht, was hat das sein sollen oder so, dann sagt er halt, kannst du eigentlich nicht aufhören?
Solange ... wissen Sie, solange sich bei ihm nichts ändert, daß er da auch ein bißchen andes drüber denkt, wegen was soll ich dann mit dem reden? Wenn da kein ... ich glaube, der müßte mal richtig krank werden, dem müßte mal irgendwas an die Substanz gehen, daß der zur Ruhe kommt. Daß er sich mal eine ganze lange Zeit nicht mehr zer-

streuen kann. Ich glaube dann, dann könnte er vielleicht irgendwo mal an den Punkt kommen.

Also, wenn ich jetzt das Gefühl hätte, daß ich mit dem nicht zurecht komme innerlich, daß da ... äh ... daß da was da ist noch, wo ich einfach nicht verarbeitet habe oder so, oder daß ich psychische Probleme hätte oder sonst irgendwas, dann würde ich schon noch was machen. Aber ... so habe ich irgendwo eigentlich keinen Anlaß dazu.
Meine Töchter haben ihrem Vater, glaube ich, nicht verziehen, also die älteste nicht. Die hat mal zu mir gesagt, sie möchte den mal genauso leiden sehen wie wir damals dran waren. Dann könnte sie ihm auch verzeihen, das hat sie mal gesagt Dann habe ich gesagt, Kerstin, du weißt ja gar nicht ... äh ... ob der nicht schon so gelitten hat, das weißt doch du gar nicht. Glaubs bloß ... es ist oft nur Fassade, was du siehst. Auf das kannst du dich nicht stützen.

Ich habe sicherlich auch Fehler gemacht, absolut. Ich war wahrscheinlich nie die Frau, die er haben sollte. Er ist bei mir zu wenig auch auf Gegen ... auf Widerstand gestoßen. Ich habe mir vorgeworfen, daß ich zu vertrauensselig war. Irgendwie muß ich dem vorgekommen sein wie so ein blindes Huhn, so ... so ... einfach, null Achtung hat der vor mir gehabt. Der hat gedacht, ich kann machen, was ich will, die ... die schläft weiter vor sich hin. Und so wars auch, das ist wahr! Das muß ich mir vorwerfen lassen. Ich glaube, wegen dem war er auch so gemein, weil er gedacht hat, so kriege ich die wieder dahin, wo ich sie haben will. Und er konnts einfach nicht fassen, daß sich bei mir da was geändert hat, das hat der einfach nicht verstehen können, daß ich mich so geändert habe!
Warum ich mich so geändert habe? Da hat wahrscheinlich alles mitgespielt. Erstens, die Bekehrung hat mir Kraft gegeben und die Leute, die hinter mir gestanden sind, wo ich mich habe ausheulen können und wo ich habe hingehen können, wenn mich was belastet hat und ... und wo ich mir auch Rat von außen habe holen können, wenn was war. Und ... äh ... einfach das Überleben. Ich habe gewußt – also entweder schwimmst du, oder du gehst unter, die zwei Möglichkeiten hast du. Und dann die Kinder. Das furchtbar schlechte Gewissen meinen Kindern gegenüber auch. Ich hab immer, wie gesagt, so ein Harmoniebedürfnis gehabt. Einfach Familie, und alles stimmt, und den Kindern eine schöne Jugend bieten, und ... alles soll eben harmonisch sein. Und jetzt bricht meine ganze Fassade ... ist ... ist ja zusammengebrochen, eigentlich. Mir wars, wie wenn mir jemand den Teppich unter den Füßen weggezogen hätte.

Ich habe nie gedacht, daß ich ihm verzeihen muß, daß das Gott von mir erwartet. So bin ich auch nie beraten worden. Ich habe schon ab und zu, wenn ich so auf Freizeiten war, mit Leuten geredet, die manchmal so was in Bezug auf Vergebung geäußert haben. Dann habe ich schon sagen können, gut, in manchen Fällen mag das zutreffen, aber ... aber ich habe das Gefühl gehabt, ich ... ich muß es dem irgendwann einmal beweisen, daß ich nicht das blöde kleine Dummchen bin, für das er mich gehalten hat. Und mir selber, in erster Linie, mußte ich es beweisen.

Eigentlich war das Verletzendste an der Sache diese Abwertung meiner Person und da hinterher das Gemeine, daß er immer eine noch tiefere Schublade gezogen hat und daß er immer noch versucht hat, mich reinzulegen, und immer gesagt hat, ich hab zwei Anwälte, und mich so in Angst und Schrecken versetzen wollte. Und ... du wirst nirgends mehr sein können, ohne daß ich dir hinterherfahre, und ich schlage das Auto zusammen und ... und ... der hat mir regelrecht gedroht. Das war alles nur leeres Gerede, um mich zu ängstigen.

Aber man muß mit anderen darüber reden. Allein, das ist, wie wenn man sich am eigenen Schopf aus dem Sumpf ziehen will, denke ich, das geht einfach nicht. Das muß jemand anderes, der nicht da drin steckt, von außen anschauen und Ratschläge gehen, anders geht das nicht. Denn Sie haben ja gar keinen Blick nach außen, Sie drehen sich

ja im Kreis, Sie sind in Ihrem Strudel drin. Wenn da niemand da ist, der von außen das mal anschaut und Ihnen auch mal die andre Seite vor Augen hält ...
Meine Freunde ... die haben mir zugehört und haben mir das Gefühl gegeben, daß sie mich verstehen in meiner Wut. Und daß sie verstehen, *daß* ich eine Wut habe. Und ... und schon allein das ... das hilft einem. Aber geschürt hat meine Wut niemand.
Und ich habe sehr geschätzt, daß niemand Druck auf mich ausübte. Ich glaube, da wäre ich aggressiv geworden, wenn in dem Moment zu mir jemand gesagt hätte, ja, aber denk dran, du mußt verzeihen oder so. Ich glaube, da wäre ich aggressiv geworden, da hätte ich gesagt, ja, versetze dich mal in meine Lage, und dann verzeih, du hast leicht reden oder so, hätte ich dem zur Antwort gegeben.
Ich wollte nie, daß meine Wut die Endstation ist. (...) Aber ... ich habe den Eindruck, daß viele Frauen in meiner Lage in ihrem Groll steckenbleiben und verbittert werden, unheimlich verbittert. Und einsam auch, regelrecht einsam."

Interview mit Herrn K., Mitte 40

„Ich war ja ... 25 Jahre lang habe ich getrunken, war ich Alkoholiker. Mit 15, 16 habe ich angefangen. Mein Vater war selber Alkoholiker, ich habe nichts anderes erlebt daheim also ... wie weit kann man zurückdenken, von mir aus mit vier Jahren, als Kind, ich habe also nichts anderes erlebt daheim als daß immer Streitigkeiten im Haus waren. Und da hab ich gemerkt, da stimmt doch was nicht. Er hat die ganze Nacht immer herumrandaliert. Er hat abends angefangen mit Trinken, hat die ganze Nacht durchgesoffen, herumrandaliert, vielmals alles kurz und klein geschlagen, da mußten oft die Polizei und der Doktor ins Haus kommen. (...) Und, ich sag ja, ich habe kein Verhältnis gehabt zu meinem Vater, also wie es normal ist, ein Vater- und Sohn-Verhältnis, bei mir wars grade das Gegenteil, ich hab brutale Angst gehabt. Ich habe noch einen Zwillingsbruder gehabt, der hat sich vor acht Jahren das Leben genommen, der ist mit seinem Leben nicht fertig geworden, der hat sich vergiftet. Der hat später auch getrunken, so wie ich das mitgekriegt habe. Ich habe noch zwei Schwestern, die eine, die ist drei Jahre älter als ich, also meiner Meinung nach hat die auch einen seelischen Knacks weg, aber total. Ich unterhalte mich oft mit ihr ... die ist auch gesprungen, ich weiß nicht zu wieviel Ärzten und Heilpraktikern ...
Und dann war es so, meine Mutter, die hat mich so erzogen, sei ruhig, sei still, der Kluge gibt nach, nach der Devise. Ja nicht aufmucken, ja nichts sagen ... so hat sie sich auch verhalten, zu allem Ja und Amen sagen. Und das war dann das, was mir zum Verhängnis geworden ist, als ich von der Schule entlassen worden bin. Ich habe übrigens keinen Beruf erlernen dürfen, ich habe müssen sofort in die Fabrik zum Arbeiten gehen, das Geld mußte ich daheim abliefern ... der hat das Geld wahrscheinlich gebraucht zum Versaufen. Meine zwei Schwestern durften einen Beruf erlernen, aber mein Bruder durfte auch keinen Beruf erlernen. Uns hat man in die Fabrik geschickt. Und dann natürlich bei der Firma B. in B., die haben gleich gewußt, was mit mir los ist, daß man mit mir das Michele treiben kann.

Da war ich von 1970 bis 1975. Aber wie gesagt, die haben gleich gemerkt, was mit mir los ist. Ich habe zu allem Ja und Amen gesagt, ich habe alles gemacht, was man von mir verlangt hat. Jeder hat können zu mir herkommen und sagen, komm, mach mir mal die Maschine sauber oder hole mir mal ein Vesper und so ... die haben mich total ausgenutzt. Ich war Mädchen für alles, ich war der Lakai für alle da drin.
Wenn die abends dann ... also kurz vor Feierabend mußte ich sämtliche Maschinen putzen ... und das ist immer mehr geworden, hat sich immer mehr ausgeweitet. Und ... ich habe also noch nie Nein sagen können oder sagen, nein, mach mal deinen Scheiß selber, sondern ich hab alles in mich hineingefressen. Und das hat mir total in der Seele wehgetan. Gell, auch ... auch daheim, wie das Verhältnis war, meinen Vater, den hab ich ja jeden Tag miterlebt. Und dann bin ich bei der Firma B. zum Alkohol gekommen.

Die haben Bierautomaten gehabt und da hat man genügend Alkohol gehabt ... Ich habe immer gesagt, ich will nicht so werden wie mein Vater.
Aber daß man durch den Alkohol ... was überhaupt die Ursache war, daß einer Alkoholker war, das hab ich damals nicht gewußt. Ich hab halt gewußt, der säuft. Ich hab ja keine Ahnung gehabt vom Alkohol, was da für eine Ursache ... was das für Auswirkungen hat, daß man davon süchtig wird ...
Und ich hab gemerkt, daß ... daß wenn ich zwei, drei Flaschen Bier getrunken habe, daß ich dann plötzlich mutig und stark geworden bin. Dann hab ich quasi mein seelisches Empfinden unter Narkose gestellt. Dann bin ich mutig und stark geworden, dann konnte ich auch einem mal die Meinung sagen. Wenn ich mal angeheitert war, dann konnte ich auftrumpfen, da konnte ich alles sagen, was ich wollte.
Ja, und dann natürlich, äh ... das hab ich dann beibehalten damals. Das hab ich gemerkt, das tut mir gut, wenn ich jeden Tag schon morgens bin ich ... bin ich losgezogen zu einem, dann hat man schon einen Guten- Morgen- Trunk miteinander gemacht, also mit einem Fläschchen Bier, gell, das hat mir gefallen. Denn von dem bin ich akzeptiert worden. Ich bin ja nie akzeptiert worden, gell, Anerkennung und so weiter, das hat mir alles gefehlt, oder einmal äh ... daß man gesagt hat, Mensch, das hast du toll gemacht oder so ... Meine Mutter auch nicht, sie hat auch ... in ganz T., wo ich her bin, sie hat eigentlich jedem alles gemacht. So ist das heute noch, wenn man zu meiner Mutter sagt, komm tu das oder tu das, dann macht sie das. Sie springt sofort, sie läßt alles andere sofort liegen und springt sofort wenn ein anderer herkommt und ... sagt zu ihr, komm mach dies und dies. Ja, und dann war das so, mit 21 hab ich das erstemal geheiratet, meine damalige Frau die war gerade erst 16, die hab ich kennengelernt im Krankenhaus bei meiner Mutter, die war damals im Krankenhaus, und ich hab damals das Mädchen heimgefahren und dann plötzlich ... hat man mich aufgenommen dort in dem Haus. Das waren also Pflegeeltern, und da habe ich zum ersten mal gemerkt, daß man mich gern hat. Denn das hab ich ja vorher ... ich wüßte nicht, wann mich meine Mutter mal in den Arm genommen hätte, gell, also, die Mutterliebe hat mir auch wahnsinnig gefehlt. Ich war immer auf der Suche, mein ganzes Leben lang nach irgendwas, denn ich habe keine Zufriedenheit gefunden in meinem Leben. Und dann hab ich das gemerkt, äh ... daß man mich auch gernhaben kann. Mit mir war man freundlich und ... dann hab ich sofort meine Sachen gepackt und hab geheiratet, damals, das Mädchen und ... Das war irgendwie auch Verkupplerei, denn sie war eine Pflegetochter. Und mich hat man damals schon gewarnt, daß sie also irgendwie ein Flittchen wäre, und so weiter, die hat damals schon mit nicht ganz 16 eine Ausschabung gehabt.
Ja, und dann ist der Markus auf die Welt gekommen, mein Sohn, und ich hab dann ... ein älteres Haus gekauft in B., und ich hab schon Geld zusammen gehabt daß ich einen Bauplatz und so weiter ... aber das ist dann alles ... ich habe dann alles kaputtgemacht. Und dann ist der Markus ein halbes Jahr alt gewesen und dann ist meine erste Frau ... hat mich verlassen samt meinem Sohn. Und hat mir einen Brief geschrieben, sie will von mir und von Markus nichts mehr wissen. Und dann bin ich dagestanden mit ihm, dann mußte ich wieder zurück ins Elternhaus, und dann war ich natürlich ein Versager. Dann habe ich überhaupt keinen Wert mehr gehabt. Dann ist das gleiche wieder losgegangen.
Als mein Sohn vier Jahre alt war, habe ich meine zweite Frau kennengelernt, so schnell wie möglich raus ... Also ich habe meine zweite Frau nicht so kennengelernt, sagen wir mal, wie ich jetzt Sie kennenlernen würde, sondern ... ich war auf der Suche nach einer Frau, weil ich so schnell wie möglich aus dem Elternhaus rauswollte. Daß ich jemanden habe für das Kind. Ja, und das war dann auch irgendwie ... wie eine Vermittlungssache, eine Frau, die meine Mutter wieder gekannt hat, hat ihr gesagt, du, horch mal, ich wüßte da jemand für den Heinrich ... also, die wahre Liebe war das nicht, von beiden Seiten nicht.
Meine jetzige Frau, die hat auch wahnsinnige Kindheitsprobleme hinter sich. Also ... bei meinen ersten Schwiegereltern, war ich auch immer bloß, war ich auch immer bloß eine Marionette. Ich muß das einmal so bezeichnen: Ich war eigentlich mein ganzes Leben immer nur eine Marionette.

Interview (gekürzter Text)

Die ersten Schwiegereltern haben mich natürlich auch behandelt wie eine Marionette, und mein Heinerle, mein Heinerle. Und ... und das Heinerle hat halt alles getan, was man zu ihm gesagt hat. Ich habe meine zweite Frau geheiratet, daß ich jemand hab für den Markus. Ich hab mir das nie vorstellen können, um Gottes willen, allein bleiben mit dem Sohn. Ich hab irgendwie jemand gebraucht und ... damals, vor 16 Jahren, ja genau, habe ich die ganze Verantwortung abgelegt. Ich bin hingegangen und hab alles meiner Frau übertragen. Ich wollte keine Verantwortung übernehmen, was den ganzen Haushalt, was Familie anbelangt, denn ... irgendwie hab ich das ja nie gelernt, äh ... selbständig irgendwie etwas zu unternehmen oder ... etwas aufzubauen, gell, das hab ich nie gelernt. Dann hab ich gesagt, mach du das alles, mach du das alles, richtig schön einfach. Und dann hat sich natürlich meine Frau eine Machtposition aufgebaut in unserer Ehe, sie war die oberdominierende Person, gell, und sie hat natürlich auch gemerkt, daß ich Probleme hab mit dem Alkohol. Und in dem Moment hab ich auch keinen Wert mehr gehabt bei ihr, gell, also ... total wieder am Boden, der ist nicht lebensfähig, selbständig, um irgendwas zu entscheiden. Wie gesagt, ich hab also nie ... in meinem Leben habe ich nie eine Entscheidung treffen dürfen, oder mal sagen, horch mal zu, ich hätte gern das oder das oder ich finde das so oder so ... weil, ich hab mich dann so entwickelt, äh ... du hast ja sowieso keinen Sinn in dem Leben, gell, du bist ... ich hab mich eigentlich aufgegeben, wirklich wahr. Und das einzige, was immer noch ein Trost für mich war, war der Alkohol. Und jetzt bin ich seit 10 Jahren Tankzugfahrer, und ich hab schon zweimal den Führerschein weggehabt, MPU müssen machen, und dann habe ich noch etwas zweites entwickelt zu meiner Trinksucht, und zwar die Arbeitssucht. Ich hab dann gemerkt, je mehr ich arbeite, dafür bekomme ich plötzlich Anerkennung! Mensch, der Heinrich macht das, der ist super, wie macht der das?
Und allein schon, wenn meine jetzigen Schwiegereltern mich gefragt haben, wie machst du das, wie hältst du das aus, dann hab ich mich groß gefühlt. Mensch, die fragen sich, ein anderer Mensch kann das nicht, so viel arbeiten, und wie machst du das, ha Mensch, du bist ja toll, und ... und das habe ich gebraucht, gell die Anerkennung, ich war ein Anerkennungsjäger, und ...
Dann war ich natürlich auch eine absolute Marionette bei meinem jetzigen Schwiegervater, ich habe alles gemacht, was der von mir wollte. Ich habe eine brutale Angst gehabt, vor ihm mal meine Meinung zu sagen, wahrscheinlich habe ich da immer noch meinen Vater ... das ist mir immer noch ... es ist jetzt noch nicht ganz weg, die ... die Angst ... vor anderen Menschen, das ist immer noch von meinem Vater her, von der Kindheit her. Eine brutale Einschüchterung, eine brutale Angst hab ich gehabt vor jedem Menschen. Ja, und dann ist es so weit gegangen mit meiner Sucht, daß also ... vor zwei Jahren hat man mich vor das Ultimatum gestellt im Betrieb, und auch meine Frau: Also wenn du jetzt ... entweder machst du was, oder es ist aus. Ich hab auch selber gemerkt, gesundheitlich ist es mir nicht mehr gut gegangen. Ich hab schon morgens um sieben den Drang gehabt nach dem Alkohol. (...)
Ja, auf alle Fälle ist es dann so gegangen, entweder machst du jetzt was oder ich lasse mich scheiden, hat sie gesagt. (...) Und dann hab ich gesagt, haja gut, das ist ja kein Problem, das machen wir geschwind. ... Das machen wir geschwind, gell. (...)
Ja, und dann ist der Bescheid gekommen, äh ich muß ... also quasi ich soll da hingehen, nach W. bei R. Ich hab eine panische Angst bekommen, ich hab schier hohl gedreht, weil ... wieder was Neues anzufangen in meinem Leben, gell, um Gottes willen, das geht nicht, wie soll ich das auch machen, das packst du nie. Und dann hab ich ... hab ich dem Doktor gesagt, jeminoh, ich bin doch nicht entgiftet, weil wenn man auf den Ringgenhof geht, muß man zuerst zwei Wochen entgiftet sein. Dann hab ich gesagt, er soll mich lieber acht Wochen da nach R. in die Klinik schicken und dann ist das okay, dann bin ich wieder ... dann hab ich die Sache im Griff. Und dann habe ich im Ringgenhof angerufen und dann haben die zurückgerufen und haben gesagt, sie nehmen mich auch so. Dann bin ich am anderen Tag bin ich dann ... am Dienstag hab ich gesagt, ich komme, und am Mittwoch mußte ich antanzen. Und dann habe ich meinen Koffer gepackt ... ich bin dann quasi ein halbes Jahr krankgeschrieben gewesen, ich war ein halbes Jahr weg.

(...) Die ersten acht Wochen waren furchtbar, und dann ... dann ist es bergauf gegangen. Und zwar ... ich habe mich, wann wars, 1986, habe ich einmal ... eine Bekehrung miterleben dürfen, da war in Balingen eine Evangelisation, da hab ich quasi Jesus Christus angenommen in meinem Leben. (...)
Und dann hab ich an dem Abend zu Jesus gesagt, okay, ich möchte neu anfangen, hilf mir du. Und das war damals eine Supersache, da hab ich gemerkt, wie die ganze Last und alles ... wie es mir leichter geworden ist innendrin, gell, ich konnte plötzlich aufatmen und hab plötzlich keinen Alkohol mehr getrunken ... kein Verlangen mehr gehabt. Und dann war ich fast ein Jahr lang trocken, hab dann wieder angefangen zu trinken und habe mich langsam aber sicher von Gott wieder entfernt. Gell, aber absolut wieder entfernt von ihm, mit allem. Und dann auf dem Ringgenhof, dann hab ich gemerkt, also ... entweder oder. Und dann hab ich wieder angefangen, zu Gott zu schreien. Die Therapeuten sind auch überzeugte Christen dort. Und ich hab es auch gemerkt, das Verlangen war da, ich hab gewußt, wenn ich da rauskomme, allein packe ich es nicht mehr. Das ... das packe ich nie, denn ich weiß von anderen, wieviele Rückfälle sie bauen und so weiter, wie ... wie schwierig das ist. (...) Ich hab wirklich geweint und zu Gott geschrien und hab gesagt, daß er mir helfen soll, die Therapie gut durchzumachen und daß ich wegkomme vom Alkohol, das verlerne, den Drang. Das ist brutal, wenn man mal gefesselt ist vom Alkohol, wie wahnsinnig das Verlangen ist.
Und dann ist plötzlich Gott wieder in mein Leben getreten dort oben, ich hab das gemerkt, daß plötzlich die ganze Last wieder weggerissen worden ist. Ich konnte plötzlich wieder frei aufatmen und hab gemerkt, da ist jemand da. Und dann hat auch jeder Therapeut, alle haben das gemerkt, daß mit mir eine Veränderung passiert ist. Jeder hat gesagt, was ist mit dir passiert? Also ich hab mich so um 180 Grad gewandelt, gell, ich hab auch eine Superfreude dann gehabt mit der Theapie und war dann am Schluß Pate in der Aufnahmestation für die Neuen und hab denen gesagt, also, so und so, und hab ihnen Mut gemacht, gell, und das hat mir wahnsinnig gefallen.
Ja, und jetzt bin ich quasi seit zwei Jahren trocken und hab, seit ich von R. weg bin, das war also November 1995, noch nie, noch keine Sekunde Verlangen irgendwie gehabt nach dem Alkohol. Und ich habe auch ein wahnsinniges Verlangen nach Gott und nach Jesus. (...) Also, ich geh jetzt nicht in die Kirche, damit man mich sieht oder so, sondern ich brauche irgendwie einfach den Gottesdienst, da fühle ich mich wohl, einmal in der Woche mal vor Gott treten, richtig und auch mit anderen zusammen beten und da kann ich dann auch in die Stille gehen und ... also ich habe eigentlich ... jeden Tag bin ich mit ihm verbunden ...

Meine Frau ist nicht gläubig. Das ist so, schauen Sie: wie gerne würde ich meine Frau mal wieder in den Arm nehmen, und ich darf nicht. Zwischen uns ist irgendwie noch eine ... brutale Mauer, eine ganz gewaltige Granitmauer, die sie sich in diesen Jahren aufgebaut hat zwischen mir und ihr, gell, sie hat sich abgeschottet vor mir.
Und sie ... sie geht jetzt auch zu einem ... therapeutischen Gespräch nach H., da hat sie 25 Sitzungen, aber hauptsächlich ist es da jetzt um ihren Vater gegangen, weil, das ist brutal, was der ... auch mit ihr macht jetzt. Und ich habe mich zum Beispiel auch jetzt ... von meinem Schwiegervater distanziert. Das Verhältnis habe ich jetzt abgeschlossen, ich geh nicht mehr hin. Denn mit diesem Menschen kann ich nicht normal reden, so wie jetzt mit Ihnen, daß ich sagen kann, horch mal zu, da paßt mir nicht. Gell, das geht nicht. Weil, er säuft auch selber und, ich sag ja, das ist ja nicht normal, was ich mache, keinen Alkohol zu trinken, das ist seine Auffassung. (...) Und ich kann das nicht mehr ertragen, seine Widerwärtigkeit und seine Aggressionen gegenüber anderen, sein Ausländerhaß, das ist ein Wahnsinn. Und ich hab gesagt, ich mach mir mein Seelenheil nicht mehr kaputt. Mir gehts so gut, so gut ... ists mir in meinem ganzen Leben noch nicht gegangen.

In der Therapie hat man ja die Kindheit aufgearbeitet, wo ist die Wurzel begraben, jede Station, und dann ist es auch ums Verzeihen gegangen. Und ... ich hab mal einen Traum gehabt nachts. Da hat mein Vater wieder mal alles zum Fenster hinausgeworfen

gehabt, das hat er vielmals gemacht, gell, ich weiß noch mal, da ist der ganze Boden voll gewesen, war alles zusammengeschlagen mit Geschirr, und der Radio oder Fernseher oder was weiß ich ist zum Fenster draußengelegen ...
Und ich bin hingegangen eines nachts in meinem Traum und habe den Schneeschipper genommen und habe quasi ... einen Weg freigebahnt. Da ist das ganze Zeug ... alles habe ich auf die Seite geschoben und habe einen Weg freigebahnt, irgendwie. Ja, auf alle Fälle habe ich dann meinem Vater verziehen auf dem Ringgenhof. Er lebt ja zwar nicht mehr, seit neun Jahren, aber ich hab so einen Haß gehabt auf meinen Vater, furchtbar! Ich hab einen brutalen Haß gehabt – wenn ich nur den Namen meines Vaters in den Mund genommen hab ... und Alpträume, um Gottes Willen, ich hab Alpträume gehabt, das ... das war furchtbar. Auch auf dem Ringgenhof noch Alpträume! Nachts bin ich ... schweißgebadet aufgewacht, immer meinen Vater vor Augen, immer daheim das Theater!
Und als ich ihm verziehen hatte, hat das schlagartig aufgehört, das war das tolle. Und dann hab ich gemerkt, daß es mir plötzlich gutgeht, daß ich plötzlich eine Lebensfreude entwickelt hab ...

Es war grad durch diese Gespräche, das was war, das kann man nicht mehr gutmachen, nicht mehr rückgängig machen, gell, und ich hab dann ja auch gemerkt, äh, daß ja mein Vater hat nichts dafür können, daß er so war. Also, er war ja selber ein Gefangener des Alkohols, er hat ja seinen Geist versoffen, er hat ja nicht mehr gewußt richtig, was er tut, am Schluß, der war ja total verkalkt. Und daß er ... wenn er nüchtern war, daß er dann anders war, irgendwie, es war nur wegen dem Alkohol, daß er rabiat geworden ist. Und, auf alle Fälle, ich hab ihm dann verziehen, weil ... er ist tot und ... da kann man nichts mehr daran ändern, daß das so passiert ist. Und ich muß jetzt ein neues Leben anfangen, hab ich zu mir gesagt, ich muß ganz von vorne anfangen.
Ich glaube ... ich glaube, es hätte keinen Unterschied gemacht, wenn mein Vater noch gelebt hätte. Weil ... einfach auch die ganzen Gespräche und das Verlangen mit Gott und mit Jesus ... da hab ich einfach gemerkt, die Liebe ... das geht nicht, das ist irgendwie ... die Feindschaft kann ich nicht aufrechterhalten. Ich hab irgendwie das Verlangen danach bekommen, meinem Vater zu verzeihen. (...) Und dann noch die Einzelgespräche mit meinem Therapeuten, der hat gesagt, ob ich wüßte, was das ist, dem anderen zu verzeihen.

Er hat gesagt, also, es gibt ja genug Beispiele in der Bibel, einfach, wenn man einem nicht verzeiht, ist das ein Hindernis zu Gott. Gott will das nicht, und ... wenn ich bereit bin zum Verzeihen, dann hilft mir ja Gott dabei, daß ich den Schritt machen darf. Das habe ich auch erlebt, daß ich ... ich bin ja nicht alleingelassen, sondern dann ist ja Gott da und zeigt mir den Weg irgendwie zum Verzeihen. Und daß man das dann erleben darf, wie ganz neue Schritte im Leben passieren ... Das hat mich wahnsinnig befreit, die Belastung ... zum Beispiel die Alpträume! Ich habe schon Angst gehabt, abends beim Hinliegen, daß die Alpträume wiederkommen! Gell, ich habe Angst gehabt vor dem Schlafengehen. Ich hab immer so einen Haß gehabt auf die Alpträume. Und dann hab ich wiederum einen brutalen Haß entwickelt auf meinen Vater, du bist schuldig, daß ich die verdammten Alpträume hab, daß ich nicht mehr schlafen kann in der Nacht, gell, was hast du mir angetan! ... Was der mich sinnlos geschlagen hat, furchtbar! Mit einem Kabel und einem Teppichklopfer, allem, was nur griffbereit war! (...)
Meine Schwestern merken, daß ich mich um 180 Grad gewendet habe, daß ich jetzt quasi mein Leben in die Hand genommen habe, daß ich jetzt endlich mal ... auch Entscheidungen treffe und wenn ich jetzt Mist baue, dann bin ich selber verantwortlich für mein Leben. Und ich lasse mich jetzt auch nicht mehr herumkommandieren. Zu mir kann jeder sagen, horch mal zu, meine Meinung ist das und ich würde das so und so machen. Akzeptiere ich, aber ob ich das im Endeffekt so mache, das weiß ich noch nicht, sondern ich muß selber die Erfahrung machen, ob das, was derjenige gesagt hat, ob das gut ist oder wenn ich eine andere Theorie habe, vielleicht ist die besser. Gell, also herumkommandieren lasse ich mich nicht mehr. Mein Selbstwertgefühl ist gestie-

gen. Auch in der Therapie, weil da habe ich gemerkt, daß ich jemand bin. Daß ich genauso das Recht darauf habe, akzeptiert zu werden, wie jeder andere auch. Gell, und da hat man auch gelernt, Konfrontationen … Konflikte auszustehen, und mit Konflikten umzugehen. Da ist es manchmal heiß zugegangen, und man hat richtig darauf geachtet, daß das auch in Gang gekommen ist! Da darf keiner wie … wie ein verscheuchtes Huhn irgendwo in eine Ecke hinein …, sondern der hat sich müssen dagegen stellen, und zwar mit Worten! Und das hab ich auch gelernt da oben vor … vor einer größeren Menge, das waren da oben damals so 120 Personen, auch mal zu reden. Und einfach, dann hab ich das gemerkt, Heimatland nochmal, du bist doch auch jemand. Und dann wie gesagt auch jetzt durch Gott kann ich auch sagen, einfach, ich bin jetzt stark geworden in meinem Leben, meine Willenskraft hat sich gestärkt."

Interview mit Herrn S., 35 Jahre alt

„Ich habe 1992 einen Betrieb aufgemacht, einen Einzelhandelsbetrieb, und da hat ein Bekannter von mir, der auch Agrarwissenschaften studiert hat, ein Praktikum gemacht ein halbes Jahr und hat über unseren kleinen Betrieb eine Diplomarbeit geschrieben und da war ich auch schon sehr mitbeteiligt … Und dann hat sich praktisch am Ende der Zusammenarbeit die Frage gestellt, ob das für ihn interessant wäre, in den Betrieb miteinzusteigen, weil da die Entscheidung von der Vergrößerung des Betriebs angestanden ist, und da war es naheliegend, eben einen Partner mithineinzunehmen, um das ganze nicht allein machen zu müssen. Das war praktisch im März 1993 … hat sich das dann so ergeben, daß man eben noch zusätzlich Fläche in der Halle gekriegt hat. Und dann hat sich das angeboten oder hat er sich angeboten, der F., da mit einzusteigen und das war im Grund Grundlage der Erweiterung, daß mans eben gemeinsam gemacht hat, die Erweiterung, und dann war es die Betriebsform als GBR, das ist für die ganze Geschichte relevant, weil im Grunde beide persönlich haftend waren, also wir beide haben für den Gesamtbetrieb den Kopf hingehalten, sozusagen. Das heißt, das war natürlich ein existenzielles Aufeinander-Einlassen.
Ich hab ihn fünf, sechs Jahre vorher kennengelernt auf einer weiterführenden Schule, und da haben wir uns ziemlich intensiv eigentlich kennengelernt, und dann war aber eine längere Zeit, also mehrere Jahre, wo er dann außerhalb studiert hat, war also Pause, wo man nur noch sporadisch Kontakt gehabt hat. Aber das war damals schon die Einschätzung nach dem Praktikum, daß wir schon ganz gut miteinander schaffen können. Er ist vom Typ her völlig anders als ich, was im Nachhinein eben auch zu Komplikationen geführt hat. Also er ist ganz eindeutig ein viel ruhigerer Mensch und viel introvertierter auf eine Weise, wo es dann später auch zur Krise quasi gekommen ist, weil einfach die Kommunikation ganz schwierig war. Also überhaupt in der Krise zu kommunizieren, miteinander ins Gespräch zu kommen. Wir haben das ein Jahr lang gemeinsam betrieben, das war eine Aufbausituation in einem Betrieb, wo immer sehr angespannt ist und wo die wirtschaftlichen Erfolge noch sehr bescheiden sind und wo es natürlich auch nicht unwesentlich ist, ob zwei volle Arbeitskräfte relativ billig ihren Einsatz leisten, auch er.
Es war einiges ausgemacht miteinander, man hat natürlich im Nachhinein gemerkt, daß man relativ wenig geregelt hat … also vieles ging sozusagen auf gegenseitiges Einvernehmen und war nicht so richtig vertraglich gehandhabt, was auch gewisse Schwierigkeiten nach sich gezogen hat. Das ging ein Jahr lang so einigermaßen, es hat sich irgendwie immer klarer herausgestellt, daß ich aus dieser Chefrolle nicht richtig herausgekommen bin, also das hat sich relativ klar entwickelt, und daß der Frank von seiner Art her nicht so richtig in eine Chefrolle reingekommen ist, also das war einer von den Auslösern des Konflikts, daß da so die Kompetenzen nicht so klar verteilt waren. Das lag, denke ich, aber auch natürlich an meiner Person, aber es lag auch zu einem ganzen Teil Frank selber, der auch sehr gern Kompetenzen an mich weitergereicht hat, weil ich einen gewissen Erfahrungsvorsprung hatte und bestimmte Aufgaben übernommen habe, die ihm nicht so angenehm waren, also, was weiß ich, ich hab Großmarkt weiter-

hin immer gefahren und er nicht und nur ganz ausnahmsweise wenn ichmal im Urlaub war. Das hat aber bedeutet, wenn ich mehr organisatorische Dinge mache, daß er mehr im Verkauf ist, und das war relativ belastend für das Zusammenarbeiten, weil er quasi sozusagen die Basisarbeit verrichtet hat und ich so die organisatorische Arbeit mit Kontakten nach außen und so. Das hat sich so ergeben, das lag sicher an bestimmten Kompetenzen, die ich mir im ersten Jahr erworben habe, aber eben auch an bestimmten Dingen wo es klar war, der Frank hat keine Neigung dazu, bestimmte Dinge zu übernehmen. Also er hat zum Beispiel administrativ den Personalplan übernommen, der aber mehr schlecht als recht funktioniert hat, und dann wars eben auch so, daß schnell klar war, wir haben bestimmte grundsätzlich andere Anforderungen oder Grundlagen, was wir von uns verlangen oder was wir einfach quasi auch … zum Beispiel bei der Personalplanung an Langfristigkeit und an korrektem Umgang mit Mitarbeitern und so … da haben wir sehr unterschiedliche Ansätze oder Vorgehensweisen gehabt. Wo die Schwierigkeit so richtig aufgetreten ist, oder wo es klar war, es kommt zu offenen Konflikten, das war nach einem starken dreiviertel Jahr … Die Konflikte sind so abgelaufen, daß es ganz schwierig war, inhaltlich sich auseinanderzusetzen, es gab mehr so Situationen, daß der Frank … äh einfach quasi Dienst verweigert hat … also irgendein Wochenende, das er hätte arbeiten müssen, einfach nicht da war und gesagt hat, da ist er nicht da. Und dann kams so richtig zu einer Zuspitzungssituation in einem Monat im späten Frühjahr wars so, daß ich vier Wochenenden hintereinander Dienst gemacht habe und er, als ich ihn darauf angesprochen habe, gesagt hat, das sei nicht wahr und das würde nicht stimmen und ich dann sagte, er solle einfach auf den Plan schauen, dann könne er leicht nachvollziehen, daß ich einfach mehr Dienste leiste und daß ich nicht einverstanden bin damit. Also das war praktisch so ein Auseinandersetzungsniveau, wo ich im Grunde … also ich habe mich da immer hilfloser empfunden. Ich habe zumindest extreme Schwierigkeiten gehabt, überhaupt mit ihm zu kommunizieren (…). Es war mehr so, daß ich einfach immer wieder vor Tatsachen gestellt worden bin. Also eben daß er mehrere Wochenenden nicht da war … Und dann kam natürlich, was in solchen Situationen immer entsteht, dann kamen so Sachen wie: was wir aus dem Betrieb privat entnähmen sei ja schließlich viel mehr wie was er als Einzelperson braucht, und glücklicherweise habe ich praktisch ein dreiviertel Jahr vorher gesagt, wir sollten das klarer regeln, daß das eben nicht zum Ungleichgewicht führt. Auf der anderen Seite haben wir im Betrieb einen PKW gekauft, als er eingestiegen ist, weil er selbst kein Auto hatte oder ein ganz altes Auto hatte, wo auf den Betrieb gelaufen ist, wo aber er fast nur gehabt hat … Er hat auf jeden Fall deutlich den Eindruck gehabt, er wird im Grund ausgenutzt, er macht so den Hiwi-Job …

Es war einfach so, daß es immer schwieriger war, daß wir überhaupt miteinander ins Gespräch gekommen sind, und dann war es so, daß ich der Meinung war, jetzt müßten wir ganz dringend uns einfach sehr konkret darüber, wie es weitergeht, unterhalten, und ich war da der Meinung, auch durch Ratschläge von Dritten, daß es nötig wäre, daß wir einfach eine dritte Person einschalten sollten, also eine Art Supervisor dazunehmen sollten, und da gabs dann ein Gespräch in irgendeiner Wirtschaft, wo … das weiß ich noch, wo wir da zusammengesessen sind und ich eigentlich quasi gedanklich so vorbereitet hatte, daß ich gedacht hatte, ich schlage ihm das vor, daß wir einfach eine Person unseres Vertrauens, die aber weit genug außerhalb von uns ist, äh … einfach miteinbeziehen in die ganze Konfliktsituation, weil mir auch klar war, daß natürlich auch ein ganzer Teil von meiner eigenen Person in dem Konflikt drin war.

Es war ganz schwierig, er hat es dann an bestimmten Sachverhalten festgemacht, aber es war nicht … wirklich eine Auseinandersetzung mit unserer Andersartigkeit oder mit dem, was wir uns erhofft haben, und es ist auch immer klarer geworden, daß im Grunde das, was er sich darunter vorgestellt hat beruflich, einfach weit von dem entfernt war, was sich in so einem kleinen Betrieb in so kurzer Zeit hätte realisieren lassen, also er hat sich da vorgestellt – das hat er einmal gesagt –, daß er ein halbes Jahr intensiv arbeitet und dann ein halbes Jahr auf Reisen ist, und das hat er früher schon mal gesagt und da habe ich einfach drübergewegghört weil ich gedacht habe, gut, das kann so ernst nicht gemeint sein, und dann ist aber deutlich geworden, daß es eigentlich schon so

ernst gemeint war, und ich ihm dann einfach gesagt habe, das ist absurd, was du dir da vorgestellt hast, das ist überhaupt nicht denkbar.
Also er hat das Mißverhältnis von dem, was er verdient und dem, was er Arbeitsleistung bringen muß, völlig anders eingeschätzt. Ich denke, das war bei ihm auch eine ganz massive Enttäuschung einfach, also, wie gehts weiter und was will er überhaupt. Aber an dem besagten Abend war ich relativ zuversichtlich, weil ich gedacht habe, das ist eine gute Lösung, wenn wir einfach mit einem Dritten das ganze besprechen. Und dann wars aber kategorisch klar und für mich völlig überraschend, daß er beschlossen hatte, auszusteigen, das hat er an dem Abend gesagt. Und da gabs dann auch überhaupt keine Gesprächsmöglichkeit mehr, also ich hab ihm dann noch gesagt, was ich mir vorstellen könnte oder was ich mir für Gedanken gemacht habe, und er hat dann gesagt, ha ja, das ist prinzipiell keine schlechte Idee, aber er sieht keinen Bedarf ... Ich bin halt völlig anders in das Gespräch hineingegangen, mit einer völlig anderen Erwartung, also ich habe gedacht, das ist der Anfang zumindest von einem Versuch, die Beziehung, eben das Zusammenarbeiten wieder irgendwie auf andere Füße zu stellen, und für ihn wars irgendwie schon beschlossene Sache, daß er aussteigt, und das hat er mir dann auch mitgeteilt, daß er aussteigt, und da gabs dann auch einfach auch keine Diskussion mehr, also wir sind da etwas hilflos herumgesessen und haben so in unserem Essen herumgestochert ... weil ich das überhaupt nicht erwartet habe, daß er so rigide vorgeht. Aber das war nicht untypisch für das Jahr vorher und für ihn als Mensch oder nicht untypisch für das, wie wir miteinander umgegangen sind, vielleicht eher so.

Also mir wars irgendwie völlig schleierhaft, wie man so einen Entschluß, den man vor einem Jahr gefaßt hat, einen Betrieb zu machen, er hat praktisch 100 000 Mark investiert in den Betrieb, ... ich war da völlig von den Socken, daß er so einen Entschluß, der erst quasi wenige Monate vorher gefällt worden ist, in so kurzer Zeit so in Frage stellt, daß er im Grunde auch nicht mehr den Versuch macht, noch etwas zu retten ... Also da habe ich den Eindruck gehabt, da sind Welten zwischen uns. Das war für mich unfaßbar, daß man allen Ernstes nach so kurzer Zeit so einen Schritt machen kann. Aber dann wars schon geschwätzt im Grund und dann gings noch drum, bis wann er aussteigen will ... also, er hat mir da einen zeitlichen Modus gesetzt, den er sich vorher schon vorbereitet gehabt hatte, und er hat auch klar gesagt, wieviel Urlaubsanspruch er sich noch genehmigt ... Und das war im Grund quasi der Jahresurlaub, der war schon am Anfang des Jahres ausgemacht, und dann habe ich ihn vorsichtig darauf angesprochen, ob er das jetzt angemessen findet, daß er den Jahresurlaub nimmt ... aber da war nichts mehr zu klären, also, ... er hat mir praktisch vorgegeben, wann er seinen Urlaub nimmt, und meiner ist sozusagen zerflossen ... So war der Sachverhalt, daß ihn das nicht mehr interessiert hat.
Er hat sicher den Eindruck gehabt, daß es an der Zeit ist, keinerlei Zugeständnisse mehr zu machen, also er hat offensichtlich das Jahr vorher als permanente Zugeständnisse mir gegenüber empfunden ...
Da wars natürlich klar, daß das Zusammenarbeiten völlig unmöglich wird. Und er hat natürlich auch das Problem gehabt in unserem kleinen Betrieb, daß sich die Mitarbeiter und Mitarbeiterinnen deutlich mit mir solidarisiert haben, und das war natürlich für ihn dann auch unerträglich ... Offensichtlich haben sie die Position, die ich vertreten habe, viel eher nachvollziehen können ... daß es ziemlich unverständlich ist, daß man so eine Entscheidung ... in so kurzer Zeit ... in dieser Tragweite wieder revidiert (...)
Und dann gings halt drum, also dann war natürlich das große Thema, wenn er jetzt aussteigt und so und so viel investiert hat, dann möchte er gern das Geld sehen und dann auch drüber hinaus eine Extra-Entlohnung für seinen Einsatz haben. Also er hat sich da vorgestellt, daß er eben ... die Schulden, die er bei den Banken gemacht hat, er als Person, daß ich die selbstverständlich übernehme, die Schulden, und daß er dann aber noch, haja, in der Größenordnung von 20, 30.000 Mark einfach noch zusätzlich bekommt, um seine Leistung entsprechend honoriert zu bekommen. Das war seine Idee, aber unter Umständen hätte das dazu geführt, daß ich nach einem Jahr den Betrieb hätte aufhören müssen ... Im Grund waren wir dann drauf angewiesen, daß wir eben kom-

munizieren und uns irgendwie drauf verständigen wie das dann so läuft. Und da hats auch dann ganz herbe Auseinandersetzungen gegeben zwischen mir und ihm. (...)
Was dann eben gekommen ist in den folgenden Wochen und Monaten, war dann schon also ganz unglaublich ... Er, das war auch interessant, ist fest davon ausgegangen, daß er im Grund am Drücker ist mit den Forderungen, weil er davon ausgegangen ist, daß ich den Betrieb auf jeden Fall weiterführen will. Und deshalb hat er auch relativ hoch gepokert und hat dementsprechende Forderungen gestellt, und dann gabs auch ein Gespräch beim Steuerberater, ein gemeinsames Gespräch, wo es dann auch ziemlich heftig zuging, und dann habe ich ihm klargemacht, daß ich auf gar keinen Fall aus der Situation als der herausgehe, der mit allen Mitteln den Betrieb erhalten möchte, sozusagen, koste es was es wolle. Ich habe ihm klar gesagt, wenn seine Forderungen nicht einigermaßen für mich tragbar sind, verkaufen wir den Betrieb und teilen die Verluste auf, und dann hat sichs. (...) Und dann ist klar, daß im Grunde niemand was bleibt, dann sind wir alle Verlierer, und das hab ich ihm klargemacht, ich laß mich nicht von ihm erpressen, das muß er sich von vornherein klar sein, wenn er Forderungen stellt.
Und nachdem das klar war für ihn, und nachdem ich den Eindruck gehabt habe, das hat er verstanden gehabt, gabs dann nochmals ein Gespräch beim Steuerberater, wo es dann ganz konkret um die Modalitäten ging (...), und dann hat er auch so quasi eingelenkt und hat sich verständigt mit mir. (...)
Und die letzte Phase unserer Auseinandersetzung hat sich noch mehr verschärft insofern, als er praktisch dann nur noch über den Rechtsanwalt mit mir kommuniziert hat. Also da gabs dann keinerlei Aussprache mehr in irgendeiner Hinsicht oder eine Verständigungsmöglichkeit, sondern es gab praktisch nur noch, daß ich Bescheid bekommen habe vom Rechtsanwalt, was der Herr E. mir gegenüber fordert und in welchem Zeitraum er das von mir fordert. (...)
Und dann habe ich Bescheid bekommen, bis wann ich welche Summen zu überweisen habe ... Es war dann so eine Situation, wo ich dann relativ große Summen hab überweisen müssen und dann hab ich das teilweise überwiesen und hab mir das Recht herausgenommen, das auf ein, zwei Quartale zu verteilen, und dann hab ich aber noch relativ hohe Kosten gehabt für seinen Rechtsanwalt, ich hab die Kosten übernehmen müssen, und er hat Zinsen eingefordert für das ausstehende Geld, das er hätte kriegen müssen, und er hat über den Rechtsanwalt nachrechnen lassen wieviel Zinsen das für ihn macht, und ich müßte das alles auf Heller und Pfennig und auch die Zinsen und den Verzug und alles, und das war dann schon so eine Situation, wo dann auch von meiner Seite her klar war, also es gibt wirklich keinen Funken mehr von, wie soll ich sagen, von Verständnis oder so, es ging nur noch drum, einfach das Geld und auch womöglich irgendwie fiktive Zinsen, das ist ja völlig absurd gewesen, aber ... aber rein juristisch war das natürlich möglich, daß er ... und da hab ich mehrere Briefe bekommen vom Rechtsanwalt mit der Aufforderung, und schließlich hab ich auch noch ... ich glaube in der Größenordnung von 2.000 Mark Rechtsanwaltskosten gehabt, also von seinem Rechtsanwalt. (...)
Und das war dann quasi das Ende vom Lied.

Was mich verletzt hat? Das sind natürlich verschiedene Ebenen. Einmal ist es das, daß du natürlich selber dich in Frage stellst und sagst, wie kommts zu so einer gewaltigen Auseinandersetzung mit einem Menschen, den du als jemand eingeschätzt hast, mit dem du zusammenarbeiten könntest, ... daß du dir überlegst, wie hast du dich verhalten oder wie kommts zu so einer extremen Auseinandersetzung. Das Verletzende war, daß es klar war, daß der Frank im Grund ohne Rücksicht auf Verluste diese Sache durchpeitscht und er hat genau gewußt, daß ich Kinder habe, daß ich Familie habe, daß das finanziell für mich zum Kollaps werden kann, die ganze Geschichte. Das hat er gewußt, und das ist ihm auch klar mitgeteilt worden vom Steuerberater, und trotzdem war das kein Argument für ihn. Und er hat im Grunde nicht nur mich, sondern auch meine Familie sehr gut gekannt, und er hat praktisch regelmäßig bei uns sich aufgehalten, hat regelmäßig bei uns gegessen, fast jeden Tag, also es war so eine sehr große Verbundenheit, die dann zu einer extrem ... haßbesetzten Auseinandersetzung geführt hat, und da gabs sogar eine Auseinandersetzung zwischen meiner Frau Christina und ihm, und meine Frau hat sich relativ wenig eingemischt so direkt in die Kontroverse, und da ist mir zum erstenmal deutlich geworden, was das bedeutet, also daß er im Grund nicht nur mit mir da quasi eine Auseinandersetzung führt, sondern daß er sich klarmachen muß, welcher Hintergrund da ist, welchen er auch aufs Spiel setzt, also, welches Gewicht das hat. (...) Christina hat sich selber natürlich auch sehr bedroht gefühlt durch die ganze Situation und hat ihm das auch sehr deutlich vermittelt, und das war im Grund halt das Unfaßbare ... also, da ist er überhaupt nicht drauf eingegangen, das hat sie mir dann erzählt, daß er da im Grund nicht drauf eingegangen ist, sondern das hauptsächliche Thema war er, und was er alles gemacht hat in dem Jahr und was er alles an Vorleistungen gebracht hat, aber es war eigentlich schon ziemlich unbegreiflich, wie das ganze gelaufen ist. Also das Unbegreifliche ist einfach, daß so eine Beziehung, die über Jahre hinweg da ist, so endet, das ist schon ... also im Zusammenhang mit dem, daß wir uns ... also daß wir objektiv in unserer Existenz bedroht waren durch die Auseinandersetzung, also da gings dann um eine Größenordnung von 100 000 Mark, die uns hätte zum Kollaps führen können, und daß das nicht passiert ist, das sind verschiedene glückliche Umstände gewesen, die aber er überhaupt nicht hat beeinflussen können, also er hat im Grunde den Kollaps von dem Betrieb und auch von unserer Familie einfach eingeplant oder zumindest billigend in Kauf genommen, sozusagen, um seine Interessen durchzusetzen.

Das hat regelrecht Schmerzen gemacht, mich mit ihm über irgendwas zu unterhalten, weil das im Grund permanent das Thema war, daß ich den Eindruck hatte, er verschließt sich ganz eindeutig vor der Konsequenz, die sein Handeln mit sich bringt, also vor der Nachhaltigkeit für Dritte oder Vierte und für Kinder und Familie, er hat das schlichtweg ignoriert und das war ganz offensichtlich, daß ihn das nicht interessiert, und da hab ich wirklich einen Haß gehabt auf ihn ... Für mich war das unglaublich, wie jemand so bindungslos und so verantwortungslos im Grund nach so kurzer Zeit die Sache einfach hinschmeißt und damit im Grund andere Existenzen gefährdet durch sein Verhalten. Und das war ganz schwierig, das war eine Zeit, wo wir zusammen sehr verzweifelt waren. (...)

Also ich denke, so ein Haß oder so eine Wut entsteht da einfach aus einer unglaublichen Hilflosigkeit. Hilflosigkeit in allen Bereichen war da sozusagen das Thema, also gegenüber den Banken hat man im Grund permanent aus einer völlig desolaten Situation verhandeln müssen, so nach dem Motto, hoffentlich geben sie ihr Einverständnis für dieses Kamikaze-Unternehmen, vor ihm war das im Grund auch so eine völlige ... ich hab mich im Grund nur noch nach seinen Vorgaben richten können, wie er sich das vorstellt, und ganz extrem wars zu dem Zeitpunkt, wo ich dann nur noch über den Rechtsanwalt von seinen Interessen gehört hab, das war dann praktisch so der Gipfel, wo es nur noch mit mir geschehen ist, sozusagen.

Es hat schon ganz lang gedauert, also sicher so ein dreiviertel Jahr oder ein Jahr später, bis ich irgendwie insofern zur Ruhe gekommen bin, als auch manches dann zur Ruhe gekommen ist. Also, wo es dann klar war, die betriebliche Existenz ist erstmal gesichert, es gibt keinen Grund zur Besorgnis in der Hinsicht, und dann wars schon so, daß ich auch insofern zur Ruhe gekommen bin, daß ich so ein bißchen weitreichender mich da irgendwie gedanklich hab befassen können damit, und dann gabs im Grund verschiedene Hauptthemen, wo ich gemerkt habe, um das kreisen so meine Gedanken. Das eine war das, daß ich gedacht habe, der Entschluß, den Betrieb zu erweitern, war mit der Person verknüpft, also damit, daß ich eine zweite hauptverantwortliche Person hineinnehme in den Betrieb. Im Nachhinein hat sich dann immer klarer herausgestellt, daß es an sich eine richtige Entscheidung war, den Betrieb zu erweitern, daß das völlig unabhängig von einer zweiten hauptverantwortlichen Person notwendig war (...)
Das war ein Punkt, wo ich gedacht habe, abgesehen von diesen ganzen großen Auseinandersetzungen wars ein Glück, die Entscheidung getroffen zu haben, und die Entscheidung war halt auch mit ihm verknüpft. Das war ein Punkt, wo ich dann den Eindruck hatte, ich entspanne mich langsam, und der andere Punkt war der, ich habe dann

später erfahren, daß er eine andere Stelle angetreten hat in Norddeutschland, und die dann auch wieder nach einem halben Jahr hingeschmissen hat, und er war ja immerhin schon 35, 36, und das war so ein zweiter Aspekt, der sich dann bei mir so langsam sozusagen eingeschlichen hat, daß ich gemerkt habe, der F. hat viel größere Probleme als die, die ich habe, und das hat mich ein Stück weit herausgerückt aus diesem Denken, daß praktisch ich so auf breiter Front der Verlierer war in dieser Auseinandersetzung. Das war schon ganz deutlich so, daß ich gemerkt habe, das stimmt so nicht. Daß ich einfach gemerkt habe, mit dem Abstand von fast einem Jahr, daß im Grund von seiner Person her, auch mit dem, was ich später erfahren habe, der F. der viel größere Verlierer war, erstmal persönlich, also ... das hat mich nicht insofern entlastet, als ich gesagt habe, ja gut, dem gehts jetzt auch dreckig, sondern daß ich gemerkt habe, im Grund ist er der Verlierer aus der Geschichte. Und das hat eben ein dreiviertel Jahr oder ein Jahr in der Auseinandersetzung nicht so ausgesehen, als ob er der Verlierer wäre, sondern da hab ich mich als den Verlierer empfunden, und da ist dann später klar gewesen, daß er auch anderweitig nicht unterkommt und mit Mitte, Ende Dreißig keinerlei berufliche Perspektive hat entwickeln können.

Das waren so zwei Hauptpunkte, wo ich gemerkt habe, da verändert sich was bei mir, und dann wars schon auch so aus dem heraus, – ich weiß nicht, ob die, wie soll ich sagen, die Vergebungsbereitschaft oder die Versöhnung von meiner Seite her, ob die mir so leichtgefallen wäre, wenn ich nicht hätte sagen können nach einem Jahr, quasi, Mensch, es hat so kommen müssen, überspitzt ausgedrückt. Das kann ich nicht recht sagen, da kann ich nur spekulieren, ob ich eine ähnliche Versöhnungs- oder Vergebungsbereitschaft entwickelt hätte, wenn ich womöglich doch bankrott gegangen wäre mit dem Betrieb oder womöglich doch nur noch mit Schulden dagestanden wäre ...

Aber das war dann für mich schon so ein Punkt, wo ich gemerkt habe, daß ich einfach mich selbst entlaste, wenn ich quasi mich innerlich auch versöhne. Also das war mehr so eine eigene Entlastung.

Es war für mich in einer bestimmten Zeit ziemlich wichtig, einfach den Groll abzubauen, weil ich den Eindruck gehabt habe, daß es irgendwie unangemessen wäre, den aufrechtzuerhalten. Also, angesichts dessen, was bis dahin passiert ist, daß der Betrieb weitergelaufen ist, daß ich gehört habe, daß er erhebliche Probleme hat, überhaupt irgendwie unterzukommen, hab ich den Eindruck gehabt, es ist irgendwie unangemessen. Und dann war auch bald so die Frage, wie wärs, wenn ich ihn irgendwo sehen würde – weil er hin und wieder in Tübingen war –,. und das war dann schon der Punkt, wo ich gemerkt habe, wie würde ich jetzt mit ihm umgehen, und das war dann ganz eindeutig so, daß ich gemerkt habe, also quasi, ich könnte wieder einen Kaffee mit ihm trinken. Und das hab ich, das weiß ich noch ziemlich genau, das hab ich als ziemliche Entlastung empfunden.

(...)

Ich habe gemerkt und einfach gewußt, daß so eine Vergebungsbereitschaft, die ich im Grund für *mich* klarmache, denn vor ihm hab ichs nicht klarmachen können, daß die mich richtig entlastet.

Ich hab immer gedacht, wie das wohl wäre in ein paar Jahren, und ich hab immer den Eindruck gehabt, daß so eine Zäsur sicher auch Jahre braucht, bis es theoretisch möglich ist, daß man wieder Kontakt miteinander hat. Aber jetzt, heute, würde ich schon sagen ... ich denk oft an ihn, das ist erstaunlich. Ich denke sehr oft an ihn und denke, wie es ihm wohl geht und auch auf so eine Art, wo ich denke, das betrifft mich gedanklich wirklich nach wie vor noch, daß ich denke, was macht er wohl oder wo hängt er rum quasi oder wo sitzt er in seiner Perspektivlosigkeit. (...)

Also ich denke, er hat das schwerere Teil erwählt, oder er *hat* das schwere Teil.

Wenn ich mir überlege, was ich falsch gemacht habe ... also an diesem ersten Abend, wo es dann zu dieser Einschätzung von ihm gekommen ist in der Wirtschaft, da wars schon ganz klar so, daß ich gesagt habe – und das habe ich auch zu ihm gesagt –, wir sind beide mitbetroffen und mitbeteiligt an der schwierigen Situation, und ich habe mich immer auch als beteiligt empfunden, quasi auch von der Schuld, oder von den

Mängeln, die ich eingebracht habe. Das war aus meiner Sicht nie der Punkt, daß ich gedacht habe, er hat ein Problem und er bringts nicht auf die Reihe, überhaupt gar nicht. Also ich denke schon, daß es ganz problematisch war für ihn, daß er in einen Betrieb eingestiegen ist, wo ein Chef vorher schon da war, und das war ich, das war das eine, das habe ich mir nicht klargemacht. Und die Bedeutung von der Situation, das ist mir dann auch so im Nachhinein gekommen, die hab ich mir nicht ausreichend klargemacht, was das für ihn bedeutet. Ich hab praktisch die Autorität bei den Mitarbeiterinnen und Mitarbeitern gehabt, ich war sozusagen der, der das Knowhow hatte und einen Vorsprung hatte vor ihm, und dieser Vorsprung ist nicht abgebaut worden in dem Jahr, also er war irgendwie immer im Defizit ... Ich habe das als großes Defizit von mir gefunden, daß ich gedacht habe, ich habs nicht gemerkt, welche Bedeutung das für ihn gehabt hat, daß er im Grund ein Jahr lang einfach diesen Abstand zu mir hat nicht verringern können. Aufgrund von dem, wie wirs organisiert hatten, war er im Grund der Verkäufer und ich war der Organisator, gell ... und ich hatte ihm vorgeschlagen, das anders zu organisieren, den Betrieb ganz anders zu strukturieren, weil ich gedacht habe, das kann so nicht weiterlaufen, er muß viel klarer eine stärkere Position bekommen vor mir auch oder mir gegenüber, aber da wars dann im Grund schon geschwätzt. Und ich glaube, das ist sicher auch ein ganzer Teil, warum du dann so über Monate sprachlos bist: da kommt zu der Enttäuschung ihm gegenüber auch die Enttäuschung, daß du merkst, du hast Fehler gemacht. Und ich hätte das auch merken können oder merken müssen.
(...) Ich hab gedacht, ich habs nicht begriffen, was das für ihn bedeutet, der einfach stiller ist oder introvertierter war, er hat nicht die Mittel und Wege gefunden, das auf eine konstruktive Weise mitzuteilen und zu sagen, das kann ich nicht so weitermachen. Also ich denke ... das ist mir halt so in der Auseinandersetzung immer bewußter geworden, wie er darunter gelitten hat, sein extremes Verhalten kann ich im Grunde auch unter dem Licht nur sehen, daß er sich subjektiv extrem unter Druck gefühlt hat von mir. Und das hab ich mir nicht klargemacht, und das hat schon lange ziemlich an mir genagt, weil ich gedacht habe, warum hast du das nicht gemerkt? Warum hast du dir das nicht bewußt gemacht? (...)
Und dann ist auch etwas, was dann auch im Grund ja in meiner Frömmigkeit zum Ausdruck kommt, daß ich sage, ich kann mich auch entlastet empfinden. Also ich werde im Grunde von Gott entlastet, das wird mir nicht aufgerechnet, weil ich praktisch die Möglichkeit von den Umständen her nicht gehabt habe, das auf eine gute Weise zu korrigieren. Und ich denke, wenn du so eine Vergebung empfindest, also mir selber gegenüber, dann denke ich, ist das auch mit der erste Schritt, daß du anderen Leuten vergibst.
Es war natürlich auch ein wichtiger Aspekt, daß ich gemerkt habe, ich habe da einen Teil dazu beigetragen, daß es zu dieser Eskalation kommt, und ich kanns nicht mehr korrigieren. (...)
Das ist für mich auch eine sehr theoretische Überlegung, daß es den Fall gäbe, daß man im Grunde keine eigene Mitschuld an einem entstandenen Sachverhalt sieht ... weil ich denke, es ist so offensichtlich, daß in so einer Auseinandersetzung in der Regel immer beide betroffen und beide beteiligt sind.

Das erste halbe, dreiviertel Jahr war einfach davon geprägt, die Auseinandersetzung einigermaßen zu bewältigen, also da war im Grunde das sozusagen Tagesordnung, einfach das Bewältigen und irgendwie den Ärger schlucken oder auch nicht, und überweise ich das Geld vollends und so ... und das hat abgeschlossen sein müssen, also das wäre für mich nicht möglich gewesen, parallel zu vergeben oder irgendwie so. Das habe ich auch in dem Zusammenhang sehr intensiv empfunden, daß es immer praktisch seine Geschichte hat, wie es dazu kommt und daß es seine Geschichte hat, wie es weitergeht, also praktisch daß es einen Verlauf hat, eine zeitliche Größe, also nicht etwas, was dann abgehakt werden kann so geschwind. Ich habe auch immer gedacht, ich könnte ihn nicht in Tübingen treffen und mit ihm einen Cappuccino trinken im ersten Jahr oder in den ersten eineinhalb Jahren.

Ich denke schon, daß das Vergeben ein aktiver Prozeß ist, das passiert nicht einfach so, das ist etwas, was sehr aktiv laufen muß, also so wie der Streit oder der Nichtstreit, das läuft ja auch sehr aktiv ab, von daher denke ich, die Phase der Vergebung oder der Versöhnung muß auch richtig ins Auge gefaßt werden. (...)
Ich glaube sicher, daß das für ihn eine viel größere Last ist. Er hat auf mich sehr hilflos gewirkt, zumindest im Nachhinein, und ich denke, er ist auch ziemlich hilflos mit der Situation im Nachhinein ... also ich glaube, er hat das größere Problem.

Ich denke, wenn wir jetzt uns begegnen würden, das wäre im Grunde eine völlig neue Situation. Das wäre so, daß wir uns die Mühe machen müßten, wirklich neu mit einer Beziehung anzufangen, also da gäbs meiner Ansicht nach überhaupt keinen Anknüpfungspunkt.
Was für mich ziemlich wichtig ist, und das hängt natürlich auch mit meiner Frömmigkeit zusammen, ist, daß es mir leicht fällt, solche Situationen zu erleben – und das war nicht die einzige, die ich erlebt habe- , was es mir leicht macht, ist, daß ich denke, es ist kein Zufall, so eine Situation, also es ist nicht völlig willkürlich, was passiert. Und das finde ich eine große Entlastung, weil du denkst, Gott hat da seine Hände im Spiel zumindest insofern, als er dich begleitet in so einer Situation, dann ist das, was passiert, auch nicht völlig willkürlich. Und das finde ich eine ziemliche Entlastung, also da denke ich manchmal, das kann einen wirklich entspannen. (...)
Ich fühle mich schon sehr geborgen, daß ich denke, es *geschieht* nicht einfach was mit mir, irgendwelche Menschen können nicht einfach *so* Einfluß auf mein Leben nehmen. Also das ist auch was, wo ich auch denke, das kann vielleicht so ein prinzipielles Lebensgefühl sein, das hat sich auch stärker bei mir so entwickelt, aber das ist auch etwas, was man sich erarbeiten muß, was nicht einfach so spontan da ist. Es gibt nicht die religiöse Offenheit für alle Katastrophen oder so was, das gibts nicht. Aber auf der anderen Seite glaube ich, daß im Gegensatz zu einem anderen Menschen, der, sagen wir, so eine religiöse Dimension nicht hat, das ein großer Vorteil, also ein Riesenvorteil ist, wenn du den Eindruck hast, was immer passiert, wenn es nicht grob fahrlässig von dir selber ist – du bist nicht völlig der Willkürlichkeit ausgeliefert. Und das finde ich einfach auch ein wesentliches Merkmal zur eigenen Vergebungsbereitschaft, wenn man so was empfindet, also für mich. Das ist eine ganz zentrale Frage – wenn ich dem anderen nicht *nur* Böswilligkeit unterstelle oder Eigennutz, sondern auch eine bestimmte Sinnhaftigkeit, dann hat das eine gewisse relative Funktion, der andere oder die Situation. Natürlich ist sie trotzdem belastend und natürlich ist sie mit allen Schmerzen durchlitten worden sozusagen, aber ...
(...)
Wenn man die Chance hat, aus einer Gottesbeziehung heraus so was zu erleben, also so denke ich, hat man eine bestimmte Freiheit, die es einem ermöglicht, mit solchen Situationen leichter umzugehen. Ich glaube nicht, daß man die Freiheit *zwangsläufig* nutzt, es ist nochmal eine Frage, wer sie nutzt und wer nicht, aber ich empfinde es schon als eine große Freiheit oder als so eine Gelassenheit, ohne dann stoisch zu sein."

Interview mit Frau S., Ende 50

„Ich habe was vergeben können – aber *mir* ist nicht vergeben worden!
Also es ist wie immer ... eine Beziehungsgeschichte. Mein Lebensgefährte hat mich nach vielen, vielen Jahren mit einer ganz jungen, auch noch verwandten Nichte betrogen. Ich kam dahinter, ich habs nachgelesen in Briefen, und hab wahnsinnig gegrollt. Ich hab gedacht, die Welt stürzt ein, mir siehts jedermann an, mir war furchtbar. Und ich hab also ... gegrollt und war still und hab auch laut getobt ... Ich hab ihn am gleichen Abend noch angesprochen darauf, er hat gesagt, ach was, da war doch nix, da ist doch nix dabei, so ungefähr. Aber ich war also fassungslos, daß er das macht, daß mir das passiert. Und man bedenke, der Mann war 20 Jahre älter als ich und hat mich mit

einer noch viel viel viel viel Jüngeren betrogen. Also ich hab ehrlich zwei Jahre ... rumgekränkt, ernsthaft! Ich hab gedacht ... nach zwei Jahren hab ich mir dann gesagt, die zwei Jahre, die sind verloren und vertan! Und da wurde ich langsam 51, und hab gesagt, das darf nicht wahr sein, so kann ich nicht weitermachen.
Es war so, das war einmalig. Und er hat auch nie wieder gemacht ... und er hat gemeint, dann wär das doch aus der Welt und dann müßte man doch ... und es passiert ja nie wieder ... Das war ganz gefühlsmäßiger Überschwang bei ihm. Das war ein junges Mädchen, das hat ihm über Jahre dreimal wöchentlich geschrieben, ihn angehimmelt. Eine unglaubliche Sympathie und Zuwendung, was er wirklich sein Lebtag noch nicht genossen hatte. Im nachhinein muß ich sagen, ich hätts ihm fast gönnen sollen, die Beziehung, ich hätts ihm sogar vielleicht noch weiterhin dann platonisch gönnen sollen. Aber ich war bitterböse ...
Von den Briefen hab ich nie gewußt, ich war berufstätig. Die Briefe kamen heim, er war schon Rentner, ich hab nix davon gewußt, das hab ich alles im nachhinein dann gelesen ... Er hat mir das verheimlicht. (...) Und zu meinem Schrecken war das Mädchen also bildschön, jung und ... formvollendet. Und dann wurden auch Nacktfotos gemacht. Und wenn ich richtig mich erinnere, ... das war noch zwei Jahre, bevor es passiert ist, ich glaube, daß das der Zeitpunkt ist, wo meine Husterei anfing, ehrlich! Und ich huste seit dreizehn Jahren und kein Mensch kriegt mich gesund (weint). Ich versuch immer, den Zeitpunkt ... festzunageln, naja. Auf jeden Fall hab ich mich dann gewehrt. Das ist passiert, und zwei Jahre war ich sauer und wütend und ... fassungslos, und dann hab ich gesagt, so und jetzt ... ich muß hier raus aus dem Sumpf. Und ich hab genau das gleich gemacht. Ich hab inseriert ... was heißt das gleiche – ich hab mir jemand gesucht, ich wollte nicht mehr fixiert sein auf ihn und leiden unter ihm. Und weglaufen konnt ich nicht. Das war ja eine besondere Lebensgemeinschaft ... ich konnte ihn nicht verlassen. Ich habe mir an sein Haus ein eigenes Haus angebaut, und das gehörte mir. Und ..., es war gar nicht ... es war absolut nicht drin in dem kleinen Dorf, daß man da etwas diesbezügliches macht. Es war keine Lösung, es war nix zu machen.
Ich hab ... von dem Moment ab wurde er mehr mein Vater, wenn man das so sagen darf. Und dann ... und auch die ganze Zeit über, all die letzten Jahre, ich hab ihm immer gesagt, ich verlaß dich nicht, ich bleib bei dir, du brauchst nicht allein sein, ich bin da und ich bleib bei dir, ich will gar nichts anderes. Ich will hier leben mit dir und ich bleib bei dir und betreue dich und was weiß ich ... Um Himmelswillen, dann haben wir wieder Diskussionen gehabt, er will keine Wirtschafterin und er will keine Altenpflegerin, er will eine Frau und er will mich hundertprozentig und sonst will er mich gar nicht ... Und ich soll doch gehen zu diesem neuen Mann. Und ich sag, ich will nicht zu diesem Mann, und ich ziehe nicht ... ich will mit dir hier zusammen leben, und ...
Ich hab mir in der anderen Beziehung, so verrückt sie ist, doch die Ruhe wieder geholt und die Kraft; wenn ich dann zuhause war, bei ihm, konnte ich mich ganz ihm widmen. Ich hab die Hausfrau ... nicht gespielt, ich war sie, ich hab gekocht, gewaschen, geholfen im Garten, wir sind zusammen ausgegangen, wir haben die Familienbesuche gemacht, wir haben alles gemacht ..., wie sichs gehört. Und ich hab das gern gemacht ..., er war mein altes Vatterle sozusagen, ab dann, und ich hab gern bei ihm gelebt und gewohnt und er hat mich ... obwohl ich diese Beziehung hatte, wo ich wöchentlich war, nach wie vor verwöhnt und ... sehr liebevoll behandelt und kavaliersmäßig behandelt ... Er war ein Herr der alten Schule.(...)
Er war ja ein Häufchen Elend plötzlich, nicht sofort, nachdem ichs rausgekriegt hatte, oh nein, so ungefähr, es war einmalig, und er wollte die Korrespondenz trotzdem weiterführen, und dann war ich auch noch sauer ... Also ich war schon hart, zwei Jahre lang, ich hab dann gemerkt, ich muß trotzdem ... ich kann so nicht weitermachen. Nur hart und wüst sein und böse zu ihm, das vergällte uns beiden das Leben. Und nachher wurde es ... harmonischer und friedlicher und und und ... erträglicher, seit ich die andere Beziehung hatte. Ich hab mir da Luft geholt.
Ich hab das provoziert, ich hab das absichtlich gemacht. Ich wollte mich anders orientieren, um nicht immer auf ihm rumzuhacken und böse mit ihm zu sein. Denn er litt da

drunter, er sagte, es ist doch schon so lang vorbei und ich will doch nix und ich tu doch nix ...

Er hat lange nicht gemerkt, wie sehr er mich verletzt hat, obwohl ich so böse war. Ich war bitterböse ... heute kann ichs mir gar nicht mehr vorstellen, heute würde ich sagen ... ich weiß auch nicht, ich hätte mich schon anders verhalten. Aber es war halt das erste Mal in meinem Leben passiert und ich war eine Fünfzigerin, wo ja sowieso alles zusammenbricht und man merkt, daß man älter wird. (...) Und wie gesagt, nach zwei Jahren, ich konnt mich immer noch nicht beruhigen und ich hab ... da hab ich gesagt, ich muß mir was einfallen lassen, daß ich raus aus dem Loch komme, wo ich immer nur wühle und unglücklich bin und nicht schlafen kann. Und, und ... es war grauslig.
Ich war voller Groll, obwohl er zerknirscht war und dann die Schreiberei auch aufgehört hat. Ja, und ich hab ihm nicht ... ich hab ihm schon vergeben, aber Jahre später hab ichs erst artikuliert, hab gesagt, W., es ist doch schon alles längst vergessen. Aber in den zwei Jahren konnte ich das nicht sagen.
Es war nicht so, daß ich sagte, so jetzt zahle ichs ihm zurück, jetzt mach ich dasselbe. Ich hab auch leider die Schreibereien von damals nicht mehr, denn er hat mich als spießig und dumm und ... er hat geschimpft, auch, wenn ich laut wurde. Und hat mich ja auch weiterhin verletzt, so ungefähr, du bist blöd und primitiv und mit dir kann man nicht reden und ich bin nicht gut genug im Argumentieren (...). Also wir haben uns beide schon arg ... wehgetan, muß ich ehrlich sagen. Er war auch aggressiv, weil ... ich hab länger gebraucht, als ich je vermutet hätte ... (...)
Ich hatte zweieinhalb Jahre nach dem Vorfall per Annonce jemanden kennengelernt, und an den Mann habe ich mich auch emotional gebunden, verrückterweise. Ich bin immer noch oft zusammen mit ihm, aber ich würde ihn nie heiraten und ich würde nie zu ihm hinziehen. Es war ... ich bin durch ihn aus dem Sumpf raus und wir hatten sozusagen uns getröstet, er ist auch ein verletzter Mensch, dem die Frau weggelaufen ist, äh, und allein, und so haben wir uns ... getröstet. Über das schlimme Leben, was uns so passiert ist ... An sich ist es erstaunlich, das gibts gar nicht, man sieht sich einmal die Woche, man telefoniert mal, und ich behaupte, daß genau das etwas ist, wenn jeder sein Leben weiterleben kann, wenn man nicht aufeinander draufhockt und heiratet und plötzlich morgens, mittags, Tag und Nacht zusammen ist, daß deshalb das Ding hält. Keiner will was vom anderen ...
Ich hab ihm die neue Beziehung verheimlicht, und er hat dann ... so wie ich in seiner Post gekramt hab und diesen Brief gefunden hab und all das, so hat er bei mir gekramt ... und hat ... Tagebücher gefunden. Das war mir sehr unangenehm. Also, er hat das also total ... mich bloßgestellt, indem er die gelesen hat und rot unterstrichen hat ... Und ich hab ihn also ... als er mirs dann gebeichtet hat, und ich weiß alles, und ich weiß viel mehr, als du denkst, da sag ich, bitte W., gib mir das Ding wieder! Ja, ich bin aber noch nicht fertig, da sag ich: Bitte, und dann hat er mirs auch wiedergegeben. (...)

Ich hab dem anderen Mann gleich gesagt, daß ich mit jemandem lebe, und der hat auch immer wieder gesagt, bleib bei deinem Alten, so ungefähr, da gehörst du hin, der braucht dich! Heiraten wollte der nicht, oder jemanden in seiner Wohnung ... der lebt mit seinem Sohn, da wollt ich auch nicht hin. (...) Ich versteh auch nicht, was ich will an dem Kerle ... er ist ... nicht der Falsche, aber ein bißchen unter meinem Niveau, wenn man das so sagen darf. Aber es ist nicht mein Geld, was er vertrinkt, es sind nicht meine Nieren, die kaputtgehen, es ist nicht meine Lunge, die kaputtgeht ... wenn ein Mensch so leben will, das ist schlimm, das ist schlimm. Irgendwie tut er mir auch leid.
Also, ich erwisch immer die falschen Männer, die falschen, die furchtbar viel reden, sehr von sich eingenommen sind ... irgendwie kann man immer was von Leuten lernen. Er erzählt mir viel aus der Firma, was da so läuft, was mit den Mitarbeitern ist ... klar, ich kenn niemand und ich erzähls nicht weiter, er kann praktisch abladen. Und ich finds auch noch interessant. (...) Es ist tatsächlich einmal in der Woche amüsant, mit ihm zusammen zu sein. Interessant, amüsant, und ich hab das Gefühl, ich tu ihm noch was Nettes, indem ich zuhorche, und dann tu ich ihm noch was Gutes, indem wir laufen, er

hat Bandscheibenprobleme und keiner läuft mit ihm, dann laufen wir ne halbe Stunde hin und ne halbe Stunde zurück ...
(...)
Ich hab zu meinem Lebensgefährten damals nicht gesagt, ich will das machen, was du auch machst, sondern ich hab gesagt, lieber W., ich bin bei dir und ich bleib bei dir und dir gehören doch 80 Prozent von mir, laß mir doch die zwanzig, und laß mich einmal in der Woche zu diesem Stammtisch gehn. ‚Ja, aber da sitzt er doch und da ist er doch!'
Ich hab auch lang abgestritten, also, bevor das mit dem Tagebuch kam, daß da überhaupt was wär, da ist es nett, da sind lauter Schwaben und da machen wir Witze und was weiß ich, was ... Bis er dann das las, dann wußte er ja alles, auch, daß ich mit dem anderen eine intime Beziehung hatte. Und er sagt, wie kannst du bloß, und ach, und nein, und das war, also wirklich ganz ganz schrecklich. Und dann wurde er auch bitterböse und sagte, so, nimm deine Klamotten und geh! Und ich hab ja nebendran das Haus und ... dann hab ich das eigentlich nicht so ernst genommen, und beim zweiten Mal hab ich dann ... weils ihm nach einer Stunde immer wieder leid tut, oder am nächsten Tag ... und beim dritten Mal hab ich dann gesagt, lieber W., noch öfter laß ich mich nicht rausschmeißen, jetzt nehm ich meine Sachen und zieh ins Haus nebenan. Und das fand er dann so entsetzlich, dann ist er auf und davon mit dem Auto und war drei, vier Tage weg. Da hat er sich irgendwo eingemietet und zwar da, wo ich immer in Kur bin, in Bad S. da unten, und ich wußte nicht, wo er ist. Das hat ihn also sehr getroffen, daß ich ernst gemacht hab, aber er hat ja gesagt, ich will dich nimmer sehen, geh fort, wir müssen uns trennen und es geht nicht mehr.
Und ... drei, vier, fünf Tage, war er wieder da ... und ... ich schlief dann immer wieder vorne, in seinem Haus, in seinem Ehebett, nebendran, da war er auch schon selig, wenn ich zu ihm kam, daß er nicht so alleine war. Da wollte er schon lang nichts mehr von mir ... und all die letzten Jahre, die Nächte zum Wochenende hin, wo ich nicht früh rausmußte, da war ich bei ihm, und da war er so glücklich und selig, und ich behaupte allen Ernstes, daß wir ein paar schöne Jahre hinterher noch hatten. Als sich das so eingespielt hatte, daß ich in der Woche da weggehe aber ansonsten vollkommen da bin und für ihn da bin und ... wir haben auch schöne Reisen gemacht, wir zwei, wir waren auf Sizilien und wir waren auf Elba und wir waren an den Masurischen Seen ..., es *war* schön, wir hatten eine schöne Zeit. Und die endlosen Kaffeetrinkereien, Frühstück auf der Terrasse in seinem wunderbaren Haus und wunderbaren Garten, das haben wir beide sehr genossen, sehr!

Der Groll kam nur ab und zu hoch, und dann hab ich ihn verdrückt und umarmt und hab gesagt, W., was willst du denn mehr, guck, wie ich dich mag! Ich bin nicht da, weil ich deine Wirtschafterin oder Altenpflegerin bin, sondern du bist meine liebste Gesellschaft! Und der hat auch ein Niveau gehabt, ganz anders als dieser eine Schwabe da ist, mit dem ich ... (hustet) Wir haben wunderbar zusammengeschafft gegen Ende, er hat gewußt, daß ich keinen Groll hab, absolut nicht, absolut nicht.
Aber wie gesagt, sein Groll kam gelegentlich so hoch. (...)

Er hat einmal gesagt, als es ihm schlecht ging, es ging ihm ja ganz plötzlich schlecht, da hat er gesagt: ‚Und wenn ich sterbe, dann sterbe ich an gebrochenem Herzen.'
Das war hart ... (weint) ... das hab ich auch niemand erzählt. Und ... keine vierzehn Tage später mußte er ins Krankenhaus, hat er wohl gespürt, das war letzten September. Sonntag vormittag waren wir spazieren wie immer, nach dem Frühstück gingen wir fort, und da konnte er plötzlich nicht mehr gehen. Konnte nicht mehr ... er war also so schwach, daß wir wieder runtergingen zum Auto. Er war 78 einhalb, und, ... das war am Sonntag, am Montag drauf ging er zum Arzt, und er ging von Montag bis Freitag jeden Tag zu einem anderen Arzt, und am Freitag stand fest, daß die Lunge voller Wasser war. Und dann kam er in die Schillerhöhe, und nach sechs Wochen war er tot. So ... der war voller Krebs, voller Krebs. (...)

Warum ich denke, daß er mir nicht verziehen hat? Tja, wenn man an gebrochenem Herzen stirbt, dann hat der andere ihms Herz gebrochen, nicht? Daß ich praktisch schuld

bin an dem Tod! Und die Kinder haben auch teilweise massiv gesagt ... ja, das war der Ärger mit dir, der hätte nicht brauchen sterben, nicht, das ist schon schlimm.
Und das ... das hab ich erwartet. Eine Tochter ist sehr böse mit mir. Die wußten schon was ... und dann hat er mir auch noch ... Konten und Geld vermacht und ihnen nichts, sondern nur ... Haus und Hof, Haus und Grund. Und da denk ich wieder, er hat es mir doch verziehen. Lebensversicherung und so hat er mir vermacht, trotz allem, ich weiß aber nicht, ob ich das so herleiten kann ... (...)

Er hat kein Testament gemacht, er hat nur zu den Kindern gesagt, die Lebensversicherung, die schreib ich nicht auf die Ingrid ... sonst muß sie so viel Steuern zahlen, laßt ihr die euch auszahlen und gebt sie ihr. Und das haben sie auch so gemacht, das fand ich schon nett ... (...)
Für mich ist das große Problem, daß ich denke, er hat mir nicht verziehen. Und er hat ... er wollte mich doch noch heiraten. Und ich hab immer gesagt, W., du wirst 93 wie dein Vater, da kann man noch lange heiraten! Äh ... und das hätte ich tun sollen. Aber gell, so ein Typ, wie ich jetzt bin, dann wär ich nicht mehr nach Tübingen zu dem anderen, das hätt ich müssen dann opfern, und dazu war ich nicht bereit, mich derart anbinden zu lassen.
Es ging auch ums Geld, er hat gesagt, dann hättest du die schöne Rente von mir. Und ich hab gesagt, W., du glaubst doch nicht, daß ich deine Rente krieg und meine Rente ... da streicht dann irgendjemand alles zusammen. Wegen dem Geld will ich dich nicht heiraten, ich bleib bei dir, ich brauch nicht ... du brauchst mich nicht heiraten.

Ich finde es so häßlich von mir, daß ich seinen Vorschlag immer wieder abgelehnt habe ... Er war impulsiv. Er war so impulsiv, daß er mich im Krankenhaus noch verletzt hat. Er war herrisch, ein herrischer Typ, ein sehr ... also, es kam immer mal wieder raus. (...)
Er warf mir vor, daß ich nicht aufgehört habe mit diesem wöchentlichen Weggehn. Wo er doch nur das einmalige hatte und das gleich wieder aufgesteckt hat. Warum hab *ich* denn das nicht tun können, hat er mir gesagt, und die größte Überwindung sei die Selbstüberwindung und die größte Genugtuung ... Und ich habs nicht, also ... Ich wollte nicht so eingesperrt sein. Er hat mich eingesperrt, ich nannte das auch ‚meinen goldenen Käfig'. (...)"

Literaturverzeichnis

Al-Mabuk, Radhi Hasan, The commitment to forgive in parentally love-deprived college-students, Dissertation 1990, The University of Wisconsin, Madison
Arendt, H., Vita activa oder Vom tätigen Leben, Stuttgart, 1960
Aschenbach, G. u.a., Kulturwissenschaftliche Aspekte qualitativer psychologischer Forschung, in: G. Jüttemann (Hg.): Qualitative Forschung in der Psychologie, Heidelberg 1989, 25–45
Ashbrook, J. B., Paul Tillich Converses with Psychotherapists; Journal of Religion & Health, 11, 1972, 40–72
Augsburger, D., Freiheit der Vergebung, Bad Liebenzell 1990
Axelrod, R., The Evolution of Cooperation, New York 1984

Bacon, F., Essays (Über die Rache), hg. von L.L. Schücking, Leipzig 1940
Balthasar, H.U. von, Jesus und das Verzeihen; Internationale Katholische Zeitschrift 13, 1984, 406–417
Barefoot, J.C. u.a., Hostility, Coronary Heart Disease Incidence and Total Mortality: A 25-year-Follow-Up-Study of 255 Physicians; Psychosomatic Medicine, 45, 1983, 59–63
Basset, L., Le pardon originel – De l'abime du mal au pouvoir de pardonner, Genève 1994
Bauer, L. u.a., Exploring Self-Forgiveness; Journal of Religion and Health, 31, 2, (1992) 149–160
Baumgartner, I., Konflikt und Versöhnung im Licht der Psychologie, aus: „... und führe uns nicht in Versöhnung", hg. von E. Garhammer u.a., München 1990, 118–129
Beatty, J., Forgiveness; American Philosophical Quarterly, Vol. 7, Number 3, July 1970, 246–252
Belgum, D, Guilt: Where Religion and Psychology meet, Eaglewood Cliffs 1963
Benson, C.K., Forgiveness and the Psychotherapeutic Process; Journal of Psychology and Christianity, 1992, 11 (1), 76–81
Berger, K., Theologiegeschichte des Urchristentums, Tübingen 1994
Bergin A.E. und Payne, I.R., Proposed Agenda for a Spiritual Strategy in Personality and Psychotherapy; Journal of Psychology and Christianity, 1991, 10 (3), 197–210
Blum, E.A., The Forgiveness of Sins: A Biblical Theological Study, Dallas 1985
Böhme, W., Zeichen der Versöhnung – Beichtlehre für evangelische Christen, München 1969
Bonar, C.A., Personality Theories and Asking Forgiveness; Journal of Psychology and Christianity, 1989, 8 (1), 45–51
Bonhoeffer, D., Gemeinsames Leben, München 1939
Bonhoeffer, D., Nachfolge, Ges.Werke, Bd. 4, hg. von M. Kuskel u. I. Tödt, München 1989
Brakenhielm, C.R. Forgiveness, Minneapolis 1993
Brandsma, J.M., Forgiveness: A dynamic Theological and Therapeutic Analysis; Pastoral Psychology, 31 (1), 1982, 40–50
Brefin, M., Schuld, Angst und Vergebung; Theologia practica 4, 1984, 276–280
Breukelman, F.H., Eine Erklärung des Gleichnisses vom Schalksknecht, in: Parrhesia, FS Karl Barth zum 80. Geburtstag, Zürich 1966, 261–287
Broer, I., Jesus und das Gesetz, Stuttgart 1992
Bucher, A.A., „Es liegt an jedem einzelnen, zu verzeihen" – Psychologische Anmerkungen zur Rezeption biblischer Texte über Vergebung; Kongreßbericht 1995, persönlich übersandt. Inzwischen veröffentlicht in: H. Frankemölle (Hrsg.), Sünde und Erlösung im Neuen Testament, Quaestio Disputatae 161, Freiburg 1996, 202–218
Buckley, T.W., Seventy-Times Seven – Sin, Judgment and Forgiveness in Matthew, Collegeville, Minnesota, 1991

Butler, J., 15 Sermons (Sermon 8, Upon Resentment, und Sermon 9, Upon forgiveness of Injuries), London 1970

Calian, C.S., Christian Faith as Forgiveness; Theology today, 37, 1981, 439–443
Chalendar, X. de, Le pardon, in: Le pardon, hg. von Ph. de Saint-Cheron u.a., Paris 1992, 67–122
Cooney, P.B., The Future of Reconciliation in the Church: Learning a New Art, in: Repentance and Reconciliation in the Church, hg. von M.J. Henchel, Collegeville 1987, 78–93
Cua, A. S., Forgetting Morality: Reflections on a Theme in Chuang Tzu; Journal of Chinese Philosophy, 4, 1972, 305–328
Cunningham, B.B., The Will to Forgive: a pastoral theological View of Forgiving; The Journal of Pastoral Care, June 1985, 39 (2), 141–149

Dantine, W., Versöhnung, Gütersloh 1978
Daube, D., Sin, Ignorance and Forgiveness in the Bible, London 1960
Davenport, D.S., The Functions of Anger and Forgiveness: Guidelines for Psychotherapy with Victims; Psychotherapy 28 (1991), No. 1, 140–144
Davison, G.C. & Neale, J. M., Klinische Psychologie, München 1979
Degen, R., Von Tiefenpsychologie und Hochstapelei, ZEIT-Magazin vom 14.7.95, 18–25
Dembroski, T.M., u.a.: Components of Type A, Hostility and Anger-In: Relationship to Angiographic Findings; Psychosomatic Medicine, 47, 1985, 219–231
Deutsches Wörterbuch von J. und W. Grimm, 12.Bd, 1.Abt., Leipzig 1956
Di Blasio, F.A. und Benda, B.B., Practitioners, Religion and the Use of Forgiveness in the Clinical Setting; Journal of Psychology and Christianity, 1991, 10 (2), 166–172
Di Blasio, F.A., Forgiveness in Psychotherapy: Comparison of older and younger Therapists; Journal of Psychology and Christianity, 1992, 11, (2), 181–187
Dietzfelbinger, H., Zukunft mit dem Vaterunser, München 1980
Domeris, W.R., Biblical perspectives on forgiveness; Journal of Theology for Southern Africa, 54, 1986, 48–50
Donnelly, D., Forgiveness and Recidivism; Pastoral Psychology, 33 (1), 1984, 15–24
Donnelly, D., Binding up Wounds in a Healing Community, in: Repentance and Reconciliation in the Church, hg. von M.J. Henchel, Collegeville 1987, 7–31
Downie, R.S., Forgiveness; Philosophical Quarterly, 15, 1965, 128–134
Downie, R.S. Roles and Values, London 1971
Duden, Bd. 7, Das Herkunftswörterbuch – Etymologie der deutschen Sprache, Mannheim 1987
Duff, A., Punishment, Repentance and Forgiveness, in: Justice, Guilt and Forgiveness in the Penal System, ed. by D. Garland, Edinburgh 1990, 37–49
Duquoc, C., The Forgiveness of God; Concilium 2, 1986, 35–44

Educational Psychology Study Group, Must a Christian REQUIRE Repentance before Forgiving? J. of Psychology and Christianity, 1990, Vol. 9, No. 3, 16–19
Elizondo, V., I forgive but I Do Not Forget; Concilium 2, 1986, 69–79
Enright, R.D. and Zell, R.L., Problems Encountered when we forgive one another; J. of Psychology and Christianity, 1989a, 8 (1), 52–60
Enright, R.D. u.a., The Adolescent as forgiver; Journal of Adolescence 1989b, 12, 95–110
Enright, R.D. u.a.: Interpersonal Forgiveness within the helping professions: an attempt to Resolve Differences of Opinion; Counseling and Values, 36, 1992a, 84–103
Enright, R.D. and Gassin, E.A., Forgiveness: a developmental view; J. of Moral Education, 21, 1992b, 99–114
Ernst, H., Wer nachtragend ist, muß viel schleppen, Psychologie heute, 4, 1993, 27–29
Ev. Lexikon für Theologie und Gemeinde, Bd. 3, hg. von H. Burkhardt u.a., Wuppertal 1994

Ev. Kirchenlexikon, hg. von H. Brunotte, O. Weber, Bd. 3, Göttingen 1959
Exegetisches Wörterbuch zum NT, Bd. 1, hg. von H. Balz, G. Schneider, 2. Aufl. Stuttgart 1992

Fahlgren, K.-H., Die Gegensätze von sedaqa im AT, in: K. Koch (Hg.), Um das Prinzip der Vergeltung in Religion und Recht des AT, Darmstadt 1972, 118–129
Fichten, W., Bewältigung und Therapie von Ärger, in: U. Mees, Psychologie des Ärgers, Göttingen 1992, 219–284
Fitzgibbons, R.P., The Cognitive and Emotive uses of Forgiveness in the Treatment of Anger; Psychotherapy, Vol. 23, Winter 1986, No 4, 629–633
Flanigan, B.J., Shame and forgiveness in alcoholism; Alcoholism Treatment Quarterly, 4, 1987, 181–195
Friesen, D. D. and Friesen, R.M., Our Approach to Marriage Counseling; Journal of Psychology and Christianity, 1994, Vol. 13, No. 2, 109–116
Fromm, E., Anatomie der menschlichen Destruktivität, Stuttgart 1974

Gartner, J., The Capacity to forgive: An Object Relations Perspective; Journal of Religion and Health, 27 (4), 1988, 313–320
Gaultiere, W.J., A Biblical Perspective on therapeutic Treatment of Client Anger at God; Journal of Psychology and Christianity, 1989, 8 (3), 38–46
Gemoll, W., Griechisch-deutsches Schul- und Handwörterbuch, 9.Aufl. München 1954
Gergen, K., The saturated Self, United States 1991
Gese, H., Biblische Theologie, Tübingen 1976
Gill-Austern, B.L., Love Understood as Self-Sacrifice and Self-Denial: What Does It Do to Women? in: Stevenson Moessner, J. (Ed.), Through the Eyes of Women – Insights For Pastoral Care, Minneapolis 1996, 304–321
Gladson, J.A., Higher than the Heavens: Forgiveness in the Old Testament; Journal of Psychology and Christianity, 1992, 11 (2), 125–135
Görres, A., Schuld und Schuldgefühle; Internationale Katholische Zeitschrift 13, 1984, 430–443
Golding, M.F., Forgiveness and Regret; The Philosophical Forum, 16 (1–2), 1984/85, 121–137
Goleman, D., Emotionale Intelligenz, München 1996
Grün, A., Sich ändern lernen-Versöhnung leben und feiern, Würzburg 1992

Häcker, R.; Vielen Briten fällt das Vergeben noch immer schwer, in: Stuttgarter Zeitung vom 21.8.95
Haendler, O., Grundriß der Praktischen Theologie, Berlin 1957
Halling, S.: Eugene O'Neills Understanding of Forgiveness, in: A. Giorgi u.a.: Duquesne Studies in Phenomenological Psychology, Vol. 3, 1979, 193–208
Hampton, J. und Murphy, J., Forgiveness and Mercy, Cambridge 1980
Handbuch christlicher Glaube, Wuppertal 1985
Harz, A., Die Bedeutung des Vergebens, Diplomarbeit FB Psychologie, Universität Hamburg, 1989
Hellinger, B., Finden, was wirkt, München 1993
Hellinger, B., Ordnungen der Liebe, Heidelberg 1995
Hellinger, B., Wenn man den Eltern Ehre erweist ..., in: Psychologie heute 6/95, 22–26
Hellwig, M. K, Sign of Reconciliation and Conversion – The Sacrament of Penance for our Times, Wilmington 1982
Henrici, P., ‚... wie auch wir vergeben unsern Schuldigern' – Philosophische Überlegungen zum Bußsakrament; Internationale Katholische Zeitschrift 13, 1984, 365–374
Herders theologischer Kommentar zum NT, Suppl.bd. 1, Die sittliche Botschaft des NT, R. Schnackenburg, Freiburg 1986
Hertz, A. u.a. (Hg.), Handbuch der christlichen Ethik, Bd. 3, Freiburg 1993
Hörster, J., Vergebung setzt die Kenntnis der Taten voraus-Plädoyer gegen eine undifferenzierte Schließung der Stasi-Akten, in: Die Welt, 7.1.95, 5

Hoffman, M. L, Empathy, Its Limitations and Its Role in a Comprehensive Moral Theory, in: Morality, Moral Behavior and Moral Development, hg. von W.M. Kurtines u. J.L. Gewirtz, New York 1984, 283–303

Hoffmann, P.: Eschatologie und Friedenshandeln in der Jesusüberlieferung, in: Eschatologie und Friedenshandeln, Stuttgarter Bibelstudien, hg. von H. Merklein, E. Zenger, Stuttgart 1981, 115–152

Hope, D., The Healing Paradox of Forgiveness; Psychotherapy 24 (1987), No. 2, 240–244

Horsbrugh, H.J.N., Forgiveness; Canadian Journal of Philosophy, Vol. 4, 2, 1974, 269–282

Human Development Study Group, Five Points on the Construct of Forgiveness within Psychotherapy; Psychotherapy 28 (1991) No. 3, 493–496

Hunter, R.C.A., Forgiveness, retaliation and paranoid reactions; Canadian Psychiatric Association Journal, 23, 1978, 167–173

Jagers, J.L, Putting Humpty Things together again: Reconciling the Post Affair Marriage, Journal of Psychology and Christianity, 1989, 8 (4), 63–72

Jentsch, W., Der Seelsorger, Moers 1982

Jeremias, J., Die Gleichnisse Jesu, 2. Aufl. Stuttgart 1952

Jeremias, J., Das Vaterunser, Calwer Hefte 50, 4. Aufl. Stuttgart 1967

Jörns, K.-P., Sündenvergebung-messianischer Friedensdienst der Kirchen ..., aus: „... und führe uns nicht in Versöhnung", hg. von E. Garhammer u.a., München 1990, 141–151

Jones, L.G., Embodying Forgiveness-A Theological Analysis, Grand Rapids1995

Jones-Haldeman, M., Implications from selected literary devices for a New Testament Theology of Grace and Forgiveness; Journal of Psychology and Christianity, 1992, 11 (2),136–146

Justice, B., Wer wird krank? Der Einfluß von Stimmungen, Gedanken und Gefühlen auf unsere Gesundheit, Hamburg 1991

Kaufman, M.E., The Courage to forgive; Israel Journal of Psychiatry and related sciences, 21, 1984, 177–187)

Keller, C., From a Broken Web: Separation, Sexism, and Self, Boston 1986

Keller, M., Resolving Conflicts in Friendship: The Development of Moral Understanding in Everyday Life, in: Morality, Moral Behavior and Moral Development, hg. von W.M. Kurtines u.a., New York 1984, 140–158

King, M.L., Kraft zum Leben, Konstanz 1971

King, M.L., Testament der Hoffnung, Gütersloh 1974

King, M.L., Schöpferischer Widerstand: Reden, Aufsätze, Predigten, Gütersloh 1980

King, M.L., Freiheit – Von der Praxis des gewaltlosen Widerstands, Konstanz 1982

Klassen, W., Love of Enemies, Philadelphia 1984

Klessmann, M., Ärger und Aggression in der Kirche, Göttingen 1992

Koch, K.,Gibt es ein Vergeltungsdogma im Alten Testament? in: Um das Prinzip der Vergeltung in Religion und Recht des AT, hg. von K. Koch, Darmstadt 1972, 130–180

Koch, K., Sühne und Sündenvergebung um die Wende von der exilischen zur nachexilischen Zeit, in: K. Koch, Spuren des hebräischen Denkens, Beiträge zur alttestamentlichen Theologie, Ges. Aufsätze Bd. 1, hg. von B. Janowski, M. Krause, Neukirchen-Vluyn 1991, 184–205

Koch, T. Schuld und Vergebung; Pastoraltheologie, 76, 1987, 280–296

Köberle, A., Christliches Denken, Hamburg 1962

Köberle, A., Vergebung und neues Leben, Stuttgart 1979

Köhler, L., Wahres Leben, Witten 1954

König, K., Hassen und Versöhnen-innerpsychisch und interpersonell, in: Hassen und Versöhnen – Psychoanalytische Erkundungen, hg. von E. Herdieckerhoff u.a., Göttingen 1990, 28–34

Kohlberg, L., Zusammenhänge zwischen der Moralentwicklung in der Kindheit und im Erwachsenenalter, in: P. Baltes (Hg.): Entwicklungspsychologie der Lebensspannen, Stuttgart 1979, 379–407
Kolnai, A., Forgiveness, Proceedings of the Aristotelian Society, 74, 91–106
Krüger-Lorenzen, K.: Deutsche Redensarten und was dahintersteckt, München 1990

Lambert, J.C., The Human Action of Forgiving, Lanham/London 1985
Lapide, P., Wie liebt man seine Feinde? Mainz 1984
Lapsley, J. N, Reconciliation, Forgiveness, Lost Contracts; Theology today, 1966, 23, 44–59
Lauritzen, P., Forgiveness: Moral Prerogative or religious duty? Journal of Religious Ethics, 15, 1987, 141–154
Lauster, P., Lassen Sie der Seele Flügel wachsen, Reinbek 1980
Léna, M. Erziehung zum Verzeihen; Internationale Katholische Zeitschrift 13, 1984, 418–429
Leroy, H., Zur Vergebung der Sünden-Die Botschaft der Evangelien, Stuttgart 1974
Lewis, C.S., Über Vergebung, in: Was der Laie blökt, Einsiedel 1977, 125–130
Lexikon für Theologie und Kirche, Bd. 10, 2. Auflage, Freiburg 1965
Linn, M. und Linn, D., Beschädigtes Leben heilen, Graz 1981
Lohmeyer, E., Das Evangelium des Matthäus, 4. Auflage, Göttingen 1967
Luther, H., Religion und Alltag – Bausteine zu einer Praktischen Theologie des Subjekts, Stuttgart 1992
Luther, M., Der große Katechismus (1529) in: Die Hauptschriften, 4. Aufl. Berlin
Lynch, J.J., The Language of the Heart, New York 1985

Mackintosh, H.R., The Christian Experience of Forgiveness, London 1930
Marks, M.J., Remorse, Revenge and Forgiveness; Psychotherapy Patient, Vol. 5 (1–2), 1988, 317–330
Marquard, O., Grenzreaktionen, in: Hassen und Versöhnen-Psychoanalytische Erkundungen, hg. v. E. Herdieckerhoff u.a., Göttingen 1990, 164–171
Mauger, P.A., u.a., The Measurement of Forgiveness: Preliminary Research; Journal of Psychology and Christianity, 1992, 11(2), 170–79
Mayring, Ph., Qualitative Inhaltsanalyse, in: G. Jüttemann (Hg.): Qualitative Forschung in der Psychologie, Heidelberg 1989, 187–211
McCullough, M.E. and Worthington, E.L., Encouraging Clients to Forgive People who have hurt them: Review, Critique, and Research Prospectus, Journal of Psychology and Theology, 1994, Vol. 22, No1, 3–20
McDonald, H.D., Forgiveness and Atonement, Grand Rapids 1984
Mees, U., Ärger-, Vorwurf- und verwandte Emotionen, in: U. Mees, Psychologie des Ärgers, Göttingen 1992, 30–87
Menninger, K., Whatever became of sin? London 1975
Metzler, K., Der griechische Begriff des Verzeihens, Dissertation Tübingen 1991
Mitscherlich, M., Müssen wir hassen? München 1972
Morrow, L., Why forgive? TIME, January 9th 1984, 7–12
Moule, C.F.D., „... As we forgive ...": a Note on the Distinction between Deserts and Capacity in the Understanding of Forgiveness, in: Donum Gentilicium, NT Studies in Honor of David Daube,Oxford 1978, 68–77
Müller, J., Gott heilt auch dich, Stuttgart 1983
Müller, J., Wege zum geistlichen Leben, Stuttgart 1987
Müller, J., Lebensängste und Begegnung mit Gott, Stuttgart 1989
Murphy, J.G., Forgiveness and Resentment; Midwest Studies in Philosophy, 7, 1982, 503–516

Neblett, W.R., Forgiveness and Ideals; Mind, 83, 1974, 269–275
Neues Lexikon der christlichen Moral, hg. von H. Rotter, G. Virt, Innsbruck/Wien 1990
Neues Testament, übersetzt von Fridolin Stier, München 1989

Newman, L.E., The Quality of Mercy: On the Duty to forgive in the Judaic Tradition; Journal of Religious Ethics 15, 1987, 155–172

North, J., Wrongdoing and Forgiveness; Philosophy, 62, 1987, 499–508

Oser, F. u. Althof, W., Moralische Selbstbestimmung-Modelle der Entwicklung und Erziehung im Wertebereich, Stuttgart 1992

O'Shaughnessy, R.J., Forgiveness, Philosophy 42, 1967, 336–352

Otto, J., Ärger, negative Emotionalität und koronare Herzkrankheit, in: U. Mees, Psychologie des Ärgers, Göttingen 1992, 206–218

Parsons, R.D., Forgiving-not forgetting; Psychotherapy patient, 5, 1988, 259–273

Pattison, E.M., On the Failure to Forgive or to Be Forgiven; American Journal of Psychotherapy, 19, 1965, 106–115

Patton, J., Is Human Forgiveness Possible? Nashville 1985

Pedersen, J., Seelenleben und Gemeinschaftsleben, in: K. Koch, Um das Prinzip der Vergeltung in Religion und Recht des AT, Darmstadt 1972, 8–86

Peters, J., The Function of Forgiveness in Social Relationships; Concilium, 2, 1986, 3–11

Pettitt, G.A., Forgiveness: A teachable skill for creating and maintaining health; New Zealand Medical Journal, 100, 1987, 180–182

Phillips, L.J. und Osborne, J.W., Cancer Patients Experiences of Forgiveness Therapy; Canadian Journal of Counseling, 23, 1989, 236–251

Pingleton, J.P., The Role and Function of Forgiveness in the Psychotherapeutic Process; Journal of Psychology and Theology, 17, 1989, 27–35

Piper, J., Love your enemies, Cambridge 1979

Plaut, M.S. und Stanford, B.F., Psychosocial Factors, Stress and Disease Process, in: Ader, R., Psychoneuroimmunology, Orlando 1981, 156–159

Preiser, W., Vergeltung und Sühne im altisraelitischen Strafrecht, in: K.Koch, Um das Prinzip der Vergeltung in Religion und Recht des AT, Darmstadt 1972, 181–277

Preston, R., The Justice Model and Forgiveness, in: Justice, Guilt and Forgiveness in the Penal System, ed. by D. Garland, Edinburgh 1990, 50–55

Preuß, H.D. Theologie des Alten Testaments, Bd. 2, Stuttgart 1992

Redlich, E.B., The Forgiveness of Sins, Edinburgh 1937

Reeder, J.P. Jr., Forgiveness: Tradition and Appropriation; Journal of Religious Ethics, 15, 1987, 136–140

Reichelt, M., Die verletzte Seele, Über die Bedeutung des Selbstwertgefühls für unsere Persönlichkeitsentwicklung, München 1991

Religion in Geschichte und Gegenwart (RGG), Bd. 6, 3. Aufl., Tübingen 1962

Rhode, M.G., Forgiveness, power and empathy, Dissertation 1990, Fuller Theological Seminary, School of Psychology

Rice-Oxley, R., Forgiveness – The Way of Peace, Grove Ethical Studies No. 75, Bramcote, Nottingham 1989

Ricoeur, P., Le pardon peut-il guérir? Esprit, März/April 1995, 77–82

Roberts, H.R.T., Mercy; Philosophy, 46, 1971, 352–353

Rössler, D., Grundriß der Praktischen Theologie, Berlin/New York 1986

Rosenak, C.M. und Harnden, G.M., Forgiveness in the Psychotherapeutic Process: Clinical Applications; Journal of Psychology and Christianity, 1992, 11, (2), 188–197

Rowe D., Ich entscheide mich für das Leben, München 1986

Rowe, D., Miteinander leben, München 1987

Rubio, M., The Christian Virtue of Forgiveness; Concilium 2, 1986, 80–94

Ruff, W. und Winkler, K., Hassen und Versöhnen: Vom Gebrauch vorbelasteter Begriffe, in: Hassen und Versöhnen- Psychoanalytische Erkundungen, hg. von E. Herdieckerhoff u.a., Göttingen 1990, 11–17

Ruhbach, G., Das ganze Leben eine Buße? in: Sündigen wir noch? Herrenalber Texte 65, hg. von W. Böhme, Karlsruhe 1986, 38–50

Sachsse, U., Rache: Destruktive Widergutmachung, in: Hassen und Versöhnen, hg. von E. Herdieckerhoff u.a. Göttingen 1990, 52–59, 52–59

Saint Cheron, Ph. de, Le pardon et l'impardonnable, in: Le pardon, hg. von Ph. de Saint Cheron u.a., Paris 1992, 13–65

Saussy, C. & Clarke, B.J., The Healing Power of Anger, in: Stevenson Moessner, J. (Ed.), Through the Eyes of Women, Minneapolis 1996, 107–122

Schall, T.U., Eheberatung – Konkrete Seelsorge in Familie und Gemeinde, Stuttgart 1983

Scharbert, J., ‚Slm' im Alten Testament, in: K. Koch, Um das Prinzip der Vergeltung in Religion und Recht des AT, Darmstadt 1972, 300–324

Scharffenberg, J., Einführung in die Pastoralpsychologie, 2. Aufl. Göttingen 1994

Schenker, A., Versöhnung und Sühne: Wege gewaltfreier Konfliktlösung im Alten Testament, Freiburg/Schweiz 1981

Schlatter, A., Die christliche Ethik, Calw 1914

Schlatter, A., Die Geschichte des Christus, Stuttgart 1921

Schlatter, A., Vergeben und Versöhnen, Calwer Hefte 120, Calw 1965

Schlemmer, K., Versöhnung innen, aus: „... und führe uns nicht in Versöhnung", hg. von E. Garhammer u.a., München 1990, 207–226

Schlenker, W., Glaubwürdig Christ sein, Stuttgart 1977

Schnackenburg, R., Matthäusevangelium, Kap. 16,21–28,20, Würzburg 1987

Schottroff, L., Gewaltverzicht und Feindesliebe in der urchristlichen Jesustradition, FS für G. Conzelmann, Tübingen 1975, 197–221

Schulz, S.,Neutestamentliche Ethik, Zürich 1987

Scobie, G.E.W. und Smith-Cook, K., The Concept of Forgiveness in Psychological Health; Archiv für Religionspsychologie 21, 1994, 267–273

Seamonds, D., Heilung der Erinnerungen, Marburg 1990

Seitz, M., Die Freude der Beichte, Neukirchen-Vluyn, 1985

Shekelle, R.B. u.a., Hostility, Risk of Coronary Heart Disease and Mortality; Psychosomatic Medicine, Vol. 45 (1983), 109–114

Shontz, F.C. und Rosenak, C., Psychological theories and the Need for Forgiveness: Assessment and Critique; Journal of Psychology and Christianity, 1988, 7 (1), 23–31

Shriver, D.W., Forgiveness and Politics, Milton Keynes 1987

Shriver, D.W., An Ethic for Enemies-Forgiveness in Politics, New York 1995

Siegel, B., Liebe, Medizin und Wunder, Düsseldorf 1991

Simon S. und Simon S., Verstehen – Verzeihen – Versöhnen, München 1993

Simonton, O.C. u.a., Wieder gesund werden, Reinbek 1982

Smedes, L. B, Die heilende Kraft des Vergebens, Marburg 1991

Smedslund, J., The Psychologic of Forgiving, Scandinavian Journal of Psychology, 32 (2), 1991, 261–276

Smith, M., The Psychology of Forgiveness; The Month, 14, 1981, 301–307

Soares-Prabhu, G., ‚As we forgive': Interhuman Forgiveness in the Teaching of Jesus; Concilium 2, 1986, 57–68

Sobrino, J., Latin America: Place of Sin and Place of Forgiveness; Concilium 2, 1986, 45–56

Sonntag Aktuell vom 11.6.95: „Moralische Verfehlung"-Tschechische Protestanten bitten Sudetendeutsche um Vergebung

Sorg, T., Das lösende Wort, Stuttgart 1983

Sperl, A., Der schuldige Mensch und der vergebende Gott;Theologia Practica 4, 1984, 306–314

Spidell, S. und Liberman, D., Moral Development and the Forgiveness of Sin; Journal of Psychology and Theology, 1981, 9 (2), 159–163

Stevenson Moessner, J., From Samaritan to Samaritan: Journey Mercies, in: Stevenson Moessner, J. (Ed.), Through the Eyes of Women, Minneapolis 1996, 322–333

Stendahl, K., Der Jude Paulus und wir Heiden, München 1978

Studzinski, R., Remember and Forgive: Psychological Dimensions of Forgiveness; Concilium 2, 1986, 12–21

Sung, Chong-Hyon, Vergebung der Sünden – Jesu Praxis der Sündenvergebung nach den Synoptikern und ihre Voraussetzungen im AT und frühen Judentum, Dissertation, Tübingen 1993

Tacke, H., Schuld und Vergebung; Theologia Practica, 4, 1984, 291–297
Tausch, R., Verzeihen: Die doppelte Wohltat; Psychologie heute 4, 1993, 20–26
Taylor, V., Forgiveness and Reconciliation – A Study in New Testament Theology, London 1948
Theologisches Handwörterbuch zum AT, Bd. II, hg. von Jenni/Westermann, München 1976
Theologisches Wörterbuch zum AT, hg. von G. Botterweck u.a. Bd. IV, Stuttgart 1984
Theologisches Begriffslexikon zum NT, Bd. II/2, hg. von Lothar Coenen u.a., Wuppertal 1971
Theologisches Wörterbuch zum NT, Bd. 1, G. Kittel, Stuttgart 1933
Thomae, H., Zur Relation von qualitativen und quantitativen Strategien psychologischer Forschung, in: G. Jüttemann (Hg.): Qualitative Forschung in der Psychologie, Heidelberg 1989, 92–107
Thurneysen, E., Die Lehre von der Seelsorge, Zürich, 4. Aufl. 1976
Thyen, H., Studien zur Sündenvergebung im Neuen Testament, Göttingen 1970
Todd, E., The Value of Confession and Forgiveness according to Jung; Journal of Religion and Health, 24(1), 1995, 39–48
Tournier, P., Echtes und falsches Schuldgefühl, Zürich 1959
Tournier, P., Geborgenheit, Sehnsucht des Menschen, Freiburg 1971
Tournier, P., Bibel und Medizin, 6.Aufl. Bern 1972
Tournier, P., Krankheit und Lebensprobleme, Basel 1978
Travis, S. H., Christ and the Judgment of God, London 1986
Trillhaas, W., Ethik, Berlin 1970
Trilling, W., Die Botschaft Jesu, Freiburg 1978
Truong, K. T., Human Forgiveness: A phenomenological Study about the process of forgiving, Dissertation 1991, United States International University

Ulich, D., Das Gefühl – eine Einführung in die Emotionspsychologie, München 1982

Vanderhaar, G.A., Enemies and how to love them, Mystic/Connecticut, 1985
Veenstra, G., Psychological Concepts of Forgiveness; Journal of Psychology and Christianity, 1992, 11 (2), 160–169

Wahking, H., Spiritual Growth Through Grace and Forgiveness; Journal of Psychology and Christianity, 11 (2), 1992, 198–206
Walters, R.P., Forgiving: An Essential Element in Effective Living; Studies in Formative Spirituality, 5, 1984, 365–374
Wapnick, K., The meaning of forgiveness, London 1987
Weber, G.(Hg), Zweierlei Glück – Die systemische Psychotherapie Bernd Hellingers, 3. Aufl. Heidelberg 1994
Werner, J., Von Jaworten und Neinsagern oder Kein Versprechen ohne Verzeihen, ZEIT-Magazin vom 30.12.94, 17–21
Westermann, C., Der Frieden (Shalom) im Alten Testament, in: Forschung im AT, Ges. Studien Bd. II, München 1974, 196–222
Westphal, M., The Phenomenology of Guilt and the Theology of Forgiveness, in: Crosscurrents in Phenomenology, ed. by R. Brezina, B. Wilshire; Den Haag 1987, 231–261
Wilckens, U., Vergebung für die Sünderin (Lk 7,36–50), in: Orientierung an Jesus – Zur Theologie der Synoptiker, FS. für J. Schmid, Freiburg 1973, 394–424
Winkler, K., Vergebung konkret, Berlin 1989
Witzel, A., Das problemzentrierte Interview, in: G. Jüttemann (Hg.): Qualitative Forschung in der Psychologie, Heidelberg 1989, 227–255

Wörterbuch des Christentums, hg. von V. Drehsen u.a., Gütersloh 1988
Wolf, A., Ärger – was tun gegen das Killer-Gefühl? Psychologie heute, 4/96, 20–27
Worthington, E.L. and DiBlasio, F.A., Promoting Mutual Forgiveness within the fractured Relationship; Psychotherapy, Vol. 27, Summer 1990, No. 2, 219–223
Wouters, A., „... wer den Willen meines Vaters tut" – Eine Untersuchung zum Verständnis vom Handeln im Matthäusevangelium, Dissertation, Regensburg 1992

Zackrison, E., A Theology of Sin, Grace and Forgiveness; Journal of Psychology and Christianity, 1992, 11 (2), 147–159
Zimmerli, W., Die Seligpreisungen der Bergpredigt und das AT, in: Donum Gentilicium, NT Studies in Honor of David Daube, Oxford 1978, 8–26